JN441444

사사기 룻기

이 「사사기 룻기」 강해를

나의 사랑하는

총회신학교 제1회 동창들에게

바칩니다.

구약설교전집
제7권

사사기 룻기

손영섭 목사 지음

도서출판 소망사

머리말

처서가 지난 지도 벌써 일주일이 되었는데도 아직 폭서의 기세는 꺾일 줄을 모르고 있어 전국의 해수욕장들도 모두 연장한다는 소식을 전하고 있다. 하지만 필자 역시 이에 맞서 집필에 열중하는 의지를 폭염도 꺾지를 못하였다. 85세의 노인답지 않게 연일 계속한 지 1년 2개월 만에 마침내 『사사기 · 룻기』가 탈고되어 저 나름대로 또 하나의 옥동자를 낳은 듯한 환희에 사로잡혔다. 이는 오로지 주께서 주신 큰 은혜임을 생각하며 무한한 감사를 그 분께 드리는 바이다.

사사기는 이스라엘 백성들이 일곱 번 여호와를 배신하고 일곱 번 외침을 받고 일곱 번 부르짖어 일곱 번 사사를 보내어 구원하시는 하나의 수학적 공식 같은 범주(category)를, 무려 7회나 반복하는 450년간에 긴 역사 추이의 과정을 보여준 것이 사사기 내용 구성의 특징을 이루고 있다. 즉 이는 일곱 번 죄를 짓고 일곱 번을 용서 받았다는 뜻이다(마 18:21).

이 시대의 특징을 사사기 마지막 절에서 밝히고 있다. 즉 "그 때에 이스라엘에 왕이 없으므로 사람이 각기 자기의 소견에 옳은 대로 행하였더라"(21:25)이다. 모세 시대나 여호수아 시대에도 역시 왕은 없었다. 하지만 그들은 오직 믿음의 용사로서 백성을 바르게 인도한 신앙의 영웅들이었다. 사사시대는 그와 같은 신앙적 지도자가 없었다는 것이다.

그리고 14명의 사사 중 유명한 자로는 기드온, 바락, 삼손, 입다, 드보라 등 4, 5명에 불과할 뿐 그 외는 거의 자격 미달의 이름만 남기고 있는 소 사사일 뿐이며, 설혹 유명한 자라 하더라도 사실 많은 결점이 있고 게다가 그 능력의 한계도 한 지파, 한 지역을 치리할 뿐 중앙 집권적 통치 체제를 갖추지 못하여 전체 국민을 통제할 제어장치가 없는 실정이었다.

즉 당시 모세의 율법이 있었음에도 불구하고 이를 집행할 능력 있는 지도자가 없으니 사람마다 자기 소견에 옳은 대로 행하여 사실 무정부 상태였다. 쉽게 말하면 오늘이라 하더라도 아무 법에도 구애 없이 각자 양심

대로 살라고 한다면, 그 결과는 과연 어떻게 될 것인가를 상상해 보면 사사시대의 시대상을 짐작할 수 있을 것이다.

하지만 이런 중에서도 하나님의 섭리의 역사(役事)는 계속되었다. 그것은 아버지이신 하나님의 사랑의 법이었다. 일곱 번 배반한 이스라엘을 일곱 번 용서하시는 그 사랑이 자신이 친히 선택하신 백성을 위하여 역사의 수레바퀴 돌리기를 쉬지 않으셨다는 것이다. 이것이 사사기의 대의(大意)이다.

한편 사사기에 비하여 룻기는 너무나도 아름답다. 사사시대라는 그런 암흑기에도 나오미 같은 믿음을 지킨 여인이 있는가 하면 시모의 믿음을 전해 받고 그를 따라온 모압 여자 룻이 있었고 이를 맞아줄 준비가 되어 있는 베들레헴의 보아스 같은 자가 있었으니 실로 놀라운 일이다.

룻기의 핵심교리는 대속자(Redeemer)의 출현이다. 그러므로 나오미는 신앙의 수호자이며, 룻은 그 신앙을 그대로 실천하는 유화, 종순, 근면한 모범신자이며, 보아스는 대속자로서의 예수 그리스도의 모형이 된다. 이 몰락한 가문의 신앙의 기업을 회복하고 온 촌민들의 축하를 받으며 기뻐하는 장면은 먼 훗날에 룻의 후손으로 예수 그리스도께서 바로 이 베들레헴에서 나심으로 온 인류가 다같이 기뻐할 예표가 된다고 볼 수 있다.

끝으로 이 책을 출판함에 있어서 계속 기도와 격려를 베푸신 나의 사랑하는 수원성북교회 교우 여러분들과 특히 이번에는 당회가 주선하여 출판비 전액을 교회 이름으로 도와주심에 대해 심심한 감사를 드리는 바이다. 아울러 이 책 역시 즐겨 출판해 주신 도서출판 소망사와 모든 직원들에게 감사의 뜻을 전하는 바이다.

바라기는 이 책을 읽으시는 독자 제현들 위에 하나님의 영으로 감동시킴으로 말미암아 다소나마 은혜가 되어 각자 신앙 발전에 도움이 된다면 필자로서는 무한한 기쁨으로 생각하여 오직 그 분께만 영광을 돌릴 것을 다짐하면서 이로써 서문에 대하는 바이다.

2007. 8. 28

저자 손 영 섭

차 례

사 사 기

제1부 사사시대의 배경 (서론 편)

제2부 사사들의 활동과 업적 (인물 편)

Ⅰ. 초기 사사들(옷니엘, 에훗, 삼갈)

Ⅱ. 여사사 드보라와 바락

Ⅲ. 사사 기드온과 아비멜렉

Ⅳ. 사사 입다와 소 사사들(입산, 엘론, 압돈)

Ⅴ. 사사 삼손

제3부 단 지파의 북방이주와 베냐민 족의 악행 (부록편)

Ⅰ. 단 지파의 북방이주

Ⅱ. 베냐민 족의 악행

룻 기

사사기

제 1 부
사사시대의 배경
(서론 편)

사사시대의 개막

사사기 1:1–17

1. 여호수아의 죽음으로 개막된다 (3)

"여호수아가 죽은 후에"(1).

사사시대는 여호수아의 죽음으로 열린다. 이처럼 한 사람의 위인의 죽음은 다음 새 시대를 여는 계기를 마련해 준다. 이는 마치 출애굽의 영웅 모세가 죽음으로, 가나안 정복시대라는 여호수아의 새 시대가 열린 것과 마찬가지이다. 그 기간은 여호수아의 죽음에서 사울 왕의 즉위까지 약 450년(연대 계산에 이설이 있음)간에 걸친 새로운 역사 무대에서 12명의 사사들이 주연을 맡고 있는 하나의 과도기(過渡期)적 시대를 말하는 것이다.

"사사"라는 명칭은 본서 2장 16-19절에서 취한 것으로 그 뜻은 "재판장"을 말하지만, 보다 더 넓은 의미에서 구원자, 옹호자, 지도자, 지배자 등으로 불린다. 즉 사사의 특징은 정치와 아울러 종교지도자이며 또한 싸우는 전사(戰士)로서 문무(文武)를 겸한 자이다. 그리고 "사사시대"의 특징은 모세나 여호수아 같은 위인의 영도 아래 하나의 민족 공동체로서 통일된 시대와는 달리, 대개 사사들이 부족(部族)의 장으로서 그 활동 범위는 지역 중심적이었다. 이 시대는 이스라엘의 암흑기이며, 동시에 사사라는 영웅들의 할거시대라고 할 수 있다.

그 시대는 영적으로 쇠퇴한 시대이며(2:18, 18:1-31), 왕이 없는 시대로서(17:6, 6:21-25), 450년 사이 7회에 걸쳐 다른 신을 섬겨 여호와를 배반하였고, 7회에 이방민족의 침략을 받았으며, 7회에 여호와께 부르짖어 7회까지 사사를 보내어 외적들의 압제에서 구원 받은 기간으로 이 사실을 기록한 것이 "사사기"이다. 즉 동일한 배신과 동일한 환난, 동일한 부르짖음, 그리고 동일한 구원이 7회에 걸쳐 반복되었다는 사실이다.

모름지기 여호수아로 말미암아 가나안 복지의 기업이 확보되었음에도 불구하고 그가 죽은 후에 오랫동안 이스라엘의 배신과 구원이 반복되었던 것처럼 예수 그리스도의 죽음으로 저 영적 가나안 복지가 우리 성도들에게 주어졌음에도 불구하고 오늘의 성도들 역시 배신과 구원이 반복되고 있는 것이 현실적인 교회의 모습이 아닌가 각자 각성해야 할 것이다.

2. 여호와를 향한 기도로 개막된다 (1b-2)

여호수아의 죽기 전까지 얼마간은 이스라엘 백성이 새 땅의 주인이 되어 비교적 평화롭게 살 수 있었을 것이다. 하지만 여호수아가 죽은 후에 저들은 아직도 가나안 땅 전역에 산재한 가나안 토족들을 토벌해야 할 의무를 느끼게 되었다. 이것은 여호와의 명령이었으며, 또한 저들의 영도자였던 여호수아의 간곡한 유언이었기 때문이다. 그러므로 여호수아의 죽음이 저들로 하여금 사명감을 일으키는 계기가 되어 이 문제를 여호와께 묻기로 한 것이다.

때를 같이하여 가나안 토족들은 여호수아의 생존시는 숨을 죽이고 은거하다시피 하다가 여호수아가 죽자 다시 고개를 들고 땅에 대한 우선권을 주장하면서 도전할 자세를 취하고 있었음은 분명하다. 이 순간 이스라엘 자손들은 여호와를 향한 기도가 나오게 된 것이다.

저들이 드린 기도의 내용은 "우리 중 누가 먼저 올라가서 가나안 사람과 싸우리이까"(1b)이다. 이는 가나안 족들과 싸움을 할 것인가 말 것인가가 아니라 싸움은 기정사실이지만 누가 먼저 우선적인 참전 서열에 설 것인가에 대한 물음이었다.

그렇다면 이 시점에서 가나안 인과의 싸움은 왜 해야만 하는가? 즉 이 싸움의 성격을 먼저 알 필요가 있다.

무릇 모든 전쟁에 있어서와 마찬가지로 여호수아의 가나안 정복 역시 여리고와 아이 성을 비롯한 대도시를 위시한 군사 요새지를 우선 점령하고 여호와의 명을 따라서 지파 별로 분할 후 그 외에 남은 촌락들은 각각 지파 별로 패잔병을 소탕하도록 한 것이다. 여호와의 궁극적인 명령은 가나안 토족들을 남김없이 토벌하라는 것이기에 이스라엘 백성들은 여호수아 사후에 그 때가 왔다고 직감한 것으로 본다.

그러므로 여호수아의 전쟁이 정복전(征服戰)이라면 이번 전투는 정착전(定着戰)이라고 볼 수 있다.

저들에게 이미 땅은 기업으로 주어진 것이다. 하지만 이 땅을 지키는 것은 각자가 할 일이라는 것이다. 예컨대 우리가 타국에 이민을 갈 경우, 일단 새 나라에 거주권을 받았다 할지라도, 그 땅에 정착민이 되려면 오랜 세월이 지나야 하며 그 땅의 기후, 문화, 생활양식, 직업 취득 등이 이루어져서 정착하기까지는 여러 가지 저해 요소들과 싸워 이겨내야 하는 경우와 마찬가지이다.

역시 우리 그리스도인들은 예수 그리스도를 믿는 순간, 이미 하늘에 속한 모든 신령한 복을 받은 자들임은 사실이다(엡 1:3). 하지만 우리는 신령한 복인 믿음의 보화를 잘 지켜서 보존해야 하며, 기업의 땅에 복음의 씨앗을 뿌리고 잘 가꾸어 100배, 60배, 30배의 소출을 내어 생활기반을 닦아서 내가 살며 남에게도 공헌하는 자들이 되어야 한다는 사실을 배워야 할 것이다.

기도의 응답은 간단명료하였다. "여호와께서 가라사대 유다가 올라 갈지니라 보라 내가 이 땅을 그 손에 붙였노라 하시니라"(2)이었다. 유다 지파를 지명하였을 뿐 아니라 간구한 내용 이상의 승리할 보장까지 확답해 주신 것이다. 유다에 대한 지명은 놀라운 사실은 아니다. 유다 지파는 가장 큰 지파이며, 야곱의 축복에서 왕의 지파 즉 메시야 출현 지파로 예언되었기 때문이다(창 49:9-11). 높은 지위에 있는 자는 항상 위험한 일에 직면할 경우 맨 선두에 서야 하며 모든 이들에게 본이 되어야 하기 때문이다.

요컨대 오늘의 성도들 역시 어려울 때에 기도부터 먼저 해야 하며, 위급한 전투에서 앞장서라는 지시를 받고 과감하게 일어나 마귀들과 싸워 이김으로써 모든 성도들에게 본이 되는 오늘의 유다 지파들이 되어야 할 것을 각오해야 하지 않을까 생각된다.

3. 가나안 정착전으로 개막된다 (1-17)

1) 유다와 시므온 지파의 공동전선 (1-3)

유다 지파는 남부 제역(諸域) 토벌전에 나서기 전에 시므온 지파에게 한 가지 요청을 하였다. 그것은 가나안 족 토벌전에 참여하여 공동전선을 펴자는 것이었다. 이는 시므온이 한 어미(레아)에게서 난 동복 형제이기도 하려니와 시므온 지파의 영토가 유다 지파 영토 안에 있기 때문에 당연한 요청이라고 볼 수 있다. 이 요청에 대하여 시므온 지파는 쾌히 승락하였다(3). 형제가 같이 가나안 토족과의 싸움에 동참한다는 일, 이것이야말로 얼마나 아름다운 일인가? 그 당시는 이스라엘 백성 중 가나안 토족들과 화친하고 동사(同事)하는 자들도 있음직한데, 이들 형제의 협력은 얼마나 아름다운 일인가? 교회는 언제나 온 교인이 합심하여 오늘의 가나안 족인 마귀들과 싸워서 이겨야 하는 것이다. 오늘의 교회는 각 교파를 막론하고 같은 믿음을 가진 자들이 단결하여 저 불신 세력과 세속주의, 그리고 악의 세력과 싸워 이겨야 할 상황에 놓여있다는 사실을 반드시 기억해야 할 것이다.

2) 유다와 시므온 지파의 전과(戰果) (4-17)

(1) 베섹 전투와 그 전과 (4-7)

유다와 시므온의 첫 전투는 베섹 전투였다. 하지만 "베섹"이란 지명에 대해서는 그 위치가 불분명하나, 사무엘상 11장 8절의 베섹과 동일한 지명으로 추측할 뿐이다. 이 전투에서 가나안인과 브리스인 1만 명이란 엄청난 수의 적을 죽이는 전과를 올렸으며, 특히 베섹의 군주였던 아도니 베섹을 포로로 잡았다.

아도니 베섹이 죽임을 당하기 전에 자신의 비운을 탄식하면서 다음과 같이 말하였다. "옛적에 칠십 왕이 그 수족의 엄지가락을 찍히고 내 상 아래서 먹을 것을 줍더니 하나님이 나의 행한 대로 내게 갚으심이로다"(7)라고.

아도니 베섹은 매우 잔인한 인물이었다. 세상에 그 어떤 왕도 사람의 신체의 일부를 절단하고 그들을 매일 바라보면서 그 상아래서 그가 던져주는 음식 찌꺼기를 먹게 하는 오만 무도한 범죄 이상의 것은 없다. 그는 자신의 죄악을 죽기 직전에야 깨달았다. 그도 이스라엘의 하나님의 위대성에 대하여는 자주 들어 왔음에 틀림없다. 하지만 그가 수족의 일부를 절단당하고 죽기 직전에서야 자신이 아무런 느낌이 없이 70인 왕에게 행하였던 일을 자신이 똑같은 형벌로 받을 때에야 비로소 이것이 하나님의 심판이라고 고백하고 있다. 하지만 이것은 너무 늦은 후회이며 회개는 아니다.

아도니 베섹의 포로 학대는 그 의도가 무엇인가 하면 수족의 엄지가 잘리면 활시위를 당길 수 없고 칼이나 창을 잡을 수가 없게 된다. 그러므로 이는 병사로서의 전투 기능을 잃은 자격 상실자로 만드는 행위이다. 한때 우리나라에서도 전쟁 시 검지를 잘라 병역 면제를 받는 일이 있었다. 검지가 없으면 방아쇠를 당길 수 없게 되기 때문이다. 이 면에 있어서는 고금이 다를 바가 없다고 본다.

한편 유다 지파의 장병들이 아도니 베섹에 대한 수족의 일부를 절단한 행위를 잘한 일이라고 할 수는 없다. 이는 모세의 율법에 "눈은 눈으로, 이는 이로 손은 손으로" 갚는다는(출 21:24, 레 24:20) 형법을 적용한 것이라 할 수는 있으나 오늘의 그리스도의 교훈에 비추어볼 때는 일종의 포로학대 행위라 할 수 있다. 하지만 아도니 베섹의 입장에서는 자신이 스스로 인정한 것처럼 인과보응에 따른 당연한 결과라고 할 수 있다.

(2) 예루살렘 및 헤브론 전투와 그 결과 (8–10)

"유다 자손이 예루살렘을 쳐서 취하여 칼날로 치고 성을 불살랐으며"(8).

유다 자손의 예루살렘 공격에 대한 본문의 기사에는 많은 이론(異論)이 있다. 이는 베냐민 지파가 "예루살렘에 거한 여부스 족을 쫓아내지 못하였다"는 21절과 모순이 되며, 또한 19장 10-12절에 예루살렘을 "여부스 사람의 성읍"이라 한 사실적 기사와도 모순이 된다. 그리고 사무엘하 5장 6-10절에서 "다윗이 예루살렘 성을 정복하였다"는 기사와도 역시 모순이 되어 혼란을 일으키게 한다.

이러한 모순을 합리적으로 조화시킨 학자가 카일(C.F. Keil)이다. 그는 유다 자손이 예루살렘을 공격하고 불태운 후 그 결과를 보기 전에 남쪽으로 진격하였고(9, 10), 그 후 일부가 소실된 상태에서 여부스 족이 다시 재건한 것을 베냐민 족속이 자기 기업 영지임을 주장하여 공격하였으나 결국 실패하고 하는 수 없이 여부스 족과 같이 살다가(21), 다윗 시대에 이르러서야 완전히 점령되었다는 해석을 내리고 있다. 이것이 올바른 견해라고 생각된다.

다음은 헤브론 전투에 관한 기사가 9-10절에서 나오는데, 이 기사에 의하면 유다 자손이 왜 예루살렘을 완전히 점령하지 못하고 남하하여 헤브론을 쳤는가에 대하여 그 이유는 잘 알 수가 없다. "그 후에 유다 자손이 내려가서 산지와 남방과 평지에 거한 가나안 사람과 싸웠고 유다가 또 가서 헤브론에 거한 가나안 사람을 쳐서 세새와 아히만과 달매를 죽였더라 헤브론의 본 이름은 기럇 아르바이었더라"(9-10).

유다 자손이 예루살렘 공격 후 군사를 남방으로 돌려 남하하였는데 그 목표는 헤브론을 공격하기 위함이라 생각되며, 헤브론으로 가는 도중에 "산지와 남방과 평지"에 거한 가나안 사람을 쳤다고 했다. 여기서 "산지"는 예루살렘에서 헤브론까지 이르는 중앙 고지를 말하며, "남방"은 네게브(Negeb) 지방, 그리고 "평지"는 지중해변의 평야지대인 세펠라(Shephelah) 지역을 말한다. 유다 자손이 이 곳을 통과하며 그 곳에 남아 있는 가나안 토족을 치고, 그 추장격인 세새(Sheshai)와 아히만(Ahiman)과 달매(Dalmai) 등을 처치하였다. 이들은 거인 족인 아낙의 세 아들로 이미 갈렙에게 축출된 자들이다(수 15:14).

우리는 이상에 수록된 예루살렘과 헤브론 전투의 결과를 보면서 이 두 개의 성읍은 역사적으로 가장 오래된 곳이기도 하지만, 헤브론은 저들의 조상인 아브라함이 오래 살던 유서 깊은 곳이며(창 13:18, 35:27), 다윗이 왕이 되어 헤브론에서 즉위하여 7년 간 다스리다가 후에 예루살렘으로 수도(首都)를 옮겨 오늘까지도 성도(聖都)가 되어 있는 곳인데, 왜 여호수아의 정복전(征服戰)에서도 소홀히 다루어졌고, 이번 유다 자손의 정착전(定着戰)에서마저도 완전 소탕을 못하였을까 하는 의문이 생긴다. 여기에는 여러 가지 이유가 있었을 것이라 생각될 뿐이다.

이 말씀이 우리에게 주는 교훈은 유서 깊은 헤브론이나 교회를 상징하는 예루살렘이라 하더라도 골짜기마다 가나안 족인 사탄이 근거지를 만들고 있었던 것처럼, 오늘의 교회 내에도 역시 사탄이 신자들과 공존하고 있다는 사실이다. 왜 저들이 철저한 소탕전을 못하였을까를 아쉬워하기 전에 오늘의 교회 내에 은거하며 또는 동거하고 있는 가나안 족을 왜 우리는 무심히 방치하고 있는가를 깊이 반성하고 보다 철저한 소탕전을 감행할 것을 결심하는 계기로 삼아야 할 것이다.

(3) 옷니엘에 의한 드빌 전투 (11-15)

이 기사는 갈렙이 드빌(기럇 세벨)을 친 전쟁사로서, 여호수아 15장 15-19절과 병행한다(졸저: 구약설교전집6권, 여호수아 참조). 기럇 세벨은 '서적의 도시'라는 뜻이다. 본문에 의하면 드빌 전투가 유다와 시므온의 주도 아래서 이루어진 가나안 남방 토벌전의 범주 내에 속하는 형식으로 되어 있지만, 실제는 여호수아서에 따르면 갈렙의 주도 아래 진행되었음을 알게 된다(12). 그리고 드빌을 함락시킨 장군은 옷니엘이라는 사실도 보여준다. 갈렙이 드빌 전투가 자신의 힘에 겨워 드빌을 쳐서 취하는 자에게 자신의 딸을 주어 사위를 삼을 것을 제안한 바, 옷니엘이 나서서 용감히 싸워 마침내 전쟁에서 승리하고 갈렙의 딸 악사(Achsah)를 아내로 맞게 되었다. 그리고 딸이 출가할 때 지참금을 요청하자 남방의 땅과 함께 샘물까지 주어, 옷니엘은 드빌을 함락시킨 선물로 아내와 함께 샘물이 넘치는 땅을 받게 된 것이다.

본문의 기사가 여호수아 15장 15-19절과 똑같아서 '베이커'주석에서는 이는 갈렙의 드빌 정복전에 대한 유다 지파의 정착전이라고 볼 수 없다는 데서 이를 여호수아서의 삽입구(揷入句)로 보고 있다. 하지만 이것을 본문 11-15절에서 유다와 시므온에 의한 가나안 남부 소탕전 범주 안에 넣은 것은 갈렙과 옷니엘이 다같이 유다 지파에 속한 자이기 때문이라고 본다.

우리는 이 사실에서 옷니엘의 무사로서의 용감성과 그가 선물로 받은 아내 악사의 지혜를 배워야 한다. 그것은 사랑하는 사람을 얻기 위한 옷니엘의 희생과 조국을 구하기 위한 용기를 보여준 일이며, 악사는 보통 여인들처럼 결혼 지참금으로 옷이나 가구, 주택 그리고 패물 등을 요구하지 않고 비록 네게브(Negeb) 지방의 메마른 땅이기는 하나 샘물과 함께 이것을 구하여, 갈렙의 소유 중 일부의 땅이 딸과 사위의 것이 되어 가문의 기업이 되게 한 것이다.

우리는 이 사실에서 마치 유대 남방의 네게브 지방처럼 메마른 이 세상에서 일시적 쾌락을 주는 재물이나 패물보다 윗샘과 아랫샘이 넘쳐흐르는 성령의 생수를 받는 것이야말로 가장 고귀한 믿음의 선물임을 배워야 할 것이다.

(4) 겐 사람에게 준 기업(처우) (16)

"모세의 장인은 겐 사람이라 그 자손이 유다 자손과 함께 종려나무 성읍에서 올라가서 아랏 남방의 유다 황무지에 이르러 그 백성 중에 거하니라"(16).

"겐 사람"에 대한 정확한 족보는 알 수가 없다. 그 이름이 처음 나오기는 창세기 15장 19절에서 여호와께서 아브라함에게 가나안 땅을 후손에게 줄 것을 약속하면서 그 곳에 사는 원주민을 거론하는 중에 겐 사람이 나온다. 그리고 발람의 예언 중에서는 가인 족으로 나오고 있다(민 24:21-22).

이스라엘 백성이 이 족속과 관계를 맺게 된 것은 모세가 미디안 망명시 이드로의 딸과 결혼하면서부터며(출 2:15-22), 출애굽 당시 동행을 요구할 때 모세의 처남 호밥이 거절했으나 후에 가나안까지 동행하였다(민 10:29 이하).

이드로가 미디안 제사장이라고 하여(출 1:16), 학자들 중에는 이드로의 자손인 겐 족을 미디안 족속으로 해석하는 자도 있다. 이것이 사실이라면 겐 사람은 아브라함의 후처 그두라의 자손이 될 것이다(창 25:2, 대상 1:32). 그러므로 그 혈통상 계보는 알 수가 없다.

생각건대 저들이 가나안 땅까지 동행하였고 요단강을 같이 건넜으나 여리고 전투를 비롯한 가나안 정복기(征服期)에는 여리고 근방의 녹지대에서 유목생활을 하고 있다가 유다 지파가 가나안 남부지방의 패잔병 소탕전(정착을 위한 전쟁)을 행할 당시 종려나무 성읍(여리고)에서 다시 유다 지파와 합류하게 된 것으로 생각한다. 그리하여 이후 유다 지파와 같이 종군하다가 아랏 남방 네게브 지방에 정착한 것이다. 이것은 겐 사람에게 정식으로 땅을 기업으로 분배한 것은 아니더라도 같이 살도록 허용한 것이다.

마태복음 1장에 나오는 예수님의 족보 중에는 세 사람의 이방 여인이 나온다. 즉 유다의 자부였던 다말과 여리고 기생 라합, 그리고 모압 여인 룻(마 1:3-5)이다. 이들은 모두가 이방 여인이었으나 여호와를 영접하고 결혼을 통하여 선민(選民)의 반열에 흡수되어 예수님의 조상이 된 자들이다. 겐 족 역시 이방인으로 모세와 결혼한 십보라 때문에 그 후손에 이르기까지 출애굽 하는 이스라엘 집단에 합류하여 가나안 땅에 들어와 동거하게 되는 특혜를 누리게 된 것이다. 이런 의미에서 결혼 조건에 있어서 신앙은 그 첫째에 해당된다고 할 수 있다. 선민의식이 강하고 극도로 배타적이었던 구약시대에서도 신앙이라는 유일의 조건은 구원의 반열에 끼어 가나안 땅에서 안주하는 복락을 누린다는 사실, 이는 구약의 복음이며, 기독교 구원교리의 핵심적 요소이다.

(5) 유다와 시므온의 서남부전선 (17)

스밧(Zephath)에서의 승리(17)의 기록은 매우 아름다운 내용을 제시한다. 17절은 스밧(호르마)에서의 승리의 전과를 기술하고 있다. 그 위치는 유다 남방(삼상 30:30)에 에돔과 국경을 접하고 있으며, 시므온의 영토 내에 있는 성이다(수 19:4, 민 21:2-3).

그러므로 지금까지는 유다가 주체가 되고 시므온이 추종하는 체제였으나 이번에는 "유다가 그 형제 시므온과 함께 가서"라고 하여 시므온이 주체가 되고 유다가 함께 가는, 주도권의 교체 사실을 보여준다. 그 이유가 바로 시므온 지파 영내에 있는 스밧을 치는 싸움이기 때문임을 알게 된다.

전쟁은 가나안 사람을 쳐서 진멸함으로 승리로 끝이 나고 그 성읍 이름을 호르마(Hormah)라고 개명하였는데, 그 뜻은 '진멸'이라는 것으로 명실 공히 완전 진멸한 것이다.

스밧 전투에서 우리가 기억할 것은 3절에서의 약속을 두 지파가 지켰다는 것이다. 즉 "나와 함께 올라가서 가나안 사람과 싸우자 그리하면 나도 너의 제비 뽑아 얻은 땅에 함께 가리라"는 약속을 지킨 것이다.

인간관계는 언제나 상호 협력관계로 성립되게 마련이다. 지금까지 시므온이 유다를 도와 예루살렘 원정까지 따라가서 협력하였다면, 이번에는 유다가 남쪽 경계까지 따라가서 스밧 소탕전에 참전함은 지당한 처사라 할 것이다. 아무리 시므온 지파가 유다 영내에서 산다 하더라도 상호 대등한 위치에서 협력하는 것이 인간의 도리이며 신앙의 원리인 것이다.

오늘의 교회는 교인 상호간에 협력하여 현대의 가나안 족이 숨어있는 스밧(호르마) 전투에서 이들을 진멸하고 승리할 수 있어야 할 것이다.

결 론

사사시대의 서막은 화려한 불빛 속에 개막되었다. 여호수아의 죽음을 애도하며 그의 교훈을 되살리고 이미 그가 가나안 토족과 싸워 이기고 12 지파의 기업으로 분배해 준 땅에 잔존하는 가나안 족속들을 진멸하려는 새로운 의지를 갖고 이것을 여호와께 물은 일, 유다 자손이 여호와의 지명을 받고 형제 시므온과 연합전선을 편 일, 장차 이스라엘의 수도(首都)가 될 헤브론과 예루살렘을 친 일, 또한 드빌 전투의 용사 옷니엘과 그의 아내 악사의 지혜로운 선택, 광야 여행에 도움을 준 겐 족에 대한 우대, 그리고 시므온의 주도 아래 감행된 호르마 전투에서 보여 준 형제 협력의 아름다움 등, 그야말로 사사시대의 서막은 매우 찬란한 내용으로 개막되었다.

"세계는 무대(舞臺)이며, 인간은 그 무대 위에서 연기하는 배우이다."라고 말한 셰익스피어(William Shakespeare)의 말이 사실이라면 그 연출자는 마땅히 여호와 하나님이라고 말할 수 있다.

바라건대 오늘 우리들의 삶도 역시 사사시대의 서막처럼 보다 신앙적이며, 보다 성공적인 하나님의 섭리 속에서 시작되었으면 하는 마음이 간절하다. 우리 모두는 예수 그리스도의 죽음으로 이미 받은 신앙의 기업을 각자 보존 유지할 뿐 아니라 그 땅에 뿌리를 내리고 정착할 수 있기 위하여, 골짜기마다 은거하고 있는 오늘의 가나안 족인 원수 마귀를 오직 믿음으로 섬멸하고 연전연승 하는 오늘의 이스라엘이 될 수 있기를 진정으로 바라는 바이다.

개막과 함께 드리운 검은 장막

사사기 1:18-36

사사시대의 개막은 화려하고 아름다운 장밋빛 커튼으로 서막을 열었다(1:1-17). 하지만 개막과 함께 검은 장막이 드리워졌다. 이것은 유다 지파의 블레셋 평정에 실패함으로 비롯하여 그 후 계속 실패를 거듭하는 비극이 연출되었던 것이다. 그리고 이 사실은 사사시대 450년간을 암흑시대로 만드는 시작이 되었다고 볼 수 있기에, 오늘의 본문은 그만큼 의의가 크다고 할 수 있다.

오늘은 이 비극의 장면들을 보면서 큰 교훈을 받을 수 있기를 바라는 바이다.

1. 유다 지파에 의한 블레셋 전투 (18-19)

지금까지 순풍에 돛을 달고 은파를 가르며 넓은 바다를 종횡무진 하던 유다 지파가 여기서 비로소 블레셋이라는 암초에 걸리게 되어 그의 가나안 패잔병 소탕전에서 처음으로 큰 문제에 부딪치게 되었다.

유다가 시므온 지파를 도와 그 영내(領內)에 있는 스밧 즉 호르마를 점령하기 위하여 남쪽 에돔 경계까지 내려갔다가 여기서 서진하여 지중해 해안가에 있는 블레셋 지방 공격에 나서게 되었다. 맨 처음 블레셋 5개 성읍 중에 맨 남쪽에 있는 가사를 쳐서 취하고, 그 다음 중부에 있는 아스글론, 그리고 나중에 가장 북쪽에 위치한 에글론 순으로 북상 공세를 가하여 이상 3개 성읍을 쟁취하였다(18). 여기서 아스돗과 가드가 빠져 있음은 이 성읍들은 어떤 이유에서건 함락시키지 못하였다고 생각할 수밖에 없다. 함락시키지 못했음으로 이미 점령하였던 3개 성읍마저 잃게 되는 이유가 되었다고 추측할 수 있다. 이렇게 완전 점령을 못하고 일부분을 남긴 것이 이미 점령하였던 것마저 잃게 되는 결과로 이어진다는 사실을 알게 해준다.

19절은 지금까지 가나안 토벌전에 승패에 따른 이유를 제시하는 구절이다. 즉 "여호와께서 유다와 함께 하신 고로 그가 산지 거민을 쫓아내었으나 골짜기의 거민들은 철병거가 있으므로 그들을 쫓아내지 못하였으며"라는 데서, 유다 지파는 산간구릉지(山間丘陵地) 전투에서는 여호와께서 유다와 함께 하신고로 승리하였고 골짜기 즉 산과 산 사이 평야지대(平野地帶)에서는 철병거 때문에 패전하였다는 것이다. 이를 다시 말하면 험준한 산간에서 자행되는 게릴라전에서는 유다 족이 강하나 평야지대의 전면전에서는 약하다는 의미가 된다.

여기서 문제가 되는 것은 여호와의 도우심이 산간구릉 전투시는 같이 하고 평지전에서는 왜 같이 하지 아니하였는가를 묻는다면, 그것은 아니라고 단정할 수 있다. 여호와는 어떤 경우나 조건에 관계없이 이스라엘과 같이 하신다. 문제는 산간 전투에서는 이스라엘이 승산이 있어 자신이 섰을 뿐이며, 평지 전면전에서는 적의 철병거가 무서워서 스스로 전의를 잃고 패전하게 되었을 뿐이다.

이는 적군의 군세와 자신의 능력을 비교한 것일 뿐 하나님 여호와의 능력을 무시한 인간적인 계산일 따름이다. 당시 이스라엘은 아무런 군장비도 없었다. 여기 비하여 가나안 족들은 벌써 철기 문화의 발달로 각종 농기구와 함께 무기 제조까지 발달시켜 왔다. 이에 비하면 이스라엘은 무기에 의존하지 않고 언제나 믿음으로 용기를 얻어서 영전의 투사로서 싸워 이긴 것이다. 여기에 여호수아의 승리의 비결이 있고, 다윗이 골리앗을 이긴 비결이 있는 것이다.

"철병거"란 나무로 만든 이륜마차(二輪馬車)에다 철판을 입힌 것으로 마부, 전투사, 방패잡이 등 3인이 한 조가 되어 싸우는 오늘의 탱크에 해당되는 무기로서, 가나안 왕 야빈은 이런 철병거를 900승이나 갖고 있었고, 블레셋 역시 지중해 연안에 해당되는 평야지대에 살고 있었기 때문에 철병거 사용이 가능하였다고 보는 것이다.

영적으로 보면, 이 철병거는 인간의 내심에 자리 잡고 있는 옛 성질의 악성이다. 인격의 구조는 영, 혼, 신의 3 요소로 되어 있다. 기독교 신앙의 변화과정에서 보면, 한 인간의 변화는 3단계의 과정을 통하여 이루어진다. 예수를 구주로 영접하는 즉시 영이 변화된다. 이는 순간적이다. 그리고 혼의 변화 즉 성질의 변화는 신앙생활 과정에서 서서히 변화된다. 영이 변화되었다고 해서 하루아침에 성질이 변하여 성현군자가 될 수는 없다. 인간의 악성은 변화된 영성을 가진 자의 심중 어디에 잠복되었다가 우리 믿음이 약해질 때는 다시 발동을 개시하며, 이는 우리의 신앙생활 과정에서 계속 반복되기 마련이다. 이것을 우리 심중에서 제거할 수는 없다. 다만 믿음으로 제압하여 발동을 못하도록 감금할 뿐이다. 그리고 육체의 변화는 주 재림 시에야 이루어질 것으로 되어 있다. 마찬가지로 믿음의 사람 여호수아는 오직 믿음으로 가나안 사람을 멸하고 미정복지까지 12지파에게 분배하였다. 하지만 골짜기마다 저들이 은거하며 기회 있을 때마다 이스라엘과 대항하여 언제나 가시와 올무가 되어 온 것이다(수 23:13).

오늘의 모든 그리스도인들은 철병거 같은 인간 내심에 잠복되어 있는 악성을 두려워하지 말고 여호수아처럼 강하고 담대히 행한다면 오늘 우리 그리스도인들은 이것을 능히 이기고 오직 하나님의 말씀에 순종하며 평화를 누릴 수 있을 것이라 확신한다.

2. 베냐민 자손의 예루살렘 공략 실패 (21)

"베냐민 자손은 예루살렘에 거한 여부스 사람을 쫓아내지 못하였으므로 여부스 사람이 베냐민 자손과 함께 오늘날까지 예루살렘에 거하였더라"(21).

여호수아에 의한 기업 분배 당시 예루살렘은 큰 성이 아니었고, 변방에 위치한 하나의 작은 성이었다. 그것도 양분되어 아랫성은 유다 지파에게 분배되고, 윗성은 베냐민 지파에게 배당되었다. 이것이 바로 1장 8절에 "유다 자손이 예루살렘을 쳐서 취하여 칼날로 치고 성을 불살랐으며"라고 기록되어 있어서 마치 예루살렘을 점령한 것처럼 되어 있으나, 사실 유다 자손이 점령한 것은 자기 경내에 해당하는 아랫성뿐이라는 사실을 알게 된다. 유다가 차라리 그 당시 지파의 경계를 무시하고 윗성까지 점령하였더라면 좋았으련만 유다의 입장에서는 사실 지파간 경계 침략 행위가 되기 때문에 아랫성만 치고 남하하여 헤브론 전투를 감행하였다고 보는 것이다(9).

그러므로 본문이 보여주는 베냐민 자손의 예루살렘 공략은 유다가 남겨둔 윗성에 해당되는 것이다. 사실 아랫성보다도 윗성을 치기가 더 어려웠던 이유는 그 곳에 여부스 족이라는 강한 부족이 뿌리를 내리고 오랫동안 주인 행세를 해 온 상황이었기 때문이다.

생각건대 베냐민 자손들이 자신에게 분배된 윗성의 소유권을 주장하여 그 성을 점령하였으나, 마치 유다 지파가 산지 구릉전에는 강하나 평지 전면전에서는 철병거를 보고 위축되었던 것처럼, 베냐민 족은 예루살렘에서 주인 행세를 하며 오랫동안 터전을 잡고 있던 강적 여부스 족을 보자 전투력을 상실한 채 결국 협상을 통하여 같이 공존하는 비신앙적 방법을 택하였던 것이다(21b).

이러한 베냐민 족의 비겁한 행동은 적어도 약 400여 년간을 적과 공존하는 비극적인 결과를 낳게 되었던 것이다. 즉 사사시대가 끝나고 왕국시대에 접어들어 그 첫 왕이 베냐민 지파 출신의 사울이었음에도 불구하고, 이 여부스 족속을 멸하지 못하다가 다윗이 유다 지파 출신으로 왕이 되어서야 이들을 멸하고 왕도를 삼게 되었던 것이다(삼하 5:6-10). 그렇다면 사실 유다 자손의 아랫성 공격시 그 세력을 몰아서 윗성까지를 공격하여 여부스 족을 멸하였더라면 얼마나 좋았을까, 안타까운 생각이 든다.

우리는 베냐민의 태만과 열성의 부족, 여부스 족에 대한 공포 등을 탓하기 전에, 문제는 신앙의 결핍이 그 원인임을 지적해야 한다. 신앙의 결핍은 하나님의 능력을 무시하게 되고, 말씀을 불순종하게 하며, 그 때문에 하나님의 능력의 원천이 차단되고, 다만 여부스 족에 대한 공포와 전의(戰意)의 상실 등으로 오랫동안 올무와 가시(수 23:13) 같은 원수와 동거하는 결과에 이르렀다는 것이다.

가나안 족은 죄인이 아니라 바로 “죄” 그 자체이다. 그러므로 신자들은 죄와 타협할 수 없는 입장임을 알아야 한다. 오늘 우리는 베냐민의 불신앙과 이로 인한 나약과 태만을 책하기 전에 나의 입장은 과연 어떤 상태인가를 스스로 묻고 반성하는 기회로 삼아야 할 것이다.

3. 요셉 족속의 벧엘 공략 (22-26)

여기서부터 가나안 토벌전은 남부에서 중부전선으로 옮겨진다. 그리고 그 첫 경우가 요셉 족속에 의한 벧엘 공략을 보여준다. 22절이 보여주는 "요셉 족속"이란 므낫세와 에브라임 지파를 뜻하며, 이 형제 지파는 합세하여 여호와의 도우심을 받아(22b), 에브라임 지파 내에 있는 벧엘 공격에 성공하였다.

본문이 보여주는 요셉 족속의 벧엘 공격 경위를 보다 구체적으로 고찰하면 다음과 같다.

1) 유서 깊은 벧엘

벧엘(Bethel)은 '하나님의 집'이라는 뜻으로 예루살렘 북방 15km 지점에 있다. 이삭에게서 장자의 기업을 속여 받은 야곱이 형 에서의 살해 위협을 받자, 그 어미의 도움으로 외가인 하란으로 피신하던 중 이곳 본 이름인 루스에서 꿈에 나타나신 여호와의 축복을 받은 곳이며, 그 축복의 내용 중에는 "너 누운 땅을 내가 너와 네 자손에게 주리니"(창 28:13)라는 약속이 있었다. 이 때문에 루스에서 벧엘이라는 새 지명으로 바뀐 유서 깊은 고장이다. 그 후 오랜 세월이 지나고 야곱이 애굽에 체재 중 죽기 전에 요셉에게 말하기를 "이전에 가나안 땅 루스에서 전능하신 하나님이 내게 나타나 복을 허락하여 네게서 많은 백성이 나게 하고 내가 이 땅을 네 후손에게 주어 영원한 기업이 되게 하리라"(창 48:3-4)라는 약속을 상기하면서 요셉에게 가나안 땅 소유권에 대하여 확인시키었다.

요셉 자손들은 그들의 위대한 조상 야곱의 유언을 상기하면서 벧엘 공격 의지를 재확인하는 힘을 얻었으리라고 확신한다.

2) 여호와께서 함께 하심 (22)

"여호와께서 그와 함께 하시니라"(22b).

요셉 족속의 벧엘 공격은 여호와께서 함께 하심으로 이미 승리가 보장되었다. 이곳뿐 아니라 여호와께서 함께 하시리라고 약속하신 곳은 모두 승리를 거두었던 것이다(2, 4, 19).

여호와께서 함께 하시는 경우는 저들의 공격 목적과 이유와 방법이 하나님의 뜻에 합당한 때에 승리를 보장하시는 것이다. 이런 의미에서 요셉 족속의 벧엘 공략은 이상의 조건들이 모두 구비된 경우라고 생각되는 것이다. 하지만 벧엘 전투 이후는 "여호와께서 함께 하신다"는 기록은 다시 나타나지 않고 있다.

모름지기 오늘의 성도들이 현대의 가나안 족과 싸워야 할 신앙의 영전에서 승패가 좌우되는 이유 역시 신앙의 유무(有無)와 하나님의 뜻에 합당한가에 달려있으며, 신앙적인 말씀 중심에서 절대 순종의 자세로 과감히 싸운다면 승리는 이미 보장되어 있다고 할 것이다.

3) 형제 협력의 아름다움

여기서 말하는 요셉 족속은 므낫세 족과 에브라임 족이다. 당시 벧엘은 에브라임 족의 기업이었다(수 16:2, 18:13). 그러므로 이 경우는 므낫세 지파가 에브라임 지파를 지원하려고 나섰던 것이다. 저들은 한 할아버지인 야곱의 유언을 믿고 합심하여 벧엘을 공략하였던 것이다.

벧엘은 그 이름 자체가 '하나님의 집'이라는 뜻으로 이는 오늘의 교회를 의미한다. 역시 오늘의 성도들은 교회의 세속화 방지를 비롯한 사탄의 모든 저해 요소들을 제거하기 위하여서는 온 교회 온 교파가 합심 협력하여 벧엘 공략을 위하여 분기해야 할 것이다.

저들이 합심할 때는 벧엘 탈환전에서 승리하였으나, 므낫세와 에브라임이 각각 단독으로 싸운 전투에서는 모두가 실패하였다(27-29). 우리는 여기서 형제 화목의 미덕과 협력에 따른 승리의 아름다움을 배워야 할 것이다.

4) 벧엘 공략의 협력자 (24-26)

벧엘 공략을 위한 방법 역시 여리고 성처럼 정탐꾼을 파송하여 사전에 치밀한 계획을 세우고 적기를 찾아 공격을 개시하였는데, 정탐꾼들이 처음 만나서 벧엘 공격 방법을 제공 받은 자는 "그 성읍에서 처음 만난 한 사람"(24)이었다.

"탐정이 그 성읍에서 한 사람의 나오는 것을 보고 그에게 이르되 청하노니 이 성읍의 입구를 우리에게 가르치라 그리하면 너를 선대하리라 하매"(24).

이 구절에서 전반부는 청구이며, 후반부는 약속이다. 청구 내용은 "입구를 우리에게 가르치라"인데, 이는 "입구"란 성문을 의미하는 것이 아니고 비밀 통로 즉 공격 방법을 뜻하는 것이며, 이를 알려 주면 그 정보 제공의 대가로 "선대하리라"는 약속이다. 이는 여리고를 칠 때에 기생 라합과 약속한 것과 같은 것이다(수 6:22-23). 이를 쉽게 말하면 벧엘 성 공격의 "비밀 방법을 알려 주면 너와 너희 가족을 살려 준다"는 뜻이다.

생각건대 이 벧엘 성의 "한 사람"은 요셉 족속의 벧엘 성 공략에 있어서 유일의 협력자였다. 그러므로 흔히 여리고 기생 라합의 경우와 동일하다고 말하기도 하지만, 이 두 경우는 판이하게 서로 다른 것이다.

라합의 경우, 그는 여리고 성의 함락이 임박했음을 직감하고 이스라엘의 하나님이 참 신이라는 확신을 갖고 하나님의 백성을 매체로 하여 자신과 자신의 가문 모두가 구원을 받기를 하나님께 구한 것이다. 여기는 육신뿐 아니라 영혼의 구원까지를 바라는 신앙의 동기에서 나온 구원의 호소인 것이다. 하지만 이 "벧엘의 한 사람"의 경우는 이 성의 파멸을 예견한 것은 사실이나, 그의 입장에서 보면 적에게 일단 정보를 제공하고 그 대가로 자신과 그 가족의 안전 보장을 요구한 것뿐이다. 저에게는 하나님께 대한 신앙이나 하나님의 백성과 같이 운명을 함께 하려는 신의도 없었다. 다만 임박한 위험을 모면하려는 데서 정보를 제공하고 그의 조국을 배신하였을 뿐이다.

그러므로 벧엘 전투 후 "그 사람과 그 가족을 놓아 보내매 그 사람이 헷 사람의 땅에 가서 성읍을 건축하고 그 이름을 루스라 하였더니"(25-26)라고 하였는데, "그 사람"은 벧엘 함락 즉시 석방되어 이스라엘 군대와는 관계를 끊고 루스 성을 재건하고 산 것을 보면 루스에 대한 애착과 그 곳에서 섬기던 우상 신을 그대로 옮겨 섬기면서 살았다는 사실을 알 수 있다.

우리는 이 사람에게서 예수님께 찾아와서 영생의 도리를 묻고도 재물이 많은 고로 예수님에게 뒷모습을 보이며 걸어갔던 한 부자 청년의 모습을 보는 듯하다.

동일한 경우에 처한 기생 라합과 벧엘의 "그 사람"은 이스라엘의 하나님을 만날 수 있는 기회에서 라합은 믿음으로 영육이 모두 구원을 받았지만, "그 사람"은 모처럼 만난 기회를 저버리고 육신은 비록 구조되었으나 영혼은 새로운 벧엘에서 영광을 누리지 못하고 빼앗긴 바 된 고향 루스에서 떠나 다시 새로운 루스를 건축하고 옛 생활로 돌아가서 영혼구원의 기회를 상실한 자가 되고 말았던 것이다.

오늘의 성도들 역시 벧엘에서의 하늘의 닿은 사다리를 보지 못한 채, 일시 교회에 출입하다가 벧엘인 교회를 떠나 새로운 루스를 다시 재건하고 우상의 지위로 전락하는 자들이 얼마나 많은가를 심사숙고하고 반성하는 좋은 기회가 되기를 진정으로 바라는 바이다.

4. 벧엘 이후 내려진 검은 장막 (27-36)

벧엘에서의 승리를 정점으로 하여 화려했던 이스라엘의 무대는 검은 장막이 서서히 내려지고 있다. 그것은 므낫세와 에브라임의 각각 독무대에서의 출연에서 시작하여 단 지파의 추방 장면까지 계속 실패를 거듭하고 있기 때문이다.

1) 이기고 동거하는 자들 (27-33)

여호수아에 의하여 배당된 자기 지파의 기업의 땅을 취하기 위하여 원주민을 상대로 소탕전을 벌인 족속들 중에 므낫세와 에브라임 지파가 있고, 그 다음에 가나안 북부 지방에 해당되는 스불론, 아셀, 납달리 지파 등이 있다.

(1) 므낫세와 에브라임의 경우 (27-29)

이들은 형제 지파로서 벧엘 탈환전에서는 멋진 승리를 거두었지마는 여기서는 각각 개별적으로 거병하여 므낫세는 자기 기업 내에 잔류하는 가나안 인의 성읍과 그 향리의 거민(성 주변 촌락의 주민)을 "쫓아내지 못하매 가나안 사람이 결심하고 그 땅에 거하였더니"(27)라고 하였는데, 이는 므낫세의 군세가 자신들이 위협을 느낄 정도로 강하지 못함을 인식한 나머지 자신들의 거점을 지키기로 하였다는 의미이다.

그러므로 하는 수 없이 오랜 세월 동안 적과 동거하는 괴로운 생활을 해야만 하였다. 이는 싸워서 이기기는 하였으나 완전한 정복(征服)을 하지 못하였다는 의미이다. 그 이유는 앞서 벧엘 전투에서의 형제 연합 전선을 깨고 각각 독립 전선을 취한 데 있다고 보기도 하지만,

가장 중요한 이유는 신앙의 약화라고 볼 수 있다. 그래도 벧엘 공략에서는 그들의 위대한 조상인 야곱의 고사(古事)를 생각하며 어느 정도 영감을 받아 의욕적인 믿음으로 완전한 승리를 쟁취하였으나, 그 후 형제가 각각 흩어지면서 신앙도 흐트러져 이로써 가나안 족을 완전 정복하기에는 힘이 모자랐다는 사실이다.

저들의 믿음 없음은 28절에서 더욱 확실히 증명된다. "이스라엘이 강성한 후에야 가나안 사람에게 사역을 시켰고 다 쫓아내지 아니 하였더라"라고 했기 때문이다. 처음에는 정복할만한 전력의 부족이었고, 후에는 충분한 전력이 배양되었음에도 불구하고 저들을 종으로 삼아 사역시키기 위하였으니만큼, 이는 믿음 없다는 확실한 증거이다. 먼저는 힘이 없어 추방하지 못하였고, 후에는 힘이 있어도 추방하지 않은 것이다. 못한 것보다 안 한 것은 더 큰 죄라고 할 수 있다.

에브라임 역시 게셀(Gezer) 정복에 실패하고 다윗시대까지 독립된 성으로 남아있던 것을 애굽 왕 바로가 정복하고 솔로몬의 아내가 된 그의 딸에게 선물로 주었던 것이다(왕상 9:15-17).

주석가 카셀은 에브라임이 게셀 주민을 추방하지 못한 이유를 설명하기를, 게셀이란 지역은 에브라임 경내에서 소문난 농경지가 되어 넓은 들판과 풍부한 과수원들이 있어 본래 유목민으로서의 에브라임 족이 농경에 능한 저들을 그대로 남겨두는 것이 좋으리라고 생각하였기 때문이라고 해석하였다. 이 역시 믿음 없는 행위임에는 틀림이 없다.

(2) 북부지역 세 지파의 경우 (30-33)

가나안 땅 북부지역에 있는 세 지파 즉 스불론, 아셀, 납달리의 경우 역시 므낫세와 에브라임의 전철을 밟아 이기고도 정복하지 못하고 저들과 동거하는 방법을 택하고 있다. 즉 스불론은 기드론 거민과 나할롤 거민을 쫓아내지 못하고 가나안 인으로 종을 삼아 저들의 노역을 취하여 동거하였는데, 그 이유 역시 게셀의 경우와 마찬가지로 좋은 농경지가 있어 농업 기술이 능한 가나안의 사역이 필요하였다고 풀이할 수 있다.

31-32절에 나오는 아셀 지파는 악고, 시돈, 알랍, 악십, 헬바, 아빅, 르홉 등의 정복에 실패하고 있다.

그리고 납달리 지파는 벧세메스 거민과 벧아낫 거민을 쫓아내지 못하고 동거하는 것으로 되어있다. 여기서 "쫓아내지 못하고"(32-33)는 "쫓아내지 아니하였더라"로 번역되기도 한다(AV, RSV). 이는 가나안인을 통하여 그 어떤 유익을 보기 위하여 저들과 동거하면서 저들의 우상 숭배와 악습에 감염되어 하나님과의 영교는 점점 멀어지고 마침내는 하나님의 징계를 받게 되는 악순환의 반복이 바로 사사시대의 특징이 되었다고 할 것이다.

2) 패하고 추방당한 단 지파 (34-36)

이상에서 언급한 지파들은 그래도 가나안 인과 싸워 이기고 자기 기업을 소유하였으나 문제는 저들을 추방하지 못하고 저들과 동거한 것이었다. 그러나 여기서 언급된 "단 지파"는 여호수아에 의하여 배당된 자신의 기업에서 아모리(가나안 인의 총칭) 족에게 역습을 당하여 추방되는 유일의 지파가 되었다. 단 지파는 비교적 좋은 지역에 기업을 할당받았음에도 불구하고 산지로 추방되어 그 땅이 아모리 인들의 거주지가 되었다. 후에 요셉 족속이 강성하여 이를 빼앗고 저들을 종으로 삼았음에도 불구하고 단 지파는 북방으로 이주 후(18장), 다시 기업의 땅에 돌아오지 못하였고, 그 후 아모리 사람 역시 남방으로 이주하여 "아그랍빔 비탈"에서 살게 되었다.

이솝 우화 가운데 다음과 같은 것이 있다. 사막을 여행하던 카라반

(caravan; 대상)의 여행 도중에 된 일이다. 사막 기후는 변화가 심하여 낮에는 뜨겁고 밤에는 춥다. 어느 몹시 추운 밤에 낙타가 주인에게 하는 말이 "내가 너무 추워 견딜 수가 없으니 머리만 천막 안으로 들이밀도록 허락해 달라"고 하였다. 주인은 이것은 큰 문제가 없으리라 생각하고 "그래"라고 허락하였다. 얼마쯤 지나서 낙타는 다시 앞발만 들어가도록 해달라고 하니 주인 역시 "그래"라고 허락했다. 그랬더니 얼마 후 이번에는 "뒷발까지" . . . 결국 주인이 천막 밖으로 쫓겨났다는 우화이다.

단 지파는 오직 유일하게 아모리 족에게 쫓겨서 모처럼 분배받은 합법적인 자신의 기업의 땅에서 쫓겨나서 산간 오지로 피난하는 신세가 된 것이다. 그리고 북방에 새로운 거주지를 찾아 헤매는 떠돌이 신세가 되고 말았다.

역시 오늘 우리 그리스도인들도 마귀와의 영전에서 단호하게 오직 믿음으로 근절하지 않으면 저들과 동거하는 피치 못할 경지에 이르게 되고 필경은 내 마음 자리에 사탄이 들어와서 차지하게 되는 주객전도의 경지에 이르게 될 것이라는 점은, 우리에게 매우 중요한 교훈을 주는 과목임을 기억해야 할 것이다.

결 론

사사기의 서막은 앞서 생각한 대로 저들의 위대한 영도자 여호수아의 죽음과 더불어 그의 유훈을 기억하면서 여호와께 가나안 정착전의 개시를 결의하고 유다와 시므온 지파를 선두로 연전연승의 화려한 승리로 개막되었다.

하지만 저들이 블레셋 전투에서 저들의 철병거를 보고 전율한 나머지 그들을 쫓아내지 못하자 그 뒤를 따라 므낫세(27-28)를 위시하여 에브라임에 뒤이어, 북부 제성(諸城)들에서 각 지파들이 계속 실패하고(27-33), 드디어 단 지파의 경우는 아모리 족에게 영토를 빼앗기고 기업지에서 쫓겨나서 산간 오지로 피난 가서 다시 평지로 내려오지 못하는 장면으로 비극적인 검은 장막이 내려졌던 것이다.

이들은 마치 예수님의 비유에서 예산 없이 망대를 세우려다가 실패한 자와 같다고 할 것이다(눅 14:28-32). 이 세상에는 차라리 착수하지 말았어야 할 무수한 망대들이 있다. 또한 이미 시작되었으므로 마땅히 완성되어야 할 더 많은 망대들이 있기 마련이다. 이스라엘의 경우는 이 둘 중 후자에 속한다. 이스라엘의 가나안 정복전은 유명한 장군 여호수아에 의하여 시작되었고, 연전연승으로 주요 도시들을 다 정복하고 이미 12 지파에 기업으로 각각 분배한 것이다.

여호수아가 죽은 후에 각 지파들의 임무는 아직도 간혹 남아있는 패잔병을 소탕하고 자기 기업을 지키는 정착을 위한 전투이기에, 여호수아가 믿음으로 시작한 일을 아름답게 마무리하는 일이다. 저들이 여호수아의 유훈에 따라 그 정신으로 싸운다면 승리는 이미 보장된 것이다. 하지만 저들 망대 건설의 실패는 예산 없이 착수했기 때문이 아니라 무한한 자원이신 여호와의 도우심을 저버렸기 때문이다(헤세드).

가장 찬란한 승리의 열매들이 그들에게 주어지는 길이 이미 차단된 은총의 고갈로 인하여 결국 이를 무산되게 만든 것이다. 하나님 안에서 우리 각자에게 주어진 고귀한 유산들 중에 골짜기마다 끼어있는 정복되지 않은 것 때문에 이미 정복한 것들을 누리는데 가장 수치스런 저주로 작용하게 마련이다. 인간들이 이미 주어진 여호와의 도우심을 부지런히 활용하지 못할 때는 그의 원조는 중단되는 것이다.

오늘 우리는 각자에게 주어진 화려한 시작을 어두움의 검은 장막으로 바뀌게 하지 말고, 앞으로 전개될 신앙의 여정에서 오직 담대한 믿음으로 저 영적 가나안인 천국을 소유하는 자들이 되어야 할 것이다.

사사시대의 종교적 배경

사사기 2:1-23

사사기 1장을 이스라엘 민족사에 있어서 사사시대의 "정치 군사적 배경"이라고 할 수 있다면, 본 장은 "종교적(宗教的) 배경"이라고 할 수 있다.

전장에서 보여준 가나안 정착을 위한 토벌전에서 유다와 요셉 지파를 제외한 모든 지파들이 계속 패하고 저들을 쫓아내지 못하게 되자, 부득이 저들과 동거하게 되고 심지어는 도리어 쫓겨나는 단 지파의 경우까지 생기게 되었다.

이로 인하여 본장 초두에는 여호와의 사자가 길갈에서부터 와서 그 실패의 요인을 지적하고 그 결과로 받을 형벌의 메시지를 전하자, 저들이 일제히 소리 높여 울며 그곳 보김에서 여호와께 제사까지 드렸다. 하지만 이것은 하나의 형식적인 것일 뿐, 그 후 역시 여호와의 율법과 계명을 버리고 가나안의 우상 섬기기를 계속하자, 여호와께서 사사를 세우게 되었다. 그러나 사사가 죽으면 다시 하나님을 버리고 우상을 섬기기를 7회나 반복하였다. 본장에서는 이 사실을 전제하고 사사의 출현 동기와 종교적 암흑시기를 예고하는 그 배경을 보여주는 것이 그 요지이다.

오늘은 이 비극의 장면들을 생각하며 주시는 말씀에 귀를 기울이고자 한다.

1. 여호와의 경고와 백성의 반응 (1-5)

1) 여호와의 경고 (1-3)

"여호와의 사자가 길갈에서부터 보김에 이르러 가로되"(1).

여기서 보여주는 여호와의 사자는 천사나 선지자를 지칭하는 것이 아니라 여호와 자신을 의미하는 것으로서, 인간의 감각으로 인식할 수 있는 형태로 나타나신 신현(神現)이었다. 이와 같은 현현(顯現)은 하갈(창 16:7-12)과 모세(출 3:2-6)의 경우에 해당된다.

그의 출발지는 길갈이었는데, 그 위치는 요단강과 여리고의 중간 지점에 있고 가나안 땅 상륙 후 첫 번째 진을 쳤던 곳으로 유명하다(수 4:19). 하지만 하필 여호와의 사자가 길갈을 출발지로 삼은 이유는 무엇일까? 그것은 길갈이야말로 이스라엘이 요단강을 건넌 후 제일 먼저 일제히 할례를 시행하여 "애굽의 수치를 굴러가게 한" 곳이다(수 5:9). 이러한 거룩한 의식의 시행은 하나님의 능력을 충만하게 하였고, 하나님의 임재를 체험하게 하였다. 이로 인하여 저들의 육적인 영화는 다 버리고, 오직 하나님의 군대로서 충성하려는 일념을 갖게 하였던 것으로 이 능력은 여리고 전투에서 바로 나타난 이후 계속 가나안 정복전에서 발휘되었던 것이다.

하지만 여호수아가 가나안 땅 전역을 다 토벌하고 아직도 미정복지가 있음에도 불구하고 이 땅을 12지파에게 분배하라는 명을 받고 하나님의 뜻을 받들어 각 지파에게 영원한 기업으로 배당하였다. 그리고 미정복지는 각각 그 소유한 지파가 남은 가나안 족을 추방하고 정착하도록 하였는데, 유다와 시므온을 비롯하여 요셉 지파 등을 제외하고는 거의가 줄줄이 가나안 족 소탕전에서 실패하고 말았다(1:27-36).

이 순간이야말로 길갈의 하나님이 나서야 할 단계에 이르렀기에 여호와 자신이 길갈을 출발하여 보김에 이르렀다는 의미를 제시하는 것이다. 즉 길갈의 경험을 살리고 오늘의 모든 우상숭배의 죄악을 이스라엘에게서 다시 굴러가게 해야 할 필요성을 알리려는 목적에서였다.

오늘 현대 교인을 향하여서도 역시 여호와의 사자는 길갈을 출발하여 나에게로 오시는 것이다. 세례를 받을 때 그때까지의 수치를 모두 굴러가게 하였건만, 그 후 또한 애굽적인 수치의 죄악의 덩어리가 각자 내 마음속에 뭉쳐, 하나님을 버리고 세상의 각종 우상 신을 섬기려는 이 수치스런 죄 덩어리를 굴러가게 하기 위함임을 우리 모두 깨달아야 하지 않을까.

이스라엘을 향한 여호와의 사자의 책망은 매우 합리적이며 진지하였다.

① "내가 너희로 애굽에서 나오게 하고"(1a). 출애굽을 주관한 신이라는 것이다.

② "너희 열조에게 맹세한 땅으로 이끌어 왔으며"(1b). 아브라함을 비롯한 열조에게 약속한 바 가나안 땅까지 인도하여 오늘에 이르렀다는 것이다.

③ "내가 너희에게 세운 언약을 영원히 어기지 아니 하리니"(1c). 나는 너희와 세운 언약에 대하여 어긴 일이 없고, 앞으로도 어기지 않을 것이라는 의미이다.

이상은 여호와의 사자가 자신의 입장을 밝힌 것이다. 그런 다음 이스라엘의 죄악상을 다음과 같이 지적하신다.

④ "너희는 이 땅 거민과 언약을 세우지 말며." 여호와 하나님과의 언약은 파하고 가나안 인과 농업전수, 혼인 관계 등으로 새로운 언약을 맺음을 지적한다.

⑤ "그들의 단을 헐라 하였거늘 . . . 그리함은 어찜이뇨." 저들의 대

표적 우상인 바알(Baal)과 아세라(Asherah)를 섬기지 말 것뿐 아니라 그를 섬기는 제단도 헐라고 명하셨다(출 34:12-13, 신 7:5, 12:3). 하지만 저들은 이 파괴되지 않은 우상숭배의 기념물들을 그대로 남겨두었다.

바알갓(수 13:5), 바알브올(민 25:3), 바알므온(민 32:38), 바알헤르몬(3:3), 바알브릿(8:33), 바알세붑(왕하 1:2), 바알다말(20:33), 바알브라심(삼하 5:20), 바알하솔(삼하 13:23), 바알살리사(왕하 4:42), 바알하난(대상 1:49), 바알하몬(아 8:11) 등 이상의 모든 지명(地名)들이 도처에 그 흔적을 남기고 있다. 그리고 1장 33-36절에는 벧세메스(태양의 집), 헤레스 산(태양의 산), 카셀(응답의 집) 등은 태양신 숭배에 대한 파괴되지 않은 이름들이다.

"그리함은 어찜이뇨"(2)라는 것은 질문이라기보다 "왜 그렇게 하였느냐"라는 책망이다.

⑥ 이스라엘의 범죄에 대한 형벌의 선언(3)

"그러므로 내가 또 말하기를 내가 그들을 너희 앞에서 쫓아내지 아니하리니 그들이 너희 옆구리에 가시가 될 것이며 그들의 신들이 너희에게 올무가 되리라 하였노라"(3).

이는 여호와 자신이 가나안 패잔병 소탕전에 협력하지 않는다는 것이며, 그 이유는 저들과 이스라엘이 혈연관계로 공존하고 있기 때문에 사실상 하나님 여호와께서도 추방이 불가능하다는 의미이다. 그러므로 너희가 저들과 공존하고 있는 이상 "옆구리에 가시가 되고 그들의 신들이 올무가 된다"는 것이니, "옆구리에 가시"는 "대적자"를 뜻하는 것으로 이스라엘이 외침으로 받을 형벌을 의미하며 "신들이 올무"가 된다는 것은 그들이 섬기는 우상 신 자체가 마치 짐승을 잡는 올무가 되어 결국 패망을 초래하게 된다는 의미이다.

2) 백성의 반응 (4-5)

(1) 보김의 눈물 (4-5a)

"여호와의 사자가 이스라엘 모든 자손에게 이 말씀을 이르매 백성이 소리 높여 운지라"(4).

이스라엘 백성이 여호와의 사자의 책망을 듣는 순간 저들은 일제히 소리 높여 울었다. 거기 모인 사람 거의 전부가 방성대곡한 증거는 그곳 이름을 "보김"(우는 자들)이라는 새 지명을 붙이기까지 하였음에서 알 수 있다(5).

인간의 눈물은 아름답다.

영국의 어떤 공주가 양로원을 세우기로 뜻을 세우고 자기의 소유인 보석 전부를 팔아 좋은 건물을 세우고 그 낙성식에 참석한 공주를 보자 거기 수용된 노인들이 모두 감격의 눈물을 흘렸다. 이 광경을 본 한 시녀가 공주에 귀에다 입을 대고 다음과 같이 속삭였다. "공주님, 공주님의 진주가 저 노인들의 눈에서 반짝이고 있네요."라고.

눈물에는 여러 가지 의미가 있다. 물론 감사의 눈물은 아름다울 수 있다. 하지만 그 중에서도 가장 귀한 눈물은 회개의 눈물이다. 죄인인 한 여자의 눈물(눅 7:37-50), 밖에 나가서 심히 통곡한 베드로의 눈물(눅 22:62) 등이 그 아름다운 눈물에 속한다.

"이스라엘의 보김에서의 눈물"은 어떤 의미의 눈물인가?

그것도 죄를 책망 받을 때 충격이 저들로 하여금 눈에서 눈물을 흐르게 한 것은 사실이다. 저들은 모두가 그 책망에 대하여 공감하고 자신들의 하나님을 버리고 우상을 섬긴 잘못을 자인하였기에 소리 높여 운 것임은 틀림이 없다.

하지만 저들의 눈물은 영속적인 가치로 이어지지를 못하였다. 인간들이 하나님의 말씀을 접할 때 당장 회개의 눈물을 흘렸다 하더라도 행위가 따르지 않으면 별 소용이 없다. 눈물 뒤에는 반드시 개혁이 따라야만 한다. 이런 의미에서 탕자의 비유에서 보면 탕자가 아버지의 집을 생각하고 "내가 하늘과 아버지께 죄를 얻었사오니"(눅 15:18)라고 뉘우치고 그 다음 "이에 일어나서 아버지께로 돌아가니라"(눅 15:20)라고 후속 조치를 정확하게 마무리 지었던 것이다. 오늘의 많은 사람들은 "회(悔)", 즉 뉘우침에 눈물만 있고, "개(改)"하는 "다리(脚)"가 없다.

이스라엘이 말씀을 들을 때 자신들의 죄를 지적받고 뉘우침에 눈물을 흘린 것은 사실이다. 하지만 저들이 가나안의 바알과 아세라를 버리고 가나안 인의 축제에서 음분광란의 즐거움을 잊고 우상의 제단들을 훼파하기에는 차마 미련을 버릴 수가 없었기에 저들은 모처럼 만난 천재일우(千載一遇)의 기회를 버리고 원상 복귀하는 허무한 "보김의 눈물"이 되게 하였을 뿐이다. 그만큼 죄의 유혹의 매력은 강한 집착력을 갖고 있는 것이다.

(2) 눈물 뒤에 헌제 (5)

"무리가 거기서 여호와께 제사를 드렸더라"(5).

눈물 뒤에는 제사 즉 예배가 따라야 한다. 저들은 보김에서의 통회 뒤에 거기서 여호와께 제사드리는 예식을 갖추어 합리적인 순서를 따랐다. 제사는 헌신이다. 회개한 자는 예배를 통하여 자신을 하나님께 드려야 하기 때문이다. 그리고 예배 후에는 복종이다. 보김의 경우는 우상을 파하고 하나님의 언약을 실천하는 일이다.

하지만 저들에게 이 복종이 없었기에 보김에서의 눈물과 헌제마저 무색하게 만들었으니, 이는 마치 "돼지가 씻었다가 더러운 구덩이에 도로 누웠다 하는 말"(벧후 2:22)처럼 길갈에서 보김까지 오신 여호와의 사자의 수고를 헛되게 만들고 말았던 것이다.

예컨대 오늘 우리 현실에서 1907년 평양 중심의 부흥운동의 재연을 바라며 그 100주년을 맞아 한국교회가 부흥의 계기로 삼고자 계획하고 있는 실정이지만, 그 당시 평양 장대현 교회를 중심한 길선주 목사의 주도 아래 일어난 회개운동은 길선주 자신이 부지중 지은 죄까지 회개하고 나니 교인들은 지극히 사소한 죄, 말하자면 호박 한 개, 고추 몇 개 훔친 일까지 회개하다 보니 성령의 역사가 마치 불같이 강하게 일어나 뉘우침과 함께 고치는 명실 공히 "회"와 "개"가 동시에 작용한 것을 특징으로 들 수 있다.

오늘 우리 모든 그리스도인들도 길갈에서의 찬송과 능력을 보김의 애곡과 연약으로 바뀌게 하지 말고 길갈에서 오시는 예수 그리스도의 말씀을 잘 듣고 행함으로써 오늘 한국교회 안에, 아니 우리 각자의 심중에 키 높은 우상들을 모두 파괴하고 오늘의 속화된 교회를 과감히 개혁하는 그야말로 새 역사 창조에 기여할 수 있는 성도들이 되어야 할 것이다.

2. 여호수아 이후 새 세대의 타락상 (6-15)

1) 여호수아 세대의 종식 (6-10)

6-10절에서는 여호수아의 생애를 간단하게 요약하고 있으며, 또한 이 구절은 이미 언급한 바 있는 여호수아 24장 28-31절을 다시 반복하여 본장에 삽입하고 있다. 하지만 7절의 기록이 8-9절의 여호수아의 죽음과 장례 앞에 바뀌어 나온다. 우리의 의문은 첫째, 이스라엘 백성들이 보김에서의 통곡과 제사 이후에 여호수아의 생애를 요약한 기사를 삽입한 이유가 무엇인가 하는 것과, 둘째는 여호수아 24장 28-31절

에 실린 것과 비교하여 왜 절수가 바뀌어 나오는가 하는 것이다.

"전에 여호수아가 백성을 보내매 이스라엘 자손이 각기 그 기업으로 가서 땅을 차지하였고"(6). 여기서 "전에"라는 것은 "여호수아 생전에"라는 뜻이며, 이 단 한 절로 여호수아의 가나안 정복과 기업 분배를 요약하고 있는 것이다.

이 사실을 보김의 눈물과 헌제 이후에 다시 기록하는 이유는 보김 사건이 진실한 회개와 예배에 의하여 되지 않았음을 증명한다. 그 당시 여기 가담했던 사람들은 그 후 계속하여 우상을 섬기고 하나님을 떠났음을 알게 하기 위하여, 여호수아와 그 시대 사람들은 그렇지 않았다는 사실을 설명하기 위해서라는 것이다. 그 이유는 여호수아와 그의 지도를 받았던 자들에게는 계속 하나님의 도우심으로 연전연승하였으며, 하나님의 약속을 굳게 믿고 성실하게 오직 하나님만 섬겼기 때문임을 지적하는 것이다.

그리고 7절 즉 여호수아 뒤에 생존한 장로들의 업적이 여호수아의 죽음과 장사 전에 나오는 이유는 여호수아 24장에서는 역사적 사실 순으로 기록하였고, 본장에서는 여호수아의 죽음과 장례 후에 "이스라엘 자손이 여호와의 목전에서 악을 행하여"(11)라는 사실을 강조하기 위하여 장로들의 시대상을 먼저 기록하였다고 볼 수 있는 것이다.

위대한 믿음의 용사 여호수아, 그는 여호와의 언약을 믿고 강하고 담대하게 가나안 땅을 정복하고 여호와의 명을 따라 그 땅을 12지파에게 기업으로 분배한 후 110세를 일기로 세상을 떠났다. 그는 현직에서 은퇴한 후 에브라임 산지 쓸모없는 땅을 개간하고 노년기를 살았는데, 그것도 무리가 기업으로 준 것이다(9). 여호수아와 쌍벽을 이루고 있는 갈렙은 헤브론을 기업으로 달라고 여호수아에게 요청하여 허락받았으나(수 14:12-14), 여호수아는 무리들의 자진 총의에 의하여 산지에 버려진 땅을 기업으로 주었다(수 19:49-50). 이 척박한 땅을 잘 가꾸면서 여생을 살다가 죽어 그 기업의 경내에 있는 “가아스 산 북 딤낫 헤레스”에 장사 지냄으로 그의 생애를 마감하였다.

그의 일생은 오직 하나님께 충성하였고, 그의 힘은 오직 조국 광복을 위하여 바쳐졌을 뿐 자신의 사리를 위해서는 전혀 무관심하였다. 그러기에 그의 충성된 삶이 발휘하는 영향력은 심히 컸다(7). 온 백성은 여호수아의 사는 동안은 현직에서나 은퇴 후에도 그를 존경하였고, 그가 죽은 후에도 마찬가지였다. 여기 여호수아와 같이 일하며, “큰 일을 본 자”(7)에서 “큰 일”이란, 출애굽사건, 광야생활, 가나안 정복 등을 의미하며, 이것들을 친히 보고 경험한 장로들은 저들 생전에 변함없이 여호수아를 섬긴 것을 말해준다.

위대한 인간에게서 비치는 광채는 그가 세상을 떠난 후에도 오랫동안 빛을 발하게 마련이다. 마치 이는 석양의 낙조와도 같다. 수평선 위에 반사되는 태양은 약 반시간 가량 서천에 걸려 있다. 태양은 서천을 황금빛으로 비치며 풍성한 광채를 사방으로 내뿜어, 보는 모든 것들로 하여금 형언할 수 없는 아름다운 모습을 만들어낸다.

이처럼 하나님께서는 한 위인이 세상에서 그 의무가 끝날 때 서쪽 하늘에 걸리게 하여 사람들로 하여금 그것을 보고 아름다움을 느끼게 하신다. 지금도 서쪽에 걸려있는 위인들이 있기 마련이다. 여호수아는 그의 활동적인 삶을 마쳤을 때 모든 이스라엘에게 아름답고 매력적인 서산 낙조의 모습을 보여주었던 것이다(베이커).

2) 새 세대의 타락상 (10-15)

“ . . . 그 후에 일어난 세대는 여호와를 알지 못하며 여호와께서 이스라엘을 위하여 행하신 일도 알지 못하였더라”(10).

10절은 여호수아 세대가 마감하고 새 세대가 등장하는 하나의 과도

기적 현상을 설명하고 있다. 우리는 여기서 역사 추이(推移)에 있어서의 필연적인 과도현상을 보게 된다.

"한 세대가 가고 한 세대는 오되 하나님의 말씀은 영원히 있다." 여호수아 세대는 가고 새 세대가 도래하였다. 하지만 새 세대 사람들은 여호와를 알지 못하며, 여호수아나 모세가 그 동시대 사람들이 보고 경험하였던 주의 기이한 사역을 전혀 알지 못하는 자들이었다.

태양이 진 후에 필연적으로 황혼이 깃드는 것처럼, 이스라엘은 암흑기에 접어들고 있음을 보여준다. 이런 의미에서 10절은 전 사사시대의 요약이며, 개요라고 볼 수 있다. 하나님이 없는 저들의 마음자리에는 바알과 아세라라는 우상이 점령했고, 여호와를 섬기는 예배와 방법을 모르니 바알을 음란히 섬기는(17) 축제의 열기를 드높이게 된 것이다.

이는 마치 오늘의 우리들의 현실을 보는 듯하다. 오늘의 우리가 처한 상황은 6.25를 모르는 이른바 전후세대들이다. 여기서 필연적 현상인 신 · 구의 갈등시대에 처해 있는 현실이다. 여기에 교회가 한 목소리를 내지 못하는 이유가 있다고 보는 것이다. 오늘의 교회는 하나님을 바로 알지 못하며, 그리스도도 제대로 이해하지 못한다. 즉 조직신학적인 신관, 그리스도관, 성령론, 구원론, 교회론, 내세론 같은 기본교리를 모르기 때문에 하나님을 섬기는 예배와 교회의 본질에서 왜곡된 혼란을 야기하고 있는 실정이다.

그러므로 "이스라엘 자손이 여호와의 목전에서 악을 행하여"(11), 즉 여호와를 알지 못하며 그의 행하신 업적도 전혀 모르는 종교적 무지가 빚어낸 결과는 "여호와의 목전에서 악을 행하는" 자들이 될 수밖에 없었다. 이 말은 하나님을 버리고 우상을 섬기는 이스라엘에 대한 도식적 명칭으로 사사기서에만 일곱 번 거듭된다. 그리고 그 악이란 두 가지인바, 하나는 "애굽 땅에서 그들을 인도하여 내신 그 열조의 하나님 여호와를 버린 것"(12)이며, 다른 하나는 "바알들을 섬긴" 것인

바, "바알들"이라고 복수로 쓴 것은 바알 종교의 혼합성을 말하는 것이며, 12절에 "다른 신 곧 그 사방에 있는 백성의 신들"이라고 설명하고 있다. 앞서 2절 설명에서 이미 지적한 대로 저들은 "바알" 아래 수많은 지명들을 붙여 "그 사방에 있는 백성의 신들"을 만들어 이것을 지방신(地方神)이라고 한다. 하지만 그 중 대표적인 것이 "바알과 아스다롯"(13)이었다. 여기서는 "바알"에 대하여 복수를 쓰지 않고 여러 지방신을 합쳐서 하나로 "바알"이라 말하고 있다.

바알과 아스다롯은 부부 신으로 풍요로운 농신이며, 다산(多産)의 신으로 17절과 같이 음란을 조장하는, 국민성을 타락시키는 악의 신이다. 이것이 여호와를 버린 결과 "비어있는 집에 저보다 악한 귀신 일곱을 데리고 들어왔다"(눅 11:24-26)는 필연적인 종교적 타락상인 것이다.

14-15절은 저들이 받을 형벌에 대한 기록이다. "여호와께서 이스라엘에게 진노하사 노략하는 자의 손에 붙여 그들로 노략을 당케 하시며 또 사방의 모든 대적의 손에 파시매 그들이 다시는 대적을 당치 못하였으며 그들이 어디로 가든지 여호와의 손이 그들에게 재앙을 내리시매"라고 하였다.

여호와의 진노는 감정적인 보복심에서 나오는 것이 아니다. 그는 우상을 섬기는 자기 백성을 볼 때는 질투하시는 하나님이시다. "질투는 사랑을 빼앗긴 자의 분노이다."라고 누가 정의하였듯이 질투는 인간을 향하신 하나님의 사랑의 표현인 것이다. 이것이 우상 때문에 저버린바 된 여호와의 진노라는 말할 수 없는 슬픔의 표현이다. 이 때문에 "노략하는 자의 손에 붙여 그들로 노략을 당케 하시며 또 사방 모든 대적의 손에 파시며"(14)라고 했는데 여기에서 "노략하는 자"와 "사방 모든 대적"은 누구를 가리키는 것인가? 직접적으로는 가나안 원주민이라고 볼 수가 있다. 하지만 더 나아가 이것은 하나의 역사적인 재료들이 되어 하나님을 버리고 우상을 섬기는 자에게 필연적으로 닥치는 이스라엘의 전반적인 역사를 심판하는 기준이 된다고 본다. 이스라엘 역사 진행 과정에서 외국의 침략을 받을 경우 무참히 패한 대표적 실례로서의 앗시리아에게 패망한 북왕국 이스라엘이나, 바벨론과 메대 파사에게 패한 유다 왕국 등이 첫 번째 원리의 실례가 되었다고 할 수가 있다.

"그들이 어디를 가든지"(15)는 "어떤 전투에 참여하든"의 뜻이다. 저들이 싸움에서 대적을 당하지 못할 것은 여호와께서 그들에게 재앙을 내리시기 때문이며, 그리하심은 곧 여호와께서 이미 말씀하신 것과 같고(레 26:17, 36, 신 28:25), "그들에게 맹세하신 것과 같아서"(레 26장, 신 28장), "그들의 괴로움이 심하였더라"라고 하나님께 버림 받은 인간의 결과가 어떠함을 여실히 보여주시는 것이다.

여호수아를 비롯한 그 세대 사람들이 다 죽은 후에 새 세대가 오는 것은 역사 추이의 과정에서 필연적 사실이겠지만 여호수아의 신앙과 그 용기, 그의 애국심과 사심 없는 봉사 등이 그 어느 하나도 신세대들에게 승계되지 못하고 하나님을 저버리고 계속 우상을 섬겨 하나님께 버림받게 된 이면에는 부모의 자녀 교육과 오늘로 말하면 교회의 청소년 교육의 중요성이 결여된 결과라고 볼 수 있다.

요컨대 오늘의 한국의 신세대들은 모두가 각 분야에서 이 나라와 민족의 장래를 짊어지고 나름대로 참신한 정신과 기발한 활동으로 정진하고 있음은 사실이나, 부디 하나님을 저버리고 우상을 섬기던 이스라엘의 사사시대 같은 전철을 밟지 말고 올바른 세계관과 국가관을 지니고 특히 기독청년들로서는 하나님을 바로 알고 건전한 기독교 윤리관 위에 굳게 서서 마치 욱일승천(旭日昇天)하는 새 시대를 만들어내는 역군이 되기를 진정 바라는 바이다.

3. 사사의 출현과 그 시대의 특징 (16-23)

1) 사사를 세우신 분은 여호와 하나님 (16)

"여호와께서 사사를 세우사 노략하는 자의 손에서 그들을 건져내게 하셨으나"(16).

여기서 사사라는 명칭이 처음으로 나온다. 이 사사들의 출연으로부터 사무엘 때까지 450년간을 사사들이 이스라엘의 지도자로 활동하는 이른바 사사시대라고 한다.

이미 사사의 출현 배경을 1장에서 2장 15절까지에서 상세히 설명한 바 있지만, 15절 말미에 보면, "그들의 괴로움이 심하였더라"라고 하여 여호와를 버리고 우상을 섬긴 결과로 오는 고통이 절정에 달하고 있을 때 여호와께서 사사를 세워주셨다는 것이다. 이것이 어떤 면에서 저들의 배신이 사사 출현을 촉진시켰다고 볼 수 있겠지만, 사사의 출현 시기나 인물의 선택 기준 그리고 그 사명 등 모든 것은 오직 하나님의 의지에 달려있을 뿐, 결코 인간 의지에 의하여 좌우되는 것은 결코 아니다. 다만 인간이 스스로 국난의 위기와 자신의 큰 불행과 환난을 초래하였을망정, 그때에 자신이 처한 입장에서 구원의 여지가 없을 만큼 절박한 경우 자신들이 버렸던 여호와께 간절한 회개의 기도가 있을 때, 구원자로서 사사를 보내주셨다는 의미가 있을 뿐이다.

그러므로 사사들의 인물을 인간 기준에서 평가해 보면 모두가 자격 미달자들이다. 에훗은 왼손잡이였고, 드보라는 여성이었다. 기드온은 낮은 계급에 속한 자였고, 삼갈은 소 모는 사람이었으며, 입다는 이방 여인의 아들이었다. 하지만 이들이 여호와께서 불러 세우신 이상 큰 업적들을 남긴 사사들이 된 것이다.

그리고 저들이 사용한 무기도 가나안 족에 철병거에 비하면 아무것도 아니었다. 소 모는 채찍이나 당나귀의 턱뼈 등 하잘것없는 것들이었지만 여호와께서 그 도구를 축복하시기만 하면 아무리 현대 무기로 완전무장한 적이라도 이길 수가 있었던 것이다. 이는 여호와께서 친히 세운 자들이었기 때문이며, 여호와께서 친히 적들과 싸우시기 때문이다.

오늘도 역시 필요하신 경우에 그가 친히 일꾼들을 세우시며 저들이 하나님의 부르심에 합당한 자일 경우 그가 같이 싸워서 이기게 하신다는 원리는 변함이 없다고 보는 것이다.

2) 사사시대의 특징 (17-18)

사사시대의 특징은 여호수아가 죽은 후부터 사무엘까지 약 450년간에 걸쳐 "여호와의 목전에 악을 행하였고"(11), 7회에 걸쳐 적의 침략을 받았고(14), "그들이 대적에게 압박과 괴롭게 함을 받아 슬피 부르짖으므로"(18)가 7회, "여호와께서 사사를 세우사 노략하는 자의 손에서 그들을 건져내시기를"(16) 7회, 즉 동일한 배신과 동일한 환난과 동일한 부르짖음과 동일한 구원을 각각 7회씩 반복하였다는 것이다. 이는 곧 일곱 번 죄를 범한 자를 일곱 번 용서하라는 주님의 말씀을 상기시킨다(마 18:21; 內村鑑三).

이것은 마치 수학적 공식같은 사사기 전체 내용의 요약이며, 범주(category)이다. 그런 의미에서 사사기는 사람 편에서 보면 반역사(反逆史)이며, 하나님 편에서 보면 은혜사(恩惠史)라고 할 수 있다. 이 기간을 앞서 말하였듯이 이스라엘의 암흑시대하고 하지만, 또한 사사에 의한 영웅시대라고도 한다. 암흑시대라고 보는 견해는 물론 7회에 걸친 배신과 우상숭배가 있었다는 사실에 치중한 것이기에 일리가 있다.

하지만 영웅시대라고 보는 견해의 근거 역시 사사들을 통하여 7회의 승리의 영광을 안겨주었다는 데 치중한 것으로 보는 것이다. 첫 사사 옷니엘에 의한 승리의 결과, 40년에 평화 시기가 유지되었고, 기드온의 승리 결과 역시 40년의 평화시대였다. 에훗의 승리로 80년, 돌라의 23년, 야일의 22년, 입다의 죽음 이후 25년간 평화가 유지되었다. 사사시대 말기에 엘리의 공직생활 40년은 그 마지막이 비록 우울하게 끝나기는 하였지만 그 재임 기간에 전쟁은 없었던 것이다.

이상은 정치적인 현상을 말한 것이지만 종교적으로도 사사기 마지막 부록 형식으로 된 17-21장 부분을 제외하고는 사사시대 전 기간, 즉 450년 가운데 하나님께 대한 예배가 전체적으로 유지된 기간이 377년 이상이라고 '그레이브스'라는 학자는 말하고 있다. 물론 여호수아의 죽음 직후 급속한 쇠퇴기가 있었음은 사실이다. 그리고 그 기간 중에서도 하나님께 대한 변절, 반역, 소요, 혼란 등이 있었음에도 불구하고 이런 현상은 이스라엘의 영광이 일시적인 일식처럼 또는 구름 덮인 일몰 현상이라고 '워즈워드'라는 학자는 말하고 있다. 우상숭배만 하여도 그 후 이스라엘의 남북 왕조시대에 비하면 수치심을 모를 정도가 아니었다고 말한다. 적어도 사사시대는 세습적인 독재자들이거나 여로보암이나 아합, 그리고 므낫세와 같은 폭군 정치에 비하면, 또한 왕들의 계속된 우상숭배에 비하면 적어도 사사들은 믿음과 능력의 특별한 하나님의 사자(使者)들이었다.

그러므로 이스라엘 역사를 하나의 등산이라고 본다면, 옷니엘에서 사무엘까지의 기간은 결코 하향적인 것이 아니라 높은 곳을 향한 상향적인 경향이라고 할 수 있다는 것이다. 그렇기 때문에 사사시대의 마지막 사사인 사무엘도 백성들이 왕을 요구할 때 그가 하나님의 뜻을 따라 허락은 하였으나 그는 개인적으로 왕제를 반대한 이유에서, 사사시대야말로 하나님이 사사를 통하여 직접 통치하는 신정국가를 원하였기 때문이며, 그도 역시 사사시대를 실패의 시기나 암흑시대로 보지 않았다는 사실을 입증하는 것으로 생각된다(삼상 8:4-7).

3) 사사시대와 이스라엘의 시련기 (19-23)

본 장 마지막 부분에서 강조되고 있는 요지는 사사시대에 살고 있는 이스라엘 백성들을 위한 하나의 시련기임을 보여준다(22-23).

19-20절은 사사를 통한 평화시기가 오면 그 사사가 죽은 후에는 더욱 패괴하여져서 우상을 더 많이 강도 높게 섬기고 패역한 길로 행하여 여호와의 진노를 유발시켰다. 그 결과 "나도 여호수아가 죽을 때에 남겨둔 열국"(21), 즉 미정복지에 거주하고 있는 가나안 족속들을 "쫓아내지 아니하리라"고 하시었다. 그 이유는 "이스라엘이 그 열조의 지킨 것같이 나 여호와의 도를 행하나 아니하나 그들로 시험하려 함이라"(22), 즉 그 남겨진 가나안 족들을 시험의 도구로 삼으신다는 것이다. 23절은 여호수아가 정복시 가나안 족을 남겨두신 이유와 목적에 대하여 확인하시는 말씀이다.

이 말씀은 가나안 사람을 단번에 쫓아내지 않으시겠다고 하신 출애굽기 23장 29-30절과 신명기 7장 22절 말씀과 모순되는 것이 아닌가 하는 의문을 갖게 한다. 거기서는 갑자기 원주민을 다 쫓아낼 경우, 그 넓은 점령지를 다 관리할 수 없게 되며, 대전을 치룰 경우에 저들의 동족들이 연합전선으로 왕권을 더 강화하게 될 것이며, 또한 황폐된 살림 때문에 서식처를 잃은 맹수들에 의하여 피해 입을 가능성도 있기 때문에 "점점 쫓아내시리니 너는 그들을 급히 멸하지 말라"(신 7:22; 졸저, 구약설교전집 신명기 pp.105-106 참조)라고 그 이유를 제시하고 있다. 그 당시의 금령은 국토관리 차원에서 내린 지시이며, 본문은 그 후 이스라엘의 배신과 우상숭배로 인하여 여호와의 언약을 어겼기 때문에 가나안 족 토벌 지연의 이유를 밝힌 것인 만큼 이는 모순이 되지 않는 것이다.

사사기는 하나의 전쟁사이며, 이 전쟁은 이스라엘 백성과 가나안 족 사이에 전투의 기록이다. 하지만 이는 표면상 이유일 뿐, 정확히 말하면 하나님과 이스라엘 백성들과의 싸움인 것이다. 즉 하나님께서는 그의 백성의 마음속에 있는 죄와 싸우고 계시기 때문이다. 여리고 전투와 아이 성 전투 등에서 이 사실이 입증되고 있다.

모든 전투에서 이스라엘이 가나안 인과의 싸움에서 이기든 지든, 사랑의 하나님은 이미 애굽에서 인도하여 내시고 광야에서 지키신 그 백성들이 마음속에 원죄와 본죄와의 싸움에서 승리하기를 바라는 분이심을 알아야 하는 것이다.

사사시대야말로 이스라엘이 사탄(원주민)과 공존하는 시대이며, 왕국 건설에서 참된 시민의 자격을 얻게 하기 위하여 훈련시키는 시기인 것이다.

다행히도 사사시대는 이 시험에서 실패한 시기가 아니었으며, 그래도 이들의 신앙이 상승기류를 타고 올라가는 추세였다고 전항에서 평가하는 학자들이 있음은 흐뭇한 일이라고 본다.

오늘 우리 모두도 시험의 기간을 살고 있음을 알아야 한다. 이스라엘이 출애굽 후 가데스 바네아에서 열 지파의 대표들이 발하는 불신앙의 함성이 여호수아와 갈렙의 주장을 누르고 온 국민들의 불신앙이 함께 어우러져 가나안 입국 불가능을 주창하였기 때문에 40년 광야생활의 훈련이 필요하였던 것과 같이, 사사시대의 온 국민적 불신앙 때문에는 무려 400년의 긴 기간의 시련기가 요구되었던 것이다.

여호와 하나님은 한 사람에 의한 승리를 원치 않으신다. 온 국민의 심중에 도사리고 안주하는 저 마귀를 이기고 신앙 수준이 상승되기를 바라시는 분이시다. 혼란기에는 언제나 사사 즉 영웅이 필요하지만 영웅이 방향을 제시하면 온 국민, 온 교인이 단합하여 믿음으로 그 제시하는 방향으로 나아갈 때 새로운 역사가 성취되기 마련이다.

요컨대 오늘 이 시련기에 놓여있는 우리 국민들과 한국교회 교인들은 과연 "이는 . . . 도를 지켜 행하나 아니하나"(22) 정확한 신앙적 판단을 내려야 할 시점에 있음을 각자 명심해야 할 것이다.

사사기

제 2 부
사사들의 활동과 업적
(인물 편)

구국의 용사는 용감하였다(Ⅰ)

사사기 3:1-11

본장에서부터 사사들의 활동이 시작된다. 그러므로 총 12명의 사사 중 본장에는 옷니엘을 비롯한 에훗, 그리고 삼갈 등, 초기 사사들의 활동 상황을 보여주는 것이 그 요지이다.

그 가운데서 오늘은 이스라엘 자손의 당시 죄악상과 아울러 제1대 사사인 옷니엘의 사적을 생각하고자 한다.

1. 시험대에 오른 이스라엘 자손의 죄악상 (1-7)

1) 미정복민(未征服民)을 남겨 두신 이유 (1-2)

"여호와께서 가나안 전쟁을 알지 못한 이스라엘을 시험하려 하시며 이스라엘 자손의 세대 중에 아직 전쟁을 알지 못하는 자에게 그것을 가르쳐 알게 하려 하사"(1-2).

이 말씀은 2장 22절부터 연결되는 것으로, 이미 2장 22-23절에서 가나안 땅에 미정복민을 남겨 두신 이유를 설명한바 있다. 즉 "그들로 시험하려"라는 내용이 이 곳에서 더욱 상세히 설명되고 있을 뿐이다.

"가나안 전쟁을 알지 못한 이스라엘"(1-2)은 여호수아의 가나안 정복전(征服戰) 이후에 출생한 자로서, 말하자면 전후(戰後) 세대를 지칭하는 것이다. 그들은 여호수아의 전투장면이나 병사들의 활동 상황을 직접 보거나 경험한 일이 없는 자들이라고 더욱 상세히 정의하고 있다.

"이스라엘을 시험하려"(1)라는 말씀이 본절을 전후하여 세 번 기록되어 있다. 그 중 2장 22절과 3장 4절에서의 의미는 동일하다. 가나안 족을 남겨 두어 "여호와의 도를 지켜 행하나 아니하나"(2:22) 시험하려는 것이며, 본장 4절 역시 "남겨 두신 이 열국으로 이스라엘을 시험하사 여호와께서 모세로 그들의 열조에게 명하신 명령들을 청종하나 알고자 하였더라"로서 이 양 절은 동일한 의미를 나타낸다. 하지만 본장 1절에서 "시험하려"라는 것은 물론 같은 의미로 해석하는 학자들이 많이 있고, 또한 그것이 타당성 있는 해석이라고 볼 수도 있다. 그러나 여기서 "가나안 전쟁을 알지 못한 세대"(1-2)라는 것을 강조하고 있음을 보아 저들이 하나님께서 남겨 두신 가나안 족과 직접 싸워 보아서 전쟁 경험을 가짐으로써 몸소 체험케 하시려는 "시험"이라고 봄이 어떠할까 생각이 된다.

그리고 다시 2절에서 보충 설명을 하고 있는데 "아직 전쟁을 알지 못하는 자에게 그것(전쟁)을 가르쳐 알게 하려 하사"라고 역시 그 이유를 보다 구체적으로 설명하고 있다. 즉 여기서는 남겨진 가나안 족들과 싸우는 방법을 가르친다는 것인바, 이러한 교육과정에서 그 교육 내용이 무엇을 의미하는가가 문제이다. 이것은 다른 말로 가나안에 남겨 둔 족속들과 싸우기 위한 훈련을 한다는 것인 만큼, 그것이 무슨 훈련 내용인가? 많은 학자들 중에는 그것을 전쟁의 기술에 대한 지식, 즉 그들에게 군인 정신을 배양시키고, 무기 다루는 기술의 습득, 전투시 취할 참된 용기를 훈련하는 것이라고 해석한다.

하지만 단연코 그것은 아니다. 이는 바로 위에서 지적한 "열조의 지킨 것같이 나 여호와의 도를 지켜 행하는 것이며"(1:22), 또한 "여호와께서 모세로 그들의 열조에게 명하신 명령을 청종하는"(4) 것을 말한다. 이것이 여호수아의 승리의 비결이다. 그는 자신의 인간적인 힘이나 세상의 무기로써 가나안 족을 정복한 것이 아니라 하나님의 기적적인 도우심으로 한 것이다. 그러나 전능하신 하나님의 도우심은 그들이 하나님의 율법을 신실하게 준행하는 조건하에서 이스라엘 편에 주어진 것이다. 이것은 여리고 성 함락이 웅변적으로 증거한다. 하지만 그 당시도 그 언약을 범할 때는 가나안 사람 앞에서 이스라엘로 패하게 하셨는데, 바로 아간의 범죄로 인한 아이 성에서의 패배의 경우이다(수 7장).

그러므로 전쟁 경험이 없는 신세대들 역시 가나안 족들에 의한 고통을 겪으면서 그들을 멸할 수 있는 비결을 배워야 하는 것이다. 이스라엘의 전쟁은 잘 훈련된 장병이나 철병거 같은 무기에 있는 것이 아니라 하나님을 바로 알고 바로 섬기는 비결을 배움에 있다는 것이다. 이것은 비단 여호수아의 정복기에만 나타난 전법이 아니라 사사들의 역사 전반, 아니 그 후 이스라엘의 남북 왕국을 막론하고 시종일관 훈련받아야 할 하나님의 전술이며, 병법임을 알아야 한다는 것이다.

그리고 이것은 오늘의 모든 그리스도인들이 사탄과 벌이는 전쟁에서도 역시 적용되는 하나의 승전의 원리임을 기억해야 한다.

2) 남겨두신 열국(가나안 족)의 명단 (2b-4)

"남겨두신 열국은 블레셋 다섯 방백과 가나안 모든 사람과 시돈 사람과 바알 헤르몬 산에서부터 하맛 어구까지 레바논 산에 거하는 히위 사람이라"(2-3).

이스라엘 자손들의 시험의 대상으로 남겨두신 열국(적대자)의 명단을 나열하고 있는데, 즉 "블레셋 다섯 방백과 가나안 모든 사람과 시돈 사람과 바알 헤르몬 산에서부터 하맛 어구까지 레바논 산에 거하는 히위 사람이라"(3)고 밝히고 있다.

"블레셋 다섯 방백"은 가나안 땅 서남방에 거점을 잡고 있는 강력한 부족으로 이 족속은 가나안 원주민은 아니면서도 원주민과 동일시되는 족속이다. 이는 여호수아의 가나안 입국으로부터 다윗 왕국시대까지 이스라엘을 가장 많이 괴롭힌 족속 중하나이다. 이 족속은 다섯 개의 성에 각각 거주하였는데, 가사, 아스글론, 아스돗, 에글론, 가드 등이다. 이 중 셋은 유다에 의하여 정복되었으나(1:18), 아마도 그 후에 다시 빼앗긴 것으로 추측된다.

"방백들"이라는 뜻은 문자적으로 차축(車軸)을 의미한다. 차량의 동작이 바퀴의 축(軸)을 중심하여 돌아가듯이 블레셋의 공적인 일들이 차의 축처럼 우두머리를 중심하여 움직이는 직임상 기능을 호칭하는 것이 이른바 "방백들"인 것이다.

"가나안 모든 사람"은 가나안 땅 북부 지역에 점령되지 않고 남아 있는 가나안 원주민을 지칭하는 것이다. 남부 지역은 유다와 요셉 지파에 의하여 대체로 점령되었으나 북부 지역에는 아직도 많이 남아 있다는 사실을 알게 된다.

"시돈 사람"은 베니게 인을 말하며 시돈은 해상 무역 항구로 유명하다.

"히위 사람"은 보다 넓은 지역에 분포되어 있다. 즉 "바알 헤르몬 산(바알 갓)에서부터 하맛 어구까지"에서 "하맛"은 이스라엘의 북부 경계로서(수 13:5, 왕상 8:65, 왕하 14:25), "어구"는 북쪽에서 가나안 땅으로 들어오는 관문을 뜻하는 것이다. "레바논 산에 거하는 히위 사람"은 이스라엘 영토의 북방에 있는 유명한 레바논 산맥 산 중에 거하는 족속이라는 의미이다. 이 곳은 저 유명한 백향목 산지로 이름이 나 있다(왕상 5:5-18, 스 3:7).

이들을 점령하지 못한 것은 이스라엘의 불신앙과 태만에 있었으나, 하나님은 이들을 대상으로 이스라엘을 시험하는 섭리의 일환으로 삼고 있는 것이다.

이 족속들은 이스라엘에게 찌르는 가시며 포획 당할 위험한 올무이었다. 이 가나안 족들은 오늘도 역시 모든 그리스도인들의 생활 저변에서 끊임없이 찌르는 가시와 올무로 남아 있는 것이다. 이런 상황에서 우리는 과연 어떻게 대처하고 있는가를 반성하며, 다음 구절이 보여주는 이스라엘의 대처 상황을 상고해 보기로 한다.

3) 이스라엘 자손들의 죄악상 (5-7)

"여부스 사람 사이에 거하여 그들의 딸들을 취하여 아내를 삼으며 자기 딸들을 그들의 아들에게 주며 또 그들의 신을 섬겼더라"(5-6).

5-7절에서는 이스라엘 자손들의 죄악상을 비교적 상세히 기록하고 있다. 그것은 가나안 족과 동거하며, 결혼하며, 우상숭배 하는 것임을 지적한다(6).

(1) 동거 죄 (5)

" . . . 여부스 사람 사이에 거하여"(5).

동거 금지 대상으로 지목된 것은 이미 2-3절에서 언급하신 "남겨두신 열국" 백성들이며, 또한 5절에 기록된 가나안 7족이었다. 7족 중 기르가스 족이 빠져 있다. 전항에서는 남겨둔 가나안 족의 거주지에 치중하였고 5절에서는 그 족속을 부족별에 치중하고 있을 뿐, 같은 가나안 원주민을 지칭하는 것이다.

여기서 "동거하지 말라"는 것은 저들의 처한 상황은 가나안 족들을 쫓아내지 못한 이상, 동거 생활은 불가피하게 되었으나, 단 저들과는 사고방식이나 생활양식을 달리하라는 것이다. 가나안 족들은 저 나름대로의 생활 방식이 있고 생활 철학이 있으며, 반면에 이스라엘은 모세의 율법에 기초한 도덕과 신앙을 따르는 저 나름대로의 문화가 있는 이상, 양자 간의 교류는 금한다는 사실을 의미한다(출 34:15-16, 신 7:3, 수 23:12).

동거 금지 조항의 요점을 보면, "언약을 맺지 말 것"(출 34:15)과 "친근히 하지 말 것"(수 23:12)을 강조하고 있다.

신명기 22장 9-12절을 보면 "이종(異種) 혼합(混合)의 금지 규정"이 나온다. 거기에 의하면 "종자의 혼파 금지"(9), "소와 나귀를 겨리하지 말 것"(10), 혼방 직물의 금지(11) 등으로 비교적 상세히 기록되어 있다. "종자의 혼파 금지"가 주는 교훈은 종교적 신성 보존을 위한 경계 조항이며, "소와 나귀 겨리 금지"는 사업상 동사(同事)하지 말라는 것이다. 그리고 "혼방 직물의 금지"는 도덕적 행위의 신성을 의미하는 것이다(졸저: 구약설교전집 신명기, pp.359-361 참조).

이 법칙의 신약시대의 적용은 고린도전서 5장 9-11절에서 볼 수 있는데, "…만일 어떤 형제라 일컫는 자가 음행하거나 탐람하거나 우상 숭배를 하거나 후욕하거나 술 취하거나 토색하거든 사귀지도 말고 그런 자와는 함께 먹지도 말라 함이라"(11)라고 하였다. 이는 신자라 하면서 불신자적인 생활을 하는 자를 말하지만 불신자의 경우는 더욱 강도 높게 친밀 관계를 갖지 말고, 그 실례로 회식 자리를 피하라고 지적하고 있다(고전 5:11).

(2) 혼인 금지 위반 죄 (6)

"그들의 딸을 취하여 아내를 삼으며 자기 딸들을 그들의 아들에게 주며"(6).

인류 최초의 이방 혼인 금지법을 어기고 심판 받은 사실은 셋과 가인 족과의 혼인 관계로 "네피림"족이 출현했고, 이 혼합 족속의 출현은 결국 홍수 심판의 원인이 된 것이다(창 6:1-8).

그 후 아브라함은 약속으로 받은 아들 이삭의 결혼을 위하여 가나안 족의 딸들과 혼인하지 말고 고향 하란에 가서 동족 중에서 딸을 취하여 자부를 삼게 하라고 늙은 종에게 맹세시켜 결국 자부로 리브가를 맞게 된 사실에서 혼인 신성을 보여주었고(창 24:1-9), 그 후 이삭과 리브가도 야곱의 결혼 문제를 거론하여 아브라함과 같은 입장을 취하여 그의 형 에서가 가나안 여인과 혼인한 사실과 대조시키고 있다(창 27:46~28:4).

혼인 관계는 이스라엘 혈통의 순수성을 잃게 하는 것이며, 혼인으로 맺어진 관계는 혈연관계이며 그 무엇으로도 파괴할 수 없는 관계가 형성되기 때문에, 신약시대에 와서도 "너희는 믿지 않는 자와 멍에를 같이 하지 말라"(고후 6:14)라고 불신 혼인을 경계하고 있는 것이다.

(3) 우상숭배 죄 (6–7)

" . . . 또 그들의 신들을 섬겼더라"(6b).

7절은 6절에서 "그들의 신들을 섬겼더라"라는 데서 "그들의 신들"이 무엇인가를 설명하여 "바알들과 아세라를 섬긴지라"라고 가나안 족의 대표적인 두 우상을 지적하고 있다.

이상에서 보여준 이스라엘의 세 가지 죄상은 상호간 깊은 연루 관계를 갖고 있다. "동거"하면, 혼인하게 되고, "혼인" 관계는 결국 종교적 독자성을 잃게 되고 불신 배우자와의 부부관계에서 "이방신을 섬기는" 결과에 이르게 된다. 그 대표적인 실례가 솔로몬 왕의 경우이다. 즉 "솔로몬 왕이 바로의 딸 외에 이방의 많은 여인을 사랑하였으니 곧 모압과 암몬과 에돔과 시돈과 헷 여인이라…왕은 후비가 칠백 인이요 빈장이 삼백 인이라 왕비들이 왕의 마음을 돌이켰더라…이는 시돈 사람의 여신 아스다롯을 좇고 암몬 사람의 가증한 밀곰을 좇음이라"(왕상 11:1-5)라고 하였다.

솔로몬 왕이 이방 여인을 왕비로 맞은 결과는 저들이 시집 올 때 각각 자기들이 섬기던 우상들을 가져와 나이 늙어 의지가 약해진 왕을 졸라서 작은 산 위와 푸른 나무 아래에 온갖 우상의 신당으로 가득 차게 했고(왕하 16:4, 왕상 14:23), 그 신들에게 각각 분향하며 제사를 드렸다(왕상 11:7-8). 그 결과 나라는 남 · 북 왕조로 두 조각이 났고 결국 모두 망하는 비극을 초래하게 된 것이다.

오늘의 성도들 역시 불신자와의 교류 관계는 혼인 관계 같은 긴밀한 교제를 하게 되고 나아가서는 자신의 신앙 입장을 버리게 되며 결국은 각종 우상을 섬기다가 마침내 망하게 된다는 이 원리를 결코 잊어서는 아니될 것이다.

2. 제1대 사사 옷니엘 (8-11)

이스라엘의 불신과 태만으로 인하여 아직도 이스라엘 전역에 남아 있는 가나안 족들의 은신처와 명단까지 제시하면서(2-3), 이들을 두고 이스라엘을 시험하여 저들과 사귀지 말며 결혼하지 말고 저들의 우상을 섬기지 말 것과 여호와의 도를 지켜 행하기를 바라시는 여호와의 기대와 달리(2:22), "여호와의 목전에서 악을 행하여 자기들의 하나님 여호와를 잊어버리고 바알들과 아세라를 섬긴"(7) 이스라엘에 대하여 마침내 여호와의 진노가 임하였다. 그런 중 백성들이 진노 중에서 여호와께 부르짖으매 여호와께서 구원자를 보내주셨으니 이것이 곧 사사의 등장이다(9).

총 12명의 사사 중 본장에는 이미 서론에서 언급한 대로 초기의 활동한 3인 사사들의 용감한 구국 용사의 면모를 보여주고 있다. 그 중에서 오늘은 제1대 사사로 유명한 옷니엘에 관하여 같이 상고하고자 한다.

1) 이스라엘 자손에 대한 압박자 구산 리사다임 (8)

이스라엘 자손들은 하나님을 저버리고 가나안 족과 같이 동거하여 결혼의 기쁨을 누리고 쾌락적인, 바알과 아세라의 축제에서 먹고 마시며 즐거워하였을 것이다. 하지만 저들에게는 아무런 징벌의 징후도 일어나지 않았다. 낮에는 태양이 뜨고 지고 밤에는 밝은 달이 떴다가 진다. 별들은 여전히 빛을 발하며 깜박인다. 꽃은 피고 지고 새는 맑은 소리로 우짖는다. 저들은 하나님을 버리고 우상을 섬겨도 이상 현상을 일어나지 않는다고 안도했을 것이다.

하지만 서늘한 서풍 대신 동북풍이 불기 시작하더니 드디어는 폭풍우가 검은 구름을 몰아다가 이스라엘을 강타하였다.

이것이 바로 메소보다미아 왕 구산 리사다임의 침략이며, 이는 여호와의 진노의 표현이었던 것이다(8). 적은 바벨론 족에 속하는 시리아 왕이었다. 이의 침략으로 인하여 이스라엘 자손들은 졸지에 구산 리사다임의 노예 민족으로 전락하고 말았다.

"구산 리사다임"의 인물에 관한 기록은 성경에 병행 기사가 없으며 그 이름의 뜻은 "구산"은 구스(Cush)에서 파생된 형용사로 구스 사람인 듯하며, "리사다임(rishathaim)"은 '두 배 악한 것'이라는 뜻이라고 본다면 "매우 악한 구스인"임을 알 수 있다. 그 이름은 이스라엘 자손들이 그의 포악성을 보고 그에게 붙인 칭호가 아닌가 생각된다(Keil).

이스라엘 자손들은 이 동북방에 포악한 왕에게 팔린바 되었다. "여호와께서 … 그들을 구산 리사다임의 손에 파셨으므로”(8)에서 “파셨다”는 뜻은 노예 매매 용어로서 노예로 팔린바 되었다는 의미이다. 그 결과로 8년간을 이방의 폭군을 섬기게 되었다. 여기서 “섬겼다”는 것은 피정복민의 노예적 삶을 뜻하는 말로서, 강제 노역에 혹사당하거나 또는 조공을 바치는 등의 비참한 상태를 상상하게 한다. 여기서 8년간을 이방의 폭군을 섬겼다는 말은 다른 방면에서 8년간을 “하나님 여호와를 버리고 우상을 섬겼다”는 의미로 생각할 수도 있는 것이다.

2) 이스라엘 자손의 부르짖음 (9)

“이스라엘 자손이 여호와께 부르짖으매”(9a).

여기서 사사기 전반에서 보여주는 공식적 범주(a category)의 첫 경우가 제시된다. 즉 범죄—고난—회개—구원에서 “여호와께 부르짖는” 제3의 단계에 이르고 있음을 알게 된다.

시편 130편 1절에 보면 “여호와여 내가 깊은 데서 주께 부르짖었나이다”라는 구절이 있다. 깊은 곳은 인생의 타락의 극점을 뜻하는 곳으로, 절망의 심연에서 하나님께 기도하는 간절한 호소이다.

사사기에는 이 말이 일곱 번 반복되는데, 본절은 그 첫 경우이다. 여호와께서는 아무리 배신하고 세상으로 나가서 저 나름의 우상을 섬기는 자라도 그 인생의 밑바닥에서 “죽겠으니 살려 달라”라고 호소한다면 그는 그 기도를 일곱 번이 아니라 일흔 번씩 일곱 번이라고 들으시고 용서하신다. 이는 그가 사랑이시기 때문이다.

예를 들면 야곱의 경우를 들 수 있다. 야곱이 하란에서 귀가 시 외삼촌 라반의 추격에서 구원되자마자 전방에 또 다른 적 즉 20년 전에 원수 에서와 만날 수밖에 없는 도전을 받게 된다(창 32장). 야곱은 처자들과 종들, 그리고 가축 떼까지 다 얍복 강을 건너게 하고 홀로 남아 하나님께 기도하였다. 여울 소리 밖에 들리지 않는 외로운 밤에 그는 천사와 씨름하는 기도로 밤을 새웠다. 처음에는 아직도 남은 자신의 육적인 힘으로 이겨보려고 천사를 붙잡고 겨루어보았다. 하지만 날이 새어갈 무렵 천사는 야곱의 육적인 힘의 중심부위인 환도뼈를 치자 위골이 되어 야곱은 꼼짝도 못하고 항복하였다.

환도뼈를 친 이유가 무엇인가? 씨름에 있어서 환도뼈는 주요한 지체이며 부위이다. 환도뼈가 상하면 씨름은 못한다. 야곱에게 있어서 이 환도뼈는 그의 죄악성을 대표하는 것이다. 그는 20년 전에 형을 속이고 이 다리로 하란의 외가로 도망쳤다. 그리고 20년 만에 또한 외삼촌 라반을 피하여 도망친 것이다. 그런데 가족과 재산을 다 도피시키고 그는 홀로 남아서 아직도 천사와 맞서 씨름하며 이긴다고 다리에 힘이 남아 있어 버티고 서 있다. 그런데 천사는 이 중요한 지체인 환도뼈에 일격을 가하니 위골이 되었다. 이제는 육적인 힘을 전혀 의지할 수 없게 된 것이다.

그때 야곱은 천사를 부여잡고 "살려주시오"라고 애원하게 된다. 결국 이 씨름에서 이긴 자는 천사이다. 하지만 천사는 "네가 이겼다"라고 하였다. 그 이유는 하나님은 나의 모든 육적인 힘을 의지할 수 없게 될 때 오로지 여호와 하나님만을 붙잡고 "살려주시오"라고 애원하면 "네가 이겼다"라고 그 소원을 들어주시는 것을 야곱의 사적에서 보게 된다. 결국 천사는 야곱에게 새 이름을 주었고, 축복해 주었다. 그리고 마지막에 보면 "그가 브니엘을 지날 때에 해가 돋았고"(창 32:31)라고 하였는데, 이것은 "밤새 기도하여 축복을 받게 되자 그 아침에 밝은 태양이 야곱의 가슴속에 떠올랐다"는 의미인 것이다.

지금도 어떤 경우든 다른 방도가 없는 인생의 궁경(窮境)에서 여호와 하나님께 부르짖기만 하면 그는 용서하시고 구원자를 기꺼이 보내주신다는 원칙에는 변함이 없다는 사실을 모든 성도들은 기억해야 할 것이다.

3) 여호와께서 세우신 한 구원자 (9-10)

"여호와께서 그들을 위하여 한 구원자를 세워 구원하게 하시니 그는 곧 갈렙의 아우 그나스의 아들 옷니엘이라"(9b).

파경에 이른 인간들의 단말마적인 절규를 들으신 여호와 하나님께서는 그 대비책으로 한 구원자를 세워 저들을 구원하게 하시니 이가 저 유명한 첫 사사 옷니엘이다.

옷니엘은 갈렙의 조카이며 후에 사위가 된 자로서 저 유명한 드빌 전투에서 두각을 나타낸 자이다(수 15:16-17). 갈렙이 헤브론을 기업으로 받았으나 이 곳에서 오래 거점을 갖고 완강히 대항하는 아낙 족을 맞아 싸우기는 매우 힘이 들어서 드빌 전투에서 승리한 자를 위하여는 자기 딸을 주어 사위를 삼는다는 현상을 내걸었다. 여기에 응모하여 드빌 전투를 승리로 이끈 자가 바로 옷니엘이다. 그는 약속대로 갈렙의 딸 악사(Achsah)와 결혼하게 되었고, 악사는 시집 올 때 결혼지참금으로 비록 유다 남방의 '네게브' 지방에 있는 척박한 땅이기는 하나 땅과 함께 윗샘과 아랫샘을 받음으로 나름대로 그 지방에서는 좋은 땅이라 할 수 있는 전토(田土)를 기업으로 받았던 것이다(수 15:13-20).

이처럼 이미 전공을 세운바 있는 옷니엘에게 "여호와의 신이 그에게 임하셨으므로" 그가 제1대 사사로 등장하여 강적인 메소보다미아 왕 구산 리사다임과 접전하여 승리하는 영광을 얻게 된 것이다.

여기서 우리가 기억해야 할 것은 옷니엘은 이미 드빌 전투에서 승리한 경험이 있으며, 어느 면에서 장수(將帥)로서의 기질도 있다고 보아야 하겠지만, 그의 승리의 비결은 "여호와의 신이 그에게 임하셨다"는 데 있다는 점을 간과해서는 아니 된다는 것이다. 그는 자신의 경험이

나 장군의 기질, 그리고 그 어떤 무기에도 의존하지 아니하고 오직 여호와께서 부여해주신 성령의 능력만을 믿고 싸워 이긴 것이다.

그 결과 "그 땅이 태평한 지 사십 년에 그나스의 아들 옷니엘이 죽었더라"(11)라고 하여, 압제 받은 기간은 8년인데 비하여 평화 기간은 40년이었다. 하나님의 징계의 기간은 짧고, 은혜와 축복의 기간은 몇 배, 아니 몇 십 배 크다는 사실이다. 이는 옷니엘의 승리로 40년의 평화가 왔다는 것은 그가 적 왕을 몰아내고 계속 40년간을 이스라엘을 다스렸다는 사실이다. 아무리 옷니엘이 싸움에서 승전한 후, 그냥 그 백성을 내버려두었어도 평화시대가 40년간 유지되었을까? 아닐 것이다. 앞서 언급한대로 사사의 직무는 백성들의 크고 작은 소송사건에 있어서는 재판관이며, 정치적으로 행정 수반일 뿐 아니라 종교적으로 하나님의 뜻을 따라서 여호와를 섬김에 앞장서는 지도자이다.

이런 의미에서 그가 전쟁 종료 후 40년간에 선정(善政)을 베풀고 백성들을 잘 다스려, 그가 사사로 재직한 40년간의 태평성대가 유지되었다는 것이다. 이는 그가 살아있는 동안은 적이 침략을 하지 못하였다는 의미라고도 할 수 있다.

요컨대 오늘도 역시 성령을 받아 부르심에 응한 "한 사람"(한 구원자)은 천만인의 능력과 지혜와 용기를 가진 자들을 합한 것보다 우세하다. 오늘 우리나라 우리 교회가 요구하는 것은 바로 옷니엘과 같은 여호와의 신으로 충만된 지도자라는 점을 지적하고 싶은 심정이다.

구국의 용사는 용감하였다 (Ⅱ)

사사기 3:12-31

1. 모압의 압제와 사사 에훗 (12-30)

1) 모압 왕 에글론에 의한 압제 (12-14)

이스라엘 자손이 옷니엘 사사 이후 또 여호와의 목전에 악을 행하기를 18년이나 계속하였다. 여호와께서는 그 벌로 모압 왕 에글론을 강성케 하여 이스라엘을 대적케 하였다. 에글론이 자신과 같은 롯의 딸의 족속인 암몬과, 에서의 족속인 아말렉 자손과 동맹을 맺고 이스라엘에 대한 침략전을 벌여 "종려나무 성읍"인 여리고까지 점령하고, 아직 완전 복구되지 않은 여리고 성에다가 임시 별궁을 세운 후, 우선 에브라임을 손아귀에 넣고, 가나안 침략의 병참 본부를 설치함으로써 이스라엘로 하여금 속국으로 만들어 그 섬김의 일환으로 조공을 바치도록 18년이나 계속했던 것이다(14).

여기서 말하는 "18년을 섬겼다"는 말은 이스라엘 자손이 18년간 하나님을 떠나서 "여호와의 목전에 악을 행하였다"(12)는 것과 같은 의미이다.

이스라엘은 견디다 못해 다시 여호와께 부르짖는 회개의 기도를 올리게 되자(15), 여호와께서 그들을 위하여 한 구원자를 세우셨으니 이가 베냐민 족 출신의 왼손잡이 사사 에훗이었다. 이번 모압의 서방 침략전에서 직접 피해를 많이 본 것은 에브라임 지파인데 어찌하여 베냐민 족에 속한 에훗이 나섰는가, 의문이 가지만 베냐민이 에브라임과 근접해 있어서 역시 피해가 컸을 것이라 생각된다.

암몬 족의 여리고 점령 경로를 생각하면, 60년 전 바로 여호수아가 가나안을 향하여 요단 도강 작전을 끝내고 여리고를 점령하던 때와 똑같은 길을 따라서(수 3~6장) 여리고에 진입하였다는 사실이다. 여호수아가 기적적으로 여리고 성을 함락시켜 가나안 본토전에서 첫 승리를 안겨준 역사 깊은 이 무대 위에서 이 동방 만족(蠻族)의 괴수 에글론이 그 비대한 몸을 호화 침상에서 뒹굴고 있었다니 실로 범죄의 결과가 얼마나 무서운 형벌이 따르는가를 실감하게 된다.

2) 이스라엘 자손의 구원자 에훗 (15-25)

(1) 왼손잡이 사사 에훗 (15)

에훗은 이스라엘이 여호와께 부르짖음에 응하여 한 구원자로 세움 받은 사사이다(15). 여기서 에훗이나 옷니엘(9)을 "구원자"라고 한 것은 오늘의 예수를 구원자라 한 의미와는 다른 것이다. 예수 그리스도야말로 우리 모두에게 영, 육을 아울러 구원해주신 구원자임을 의미하지만, 사사들의 경우는 나라와 백성들이 적의 침략에서 고난을 당할 때 적의 압제에서 이들을 도와 자유롭게 한 자라는 의미이다.

그리고 에훗의 인물을 소개함에 있어서 "베냐민 사람 게라의 아들 왼손잡이 에훗이라"(15) 하여 그의 신체 중 "왼손잡이"라는 점을 강조하여 부각시키고 있다. 요사이도 왼손잡이들이 많이 있으며, 대개 이들이 손재주가 있는 경우가 많이 있다. 성경학자들의 연구에 의하면 왼손잡이가 되는 원인은 두 가지가 있는데, 오른손이 장애가 있는 경우와 또는 장애가 아니더라도 나면서부터 왼손이 쓰기가 편리하여 자연히 왼손잡이가 되는 경우라고 한다. 성경에 보면 베냐민 족 가운데 700명의 돌팔매에 능한 왼손잡이 용사들이 있음을 보아서(20:16), 그들이 다 오른손을 못 쓰는 장애자라고 할 수 없기 때문에, 카일(Keil)은 에훗의 경우, 오른손이 장애가 있어서라기보다는 양손을 다 쓸 수 있으나 왼손을 더 능숙하게 사용했기 때문에 왼손잡이라고 해석하였다. 이는 요세푸스(Josephus)도 같은 주장을 하고 있다.

하지만 우리가 상식적으로 생각할 경우, 본문에서 에훗의 인물됨을 소개함에 있어서 왼손잡이라는 점을 강조한 것을 보면, 왼손잡이라는 약점이 있음에도 불구하고 에글론을 암살하는데 성공하였다고 보아, 약점을 지닌 사람도 하나님의 일을 하는 데 아무런 지장이 없음을 강조하려는 것인지, 아니면 그가 왼손잡이이기 때문에 에글론을 죽이는 과정에서 더 유리하였다는 것인지 그 이유를 우리는 알 수가 없다. 다만 이 말씀이 주는 교훈은 왼손잡이든 양손잡이든 하나님의 부름을 받은 이상은 큰일을 할 수 있다는 사실을 가르쳐준다고 생각할 뿐이다.

(2) 사사 에훗의 활동 개관

에훗의 활동 상황은 크게 두 가지로 구분할 수 있다. 그 첫째는 모압 왕 에글론을 살해한 사건(15b-25)이며, 둘째는 그가 에글론을 살해한 후 "스이라"라는 곳으로 도망쳐서 그곳에서 의병을 일으켜 여리고에 주둔하고 세력을 부리던 모압의 연합군 일만 명을 죽이고 승리하였다는(26-30) 것으로 양분된다.

에훗은 이스라엘 자손들의 선택에 의하여 모압 왕 에글론에게 연례적(年例的)으로 바치는 공물을 가지고 모압 왕에게로 가게 되었다. 에훗은 이 기회를 이용하여 에글론을 살해할 목적으로 장이 한 규빗(약 45cm)되는 좌우에 날선 단검을 우편 다리 속에 숨겨 차고 갔다. 무사가 검을 차는 곳은 왼편인데, 여기서 오른편에 찼다는 것은 에훗이 왼손잡이였기 때문이다.

에훗은 공물 바치는 장엄한 의식을 마친 후에 공물을 운반해 온 자들을 보내고 일단 공물 헌공 사절단을 해산시켰음을 알 수 있다. 이처럼 속단 처분한 이유는 단독 범행을 결심했기 때문이다.

그런 다음에 그는 "길갈 근처 돌 뜨는 곳"(19)에서 여리고에 머물고 있는 모압 왕 에글론에게로 되돌아갔다. 여기 "돌 뜨는 곳"에 대한 몇 가지 해석이 있는데, ① 단순히 '채석장'이라고 보는 견해가 있고, ② 여호수아가 길갈에 세운 요단강 도강 기념석을 세운 곳(수 4:19-24)이라고 해석하는가 하면, ③ 에글론이 이미 점령하고 자기 소유를 표시하기 위하여 세운 지계표(地界標)라고 보는 견해도 있고, ④ 채석장에는 조각한 우상들이 많이 세워져 있으므로 그러한 고장을 말한다는 주장 등 다양하다.

이상의 해석들은 다 그 나름대로 타당성이 있다고 본다. 에훗이 이 지점에서 돌아선 것은 여호수아의 길갈에 세운 도강 기념석을 보면서 에글론 살해 계획의 결심을 더 강하게 하였음직도 하며, 에글론이 세운 지계표를 보았을 때 더욱 모압에 대한 분노가 치밀었을 것이라고 추측할 수도 있을 것이다. 그리고 채석장에서 파낸 돌로 만든 많은 우상들을 보면서 이스라엘의 죄악을 반성하며 모압에 대한 적개심을 더욱 강하게 일으켰으리라는 점 등은 모두가 타당한 추측이라고 할 수 있다.

여하튼 에훗이 이 경계선까지 왔다가 여리고로 되돌아간 것은 사실이다. 그는 왕을 다시 만나서 "은밀한 일을 왕에게 고하려 하나이다"(19)라고 하자, 왕은 조금 전에 근사한 공물까지 상납 받았고 군사도 없이 무장을 하지 않고 와서 단독 면담을 요청하니 왕은 아무런 의심도 하지 않고 주위에 있던 호위병까지 물리었던 것이다.

이리하여 에훗의 왕과의 단독 면담이 순조롭게 이루어졌다. 에훗이 서늘한 다락방(왕궁 위에 세워진 누각)에 홀로 앉아 있는 왕 앞에 나아가서 "내가 하나님의 명을 받들어 왕에게 고할 일이 있나이다"(20)라고 말하였다. 에훗이 말하는 신(神)의 명이라는 것을 듣고, 에글론이 그 신이 하나님이라는 것을 알았는지, 아니면 단순히 신이라는 말을 듣자 경외심이 생겼기 때문인지 알 수 없으나 왕은 앉은 자리에서 일어서게 된 것만은 사실이다.

이로써 에글론은 에훗의 사정거리 안에 그 비대한 체구의 복부를 내밀게 되었다. 에훗은 왼손으로 옷 속에 미리 숨겨둔 단검을 빼자말자 그의 기름진 복부를 찔렀는데, 단검이 배를 관통하여 칼자루까지 따라 들어가 그 끝이 등 뒤까지 나갔다. 그러자 칼날이 그의 비대한 몸속에 있던 기름에 엉겨 나오지를 않으니 에훗은 그냥 버려두고 침착하게 방을 나와서 다락문을 잠그고 계단을 내려와 밖으로 나왔다. 그 사이 몇 사람의 군인들을 만났겠지만 그의 태연한 모습에 아무런 의심도 하지 않았다. 이로써 18년간 모압의 압제의 멍에를 꺾어버리고 80년의 태평 세월을 가져다준 엄청난 과업을 순식간에 성취하였던 것이다.

에훗이 나간 후 왕의 신하들이 들어와 보매 다락문이 잠겼음을 보고 "필연 다락방에서 발을 가리우신다(이는 용변하는 것을 의미함)"(24b) 생각하고 시간을 지체하였다. 그 사이 에훗은 도망하여 "돌 뜨는 곳"(모압 점령지 경계)까지 가게 됨으로 일단 안전지대에 이르게 되었다. 한편 왕의 신하들이 오래 기다려도 기색이 없자 이상한 생각이 들어 열쇠를 취하여 열고 본즉 자기들의 주가 암살당하여 땅에 쓰러져 있음을 발견하였다(25).

에훗은 에브라임 산지에 이르러 그 곳에서 전쟁을 선포하는 나팔을 길게 불어 의병을 모집하니 산지 동굴이나 땅굴 등에서 숨어 살던 에브라임의 장정들과 베냐민의 장정들이 대거 그들의 해방자인 에훗 주변에 몰려들었다. 에훗은 "나를 따르라 여호와께서 너희 대적 모압 사람을 너희의 손에 붙이셨느니라"(28) 하고 구호를 크게 외치면서 무리의 선두에 서서 모압 토벌전에 나서자 무리가 일제히 에훗을 뒤따라 일단 모압 맞은편 요단강 나루터를 장악하고 여리고에서 황급히 모압으로 도피하려고 정신없이 달려오는 모압 군을 전멸시키는 한편, 강 건너편 모압에서 원군도 건너오지 못하도록 여울목을 지키니, 이 전투에서 모압 군대 병사들을 약 1만 명을 죽였다. 그 당시 1만 명의 병력이라면 참으로 놀라운 숫자인데, 저들은 "다 역사요 용사라"(29) 하였으니 이들은 오합지졸(烏合之卒)이 아니라 잘 훈련된 정예부대라는 의미이다.

이로써 "그 날에 모압 사람이 이스라엘의 수하에 항복하매 그 땅이 팔십 년 동안 태평하였더라"(30)라고 하여, 역시 짧은 징계의 기간에 비하여 긴 태평성대의 기간을 누림은, 하나님을 전적으로 믿고 순종하는 자에게 주시는 큰 축복이 아닐 수 없다.

(3) 에훗의 에글론 암살 사건의 문제점

이상에서 보여준 에훗에 의한 모압 왕 에글론 살해 사건을 보면, 사사기 전체의 특성을 이루고 있는 전술의 형태를 보게 된다. 그것이 우선 여호수아 시대의 전쟁 방식과는 현저히 다른 면이 있다는 것이다.

여호수아의 가나안 정복전(征服戰)은 아직 이스라엘 왕국이 세워지기 전이라 하더라도 이스라엘 공동체에 의한 전면전이었는데 비하여, 사사기의 전쟁은 대체로 이민족(異民族)의 폭군에 의한 각 지파를 상대로 이루어진 국지전(局地戰)이라는 것이며, 또한 전자의 경우가 대체로 일반적인 전쟁 형식을 취한 데 비하여, 후자의 것은 생동감과 현장감을 매우 강하게 느끼게 하여 전쟁의 광경을 보다 더 생생하고도 사실적으로 인지할 수 있게 하고 있다(A. 그램올드).

이 사실에 대한 첫 경우가 바로 에훗의 에글론 암살 사건이다.

이 사건에서의 문제점은 에글론 살해 행위에 대한 에훗의 기만성과 폭력성 등이 과연 사사로서 정당성을 인정받을 수 있는가 하는 점이다.

① 부정적 평가

이 사실에 대하여 부당성을 주장하는 학자들이 많이 있다. 이들은 에훗을 하나님이 세우신 사사라는 점은 인정하면서도(15), "수단의 선택은 당사자에게 맡겨진다"라고 말하는가 하면(헹스텐베르크), "거짓말과 폭력에 의한 살해 행위는 그 나름대로 고안한 방법이었다"라고 포셋이라는 학자는 주장한다. "그의 이러한 방법 채택과 행동은 그가 살던 시대 상황에서 비롯된 것이라"고 스피커 주석은 말하고 있다. 카셀은 "여호와의 영이 이러한 술수나 살인을 고무하지는 않는다"라고 말한다. 그리고 "열국을 통치하시는 하나님은 그의 목적을 이루기 위하여 선한 행동뿐만 아니라 나쁜 행동들도 이용하신다"라고 해석하여 (Pulpit Commentary), 조금은 혹평을 완화하고 있지만, 이 역시 부정적인 부류에 속할 뿐이다.

이상의 모든 학자들의 견해는 에훗의 모압 왕 살해 사건을 잘못한 것으로 보고 있다.

② 긍정적 평가

이와는 달리 사사 에훗의 행동에 대한 정당성을 말하는 학자들이 많이 있는데, 그들의 주장을 종합해 보면 다음과 같다.

a) 여호와께서 친히 세우신 사사라는 것(15)

"이스라엘 자손이 여호와께 부르짖으매 여호와께서 그들을 위하여 한 구원자를 세우셨으니 . . . 에훗이라"(15)는 것에서 알 수 있듯이 에훗은 분명히 여호와께서 친히 불러 세우신 사사이다. 그 목적은 모압 왕 에글론의 손에서 이스라엘을 구원해 내시기 위함이라는 데서 명확히 밝혀지고 있다(15a). 물론 이스라엘이 우상을 섬기고 범죄하였을 때는 에글론을 채찍으로 사용하셨음은 사실이다(12). 하지만 이제는 그 징계의 기간이 끝이 났다. 그 이유는 모압 왕에 의한 18년간 압제를 당하는 사이 이스라엘이 여호와께 부르짖는 회개의 기도를 올렸기 때문이다(15a).

부모가 자식을 징계하기 위하여 채찍을 쓰지만 자녀들이 채찍을 맞고 잘못을 시인하면 그 채찍을 그들이 보는 앞에서 없애버리는 것이다. 그러므로 에글론은 에훗이 찾아오기 전에 이미 죽을 운명으로 정해진 인물이었고, 이미 여호와의 자비를 얻을 시효는 끝이 나 있었다. 그가 에훗의 단검을 맞고 그 발 앞에 죽어 넘어질 때는 그 이유가 명백히 제시되었다(21-22).

에훗은 이 순간을 위하여 부름을 받은 자임을 그 자신이 명확히 알고 있었다. 그러므로 그는 자신을 부르신 이의 목적에 부합되어 이미 시효가 끝난 에글론을 제거하는데 성공한 것이다.

에훗의 행동에 대한 부정적 해석을 가하는 학자들은 그가 이런 야만적인 기만 술책을 쓴 것은 옷니엘의 경우와는 달리 "여호와의 신이 그에게 임하셨으므로"(10)라는 것이 없는 것을 이유로 들어 하나님 여호와의 영의 감동으로 된 것이 아닌 것으로 간주하지만, 그것이 아니다. 여호와께서 직접 부르신 자에게는 이미 그 영이 부어진 것이며, 이는 비단 에훗뿐 아니라 바락, 돌라, 야일 등의 경우도 성령의 역사로 큰 공을 세운 사사인데도 "여호와의 영이 임하였다"라는 말씀은 생략되어 있는 것이다.

그를 이스라엘의 구원자로 세우심은 모압 왕 에글론의 손에서 구원하기 위한 것이었으며, 에훗은 이 사명감에 불타서 그 목적을 성취한 위대한 사사였다는 사실이다.

b) 에훗은 강한 신앙의 정신을 소유한 자이다.

에훗은 여호와께서 자신을 통하여 이스라엘을 구원하실 것을 믿었다. 그리하여 그는 오직 여호와만 믿고 홀로 담대함과 용기를 갖게 되었다. 그는 이 엄청난 일을 혼자서 감행한 것이다. 이것이 에훗의 활동에 있어서 특이한 점 중 하나이다. 다른 사사들의 경우나 기타 신앙의 용사들이 적과 싸우는 경우에는 비록 군대의 수효나 장비에 있어서 그 적군에 비하여 월등히 열악한 것이기는 하나 어느 정도의 병력과 장비를 갖고 싸운 것이 일반적인 것인데 비하여, 에훗의 주변에는 사람이라고는 자기 그림자뿐 아무도 없었다.

그는 에글론 제거 일자를 공물을 바치는 날로 정하였고, 자신이 그 의식의 수장이 되어 일단 의식을 마친 후에 그의 공물운반을 위하여 같이 왔던 동료들마저 다 귀가시키고 채석장까지 왔다가 그 지점에서 돌이켜 혼자서 적진을 향하여 다시 갔던 것이다. 그 순간에 그의 심중을 한번 헤아려 보라! 이 목숨을 바쳐 조국을 위하여 희생할 각오를 새로이 하고 여리고를 향하던 그의 모습은 마치 그리스도께서 십자가를 지시고 골고다 언덕길을 혼자 오르던 모습을 연상하게 된다. 하지만 그는 혼자가 아니다. 그는 여호와의 영에 충만해 있었다. 그의 유일의 무기는 1규빗에 불과한 단검 하나뿐이었으나, 이는 좌우에 날선 성령의 검이었다(히 4:12).

시저(Julius Caesar)의 병사였던 로마 군인 '세바'는 홀로 폼페이우스(Pompeius)의 군대에 대항하면서 220개의 창을 한 방패로 막아냈다는 기록이 있다. 이 순간 에훗의 방패는 오직 믿음의 방패를 소유했기에 그는 담대하고 용감하였다(엡 6:16).

그가 사사로서 성공한 비결은 바로 이 신앙이었으며, 오직 여호와께 충성하려는 일념과 그의 조국을 압제자에게서 구원하려는 하나의 목표를 정하고 적진을 향하여 돌진한 것이다. 그의 희생정신, 그의 용기, 침착성, 열심, 담대함 등, 이 모든 것은 그의 강한 믿음에서 생겨난 은 사였음은 사실이다.

c) 에훗의 주변 환경이 모두 하나님의 섭리에 순응하였다.

그가 공물헌공 의식을 마치고 채석장까지 와서 동료들을 보내고 여리고로 되돌아가려 할 때 동료들이 불만을 토로하거나 이유를 묻는 자가 하나도 없었다. 그리고 그가 여리고의 모압 별궁을 다시 찾아가서 에글론 왕과의 단독 면담을 요청했을 때도 왕궁 호위병 중 누구 하나 그의 재방문을 의심하지 않고 이 사실을 왕께 고하였고, "은밀한 일을 고하려 하나이다"라고 직접 왕에게 고하였을 때도 왕은 의심 없이 시위대를 물렸고, 왕명으로 물러나는 호위병 중 누구 하나도 의심을 하고 경계심을 가진 자가 없었다는 것이다. 그리고 에훗이 칼을 뽑아 든 순간에도 왕이 소리를 질렀다면 호위병들이 즉시 달려왔겠지만 그런 일은 생기지도 않았다.

그리고 에훗이 에글론을 살해하고 현관에 나와서 방문에 열쇠를 잠근 후 계단을 내려와서 왕궁을 벗어나기까지 몇 사람의 군인이나 궁중 사람을 만났을 만 한데도 누구 하나 그를 의심하는 자가 없었으므로 무사히 왕궁을 빠져 나왔으며, 그가 채석장 즉 모압 군이 세운 모압 경계까지 가는 동안에도 궁중에서는 왕이 거하는 다락방에서 문이 잠겨진 것을 보고는 왕이 변을 보는 줄 알고 오래 시간을 끌었으며, 그 후 왕의 죽음을 안 후에도 추격병을 보내지 않았던 것이다. 에훗은 그 때문에 무난히 채석장을 지나 에브라임 산지 안전지대까지 당도하게 된 것이다.

사건 현장은 적의 궁전이며, 그것도 백주에 혼자서 왕을 시해하는데도 아무런 방해자가 없이 사건 진행이 순조롭게 이루어졌다는 사실은 하나님의 섭리가 아니라면 어찌 가능했을 일인가! 에훗을 통하여 하나님의 택한 백성을 살리려는 여호와 하나님의 거룩하신 뜻을 이루기 위하여 18년간의 압제의 멍에를 꺾어버리고 80년의 태평을 누리는 이 엄청난 일을 단 하루 그것도 한 순간에 에훗은 혼자서 완수하였던 것이다. 이는 진정 놀라우신 하나님 여호와의 섭리 안에서 이루어진 사건임은 의심의 여지가 없는 일이다.

d) 에글론을 향한 에훗의 메시지(a message)는 기만 술책이 아니다.

"왕이여 내가 은밀한 일을 고하려 하나이다…에훗이 가로되 내가 하나님의 명을 받들어 왕에게 고할 일이 있나이다"(19-20). 이 구절은 흔히 생각하기를 에훗이 에글론에게 행한 기만 술책으로 비열한 행위라고 비난받는 대목이다. 하지만 이는 결코 기만 술책이 아니다. 이것이야말로 지당한 하나님의 메시지 전달임에 틀림이 없는 것이다.

모압의 입장은 물론, 오늘의 이 사건과 직접 관련이 없는 제3자의 입장에서 보면 "내가 은밀한 일을 왕에게 고하려 하나이다", 또는 "내가 하나님의 명을 받들어 왕에게 고할 일이 있나이다"라는 것을 두고, 왕과 단독 면담하기 위한 기만 술책이라고 생각할 수도 있다. 하지만 에훗의 입장에서는 그가 진정 하나님의 메시지(a message)를 지니고 왔으며 또한 이를 전달하는 메신저(a messenger)의 역할을 한 것이며, "은밀한 일"(에글론을 죽이는 일), "하나님의 명을 받들어"라고 한 것은 그의 신념이며 또한 그가 하나님께로부터 받은 사명임을 확신한 데서 이것을 전달할 사명을 띠고 온 것이 사실인 만큼, 이는 결코 왕을 만나기 위한 기만 술책이나 구실이 아닌 것이다. 그것은 말이 아니라 행동이었다. 에훗의 생각은 "나는 당신이 그렇게도 하나님을 모독하는 무서운 범죄와 아울러 그의 사랑하는 백성에게 심한 고통을 주었음에 대하여 당신이 무시하던 여호와 하나님으로부터 전할 '메시지'를 갖고 왔소, 그 내용은 당신의 때가 차서 내 손에서 죽어야 하는 것이요."라고 속으로 말하면서 그의 비대한 복부에 비수를 꽂은 것이라는 생각이 든다.

한편 이 메시지를 받는 에글론의 입장을 상상하면, 물론 이상의 메시지는 에훗이 하나님께 받은 것이 사실이지만 이는 에글론을 죽이기 전에 에훗이 스스로 생각한 것일 뿐 이것을 서면으로 낭독하고 전달한 것은 아니다. 하지만 에글론이 "왕에게 고할 은밀한 일이"(19) 곧 "하나님의 명을 받들어 왕에게 고할 일"(20)이라 했을 때 모압의 우상 밀곰(Milcom)을 섬기는 에글론일 망정 하나님에 대한 소문에서 위대한 신이라는 사실을 이미 듣고 있었다면 "하나님의 명"이란 말을 듣고 놀라서인지 비록 다른 신이라도 존경을 표시하기 위함이었는지 그것을 알 수는 없으며, 그 순간 우측 다리에 숨겨둔 단검을 왼손에 빼어들 때로부터 그의 비대한 복부에 일격을 가한 그 순간, 호위병을 부르기 위한 소리도 지르지 못한 절박함인지, 그 짧은 순간이나마 "자업자득(自業自得)이구나. 나는 죽을 자이다."라고 생각하였는지 그것은 알 수 없다.

하지만 한 규빗(약 45cm) 길이의 단검, 그것이 곧 왕에게 전달한 '메시지'였음은 사실이다. 그것은 "좌우에 날선 검"인 하나님의 말씀이기 때문이다(히 4:12).

그러므로 에훗은 단지 기만 술책과 비열한 수단 방법의 소유자로 평가받을 수 있는 자가 아니라 하나님의 명을 받은 메신저(a Messenger)로서 그 임무를 충실히 감당한 사사라는 점을 기억해야 할 것이다.

(4) 그는 훌륭한 장군이며 군략가이다. (26-30)

에훗은 에글론을 살해한 것으로 사명을 완수하였다고 생각하지 않았다. 그가 에글론을 죽인 후 왕궁에서 왕의 죽음을 확인하기까지는 꽤 오랜 시간이 흘렀다. 그 사이 에훗은 왕궁을 무사히 탈출하여 "돌 뜨는 채석장"(모압의 지계표)까지 갔으며 스이라(Seirah)라는 안전지대까지 갈 수 있었다.

거기서 에훗은 선전 포고의 신호나팔을 불자 숨어있던 백성들이 의

병으로 지원하여 나오자 이들을 이끌고 모압 전선을 향하여 앞장서서 진군하였다. 그는 일거의 모압 맞은편 요단강 나루터(여울목)를 장악하고 그 곳을 거점으로 삼아 왕의 시해 소식을 듣고 여리고에서 본국으로 가려고 몰려나오는 모압 군대를 맞아서 몰살시켰다. 적어도 적군은 잘 훈련된 점령군이며, 에훗을 따르는 의병은 훈련이 없는 민간인인데다 무기라고는 아무것도 없는 맨손이지만 이들이 적군 일만 명을 죽여 몰살시켰던 것이다(29). 그것은 왕이 죽은 후 군기가 무너지고 군대 조직의 체계가 무너져 병사들이 전투 의욕을 잃고 겁에 질려 도망할 생각을 가진 결과이기도 하지만, 성경학자들 중에는 요단강 나루터를 장악하고 그곳에 덫을 넣고 웅덩이를 파서 함정을 만들어 대량 살상의 전략을 쓴 것으로 추측하기도 한다.

이 전투에서 에훗의 에글론 왕 살해는 하나의 사적(私的)인 생각에서 자행된 것이 아니라 적어도 하나님의 택하신 이스라엘의 공동체를 모압의 압제에서 구하려는 희생정신으로 싸운 대신 애족의 발로에서 나온 행동임이 증명되고도 남는다.

그 당시 이스라엘 공동체는 곧 오늘의 교회의 입장임을 의미하는 것이다. 그러므로 에훗은 오늘의 교회를 사탄의 권세에서 구원해 낸 이스라엘의 "한 구원자"(15)임은 틀림없는 사실이다.

성경에 보면 하나님의 뜻이 아닌 행동을 한 자에 대하여는 반드시 그 사건 후 책임 추궁이 가해진 것이 하나님의 법이었다. 예컨대 야곱이 형을 속이고 장자권을 취한 행위에 대하여 하나님은 그 잘못을 오래 추궁하여 20년간의 하란 도피생활, 길르앗에서 라반과의 대결, 얍복강에서의 씨름의 기도 등 많은 시련을 겪게 하였으며, 위대한 그의 종 모세마저 하나님의 말씀 불순종으로 가나안에 못 들어간다는 엄숙한 경고를 받았다. 사울 왕도 아말렉을 진멸하라는 명령에 불순종함으로 선지자 사무엘에게 혹독한 책망을 받았다.

하지만 에훗의 에글론 살해 사건의 경우, 그는 하나님께로 아무런 책임 추궁을 받은 적이 없고 오직 그의 업적으로 인하여 "그 땅이 팔십 년 동안 태평하였더라"(30)라고 18년의 에글론에 의한 압제의 멍에를 벗어버리고 80년의 긴 태평성대를 누리게 한 훌륭한 사사라는 점을 부각시킴으로 에훗의 기사를 끝내고 있는 것이다.

에훗이야말로 용감한 구국의 사사임에 틀림없음을 기억해야 할 것이다.

2. 블레셋의 압제와 사사 삼갈 (31)

"에훗의 후에 아낫의 아들 삼갈이 사사로 있어 소 모는 막대기로 블레셋 사람 육백 명을 죽였고 그도 이스라엘을 구원하였더라"(31).

삼갈은 이스라엘의 제3대 사사로서 그에 관한 기사(記事)는 단 한 절로 요약되어 있다. 그는 소(小) 사사로서 돌라(10:1-2), 야일(10:3), 입산(12:8-10), 엘론(12:11-12), 압돈(12:13-15) 등과 함께 그 부류에 속한 자이다. 소 사사라는 것은 그 인물됨이 작다는 평가 기준에서 부르는 호칭이 아니라 이들에 대한 기사 내용의 분량이 적다는 데서 붙인 칭호이다. 이는 선지자 중에서 대선지, 소선지로 구분하는 것과 같은 기준으로 본 것뿐이다.

삼갈에 대한 기록 중에는 시간과 공간에 관한 언급을 피하고 있다. 다만 그의 활동의 시작을 "에훗의 후에"라고 기록되었을 뿐, 그가 어느 지파 소속인지 모르며, 출생지도 없고, 언제 죽었다는 기사나 그의 통치 기간도 없이 다만 "아낫의 아들 삼갈"이라고 그 인물을 소개하고 있을 뿐이다.

그리고 그의 활동 시기를 "에훗의 후에"라고 하였다 해서 에훗을 승계한 사사도 아니며 에훗처럼 활동하였다는 의미도 아니다. 다만 에훗의 통치가 80년을 태평하게 지내다가 그가 죽은 후에 다시 백성들은 지도자 없는 틈을 타서 우상숭배와 하나님께 대한 배신으로 이번에는 서편에 거하는 강적 블레셋이 침략해 옴으로 말미암아 위기에 직면하게 되자 그 대책의 일환으로 하나님의 보내심을 받은 사사가 삼갈이었다는 것이다.

삼갈의 직업은 농사꾼이었다. 블레셋과의 싸움에서 그가 무기로 사용한 것이 "소 모는 막대기"라고 하였다. 그러므로 삼갈은 소 치는 목장에서 일하는 목동 즉 오늘로 말하면 카우보이(a cow boy)가 아닌가 생각된다. 그는 농민이었으며, 그의 유일한 무기인 "소 모는 막대기"는 밭을 갈 때에 사용하는 농기구의 일종으로 길이가 약 2.4m 정도 되는 긴 막대기로, 한쪽 끝에는 소 모는 채찍으로 쓰기에 편리하게 부착물을 달고 다른 한쪽에는 밭가는 쟁기에 흙을 제거할 수 있도록 흙손 넓이의 쇠붙이를 붙여 밭을 경작할 때 좌우 양용으로 사용하게 만들었으며, 때로는 외양간 청소시에도 사용하고, 적과 싸울 때는 무기로 마치 창을 대신하도록 만들어진 다목적의 농기구류에 속한다.

앞서 에훗의 통치는 단지 에브라임과 베냐민, 그리고 유다 지파 등에 국한된 것이 아니라 전국적 규모로 확산되어 80년의 이스라엘 전역에 태평성대가 있었던 것으로 본다. 그러던 중 에훗이 죽자 백성들은 지도자가 없는 동안 민심이 혼란해지고 그 때문에 우상을 섬기고 악을 행하여 그 절정에 이르렀을 때, 그 기회를 틈타서 서방의 강력한 원수 블레셋이 침략의 마수를 뻗어 온 것이다. 그때 북방에서는 가나안 왕 야빈도 거의 동시에 출현한 것으로 보는 것이다.

그때에 북방의 야빈은 드보라와 바락이 담당하게 되고, 서방의 블레셋은 바로 삼갈이 맡아서 물리치게 된 것이다. 그러므로 삼갈과 드보라는 거의 동시대에 사사 활동을 한 것으로 보지만, 삼갈이 조금 앞선 것으로 생각된다. 하지만 그 기간은 매우 짧은 것으로 보며, 그가 소모는 막대기로 600명의 블레셋 군대를 죽였다고 기록하였지만 이는 혼자서 한 싸움은 아니고, 농민들과 의병을 일으켜서 저항한 것으로 생각된다.

그리고 이 전쟁은 블레셋과의 전면전(全面戰)은 아닌 듯하지만, 삼갈이 직면했던 싸움의 의미는 그가 아니었다면 전면전이 일어나서 이스라엘의 큰 피해가 올 것을 미리 방비한 하나의 국지적(局地的)인 전쟁으로 귀중한 임무를 담당한 것이라고 생각하는 것이다. 이는 "그도 이스라엘의 구원자가 되었더라"라는 기록에서 증명이 되는 것이다.

그리고 삼갈은 승전 후 계속 통치하였다는 기록도 없다. 그것을 보면 이스라엘이 에훗과 드보라 사이에 위기의식을 느낄 때 잠깐 마치 혜성처럼 나타나서 블레셋을 이김으로 나라를 구한 하나의 영웅이라고 생각될 뿐이다.

실로 에훗과 삼갈, 이 두 사람의 활동을 보면서 각각 다른 시대에 각각 다른 나라를 상대하여 다같이 활동 방법과 양상이 다르더라도 이스라엘의 위기에서 각각 하나님의 부르심을 받아 다같이 이스라엘의 구원자가 되었다는 것을 생각하면서 실로 구국의 용사들은 용감하였다라고 찬사를 보내고 싶은 마음이 간절하다.

아울러 오늘 우리가 처한 이 시대에서도 이런 용감한 신앙의 지도자가 나타나서 이 위기의식에서 나라와 민족을 구출하는 신앙 영웅이 생겨지기를 진정으로 바라는 바이다.

드보라와 바락

사사기 4:1-24

본장과 다음 장은 여선지자이며 사사인 드보라와 그가 초치(招致)한 장군 바락(Barak)이 이스라엘의 중북부에서 강력한 지배권을 갖고 20년 동안 이스라엘을 압제하던 가나안 왕 야빈(Jabin)과 그의 군대장관 시스라(Sisera)를 이기고 군사상 중요한 에스드라엘론(Esdraelon) 평원지대를 점령한 장쾌한 전쟁사를 보여준다. 저들이 이 중북부의 요지를 점령하고 있는 한 이스라엘의 중부와 북부의 제족(諸族) 간에 교류가 단절되어 상호간 결합과 통일에 방해를 받아 큰 장벽이 되어 있었다.

이 정복의 기사는 두 장에 걸쳐 비교적 상세히 기록되어 있는데, 본장은 산문체(散文體)로, 다음 장은 시문체(詩文體)로 기록되어 있다. 이 시간은 산문체로 된 여선지 드보라와 바락 장군의 장쾌한 전승기를 생각코자 한다.

1. 드보라와 바락 시대의 정황 (1-3)

1) 이스라엘 자손의 죄악 (1)

"에훗의 죽은 후에 이스라엘 자손이 또 여호와의 목전에 악을 행하매"(1).

본장에서도 역시 이스라엘의 죄악—죄악으로 인한 고통—고통 중에 회개—그리고 여호와 하나님의 구원이라는 공식적인 범주(category)로서 논리를 전개하고 있다. 본장은 "에훗의 죽은 후에"로 시작된다. 삼갈 사사도 "에훗의 후에"(3:31)라고 하여 다소 착각을 일으키게 하지만 삼갈은 에훗의 통치하에 국지적으로 블레셋에서 일어났던 하나의 사건을 평정한 사사로 보며, 그 때문에 전장 31절에 삼갈 기사에서 잠깐 언급한 바 있을 뿐이다. 이것을 사사기 편집자가 삽화 형식으로 에훗과 드보라 사이에 삽입하였다고 보는 것이다.

이스라엘이 또 여호와의 목전에 악을 행한 시기를 "에훗의 죽은 후에"라고 하였다. 이 말은 에훗이 살아있는 한은 이스라엘 자손에게 큰 힘이 되었고 악을 억제하고 제거하는데 큰 역할을 하였음을 암시해 주고 있다.

일반 대중은 힘 있는 지도자를 필요로 한다. 사사기의 특징은 "이스라엘에 왕이 없으므로"라는 것이 사사기 전체의 실패의 요인으로 지적되어 있다(17:6, 18:1, 19:1, 21:25). 이 당시 이스라엘의 입장은 또 죄를 지어도 그것을 근절시킬 에훗과 같은 이가 없었음을 지적하는 것이다. 그렇기 때문에 그들은 전적으로 그들 자신의 마음 상태에 따라 스스로 결정을 내려야만 하였다. 그런데 그 당시 민도(民度)를 생각할 때, 그 자신들이 올바른 선택을 하기에는 너무나도 낮은 위치에 있었음을 알게 된다. 그들은 보이지 아니하는 여호와 하나님을 섬기기보다는 자기 주변에서 흔히 보이는 가나안의 우상을 섬기는 것이 훨씬 더 가능하였던 것으로 생각된다.

그들의 죄상은 단 한 절로 요약되어 있다. 즉 "에훗의 죽은 후에 이스라엘 자손이 또 여호와의 목전에 악을 행하매"(1)이다. 이 짧은 기사 속에는 이스라엘 자손들의 엄청난 죄상이 들어있음을 말해 주는 것이다.

이런 의미에서 어느 시대나 훌륭한 지도자가 요구되며 오늘 이 시대도 역시 좋은 지도자의 출현을 대중은 갈망하고 있는 실정이다. 선진국이 될수록 대통령이 누가 되던 상관이 없다는 것이다. 국민들의 정치, 경제, 사회, 문화, 윤리, 도덕 등이 높은 수준에 있기 때문에 스스로 취사선택하며, 또한 지도자의 악행이 있을 경우에는 이를 지적하고 적발 응징할 수 있기 때문에 악한 지도자가 사실 설 자리가 없지만, 이런 수준에 오르지 못한 나라의 국민들은 훌륭한 지도자에게 기대를 걸 수밖에 없는 것이 후진국 백성들의 고민이라고 할 것이다.

에훗이라는 제어장치가 없는 상황에서 단 한 절로 요약된 이스라엘 자손의 죄악상은 "여호와의 목전에 악을 행하였다"는 사실이다. 이는 하나님을 무시한 인간의 사고방식과 행동 원리를 따르는 것을 의미하는바 그것은 오로지 악을 행할 뿐, 금수 이하의 생활방식 바로 그것이었다.

2) 가나안 왕 야빈의 압제 (2-3)

"여호와께서 하솔에 도읍한 가나안 왕 야빈의 손에 그들을 파셨는데 그 군대장관은 이방 하로셋에 거하는 시스라요 야빈 왕은 철병거 구백 승이 있어서 이십 년 동안 이스라엘 자손을 심히 학대한 고로" (2-3).

하솔(Hazor)은 납달리 지파에게 주어졌던 영토 내에 있는 메롬 호수 인근에 위치하고 있으며, 이 성읍은 천연적으로 다볼 산을 배경으로 하고 있었고 인위적으로 매우 견고한 요새를 만들어 그 산 밑은 넓은 평야가 펼쳐 있어 철병거를 사용하기에 적절한 조건을 지니고 있는 고장이다. 이전에 여호수아 장군이 가나안 북부 제성 점령시 하솔 왕 야빈이 북부 제왕의 동맹군을 인솔하고 강력한 철병거로 도전해오자 메롬 호반에서 기습 작전을 도모하여 몰살시키고 그 성을 불태워 버린 유명한 전승기(戰勝記)가 있다(수 11:1-9; 졸저: 구약설교전집 여호수아 11장 참조).

이번에 야빈은 선왕(先王)을 계승한 왕으로 하솔 성을 다시 재건하고 이스라엘 자손들이 범죄를 계속하는 사이 강력한 왕권을 세우고 선왕 때에 여호수아에 의한 패전의 고배를 만회하기 위해 힘을 키워 온 것으로 생각된다.

그 군대 장관은 이방 하로셋(Harosheth)에 거하는 시스라였는데, 하로셋은 시돈 인근에 위치한 성읍으로서 그 주민은 여러 이방 민족들이 모여서 돌을 다듬고 나무를 베고 조각하는 일을 하는 자들의 집합 거주지를 의미한다(출 31:5).

그 주변에는 많은 백향목들이 있었는데 아마도 야빈은 그 백향목들을 시돈 항구로 이송하기 위하여 하로셋의 여러 족속들의 벌목공을 징집하여 일하게 하였으며, 그 중에 많은 이스라엘 사람들도 나무를 베고 자르고 운반하는 일에 혹사당한 것으로 보며, 도끼와 쟁기를 들고 있는 이 벌목공들이 바락의 군대 응모에 따라 야빈과 싸우는 전투병으로 투입된 것으로 추측한다(베이커 주석).

그 당시 이스라엘 백성들은 야빈을 얼마나 두려워했던지 감히 대로(大路)로 다니지도 못하고 골목 소로(小路)를 통해 이동하였다고 하였다(5:6, S.G.D.E.). 우리는 이 사실에서 악의 끈질기고 잔악한 본성을 보게 된다. 여호수아가 전왕 야빈을 죽이고 하솔 성을 점령하고 불사른 지가 적어도 150년 전 일인데(수 11:1-15), 그 후대에 일어난 왕인 야빈이 다시 "이스라엘 자손을 심히 학대하는"(3) 기록을 보면서 악한 자가 대를 이어가면서 하나님의 백성을 괴롭힌다는 악의 본성을 알게 된다.

오늘의 모든 그리스도인들은 사단과 그 졸도들의 근성을 올바르게 파악함으로써 경계를 삼아야 한다는 점을 배워야 할 것이다.

3) 이스라엘 자손의 부르짖음 (3b)

"이스라엘 자손이 여호와께 부르짖었더라"(3).

가나안 왕 야빈의 철병거 900승의 위협에 대하여 속수무책이었던 당시 이스라엘 자손들은 여호와께 부르짖는 외에 다른 방법이 없었다. 저들은 평안한 날에는 하나님을 잊고 방탕과 방종, 안일과 나태의 범죄로 나날을 보내다가 그 결과로 곤고한 날이 오면 여호와께 부르짖는 이런 악순환을 무려 세 번이나 반복하는 간악한 자들이었다(3:9, 15, 4:3).

저들이 받은 고통의 기간 역시 점차 연장되었음을 보게 된다. 옷니엘 사사 당시 메소보다미아 왕에 의한 압제 기간은 8년이었고(3:8), 사사 에훗 당시 모압 왕 에글론의 압제 기간이 18년(3:14)이었던 것에 비하여 야빈의 압제 기간은 20년이나 되었다(3). 이런 고통 받는 기간의 연장은 이스라엘의 죄가 점점 깊어지고 있음을 보여준다.

오늘도 역시 믿음 없는 자는 평안한 날에는 하나님을 잊어버리고 세상 연락에 도취되었다가, 곤고한 날이 올 때는 살려달라고 부르짖는 우리 자신이 아닌가 반성할 일이다.

따지고 보면 오늘의 우리 한반도의 정황은 온 국민적 차원에서 여호와께 부르짖어야 할 다급한 상황이 아닌가 생각된다. 이스라엘 백성들이 비록 염치가 없어도 그래도 살 길은 여호와께 회개하며 부르짖는 기도 외에 달리 방법이 없었음을 기억하며 오늘의 우리 모두가 각성해야 할 것이다.

2. 가나안 왕 야빈에 대한 전쟁 준비 (4-13)

1) 여 사사 드보라의 소명 (4-5)

이스라엘 자손들의 부르짖음에 응하여 가나안 왕 야빈의 압제에서 건져내시기 위한 하나님 여호와의 대책의 일환으로 세워진 것이 여 사사 드보라의 등장이다.

드보라(Deborah)라는 인물에 대한 소개로 본문은 세 가지를 언급하고 있다.

첫째는 "랍비돗의 아내"이었다. "랍비돗"은 '횃불'이라는 뜻으로, 그 이상의 설명은 없다. 드보라는 한 가정의 부인이면서 국난의 위기에 하나님의 소명을 받고 과감하게 일어선 것이다.

둘째는 여 선지로 소개되고 있다. 고대 부족사회(部族社會)에서 대개 여성의 지위는 종속적인 위치에 있었으나 종종 선지자로 불리는 경우가 있었다. 예컨대 미리암(출 15:20), 훌다(왕하 22:14) 등인데, 드보라 역시 여 선지에 속한 자이다(4).

셋째는 여사사이다. 9백승의 철병거로 중무장한 가나안 왕 야빈과 군대장관 시스라에 비하여 가냘픈 여자이지만, 이는 신앙으로 무장한 것으로 대조를 이루고 있는 실정이다.

야빈 왕의 압제는 특히 가나안 땅 북부 스불론과 납달리 지파에게 심하게 가해졌기 때문에, 드보라는 그 땅 한가운데 있는 에브라임 산지 라마와 벧엘 사이 드보라의 종려나무 아래 재판석을 마련하고 사사로서의 임무를 담당하자 그 주변에 이스라엘 자손들이 모두 나와 그에게 재판을 받는 중에 있었다(5).

드보라는 '벌'(a bee)이라는 뜻으로 하나님께서 그를 세우심은 그 당시 남자들은 가나안 사람과 혼거(混居)하기를 원하며 신앙이 해이해지고 여호와께 대한 열심이 식어졌고 율법에 대한 무관심 때문에 여호와께서는 여 사사를 세워서 남자들을 부끄럽게 하였다고 보는 것이다.

드보라야말로 이스라엘 자손들에 대하여는 꿀벌과 같은 존재였고, 적들에 대하여는 쏘는 벌과 같았다고 볼 수 있다(포셋).

2) 드보라와 바락 (6-11)

이번에 이스라엘이 가나안 왕 야빈과의 접전(接戰)에서 승리하게 된 것은 두 여성과 한 남성의 합동 작전 때문이었다. 여기서 두 여성은 여 사사 드보라와 겐 사람 헤벨의 아내 야엘을 말하는 것이며, 한 남성은 드보라가 초치(招致)한 바락 장군을 지칭하는 것이다.

이 전쟁에 있어서 특히 드보라와 바락의 관계와 상호 협력은 전쟁의 계획과 진행과정에서 매우 긴밀한 유대 관계를 형성하고 있다. 이미 상술한 바 드보라가 랍비돗의 아내라는 데서 "랍비돗"의 뜻이 '횃불'이라는 것과 "바락"의 뜻이 '번개'라는 데서 바락이 드보라의 남편이라고 주장하는 학자들까지 있다. 그만큼 드보라와 바락과의 관계는 매우 긴밀히 연결되어 있다고 볼 수 있다.

드보라가 납달리 게데스에 거하는 바락을 초치하여 가나안 왕 야빈과의 전쟁에 관한 하나님 여호와의 명을 전달하며 "너는 납달리 자손과 스불론 자손 일만 명을 거느리고 다볼 산으로 가라 내가 야빈의 군대 장관 시스라와 그 병거들과 그 무리를 기손 강으로 이끌어 네게 이르게 하고 그를 네 손에 붙이리라 하셨느니라"(6-7) 하였을 때, 바락의 답변은 "당신이 나와 함께 가면 내가 가려니와 당신이 나와 함께 가지 아니하면 나는 가지 않겠노라"(8)라고 조건부 수락의 뜻을 전하였다.

이 순간 드보라는 "내가 반드시 너와 함께 가리라"(9a)라고 약속하였다. 생각건대 바락은 '번개'라는 이름에 걸맞지 않게 단독으로 야빈의 철병거에 대항하여 싸울 신앙적인 용기를 갖고 있지 못하였다. 그는 비가시적인 힘에 대한 그의 믿음을 강화시켜 줄 가시적인 존재를 필요로 하였다. 그는 드보라를 결코 한 사람의 여인으로 보지 않고 하나님의 영을 지닌 가시적 존재로 보았던 것이다. 비록 장군이지만 하나님의 영을 충만히 받지 못한 바락으로서는 이 순간 드보라의 옷자락이라도 잡고 매달리고 싶은 심정이었다. 이는 마치 야곱이 얍복 강변에서 천사와 씨름하며 자기의 소원을 들어주지 아니하면 결코 놓지 않겠다는 심정과 같다고 할 것이다.

드보라야말로 참된 신앙적 열성으로 가득 찬 뛰어난 성품을 지닌 자로서 이스라엘 백성들의 죽어가는 믿음을 소생시켜 주는 탁월한 능력을 지닌 사사였다. 그의 힘의 원천은 하나님의 영으로부터 나온 것이었다. 그녀는 하나님의 말씀을 바락과 모든 백성에게 대언함으로써 이스라엘을 절망과 좌절 상태로부터 확고한 믿음과 소망의 상태로 끌어올렸던 것이다.

바락은 드보라에 비하여 하나님의 영을 직접 받지는 못하였던 것 같다. 그는 드보라의 메시지를 받고 드보라가 동행하는 한 가나안 토벌전에 가담하겠다는 조건적 수락을 한 만큼, 하나님은 그의 불완전한 믿음에나마 동정심을 기울여 그의 요구를 들어주셨다. 학자들 중에는 히브리서 11장 34절에 "연약한 가운데서 강하게 되기도 하며"라는 구절은 바락을 지칭한 것으로 보는 이도 있다. 사실 그의 이름을 믿음의 용사 명부에서 제거하지 않으셨다(히 11:32-34).

우리가 이 단락에서 생각할 것은 어느 시대나 하나님의 영으로 충만한 사람들을 통하여 이스라엘의 역사가 이어져 왔다는 것이다. 이것이 본문의 경우에는 드보라의 신앙이었다. 하지만 바락 장군이 비록 하나님의 영이 충만하지 못하였다 하더라도 하나님의 영으로 충만한 드보라의 메시지를 수락하고 가나안 전투에 야전사령관으로 나가 일만 명의 지원병을 모병하여 장쾌한 승리를 거두게 하였다는 사실, 우리는 이것을 간과해서는 아니 된다. 하나님의 영에 충만한 한 사람은 비록 여성이라도 야빈과 시스라의 9백승의 철병거보다 강하다는 것이며, 또한 바락이 드보라의 메시지를 받고 직접 출정하여 싸웠기에 승리를 거둔 것이다. 드보라는 하나님의 영을 받아서 전쟁의 승리를 믿고 작전계획과 진두지휘(陣頭指揮)를 한 것은 사실이지만 여자로서 직접 전장에 나가서 전투를 할 수는 없었음은 사실이다. 이것을 바락 장군이 감행한 것이다.

역시 교회에는 드보라도 있어야 하지만 바락도 있어야 하는 것이다. 이것이 은사의 차이점이다. 아무리 교인 중에 미미한 존재인 것같이 보여도 어느 면에서는 쓸모가 있음을 알아야 하는 것이다. 우리는 여기서 이 교훈을 배워야 할 것이다.

3. 기손 강변의 격전 (10-16)

1) 모병 (10)

바락이 드보라의 동행을 조건으로 가나안 왕 야빈과 그의 군대장관 시스라와 싸우기를 수락하자, 드보라가 바락과 함께 바락의 거처인 게데스로 갔다. 그 곳에서 바락은 야빈에 의하여 가장 피해가 컸던 스불론과 납달리 지파에서 모병하여 주력 부대를 형성하고(10) 그 외에 에브라임과 베냐민과 므낫세 사람, 그리고 잇사갈 사람들도 포함하여 거의 북부 전역에서 모병을 하였다(5:14-15). 그러나 르우벤 지파와 길르앗 거민과 단 지파와 메로스의 거민은 모병에 응하지 않았다(5:15-17,

23). 스불론과 납달리를 위시한 응모자들은 드보라의 신앙적 영향을 받은 바락 장군의 모병에 자원하여 응모된 용사들이지만 이와는 달리 르우벤과 길르앗과 단 지파 및 메로스 인 등은 생명을 내걸고 다볼 산에 갈 것인지 아니면 그냥 주저앉아 야빈의 속박 아래서 고역을 치를 것인가 하는 양자 사이에서 갈등을 느끼는 자들이라고 볼 수 있다.

자원병 중 대다수는 야빈에 의하여 철병거 제작에 혹사당하던 대장장이와 백향목을 벌목하여 두로 항구로 이송하는 일에 강제 동원된 벌목공, 기타 채석장의 석공들과 목제공예에 종사하던 자들이라고 생각된다. 이들은 마치 이스라엘 백성들이 벽돌 공장에서 혹사당하던 사실과 비교될 만한 고된 담부지역에 혹사당하던 자임을 알게 된다(출 1: 8-14).

그러기에 저들의 무기는 철공장에서 사용하던 기구와 벌목용 톱과 도끼 같은 것일 뿐, 제대로 된 무기가 없었을 뿐만 아니라 정식 군사 훈련을 받아 본 적도 없는, 즉 인간 편에서 보면 하나의 오합지졸(烏合之卒)에 불과했을 것이다. 하지만 이들은 하나님이 쓰시는 군사들이었다. 적어도 저들은 예언자 드보라를 통하여 대언한 하나님의 메시지를 받고 모여든 십자가의 정병들이었던 것이다.

2) 다볼 산과 기손 강(군사 집결지) (12-13)

이스라엘의 군사 집결지는 다볼 산(12)이며, 야빈의 군사 집결지는 기손 강변이었다(13).

이 다볼 산은 북쪽에 거주하던 납달리와 스불론 사람과 남쪽에 있던 잇사갈과 므낫세 사람들이 쉽게 집결할 수 있는 곳으로, 산의 높이는 약 300~900m에 달하며 그 주위는 평원지대여서 그 지역에서는 가장 높은 산일 뿐 아니라 상수리나무와 올리브나무 그리고 무화과나무 등의 숲을 이루고 있어서 군사 작전에 적합한 곳이었다.

여기 반하여 시스라의 군대는 철병거 9백승과 함께 온 군대를 기손 강변으로 집결시켰다(13-14). 이는 철병거는 산악지대에서는 무용지물이며 평지에서라야 그 기능을 발휘할 수 있었기 때문이다.

양방의 군대 총수는 이스라엘 군이 약 1만 명(6, 10, 14)이며, 시스라의 군대 총수는 "온 군사"(13)라고 하였을 뿐 그 숫자를 밝히지 않고 있으나 학자들에 의하면 상비군 외에 모든 속국들과 용병(傭兵) 등을 총동원하여 약 10-20만 명 정도였을 것이라고 추측한다.

전쟁에서 중요한 것은 고지(高地) 점유(占有)라는 것이 상식으로 되어 있는데, 이스라엘 군의 집결지인 다볼 산 진영(陣營)이 훨씬 유리하다고 생각된다. 하지만 인간 편에서 볼 때 1만 명의 군사로 수십 만 명의 병사와 맞선다는 것은 상식에 벗어나는 일이라 생각되지만, 이스라엘 진영의 총사령관은 여호와의 군대 장관이라고 생각할 때에 이 전투는 결코 무모한 싸움이 아니라는 사실을 알아야 하는 것이다.

3) 전투 개시와 그 결과 (14-16)

(1) 드보라의 격려와 선전 포고 (14)

드보라는 바락과의 약속대로 게데스를 거쳐 다볼 산 정상까지 동행하였다(9-10). 마침내 야빈에 의한 20년의 멍에를 꺾어버리고 자유해방을 위한 전투 개시의 나팔 소리가 다볼 산 전역에 울려 퍼졌다.

전투 개시 전 드보라는 바락에게 힘을 돋구어주는 격려를 하였다. 이는 그가 받은 여호와의 메시지 전달이었다. 즉 "드보라가 바락에게 이르되 일어나라 이는 여호와께서 시스라를 네 손에 붙이신 날이라 여호와께서 너의 앞서 행하지 아니하시느냐"(14)라는 것이었다. 이는 여호와께서 발하시는 선전포고였다.

(2) 전황(戰況) (14b–15)

"이에 바락이 일만 명을 거느리고 다볼 산에서 내려가니 여호와께서 바락의 앞에서 시스라와 그 모든 병거와 그 온 군대를 칼날로 쳐서 파하게 하시매"(14b-15).

이 전투에서 눈에 보이는 야전사령관은 물론 바락 장군이다. 그리고 배후에서 지휘하는 자는 여 사사 드보라이다. 하지만 사실 눈에 보이지 않게 이 전투의 선두에서 싸우신 분은 여호와의 군대 장관이라는 사실이다. 이를 드보라가 이미 예고하였고(7, 14), 실제 15절에 보면 "여호와께서 바락 앞에서 시스라와 그 모든 병거와 그 온 군대를 칼날로 쳐서 파하게 하시매"라고 하였음을 보아 알 수 있다.

그렇다면 눈에 보이지 않는 여호와의 군대 장관이 어떤 방법으로 적군을 "칼날로 쳐서 파하였다"는 것인가? 이것은 바락 장군의 칼에 여호와의 영이 함께 하심을 뜻하는 것이 아닌가 생각되기도 하지만 그것은 아니라고 본다. 이것은 "기손 강"과 관계가 있다고 보는 것이다. 드보라가 바락을 초치할 때 전한 메시지에서 "시스라와 그 병거를 기손 강으로 이끌어 네게 이르게 하고"(7)라고 하였고, 13절에서는 시스라와 그의 병력을 "기손 강으로 모은지라"(13)라고 한 사실에서 이는 시스라의 전법이기는 하나 이것은 이미 드보라의 메시지에 대한 응답임을 알게 된다(7).

시스라가 온 병력을 그의 군사 본부 기지인 하로셋에서 기손 강변까지 수십 만의 대군을 이동하는 데는 매우 문제가 컸을 것이라고 생각된다. 비가 덜 내리는 이스라엘에는 가뭄에는 강물이 마르고 비가 오면 물이 넘치는 일종의 와디(Wadi) 현상이 있는 강이 많은데 기손 강도 그 중 하나로 보는 것이다. 저들이 다볼 산 밑으로 병력을 이동할 때는 기손 강물이 말라서 저들이 자랑하는 철병거를 비롯한 모든 군사가 마른 땅으로 기손 강을 건너 다볼 산 밑에까지 무난히 이동하였지만, 바락 장군이 일만 명의 병력을 동원하여 갑자기 다볼 산에서 기습 작전을 개시하자 저들이 기손 강을 건너려고 물이 없는 강에 모든 병력을 투입하자 갑자기 뇌성벽력과 함께 폭우가 쏟아져서 강물이 불어나서 마치 홍해바다에서 애굽군이 몰살당한 것같이 전멸하였다고 해석한다(5:20-21). 그러므로 "여호와께서 . . . 그 온 군대를 파하게 하시매"(15)에서 "파하게 하시매"의 의미는 '흩어졌다'는 것으로 이는 보통 힘보다 더 강한 힘의 작용 받음을 나타낸다는 의미이다.

여하튼 기적이 아니고는 이 전투에서 승리는 불가능하였던 것으로 생각된다. 여기서 바락 장군이 한 것은 갑자기 다볼 산에서 기습 작전을 한 것과 도망가는 패잔병들을 추격하여 저들의 군사기지와 병참본부(兵站本部)가 있는 하로셋까지 시스라의 온 군대를 남은 자 없이 전멸시키는 일이었다.

이리하여 기손 강변에서의 격전은 여호와의 개입으로 이스라엘 군이 큰 승리를 거두는 결과를 얻게 되었다는 것이다.

4. 적장 시스라의 죽음 (17-22)

1) 적장 시스라의 패주 (17)

이스라엘과 시스라의 기손 강변에서의 격전은 이미 16절에서 이스라엘의 완전 승리로 일단 끝이 났다. 하지만 단 한 사람의 남은 자가 있었으니 바로 적장 시스라였다. 천병만마를 호령하던 적장 시스라는 격전 중 혼란을 틈타서 신분을 감추기 위하여 철병거에서 내려 도보로 도망하여 하로셋으로 가는 도중에 있는 겐 사람(Kenites) 헤벨(Heber)

의 집으로 들어갔다. 이것은 이미 드보라에 의하여 예언된 것이었다. 바락 장군이 드보라의 메시지를 듣고 우유부단하고 있을 때 "그러나 네가 이제 가는 일로는 영광을 얻지 못하리니 이는 여호와께서 시스라를 여인의 손에 파실 것임이니라"(9) 하였기 때문이다. 바락은 이 예언에서 이 여인을 드보라로 생각했을 것이다.

하지만 바락이 드보라와 동행이라는 조건적 수락을 했을 때, 11절에서 "모세의 장인 호밥의 자손 중 겐 사람 헤벨이 자기 족속을 떠나 게데스에 가까운 사아난님 상수리나무 곁에 이르러 장막을 쳤더라"는 사실을 삽입하여 독자로 하여금 의아심을 느끼게 한다. 하지만 적장 시스라의 죽음과 관계있는 예언이었다.

헤벨이 속해 있는 겐 사람은 모세의 장인 호밥의 자손으로(11), 모세를 따라서 광야 생활을 같이하다가 여호수아를 따라 가나안에 들어와서는 여호수아의 정복전에는 가담하지 않았고 여리고 근방에서 유목생활을 하면서 살다가 가나안 땅 분배시 정식으로 기업을 받지는 못하였으나 남쪽 유다 지파 변방에서 같이 살도록 허용 받은 족속이다(민 10:29, 삿 1:16).

그런데 헤벨이 어떤 이유에서 거주지를 북쪽 게데스 근방으로 옮겼는지는 모르나 그 곳에서 유목민으로 장막을 치고 산 것은 사실이다(11). 헤벨은 이스라엘 백성과 운명을 같이하면서도 사실 하나님을 믿는 신앙심은 없었다고 본다. 그러므로 야빈은 헤벨의 집과 평화를 유지하며 이스라엘에 가하는 압제에서 제외시킨 것으로 보인다. 그러므로 그 군대 장관인 시스라도 잘 알고 지내는 사이로 생각된다.

2) 야엘의 장막에서 살해된 시스라 (18-21)

헤벨이 없는 때에 패장 시스라가 야엘의 장막집으로 찾아왔을 때 그는 친절히 환영하는 기색을 보였다. 그는 시스라를 보자 이스라엘에 패한 것을 알았을 것이다. 남편 없는 동안 사람이 찾아오면 친절히 영접하는 것이 중동 사람들의 예절이며, 손님이 위험을 당할 경우는 숨겨 주고 추격자로부터 보호하는 것은 상식이었다.

하지만 남자가 여인의 장막에 들어가는 것은 금지되어 있었다. 부부간이라도 장막을 따로 쓰는 것이 저들의 생활 관습이었다(창 18:6, 10, 24:67, 31:33). 그런데 시스라가 들어 온 천막은 헤벨의 처소가 아니라 야엘의 침실이었다. 이것이 야엘이 인도한 것인지, 시스라가 더 안전한 보안을 위하여 침입한 것인지는 모르나 이것은 당시 그들의 예절상으로는 금기를 범한 것은 사실이다.

야엘은 저를 일단 안심시킨 후 이불로 덮어주고 물을 청했을 때는 젖 부대를 열어 우유를 마시게 하였다. 그런 다음 시스라는 보다 안전한 보안을 위하여 장막 문에서 보초를 섰다가 추격자가 올 경우 없다 하라고 야엘에게 부탁한 후, 야엘의 친절에 일단 안심하고 오랜 전장에서 피곤에 지친 상태에서 곤히 잠이 들게 되었다.

학자들 중에는 오랜 우유는 알코올성이 있어 야엘이 계획적으로 우유를 주어 취하여 깊이 잠들게 하였다고 추측도 하지만 여하튼 깊이 잠든 것만은 사실이다(20).

야엘이 이 때 "장막 말뚝을 취하고 손에 방망이를 들고" 그에게 가만히 간다. 유목민인 겐 족은 장막 생활을 하는 것이 특징이며, 천막을 치고 걷는 것은 여자의 몫이라서 장막 말뚝을 박고 빼는데 익숙해 있었다고 한다. 이것은 쇠로 된 것과 나무로 된 것은 시대에 따라서 다르다 하더라도 그 용도와 사용법은 마찬가지이다.

"그에게로 가만히 가서 말뚝을 그 살쩍에 박으매 말뚝이 꿰뚫고 땅에 박히니 시스라가 기절하여 죽으니라"(21). 여기 "살쩍에 박으매"에서 살쩍은 '관자놀이'를 가리키며, 평소에 장막 말뚝을 박듯이 힘 있게 내리쳐 두부를 관통하여 땅에 박힐 정도였다(21b). 야빈의 군대 장관으로 철병거를 몰고 대군을 호령하던 장수가 가냘픈 여인이 휘두르는 방망이에 아무런 대항도 하지 못한 채 즉사하고 말았던 것이다.

3) 승리의 영광은 야엘에게 (9, 22, 5:24)

야엘의 시스라 살해 행위에 있어서 두 가지 다른 견해가 있다.

첫째는 그의 기만적 술책과 잔악한 행위는 앞서 에훗의 경우와 함께 그리스도교적 입장에서 용납될 수 없다는 것이다. 그렇기 때문에 히브리서 11장에서 신앙의 용사들의 명단에서 에훗과 함께 제외되었다는 사실을 실례로 들어 증거하는 학자가 있다는 것이다.

하지만 여기 반하여 야엘의 행위는 하나님의 영을 받은 신앙적 행위임을 주장하는 자들도 있다. 그는 평소에 남편 헤벨이 이스라엘 편에 서지 않고 야빈과 화친하며 중립적 입장에 선 것에 불만을 품고 이번 전투에도 협력하지 않은 것을 아쉬워하며 이스라엘의 승리를 바라고 있었다고 보는 것이다.

그런 중 시스라의 돌연한 방문에서 이스라엘의 승리를 알았고 그가 여인의 장막으로 들어오자, 이를 거절할 수는 없었으며 자신의 결백을 증명하기 위해서는 죽이는 수밖에 도리가 없었다고 생각된다. 하지만 이는 단지 자신의 정조를 지키기 위한 것만은 아니며, 적어도 하나님의 영에 사로잡혀 신앙적 용기를 발휘하였다고 보는 것이다. 하나님의 능력이 아니고서야 어찌 아무리 패장이며 깊이 잠들어 있다고 하더라도 그를 일격에 살해할 수 있었겠는가?

그는 곤히 잠든 시스라를 추격해 올 바락에게 인계할 수도 있었겠지만, 자신이 이 엄청난 일을 단행한 것은 오직 믿음으로 감행한 용단으로 평가해야 한다고 보는 것이다. 이는 앞서 드보라를 통하여 예언된

(9) 일이며, 하나님의 섭리에 따른 것이라 생각된다.

바락이 시스라를 추격하여 야엘의 장막에 이르렀을 때는, 이미 시스라는 말뚝이 살쩍에 박힌 채 죽은 뒤였다(22). 우유부단한 바락은 용감한 신앙의 소유자인 야엘에게 적장 시스라를 죽이는 영예를 넘겨주어야 했던 이 사실에서 본장을 "여인의 장"이라 칭하는 이유를 알아야 할 것이다.

결 론

23-24절은 본장의 결론이다.

23절은 이 전투에서의 승리가 하나님의 임재와 역사로 성취되었음을 보여준다. 이 전쟁의 시작은 여 사사인 드보라가 여호와의 메시지를 받음으로 시작되었고, 싸움을 위한 야전사령관은 바락 장군이었다. 하지만 그 승리는 여호와께서 기손 강의 기적을 통하여 적군을 전멸시킴으로 성취된 것이다(15, 5:20-22). 그리고 이 전쟁의 마무리는 겐 사람 헤벨의 아내 야엘이 적장 시스라를 죽임으로 마무리되었음을 보여준다(18-21).

그리고 24절은 이번 전쟁에서는 승리하였지만 야빈의 왕국이 이 때 완전히 멸망한 것은 아니며, 여호와께서 이스라엘로 하여금 가나안 왕 야빈을 점점 더 이기게 하셔서 마침내 그 왕국이 진멸됨을 보여준다.

이 말씀을 마치면서 우리가 특히 유의할 점은 본장에서 이스라엘의 범죄 상태는 단 한 절로 기록하고(1), 이스라엘 백성이 받은 20년간의 고난의 기간은 단 두 절로 기록하였다(2-3). 하지만 자유를 위하여 싸운 전쟁의 기록은 20절에 걸쳐 상세히 소개하고 있다는 점이다.

이 말씀이 주는 교훈은 하나님은 우리의 죄악을 미워하심은 사실이지만, 부르짖을 때는 용서하시는 분이시기에 그것을 다시 기억하지 않으시는 분이시라는 것이다. 그리고 20년간의 고난의 참상에 대해서도 단 두 절이면 족하였다. 고난의 기간이 있었기에 부르짖는 회개가 나왔기 때문이다(3).

문제는 드보라의 진두지휘와 바락 장군의 모병과 전장에서의 분투, 그리고 야엘의 용감성 등을 보여준 기손 강변에서의 전투가 매우 중요한 이유는, 이것이 그 당시로서는 이스라엘의 직면한 민족적 핵심이며, 해결해야 할 과제였기 때문이다.

오늘 우리들도 과거의 죄악에 얽매이지 말며, 지난 날 고난의 경험만 되풀이 하지 말고, 현대의 야빈과 시스라와 싸우는 일이 현재의 당면 과제임을 절감해야 된다는 사실을 알아야 할 것이다.

그리고 이러한 인간들의 신앙 활동의 배후에서 친히 임재하시고 기적을 통한 여호와의 칼이 승리의 요인임을 밝히려는 데 대부분의 지면을 할애(割愛)하고 있음은 당연하다.

이 전쟁의 결과로 이스라엘에 40년의 평화가 유지되었다(5:31). 고난의 기간은 짧고(3), 하나님이 주시는 은혜의 기간은 매우 길다는 사실을 우리 모두 기억해야 할 것이다.

드보라의 승전가

사사기 5:1-31

이 노래의 곡목은 "드보라의 승전가"이다. 본장 전체 내용이 시문체(詩文體)로 되어 있는데, 유독 1절만 산문체(散文體)로 기록되어 있다. 1절에 보면 "이 날에 드보라와 아비노암의 아들 바락이 노래하여 가로되"라고 하였지만, 사실 원문에 의하면 드보라와 바락이 동등하게, 또는 함께 부른 것이 아니라 말하자면 드보라가 주연이며, 바락은 조연자라고 할 것이다. 드보라 혼자서 독창을 하였고, 바락은 같이 화답한 것으로 생각하면 된다. 그러므로 "드보라와 바락의 노래"라기 보다 통칭 "드보라의 승전가"라고 불리는 것이다.

1. 승전 감사의 서곡(序曲) (1-11)

1) 여호와를 찬송하라 (2-3)

승전가의 서두에서는 먼저 찬송의 대상으로서의 여호와를 지적한다. 누구를 찬송할 것인가? 그 분은 바로 여호와 하나님이시라는 것이다.

비록 "이스라엘의 두령"인 지휘관들이 군사들을 잘 "영솔"하여 지휘하였고, "백성들" 즉 일반 민중들도 즐거이 헌신 봉사한 것은 사실이나(2), 이것은 하나님의 은혜로 된 것인 만큼 하나님께 그 영광을 돌려야 한다는 것이다.

3절은 드보라의 노래를 듣도록 초대된 이방의 왕들과 방백에 대한 것이다. 저들은 드보라가 여호와를 노래하며 이스라엘의 하나님 여호와를 찬송하는 것을 귀를 기울여 들으라는 것이다.

오늘도 역시 교회에서 찬송 받으실 분은 오직 여호와 한 분이 있을 뿐이다. 아무리 교회에서 공을 세우고 헌신 봉사한 결과 어떤 큰일을 완수하였을지라도 인간은 찬양의 대상이 될 수는 없다. 과거 한국에 초대교회만 하더라도 교회에서 사람을 내세우고 박수치는 일은 예배시간에 전혀 없었다. 그것이 특히 6.25전쟁 후에 부흥회라는 집회가 성행하면서 박수치는 일이 시작되었고, 그 당시 어떤 부흥사들은 소위 박수부대까지 동원하여 같이 다니면서 선동을 하여 예배의 경건분위기를 훼손한 일까지 있어, 이것이 오늘까지 이어지고 있는 실정이다.

우리 성도로부터 찬송을 받으실 분은 오직 여호와 하나님뿐임을 성도 각자는 알아야 할 것이다.

2) 과거의 은혜를 기억하고 찬송하라 (4-5)

"여호와여 주께서 세일에서부터 나오시고 에돔 들에서부터 진행하실 때에 땅이 진동하고 하늘도 새어서 구름이 물을 내렸나이다"(4).

드보라가 기손 강 전투에서 승리를 거두게 되자, 과거의 모세 시대의 광야생활과 시내 산의 기적이 생각이 났다. "세일"과 "에돔 들"은 에서의 자손의 거주지로 그 곳을 통과할 때에 어려움을 광야 생활 전체로 대표한 것이고, "저 시내산도 이스라엘 하나님 여호와 앞에서 진동하였도다"(5)라는 것은 모세가 시내산에서 율법을 배수(拜受)할 때 위엄한 장관의 모습을 회상하는 말이다(출 19:16-25).

여기에 "진동한다"는 말이 세 번 나오는데, 이는 하나님의 구원 역사에 있어서의 기이한 능력의 표현인 것이다. 드보라가 이번에 기손강의 기적을 몸소 체험하고 보니 과거의 이스라엘의 광야 생활의 기적과 시내산의 기적을 실감하게 되었다고 보는 것이다.

오늘도 역시 신자들이 신앙 간증을 들어도 실감이 나지 않으나, 내가 몸소 체험하고 보면 이미 들은바 간증들이 이해되어 더욱 감사한 생각이 나기 마련이다.

3) 현재의 구원에 대하여 찬송하라 (6-8)

"삼갈의 날"은 근래에 블레셋의 학정에서 건진 일이며(3:31), "야엘의 날"은 지금 바로 되어진 사건으로서(4:17-22), 이는 모두가 가나안 땅에서 되어진 승리를 의미하며 이것이 하나님의 능력으로 되어진 만큼 여호와를 찬송하라는 의미이다.

신자들은 과거의 역사를 들으며 현재의 감사가 커지게 마련이며, 현재의 하나님의 역사를 체험하며, 과거의 하나님의 은혜를 기억하게 되는 것이다.

7-8절은 찬송할 이유를 제시한다. 즉 "야엘의 날에는 대로가 비었고 소로로 다녔도다 이스라엘의 관원이 그치고 그쳤더니"(6b-7a).

그 당시는 이방인의 압제가 심하여 대상(a caravan)들이 떼를 지어 다니던 대로가 비어있고 부득이 가야 할 경우는 소로로 숨어 다녔다는 것이다. 그때는 "관원이 그치고 그쳤으니"라는 것은 백성의 안위를 보장할 지도자가 없었다는 뜻이다.

이런 때에 바로 드보라가 일어나서 "이스라엘의 어미"가 되어(7) 즉 고난 중에 있는 백성을 마치 어미가 아기를 품듯이 보호하였음을 증거한다. 그 당시 무리들은 여호와를 버리고 "새 신들"을 섬겼으며(8), 이 때문에 "전쟁이 성문에 미쳤으나"(8)라는 것은 가나안 왕 야빈에 의하여 징계를 받게 되었다는 사실의 지적이다.

그 당시 드보라가 하나님의 부름을 받고 바락 장군에게 명하여 일만 명을 모병하였으나 모두가 방패와 창이 없는 맨손의 투사들이었다. 8절에서 4만 명이라고 한 것은 장정이 1만 명이고, 그 후 다볼 산에 운집한 3만 명의 비전투인을 합한 것으로 보는 것이다.

가나안 왕 야빈의 9백승의 철병거에 대항하는 무기 없는 4만 명은 오직 성령의 검과 믿음의 방패를 들고 싸운 만큼, 그 영광을 하나님께 돌리고 현재 베푸신 은혜에 대한 감사의 찬송을 불러야 한다는 것이다.

4) 모두 같이 여호와를 찬송하라 (9-13)

드보라는 각계각층의 모든 자들에게 여호와를 찬송하라고 촉구한다.

(1) 백성 중에서 즐거이 헌신한 "방백"(9a). 즉 통치자와 지휘관도 찬송하라.

(2) "흰 나귀를 탄 자들, 귀한 화문석에 앉은 자들"(10). 즉 지위 높은 귀족 층과 부유한 생활을 하는 부자나 상류인사들아 여호와를 찬송하라.

(3) "길에 행하는 자"(10b). 즉 그 사회에 일반 대중과 서민들아 찬송하라.

(4) "활 쏘는 자의 지꺼림에서, 멀리 떨어진 물 긷는 곳"(11). 즉 전장(戰場)에서 멀리 떨어져 있으나 평화로운 우물가에서 압제자와 도적 떼의 습격당하던 자들도 이제는 안심하고 여호와를 찬송하라는 것이다. 마치 아프리카 초원에서 짐승들이 물웅덩이로 물을 먹으러 오는 기회를 노리는 맹수들처럼 우물가에 물 길러 모이는 기회를 틈타 고통

을 주던 압제자가 사라졌기에 여호와를 찬송하라는 것이다. 여기 "칭술(稱述)하라"(11)는 것은 찬송을 의미한다.

(5) 성을 버리고 멀리 시골로 피난 갔던 자들도, "성문에 내려갔도다"(11). 즉 다시 성으로 돌아와서 성문을 열고 성문 위에 재판소와 성 안에 시장이 개장되어 성으로서의 모든 기능이 회복되어 정상 업무가 재개되었음을 찬양하라는 것이다.

(6) 포로들을 끌고 개선하는 기쁨을 찬송하라는 것이다. "네 사로잡은 자를 끌고 갈지어다"(12b). 이 사실이야말로 개선 장병들의 기쁨의 절정인 것이다.

(7) 귀인과 백성들 모두가 여호와를 찬양하라(13). "그 때에 많은 귀인과 백성이 내려 왔고", 여기 "그 때에"는 드보라가 병사를 모집한 직후를 말한다. 그 때에 귀인들인 귀족들은 야빈의 학정을 피하여 피신해 있다가 바락의 모병 소식을 늦게 듣고 모여오자, 처음 망설이던 일반 백성들도 후에 가담하여 초기에 1만 명이 모병되었으나(4:6), 후에 4만 명으로 불어난 것으로 본다(8).

그러자 "여호와께서 . . . 용사를 치시려고 강림하심으로"(13b) 여호와의 임재로 말미암아 친히 적을 진멸하여 승리케 하신 만큼 귀인들과 백성들, 즉 온 국민 전체는 소리 높여 여호와를 찬송하라는 것이다.

2. 전쟁에 가담자와 기피자 (14-18) (본곡 Ⅰ)

1) 전쟁에 가담자 (14-15a, 18)

(1) 에브라임에게서 나온 자 (14a)

"에브라임에게서 나온 자는 아말렉에 뿌리박힌 자요"(14). 에브라임 지파는 드보라 자신이 속한 지파인 만큼 더욱 기뻐하였을 것이다. 그들을 가리켜 "아말렉에 뿌리박힌 자요"라고 한 것은 에브라임의 거주지가 옛날 아말렉 족속이 살던 땅임을 말하는 것이다(12:15).

(2) 베냐민 (14c)

"베냐민은 너희 백성 중에 섞였으며"(14). 베냐민 지파는 비록 적었지만(20장), 전투 병력을 파견하였다는 사실을 지적한다. "섞였으며"라는 뜻은 소수이며, 개인적으로 참여하였다는 의미이다.

(3) 마길(므낫세 반 지파) (14d)

"마길에서는 다스리는 자들이 내려왔고"(14). 마길은 므낫세의 장남이다. 므낫세 지파는 요단강을 사이에 두고 동서로 양분되었다. 이번 전쟁에 가담된 것은 서편에 므낫세 반지파를 뜻하는바 요단 동편에 것은 길르앗의 므낫세라고 부른다. "다스리는 자들이 내려왔고"(14)라는 것은 므낫세 지파 중 지도자계급에 있는 자들이 참전하였다는 의미이다.

(4) 스불론 (14f)

"스불론에서는 대장군의 지팡이를 잡은 자가 내려왔도다"(14)라고 하였는데, "대장군"은 서기관으로도 번역한다. 이들은 문무(文武)를 겸한 고관으로서 여기서 말하는 "지팡이"는 전자의 경우는 장군의 지휘봉이며, 후자를 따르면 문서 작성을 위한 붓을 의미한다.

18절에 의하면, "스불론은 납달리와 함께 죽음을 무릅쓰고 생명을 아끼지 아니한 백성이요"라고 그 공을 재평가하고 있다. 스불론은 이번 전투에서 앞장서서 선봉대로 가나안 군과 싸운 주력부대임을 알 수 있다.

(5) 잇사갈 (15a)

"잇사갈의 방백들이 드보라와 함께하니 잇사갈의 심사를 바락도 가졌도다 그 발을 좇아 골짜기로 달려 내려가니"(15).

바락이 처음 모병을 할 당시, 잇사갈은 호응이 적었으나 그 방백들 즉 지도층이 드보라를 지지하여 나서자 대다수의 병사들이 응모하여 바락이 비록 사령관이지만 선봉대로서 시스라의 군대를 향해 돌진하자 "바락도 잇사갈의 심사를 이해하였다"라고 해석할 수 있다.

이번 전투에서 공을 가장 많이 세운 지파가 스불론과 납달리와 함께 잇사갈임을 지적할 수 있다고 보는 바이다. 이들 지파는 다볼 산에서 기손 강변에 운집한 시스라의 군대를 향하여 명령일하에 마치 번개처럼 선두에서 돌진하여 큰 전과를 올린 지파들이었다(18, 4:14-15).

(6) 납달리 (18b)

납달리 지파는 스불론과 함께 처음 모병시에 솔선 가담한 자인데도 전쟁 가담자의 명부에서 빠져있다. 다만 18절에서 스불론과 같이 생명을 아끼지 아니한 자로 칭찬하고 있을 뿐이다. 그 이유는 잘 알 수 없으나 18절에 의하면 "납달리도 들의 높은 곳에서 그러하도다"라고 하였는데, 그 뜻은 "높은 곳"은 이스라엘 진이 있는 다볼 산을 말하는 것이며, "들"은 시스라의 군대의 진영이 있는 기손 강변의 평야를 의미한다. 이는 납달리 지파가 다볼 산에서 진격 명령이 떨어지자 스불론 지파같이 선봉에 서서 생명을 아끼지 아니하고 시스라의 군대를 향하여 돌진하였다는 전공을 찬양하고 있는 것이다.

이는 마치 신약시대에 사도 바울을 위시한 그의 동역자들이 복음전파를 위하여 생명의 위협을 두려워하지 않은 것으로(행 15:24, 26, 21:13-14, 빌 3:8, 계 2:10) 비교될 수 있다고 보는 바이다.

2) 전쟁에 기피자(忌避者) (15b-17)

(1) 르우벤 (15b-16)

"르우벤 시냇가에 큰 결심이 있었도다 네가 양의 우리 가운데 앉아서 목자의 저 부는 소리를 들음은 어찜이뇨 르우벤 시냇가에서 마음에 크게 살핌이 있도다"(15-16).

"르우벤 시냇가"라는 것은 저들이 거주하는 지역이 물이 많음을 염두에 두고 하는 말이며, "큰 결심이 있었도다"라는 것은 처음에는 가나안 족과 싸우는 이번 전쟁에 참여하려는 큰 결심을 가졌음을 의미한다. 하지만 저들이 이 문제로 시냇가에 모여 토론을 벌인 결과, 처음 결심을 이루지 못하였다. 아마도 이해득실(利害得失)을 따져본 결과, 참전론을 주장하는 편보다 반전론을 주장하는 편이 많아서 결국 참전하지 않게 되었다고 보는 것이다.

그리하여 저들은 피 흘리는 전장 대신 평화로운 목장에서 양치는 전원생활을 택하게 되었다. 이 사실에 대하여 드보라는 다음과 같이 책망하고 있다. "네가 양의 무리 가운데 앉아서 목자의 저 부는 소리를 들음은 어찜이뇨"(16)라고, 저들이 다볼 산에서 바락의 나팔소리를 듣는 대신 물이 넘치는 시냇가에 설치된 양의 우리에 앉아서 목동의 피리소리만 듣고 있음은 어찜이뇨라고 조롱하는 어투로 책하고 있음을 본다.

모름지기 모든 시대에 걸쳐 수많은 신앙고백을 한 사람들이 적과 싸워야 할 위급한 순간에 지나치게 이해관계만 따지면서 마치 데마가 바울을 버리고 데살로니가로 가듯이 세상 편을 따라가는 자들이 얼마나 많은가! 현대의 르우벤 족들은 각성해야 할 것이다.

(2) 길르앗 (17)

"길르앗은 요단 저편에 거하거늘"(17).

길르앗은 요단강 저편에 기업을 얻은 두 지파 반, 즉 르우벤 지파와 갓 지파, 그리고 므낫세 반지파를 지칭하는바, 그중 르우벤 지파는 이미 언급하였으니만큼 갓 지파와 므낫세 반지파를 말하는 것이다.

이들도 역시 르우벤 지파처럼 기름진 목장에서 양이나 돌보면서 가나안 전쟁에는 관심을 두지 않음이 지적되고 있다.

(3) 단 (17b)

"단은 배에 머무름은 어찜이뇨"(17).

지중해 바닷가에 사는 단 지파는 르우벤이 시냇가 목장에 앉아서 목동의 피리소리만 듣고 있었던 것처럼 단 지파는 흔들리는 상선 위에 누워서 출항을 기다리는 일상생활을 하고 있을 뿐 가나안 전쟁에는 관심이 없었다.

저들은 베니게와 교역을 하고 있었다고 생각되며, 베니게의 많은 수의 사람이 시스라의 군대에 속해 있을 것이라 추측된다. 그러니만큼 그들의 고객들과 싸우는 것이 상업의 지장을 초래할 것이라는 이해관계에서 출정 거부 이유를 지적할 수 있다고 본다.

스불론과 납달리는 생명을 내걸고 싸우는데, 단은 흔들리는 선상에서 이해관계나 따지면서 일확천금이나 꿈꾸고 있는 저들에게 드보라는 "어찜이뇨"라고 저들의 태만을 책망하고 있는 것이다.

'트랩'이라는 학자는 다음과 같이 말하고 있다. "단 지파는 배 전체가 위험에 빠졌을 때 자신의 선실만 살피는 자"라고 비난하고 있다.

오늘 우리 성도들은 부디 단 지파처럼 자기중심적인 개인적 이기주의에 빠져서는 아니 된다는 교훈을 여기서 배워야 할 것이다.

(4) 아셀 (17c)

"아셀은 해빈(海濱)에 앉고 자기 시냇가에 거하도다"(17).

해빈(海濱)이라는 것은 해안의 만(灣)을 의미한다. 아셀 역시 지중해 바닷가에 거하면서 어업과 목축에만 진력하면서 가나안 전에 불참한 기피자에 불과하였다.

(5) 메로스 (23)

"여호와의 사자의 말씀에 메로스를 저주하라 너희가 거듭거듭 그 거민을 저주할 것은 그들이 와서 여호와를 돕지 아니하며 여호와를 도와 용사를 치지 아니함이니라 하시도다"(23).

여기에 또 하나의 병역 기피자가 있다. 그것은 12 지파에 속하는 것은 아니며, 한 지방도시의 거민들이다. 그 위치는 잘 알 수가 없으나 아마도 야엘의 집 근처에 있는 듯하다. 저들은 이 전쟁에서 단지 중립에 서 있을 뿐 아니라 저주 받을 자로 지명되었다. 그렇다면 그들의 죄상이 과연 무엇일까? 아마도 이 기사가 야엘의 시스라 살해 사건 직전에 있음을 보아 이것과 관계가 있는 듯 생각된다.

학자들 중에는 시스라가 헤벨의 집으로 가는 도중에 메로스 마을을 통과하였으며, 그 때에 시스라를 보면서도 방관한 것으로 생각한다(Ewald, Hollmann). 그것은 "그들이 . . . 여호와를 도와 용사를 치지 아니함이니라 하시도다"(23)라고 하였기 때문이다.

하지만 야엘은 시스라를 죽여 메로스의 거민을 무색하게 만들어 상호 대조시키고 있다. 정통적인 이스라엘 족이 아니면서도 야엘은 적장 시스라를 죽이는 용감성을 보여주는데 반하여 이스라엘 족인 메로스의 비애국적 행동은 "거듭거듭" 저주 받을 자로 단정을 짓고 있다.

오늘의 교회는 현대의 시스라와 싸워야 하는 전투 기지이다. 그러므로 지상의 교회를 전투적 교회라고 칭하는 것이다. 예수님의 공생애를

3기로 구분하면 전도 초기는 "오라" 하였고(마 11:28), 중기에는 "내 안에 머물러 있으라"(요 15:4) 하였으며, 그리고 전도 말기에는 "가라"(마 28:19)라고 하셨다. 이것을 군사적으로 풀이하면 "오라"는 것은 '모병(募兵)'이고, "내 안에 머물라"는 것은 '훈련'이며, "가라"는 것은 '출전명령'이라고 볼 수 있다. 이사야는 소명 당시 "내가 누구를 보내며 누가 우리를 위하여 갈꼬"라는 주님의 모병에 대하여 "내가 여기 있나이다 나를 보내소서"(사 6:8)라고 응답하였다.

오늘도 주님은 같은 방식으로 성도들을 초청하여 훈련시키고는 가라고 명하시는 것이다. 우리는 국가 존망지추(存亡之秋)에 르우벤 지파처럼 진군 나팔소리를 무시하고 한가로이 목동의 피리소리만 들으면서 기피하지 말고 스불론과 납달리처럼 용감히 모병에 응하여 생명을 아끼지 않고 싸우는 십자군의 병사가 되어야 할 것을 각자 결심해야 할 것이다.

3. 기손 강 전투에 관한 전황 (19-22) (본곡 Ⅱ)

1) 가나안 군의 패배 (19)

"열왕이 와서 싸울 때에 가나안 열왕이 므깃도 물가 다아낙에서 싸웠으나 돈을 탈취하지 못하였도다"(19).

가나안 군의 전황은 단 한 절로 요약 기술되고 있다. 그 내용을 세 가지로 보여준다.

첫째는 "열왕이 와서 싸울 때에"라고 하여 싸움의 규모와 병력의 수를 말해준다. 여기 "열왕"은 동맹군을 말하는 것이 아니라(수 11:10), 야빈 왕의 통치 아래 있는 성주(城主)들을 의미한다. 그 당시 가나안 통치 아래 있는 성주들이 다 동원되었으니 그 규모의 방대함을 보여준다. 약 20만 명으로 추정하는 학자도 있다.

둘째는 싸움터의 명기이다. 4장 13절에서는 단순히 "기손 강"이라고 한 것이 본시에서는 좀더 구체적으로 설명되었다. 즉 "므깃도 물가"와 "다아낙"이다. 여기 "므깃도 물가"는 곧 기손 강변에 있는 큰 도시를 말하며, "다아낙"은 므깃도 남방 8km 지점에 있는 성읍이다.

셋째는 패전의 기록이다. "돈을 탈취하지 못하였도다"라는 것은 전리품을 취하지 못하였다는 것으로 이는 패전을 의미한다. 이 사실을 보다 생동감 있게 묘사한 것이 22절이다. 즉 "그 때에 군마가 빨리 달리니 말굽소리는 땅을 울리도다"라는 장면이다.

이는 저들이 패전하고 도망가는 군마와 병거 소리가 지축을 울릴 만큼 요란스러워 결정적인 패배를 묘사하고 있다.

2) 이스라엘의 승리 (20-22)

"별들이 하늘에서부터 싸우되 그 다니는 길에서 시스라와 싸웠도다"(20).

이른바 별들의 전쟁이 시작되었다. 하지만 이는 별들끼리의 전쟁이 아니라 별들이 그 다니는 길에서 시스라의 군대와 하늘에서 싸운 것이다. 이는 별들이 그 다니는 궤도를 떠나서 땅으로 내려온 것이 아니라 하늘에 기후 변동이 생겨서 흑암이 온 하늘을 덮어 별들이 보이지 않게 된 것이 마치 별들이 전장에 출동하여 없어진 것으로 묘사하고 있는 것이다. 이는 갑자기 기후변화로 기손 강에 홍수가 넘치고 시스라의 군대가 물이 없는 때에 전차를 이끌고 건너왔을 때와는 달리 뜻밖에 강수가 폭우로 인하여 넘치니 패주하는 군사와 철병거가 다 수장되고 말았다는 것이다(21-22).

드보라의 노래에서 이 장면이 클라이맥스(climax)이다. 이 장면은 마치 베토벤(Beethoven)의 유명한 '월광'의 곡에서 고요하게 달이 떠오르는 장면을 보이다가 갑자기 구름이 달빛을 가리고 폭풍우가 불어 닥치는 장면을 연주할 때, 피아니스트의 건반을 두드리는 손이 마치 전광석화(電光石火)처럼 움직이는 것처럼, 드보라의 노래에서 이 장면은 시편에서 '셀라'(한 옥타브 올려)의 장면이라고 볼 수 있다.

21절에 "기손 강은 옛 강이라" 한 것은 기손 강은 예로부터 유명한 강이지만 이번 시스라의 군대를 전멸시킴으로 더욱 유명해졌다는 의미라고 볼 수 있다.

이 전쟁에서의 승리는 별들의 개입으로 묘사된 하나님의 기적적 능력의 발휘로 인한 것이기에 모두 같이 하나님 여호와를 찬양해야 한다는 것이다.

4. 야엘에 대한 상찬과 시스라의 죽음(23-31) (종곡)

1) 야엘에 대한 상찬과 메로스에 저주 (23-27)

메로스에 대한 저주는 앞서 언급하였기에 생략하며, 야엘에 대한 상찬 역시 전장에서 상세히 언급하였기에 재론은 피하고자 한다. 다만 야엘이 칭찬 받을 이유에 대하여 간단하게 언급하면 다음과 같다.

야엘의 남편 헤벨은 혈통으로나 출애굽 이래 이스라엘 족과의 관계로 보아 마땅히 이스라엘 편에 서야 할 것임에도 불구하고 헤벨과 화친하며(4:18), 이번 전쟁에서 중립에 서 있었는데, 그 아내 야엘은 과감하게 이스라엘의 하나님을 참 신으로 믿고 그 군대를 도와 시스라를 죽이는 결단을 보인 것이 그에게 상찬을 보낼 유일의 이유라고 할 수 있다.

한편 시스라는 이스라엘과 대항하여 싸우는 야빈의 군대 장관으로서 전국을 우상의 소굴로 만든 자의 앞잡이인 만큼 여호와 하나님을 유일신으로 섬기는 이스라엘의 원수였다. 그러므로 그는 하나님의 심판을 받아 마땅한 자인만큼, 이 심판의 도구로 그에게 철추를 가한 자가 바로 연약한 여자인 야엘이었다.

이것이 바로 야엘이 칭찬 받을 이유이며, 시스라가 죽어야 할 이유인 것이다.

2) 시스라의 저택에서의 장면 (28-30)

이 장면은 4장의 시스라의 살해 장면에는 없는 것으로 드보라가 상상하는 시스라의 저택에서 되어질 사실을 추상하는 장면이다.

시스라의 어미가 그의 저택으로 통하는 길을 살창 사이로 바라보면서 "그의 병거가 어찌하여 더디 오는고 그의 병거 바퀴가 어찌하여 더디 구는고"(28)라고 아들의 귀환을 기다리는 모성애를 묘사하고 있다. 그 병거는 이미 버려졌고 느린 도보로 걸어서 야엘의 집에까지 가서 이미 살해되었는데도 평소에 우렁찬 병거 소리와 함께 개선장군으로 돌아오던 아들을 기다리는 어머니의 마음, 이는 여성으로서의 도보라가 아니면 상상할 수 없는 장면이다.

이 초조히 아들을 기다리는 시스라의 어머니를 보자 시녀들이 위로하면서 평소와 다름없이 병거에다 노략물을 가득 싣고 올 것이며, 전리품으로 얻은 한 두 처녀와 함께 시녀들이 좋아하는 아름답게 수놓은 채색옷도 가져올 것이라는 기대 속에 그 여인을 위로하려는 장면이 묘사되고 있다(29-30).

비록 원수이지만 어머니의 마음은 역시 순진하고 단순하다. 어쩌면 같은 여자로서 드보라는 연민의 정을 느끼고 읊은 장면인 것 같다. 시녀의 위로 역시 값비싼 채색옷에 대한 기대 또한 여자이기에 추상할 수 있다고 볼 수 있다.

하지만 이런 동정심은 드보라의 최종적인 탄원에서 여지없이 단절되고 있다(31). "여호와여 주의 대적은 다 이와 같이 망하게 하시고", 따지고 보면 시스라의 어미 역시 이스라엘의 적이기 때문이다.

3) 결론적인 기도송 (31)

본절에 전반부는 바로 앞서 언급하였다. 그 후반절은 "주를 사랑하는 자는 해가 힘 있게 돋음 같게 하시옵소서"라고 결론을 내린다. 이것은 기도송으로 마치 폭풍우가 지나간 후에 구름 사이로 태양 빛이 빛나듯이, 또는 마치 아침 해가 힘 있게 솟아오르는 장면을 보는 듯한 느낌이다. 베토벤(Beethoven)은 월광의 곡을 연주하였지만 드보라는 태양의 찬미로 여호와께 영광을 돌리고 있다는 느낌이다.

마지막 산문체로 기록된 짧은 구절은 "그 땅이 사십 년 동안 태평하였더라"이다. 이 평화 기간은 바로 드보라의 생존기간이다. 참된 신앙의 소유자의 영향은 적어도 그가 살아 있는 동안은 적이 감히 침입할 수가 없었음을 보여주는 것으로 드보라의 찬양의 무대는 마침내 장엄한 연주를 끝내고 서서히 막을 내리고 있는 것이다.

은혜의 통치자 기드온

사사기 6:1-40

1. 기드온 시대의 배경 (1-10)

1) 이스라엘 자손의 행악(1)

전장까지는 이스라엘 백성들이 유목민(遊牧民)에서 농경민(農耕民)으로 생활 형태가 바뀌는 과도기적 현상에 처해 있었으나, 본장에서는 완전히 농경민으로 정착되었음을 보여준다. 그러자 이 농산물을 노리는 새로운 적이 출현하게 되었으니 이가 바로 미디안 족이라는 유목민의 집단이다.

이스라엘 자손들이 하나의 민족적인 직업 전환이 이루어지기까지 원주민과의 관계는 끊을 수가 없었음이 이해된다. 즉 목축업자가 농사를 지으려니 이 방면에 기술이 앞서 있는 원주민들에게 배워야 하는 문제가 있기 때문이다.

그러므로 드보라와 바락의 통치 아래서 40년간의 잠정기(暫定期)를 지나 이들이 죽자 "이스라엘 자손이 또 여호와의 목전에 악을 행하였으므로 여호와께서 칠 년 동안 그들을 미디안의 손에 붙이시니"(1)라고 하여 역시 동일한 범주(category)의 반복으로 진행됨을 보여준다.

여기서 말하는 "여호와의 목전에 악"이라는 것은 가나안 인의 우상 섬김을 그 대표적으로 지적하는 것이며 이 때문에 7년간에 걸친 미디안에 압제를 받게 되는데 여기서 "미디안의 손"은 말하자면 미디안을 징계의 도구로 쓰시는 "하나님의 손"이라고 볼 수 있다.

2) 미디안 족의 내습과 그 피해 (2-6)

미디안(Midian)은 아브라함의 후처 그두라의 소생으로(창 25:1-4) 요단강 동편에 살던 유목민이었다(민 22:4).

미디안의 압제 아래서 이스라엘 자손들은 자기 마을과 집에서 살 수가 없어서 산 속에 은거 생활을 하기 위하여 구멍을 뚫어 인공으로 은신처를 만들기도 하고 자연적인 동굴 속에 숨어 살며 때로는 규모가 큰 산성을 쌓아서 요새화하여 위급한 경우, 방어책을 마련하기도 하였다(2).

그리고 미디안 사람은, 에서의 자손으로서(창 36:15-16) 이스라엘의 숙적인 아말렉 사람(Amalckites), 요단강 동편에 사는 같은 유목민인 "동방 사람"들과 합세하여 이스라엘의 파종기(이른 비가 내리는 10월경)가 되면 이들이 집단으로 가족과 가축떼까지 몰고 이주하여 와서는 진을 치고 집단 우거하여 추수기가 될 때까지 살면서 약탈 행위를 감행하였다. 이들에 의하여 가장 많이 피해를 보기는 므낫세 북편인 이스르엘(Jezreel) 평원과 세펠라(Shephela) 평지 거민이었고, 심지어는 가사(Gaza)(4) 즉 서쪽 지중해 해안선까지 침략의 마수를 뻗쳤다면 거의 전국 규모라고 볼 수 있다.

저들의 공격 목표는 농산물과 가축을 약탈하는 것인데(4), 저들의 이동시기를 "파종한 때"(3)라고 한 것은 곡식이 나서 어느 정도 자라면 저들이 짐승과 가족이 함께 와서 살면서 짐승의 사료로 곡초를 먹이고 추수기에는 양곡을 약탈하였고, 양과 소와 나귀 같은 가축들을 남기지 않고 탈취하는 만행을 감행한 것이다(4).

5절에 보면 저들의 수가 "메뚜기 떼같이"(5) 많아서 마치 중동 지방에 메뚜기 떼가 몰려오면 하늘이 어두워질 만큼 무수하여 이것이 곡식을 줄기채로 먹어치우는 무서운 재앙을 주는 것과 같이 이 동방의 만족(蠻族)들의 내습이야말로 메뚜기 재앙과 같이 곡초는 줄기째 가축들이 먹어치우고 알곡은 남김없이 삽시간에 다 약탈해 가는 광야의 무법자들이었다.

저들의 기동력은 낙타 부대인데(5), 가나안 평지의 거민들이 철병거가 주무기인데 비하여 미디안의 연합군은 낙타 부대라는 새로운 기동력을 발휘하였다. 철병거가 평지 전투에 유용하나 산간오지(山間奧地)에서는 무용지물이지만, 낙타 부대는 평지는 물론 산간 협로와 높은 고지까지 종횡무진 공격력을 갖고 있어 이스라엘은 이것을 대항할 아무런 장비도 없는 실정이었다.

이상의 사실들은 적어도 일제 시대와 해방 후 6.25를 겪어보지 못한 자는 감히 상상도 할 수 없는 피해 상황이라고 할 수 있다.

3) 이스라엘의 부르짖음과 선지자의 경고 (6-10)

(1) 이스라엘 자손의 부르짖음 (6)

"이에 이스라엘 자손이 여호와께 부르짖었더라"(6).

"여호와께 부르짖음"이라는 것은 회개를 뜻하는 통상적인 표현으로 볼 수 없음은 사실이다(3:9, 15, 4:3, 시 106:44-45). 하지만 미디안의 학정에서의 이스라엘의 부르짖음을 저들이 회개하였다는 것으로 볼 수는 없다. 왜냐하면 그 부르짖음에 의하여 즉시 그 해결책으로 사사를 보내주신 것이 아니라 한 선지자를 보냄으로 응답하였기 때문이다.

그러므로 저들의 부르짖음은 회개의 기도라기보다는 단순히 물에 빠진 사람이 본능적으로 "살려 달라"라고 단말마적인 소리를 지르는 것과 같다고 할 수 있다. 미디안의 압제에서 이스라엘 자손들이 받은 고통은 크게 두 가지였다. 첫째는 집에서 살지 못하고 산중 암혈, 산성에서 숨어 사는 것이며, 둘째는 양식을 다 빼앗기고 기근에 처한 비참한 상태였다. 그러니만큼 저들은 이 순간 고통 받는 이유를 생각하고 회개와 참회의 눈물을 흘려야 할 것인데 다만 이는 본능적으로 "살려 달라"는 단말마적인 절규로서의 부르짖음일 따름이었다.

그러므로 저들의 부르짖음이 회개의 기도라고 할 수는 없지만 회개할 수 있는 계기가 되었음은 사실이다. 그것은 그 부르짖음의 응답으로 한 선지자를 보내주셨기 때문이다.

(2) 한 선지자의 경고 (8–10)

"여호와께서 이스라엘 자손에게 한 선지자를 보내사"(8a)라고 하였는데, 여기서 "한 선지자"라는 것은 "한 사람 선지자"라는 뜻이다. 선지자 앞에 "한 사람"이란 말을 부가시킨 이유는 바로 11절에 나오는 "여호와의 사자"와 구별하기 위함이다.

이 한 선지자의 전하는 메시지(message)의 내용은 두 가지이다.

그 첫째는 애굽에서 인도하여 자유와 해방을 주신 하나님의 은혜를 저버렸다는 것이다(8b-9a). 즉 배은망덕(背恩忘德)의 죄에 대한 책망이다. 그리고 근래에 이르러서는 " . . . 너희를 학대하는 모든 자의 손에서 너희를 건져내고 그들을 너희 앞에서 쫓아내고 그 땅을 너희에게 주었으며"(9b)라고 하여 가나안 땅을 기업으로 주신 것과 근자의 메소보다미아, 모압, 블레셋, 가나안 왕 야빈 등의 학대에서 구원하신 사실을 지적하여 선지자는 은혜에 대한 감사가 없기 때문에 진정한 회개가 없음을 책망하는 것이었다.

그리고 둘째는 "아모리 사람의 땅의 신들을 두려워 말라 하였으나 너희가 내 목소리를 청종치 아니하였느니라"(10)라고 하여, 가나안 땅의 우상을 섬긴 사실이 지금 당면한 고통의 이유임을 지적하고, 아모리 사람의 신을 두려워하는 이유는 그들이 "내 목소리를 청종치 아니" 한 사실 즉 여호와의 계명과 명령에 복종치 않음에 기인(起因)하고 있음을 들어 준엄하게 참된 회개를 촉구한 것이었다. 여기 "아모리 사람"이라는 것은 가나안 사람 전체의 대명사로 불린다(3:5, 수 24:15, 18, 창 15:6).

우리는 이 "한 선지자"의 정체, 그의 활동 상황, 또한 그의 경고 메시지에 대한 백성들의 반응 등을 알 수는 없다. 다만 이스라엘 백성들이 급하면 여호와께 부르짖는 하나의 공식적이며 상투적인 외식적 회개에서 하나의 파격적으로 그 부르짖음에 대한 응답으로 사사가 즉시 나서기 전에 선지자를 보내어 저들의 죄악을 경고하심은 그 "부르짖음" 자체가 진정한 회개가 아니기 때문에 참된 회개에로 유도하기 위한 전제 조치로서, 마치 예수님의 앞서 보내신 세례 요한과 비슷한 경우라고 생각될 뿐이다.

우리는 이 사실에서 배은망덕의 죄와 우상 숭배의 죄가 모든 고통의 원인이 된다는 점을 각자 인식함으로써 진정한 회개의 합당한 열매를 맺어야 할 것이라 생각한다.

2. 기드온의 소명(召命) (11-24)

1) 여호와의 사자를 만남 (11-16)

한 선지자의 경고가 끝난 후에, 뒤따라 여호와의 사자가 므낫세 씨족 중에서 한 작은 지족인 아비에셀 사람 요아스에게 속한 오브라

(Ophrah)에 이르러 그곳 상수리나무 아래 좌정하였다(11). 여기 나타나신 여호와의 사자는 단순히 말씀을 전하는 자(messenger)로서의 천사가 아니라 하나님 여호와 자신이, 보이는 사람의 형상으로 나타나신 현현(顯現)이었다. 이는 곧 후에 도성인신(道成人身)하여 나타나실 예수 그리스도를 의미하는 것이라고 볼 수 있다.

여호와께서 선지자를 보내어 이스라엘의 회개를 촉구하여도 듣지 않자(8-10), 이번에는 여호와 하나님 자신이 직접 강림하신 것이다(11).

그 때에 기드온은 미디안 사람의 눈을 피하여 포도주 틀에서 밀을 타작하고 있었다. 밀 타작은 본래 넓은 타작마당에서 소 같은 가축을 이용하여 하는 것이지만(대상 21:20-23, 룻 3:6), 기드온은 포도즙을 짜기 위하여 돌로 우묵하게 파서 만든 용기에 밀을 넣어, 마치 우리나라에서 절구에다 곡식을 도정(搗精)하는 것처럼, 소규모의 타작 방식을 취하여 식량 대책을 마련하고 있는 비참한 상황에 처한 때였다(11b).

그 순간 홀연히 여호와의 사자가 나타나서 "큰 용사여 여호와께서 너와 함께 계시도다"라고 하였다(12). 미디안이 두려워서 숨어 타작하고 있는 기드온 자신을 "큰 용사"라고 불렀을 때, 이는 격식에 맞지 않는 호칭이라 생각하여 그 마음이 심히 아팠을 것이라 생각된다.

하지만 기드온은 이 낯선 나그네(21절에 지팡이를 짚고 있음을 보고)일망정 자신에게 다정한 인사와 함께 여호와를 찬양하는 목소리를 듣자 평소에 지녔던 속마음을 자신 있게 털어놓을 힘을 얻어 다음과 같이 의문을 제시하는 것으로 대답을 대신하였다.

"기드온이 그에게 대답하되 나의 주여 여호와께서 우리와 함께 계시면 어찌하여 모든 일이 우리에게 미쳤나이까 우리 열조가 일찍 우리에게 이르기를 여호와께서 우리를 애굽에서 나오게 하신 것이 아니냐 한 그 모든 이적이 어디 있나이까 이제 여호와께서 우리를 버리사 미디안의 손에 붙이셨나이다"(13).

기드온은 "여호와께서 너와 함께 계시도다"(12)라는데 대하여 여호와께서 함께 계신다면 어찌하여 현재 미디안에게 당하고 있는 이 무서운 압제가 웬일이냐는 반문이며, 옛날 여호와께서 이스라엘과 함께 하실 때는 압제 받는 애굽에서 이적적으로 구출하신 놀라운 사실이 있었거늘 지금은 미디안의 압제에도 불구하고 이적적 구출이 없음은 이는 여호와께서 우리를 버리신 증거라고 말하였던 것이다.

그러나 여호와의 사자는 " . . . 너는 이 네 힘을 의지하고 가서 이스라엘을 미디안의 손에서 구원하라 내가 너를 보낸 것이 아니냐"(14)라고 확신을 주는 것이었다.

오늘 우리들도 흔히 과거에는 위대한 인물이 많이 있었으나 오늘날은 모세 같은 인물이 없다는 말을 자주 하고 있는 실정이다. 동서고금을 막론하고 모든 시대에 모든 사람들은 기드온과 똑같은 말을 해왔다. 각 시대에서 모든 사람들은 흔히 과거의 사람들은 우리보다 더 나은 자들이라고 우상화하는 경향이 있다. 그러므로 현실타개책으로 과거 인물 같은 위인의 출현은 아예 기대하지도 않는다. 기드온은 자신이 곧 미디안에서 이스라엘을 구원할 자라는 사실은 아직 전혀 알지 못하고 있는 형편이다.

기드온은 이 순간 두 가지 사실을 깨달아야만 했다.

첫째는 바로 "이스라엘을 미디안의 손에서 구원하라"는 것이며, 그러기 위하여서는 "너는 이 네 힘을 의지하고"라는 말씀의 의미를 자각하는 것이다. 즉 여호와께서 "이스라엘을 미디안의 손에서 구원하라" 하실 때는 이 사명을 감당할 힘을 주신다는 사실이다. "이 네 힘"은 기드온의 장사적 기질이나 그 자신의 힘이 아니고, 여호와께서 주시는 신앙의 힘이며, 육체적 정신적 힘이 아니라 영력을 의미하는 것이다.

둘째는 "내가 너를 보낸 것이 아니냐"(14b), 즉 보내심을 받은 기드온의 배후에는 그를 보내신 자가 있을 것인데, 그가 바로 여호와 하나님이라는 것이다. 오늘도 역시 각국에 파송 받은 대사나 공사 뒤에는 그를 파송한 나라가 있기 마련이며, 이들을 대우하는 것은 바로 그를 파송한 나라에 대한 예절에 근거하고 있는 것이다. 파송자는 파송 받은 자의 모든 것을 다 책임지게 마련이다.

기드온은 "내가 너를 보낸 것이 아니냐"는 말을 듣고 이 분이 바로 여호와라는 사실을 비로소 알게 되었다. 그것은 상대방에 대한 호칭부터가 달라졌기 때문이다. 13절에서 "나의 주여"라고 한 것은 원문에서는 <아도니>라고 하였고, 15절에서는 "주여"라는 것이 <아도나이>라고 되어있다. RSV역에서는 전자를 Sir로, 후자를 Lord로 구분하고 있으나 한글 개역에서는 다같이 "주"라고 번역하고 있다.

하지만 기드온은 자신의 힘이 너무나도 미약함을 다음과 같이 고백하고 있다. "나의 집은 므낫세 중에 극히 약하고 나는 내 아비 집에서 제일 작은 자니이다"(15). 여기 "나의 집"은 씨족(氏族)을 뜻하며 "므낫세 중에"는 부족(部族)을 의미한다. 그리고 "내 아비 집"은 가문(家門)을 지칭한다. 즉 말하자면 요아스의 가문에서도 아무런 영향력을 미칠 수 없는 자임을 들어 기드온은 망설이게 된 것이다. 이는 어느 면에서 기드온이 겸손한 인격의 소유자임을 말해준다고 할 수도 있다.

이어서 여호와께서는 " . . . 내가 반드시 너와 함께 하리니 네가 미디안 사람 치기를 한 사람 치듯 하리라"라고 하여 망설이는 기드온에게 확신을 갖도록 격려하시는 것이었다.

이상에서 보여준 기드온이 여호와의 사자와의 만남에서 그가 미디안 압제에서 구원할 자다운 면을 보여주는 것은 13절에서 볼 수가 있다. 거기에 의하면 "우리"란 말이 단 한 절 안에 여섯 번이나 반복되고 있다는 사실이다. 기드온은 지금 개인적으로 여호와의 사자를 만나는 순간임에도 그는 "나"라는 대신 "우리"라는 것으로 자신의 호칭을 말하였다는 사실에서 그는 자신만 생각하는 개인이 아니라 적어도 민

족을 생각하는 우리 의식이 강하다는 면을 보이고 있다는 점이다. 아사 직전에 놓인 자신의 처지를 생각하기보다 적어도 국민 전체를 생각하는 애국지사적 입장에서 그 고통을 호소하고 있다는 면에서 그가 도탄에 빠진 민족을 구원할 자격을 갖추고 있음을 보여준다고 할 수 있다.

오늘의 우리도 역시 "나 나"만을 연발하지 말고 이런 극단적인 개인주의를 넘어서 적어도 "우리 우리" 하는 동족 의식과 나아가서는 인류의 미래를 걱정하는 자들이 많이 생기기를 기도해야 할 것이다.

2) 기드온의 표징 요구 (17-21)

기드온이 자기를 부르시는 분이 바로 여호와 자신임을 알면서도 여기서 표징을 구한 것은 의심이 아니라 그 임무가 너무나도 크기 때문에 신중을 기하려는 처사라고 할 것이다.

도마가 부활의 주를 만났다는 동료들의 증언을 듣고도 못자국과 창자국을 확인하고자 하였듯이, 또한 철학자 데카르트(Descartes)의 회의철학(懷疑哲學)이 결국 신의 존재까지 인정하는데 도움이 되었듯이, 기드온의 표징 요구 역시 더욱 확신을 갖고 대임(大任)에 임하려는 자세라고 볼 수 있다.

기드온은 예물을 가지고 올 때까지 여호와의 사자에게 기다려 줄 것을 부탁하고 급히 집으로 달려가서 염소 새끼 하나를 준비하고 가루한 에바로 무교전병을 만들고 이를 정결한 용기에 담아가지고 와서 드리었다(19).

이것이 나그네를 대접하려는 식물(食物)이냐, 하나님께 드리려는 제물(祭物)이냐에 대하여는 학자들 간에 이론(異論)이 있다. 길 가는 행인으로 나타났으니 식물일 수도 있고, 여호와의 신으로 확인한 이상 제물일 수도 있다. 여하튼 그 당시 기드온이 드린 염소는 송아지를 드린 아브라함에 비하면 비록 작다 할 것이나 이는 최상의 것이었으며 가루 한 에바는 밀가루 한 말(一斗)인데, 10명이 먹고 남을 분량으로 매우 큰 양에 해당된다. 그 당시 육식은 평시에도 고급 손님을 접대할 때만 사용되었고, 무교전병은 누룩을 넣지 않고 번철(frying pan)에 부친 것으로 급하게 만들 때 식물로는 적절한 것이다(레 2:4-9). 이는 먹는 식물로도 고급 식품이며, 제물로도 염소는 화목제물이며(레 3:12), 무교전병은 소제물(레 2:4-9)로서 손색이 없다고 볼 것이다.

"하나님의 사자가 그에게 이르되 고기와 무교전병을 가져 이 반석 위에 두고 그 위에 국을 쏟으라 기드온이 그대로 하니 여호와의 사자가 손에 잡은 지팡이 끝을 내밀어 고기와 무교전병에 대니 불이 반석에서 나와 . . . 살랐고"(20-21).

하나님의 사자(the angel of the Lord)는 이것을 식물(食物)로 취하지 않으시고 제물(祭物)로 취하셨다. 반석 위에 나열된 제물 위에 여호와의 사자의 지팡이 끝을 대자 불이 반석에서 나와 제물을 살랐다. 모세의 지팡이가 반석에서 생수를 낸 것(민 20:11)과는 달리, 불이 나와서 제물을 태웠다는 것이다.

여호와의 능력은 필요하다면 물도 내고 불도 낼 수 있는 것이다. 이 상극의 대조적인 현상은 창조주이신 여호와 하나님만이 자유자재로 나타낼 수 있을 뿐이다.

"제물이 불살랐다"는 것은 제물을 받으셨다는 의미이다. 제물의 소화작용(燒火作用)과 함께 "여호와의 사자는 떠나서 보이지 아니한지라"(21b)라는 것은 기드온이 여호와의 사자임을 확인한 이상 더 사람의 형태로 남아있을 필요는 없었기 때문이며, 또한 이것이 그의 본질적인 속성이며 본연의 자세이다(히 11:3, 딤전 6:16).

3) 기드온의 제단 (22-24)

"기드온이 그가 여호와의 사자인 줄 알고 가로되 슬프도소이다 주 여호와여 내가 여호와의 사자를 대면하여 보았나이다"(22).

사람이 하나님을 보면 죽는다는 것은 하나님의 경고였다(출 33:20). 기드온은 그가 여호와의 사자(하나님)을 눈으로 본 사실로 인하여 죽을까 두려워하여 근심하였다. 그 때에 여호와께서는 " . . . 너는 안심하라 두려워 말라 죽지 아니하리라"라고 하셨다. 그 이유는 무엇일까? 그것은 그에게 나타나신 여호와의 사자가 바로 인간의 몸으로 세상에 강림하실 그리스도였다는 사실이다. 이는 그가 사람의 형체로 나타나셨으며 또한 기드온이 예물을 가져올 때까지 기다려 달라는 요청에 대하여 그 장소에 머물러 있었다는(18) 사실은 신성에 속한 것이 아니고 인간의 원리에 속하기 때문이다. 신성이신 하나님은 시공간(時空間)에 제한을 받지 않는다.

오늘 우리는 하나님의 영광스런 모습을 육안으로 볼 수는 없다. 다만 인간으로 오신 예수 그리스도를 통해서만 볼 수 있는 것이다. 예컨대 이는 만일 태양열이 공기층을 통과하지 않고 땅을 향하여 직사한다면 지구는 온통 타버릴 것과 같은 원리이다.

기드온이 본 분은 여호와의 사자(messenger of the Lord)였으며, 사실 여호와의 천사(the Angel of the Lord) 즉 여호와 자신인 동시에 그리스도였다.

"안심하라"(23)는 말은 히브리어로는 <샬롬>이며, 평강이라는 의미이다. 이 말은 히브리인들에게는 보편적인 인사말로서 기드온은 감격한 나머지 하나님께 제물을 드렸던 장소를 기념하여 그곳에 제단을 쌓고 그 제단의 이름을 "여호와는 평강"이라 명명하였다(24).

이로써 기드온의 소명은 다른 사사와는 달리 여호와의 사자 곧 예수 그리스도를 직접 만난 사실로 제목이 표시하는 바와 같이 "은혜의 통치자 기드온"이라는 특징을 지닌 평화의 사사로 부름을 받게 된 것이다.

3. 기드온의 개혁 행위 (25-32)

이 단락에서 기드온이 싸워야 할 두 부류의 적들에 대한 것을 기록하였는데, 첫째는 바알이었으며, 둘째는 오브라 성읍 사람이었다.

기드온의 오브라에 쌓은 여호와를 위한 평화의 제단 옆에는 바알(Baal)과 아세라(Asherah)의 여신상(女身像)이 서 있었다.

기드온이 평화의 제단을 쌓은 날 밤에 이 우상의 제단을 훼파하라는 여호와의 명을 받게 된다. 먼저 제물을 준비하고(25a), 다음 우상을 파괴하고(25b), 그리고 여호와의 제단을 쌓고 제물을 드리라(26)는 것이었다.

기드온은 순서에 따라서 먼저 제물을 준비하였다. 그것은 "네 아비의 수소" 곧 7년 된 둘째 수소를 취하는 것이었다. 이 제물에 대하여 학자들 간에 논란이 많이 있다. 하지만 이를 정리하여 한마디로 말하면 제물의 종류는 수소였으며, 그것은 기드온의 아비 요아스의 소유였다. 그것은 7년생의 둘째 수소로서 그 당시 첫째 수소는 3년생을 말하는데, 그것은 요아스에게 없었기 때문에 7년생의 수소를 드린 것으로 생각된다. 그 당시 미디안 인들이 가축을 약탈해 갔기 때문에 첫째 3년생 수소가 집에 없었음은 물론 달리 구입할 수도 없어 부득이 7년생 둘째 수소를 드릴 수밖에 없었다고 생각할 수 있다.

다른 작업은 바알과 아세라 상을 파괴하는 것이다. "네 아비에게 있는 바알의 단을 헐며 단 곁에 아세라 상을 찍고"(25b)라는 것을 보아서, 이 우상 제단이 기드온 가문이 모신 제단이거나 아니면 그 아비 요아스가 제단 관리 책임자로 있었다고 생각할 수 있는데, 여하튼 이 상의 제단과 요아스의 가문이 관계가 있음은 분명하다. 기드온은 이런 우상 숭배의 분위기 속에서 자라면서 신앙을 지켜 왔음을 알게 된다.

"바알"(Baal)은 주인이란 뜻으로 농신(農神)이며, 아세라(Asherah)는 베니게의 여신(女神)으로 목신(木神)이다. 이것을 부부신으로 가나안 사람들이 섬기며 이들이 성교를 해야 비가 온다는 미신에서 남녀가 짝지어 음란 행위를 조장하는 도덕적 타락 풍조를 만연케 만드는 음란의 신으로 섬긴 것이다.

기드온은 그 이름의 뜻이 "넘어뜨리는 자"답게, 27절에 의하면 종 10명을 데리고 백주에 행하지 못하고 밤에 우상 훼파 작업을 단행하였다. "아비의 가족과 그 성읍 사람들을 두려워하므로"(27b)라고 밤에 행한 이유를 들고 있으나, 이는 어차피 알게 될 것이지만 낮에 행할 경우 저들이 방해할 것을 두려워 밤에 한 것으로 볼 수 있다. 즉 작업 진행상 장애가 될 것을 두려워서라고 봄이 타당하다. 그리고 우상의 제단을 파괴하고 여호와의 단을 수축하는 작업이 크기 때문에 10명이라는 종들의 협력을 요하였다고 생각한다.

그 후 기드온은 여호와를 위한 제단을 쌓고 미리 준비한 제물을 드리기 위하여 아세라 목상을 토막 내어 번제 드리는데 화목으로 사용하였다는 것으로 완전 소화 처분하고 말았다. 바로 전 오브라의 반석 위에서 드린 제사는 화목제의 형식을 따른 감사제(thank offering)였고, 지금 드리는 제사는 성격상 번제(brunt offering)로서 이는 완전한 헌신을 의미한다.

이튿날 아침 성읍 사람들이 바알과 아세라 제단이 훼파된 현장을 보자 이것이 누구의 소행인가를 조사하여 기드온이 적발되자 성읍 사람들이 요아스에게 모여와서 "네 아들을 끌어내라 그는 당연히 죽을지니

. . . ”(30)라고 사형에 해당하는 죄인으로 지목되었다.

31절은 이런 다급한 상황에서 요아스의 변론을 보여주고 있다. 이 순간 요아스의 심정을 헤아려 보라! 우상을 타파하고 여호와의 제단을 세운 자가 바로 사랑하는 아들이다. 이 성난 군중들이 자기를 둘러선 앞에서 그가 아들 기드온을 변론한 말은 실로 기발하였다. 이를 AV역에 의하면 다음과 같다. “너희가 바알을 위하여 쟁론하려느냐 너희가 바알을 구원하겠느냐(바알이 그 자신을 위하여 스스로 쟁론할 수 없다고 생각하여) 그를 위하여 쟁론하는 자는 (그를 모독하는 자로서) 이 아침에 죽임을 당하여야 하리라 바알이 과연 신일진대 그의 단이 훼파되었은즉 스스로 그 자신을 위하여 쟁론케 하라”라고 보다 자연스럽게 번역하고 있다.

이는 단지 요아스가 자식을 위험에서 구하려는 부성애에서의 자신의 바알 신앙을 무시한 변론이 아니라 아들 기드온에게서 이미 여호와 섬김에 대한 전도를 받고 회개하고 이미 개종한 자의 입장에서 발한 증언이라고 추측한다.

이로써 흥분한 군중들은 조용해지고 그 날에 기드온을 여룹바알(Jerubbaal) 즉 “바알이 더불어 쟁론할 것”이라고 부르게 된 것이다. 그 후 여룹바알은 의미가 역전되어서 ‘바알과 쟁론할 자’(contender with Baal)가 되었다.

4. 기드온의 모병과 양털의 표적 (33-40)

1) 기드온의 모병 (33-35)

기드온의 모병은 그 직접적 동기로는 미디안 사람과 아말렉 사람과 동방 사람들의 연합군이 이미 요단을 건너와서 이스르엘 골짜기에 진을 치고 공격 태세를 갖춘 데 기인한다(33).

이 이스르엘(Jezreel) 평야는 갈릴리 호수에서 어느 정도 남쪽으로 격리된 지역에 있는 벧산에서 오늘의 이스라엘 나라의 신흥 공업도시로 유명한 하이파까지 동서로 길게 뻗어 있는 넓은 곡창지대이다. 저들은 이미 주기적으로 요단강을 건너 벧산에 상륙하여 이스르엘 평지에서 다량으로 산출되는 농산물을 약탈하였기에 이번에도 이런 경로로 몰려와 이스르엘(Jezreel)에다 군사 기지를 세우고 전투태세를 갖추고 있었다고 본다.

여기 대응하여 기드온은 먼저 자기 가문에 우상 제단을 타파하여 마치 모세가 애굽에 억류된 백성을 구하러 가기 전에 아들에게 할례를 행한 것같이(출 4:24-26), 가정의 종교개혁을 단행하여 이른바 수신제가(修身齊家) 치국평천하(治國平天下) 식으로 자신의 일가를 정화하였다(25-32).

그러자 "여호와의 신이 기드온에게 강림하시니"(34)라고 하여 "여호와의 신" 즉 영을 불어넣어 주셨다. 여기 "강림하시니"라는 것은 히브리 원문으로는 "기드온을 옷 입혔다"라는 뜻으로 성령으로 충만해진 상태를 의미하는 것이다(대상 12:18, 눅 24:49).

이는 동방의 약탈자들과 싸워 이기게 하기 위한 하나님의 역사였다. 이로써 성령으로 충만하여진 기드온이 군대 소집을 알리는 나팔을 불매 먼저 자기 씨족(氏族)인 아비에셀 족속이 모여 왔고 그 다음 기드온의 사자(使者) 파송으로 자기 부족(部族)인 므낫세 지파가 모여 왔다. 그리고 인접해 있는 아셀과 스불론과 납달리 등에도 사신을 보내자 저들도 합세하게 되어 미디안의 연합군과 싸울 병사를 확보하였는데 이들은 이미 미디안 족들에게서 가장 피해를 많이 받은 지파에 속한 자들이었다.

1절에 의하면 이스라엘 백성 전체가 이 동방의 약탈자들에게 위협의 대상이었으나 실제 전쟁에 참여하기 위한 모병에 응한 자들은 이스르엘(Jezreel)을 중심한 일부 주변에 거주하는 자들만이었음을 보면, 사람이란 자신이 직접 뼈저리게 고통을 받은 경험이 없는 자는 그 심정을 헤아리지 못한다는 사실을 알게 해준다고 할 것이다. 이것은 에훗의 경우도 마찬가지였다(3:27).

하지만 전국적인 규모는 아니더라도 기본 병력이 확보된 것은 기드온이 성령에 충만되어 활동을 개시한 결과라고 본다면 오늘의 십자군의 경우도 역시 먼저 교역자 자신이 성령을 옷 입듯 충만해 진다면 성도들이 자연히 모여든다는 사실을 알게 되는 것이다.

2) 양털의 표적 (36-40)

기드온이 모병을 통하여 병사를 확보한 후, 전투 개시 전에 또 다시 양털에 표적을 구하였다(36-40). 첫 번째는 참말로 여호와의 사자인가를 확인하기 위한 즉 소명(召命)에 관한 것이라면(17-21), 이번에는 동방의 만족들과 싸워 이기기 위한 보장을 받기 위함이었다(36).

성령의 충만함을 받은 자가 여호와를 시험할 수 있는가라는 문제가 여기서 생기기도 하지만 주석가 바클레이는 이 시험은 기드온 자신이 의심이 생겨서라기보다는 응모된 병사들이 의혹을 품었기 때문에 기드온 자신도 다시 한 번 확인하고자 하는 동기에서 라고 해석하였다(필자 의역).

물론 그럴 수도 있을 것이다. 적어도 7년 동안 바알과 아세라를 섬겨온 자들이 일조일석(一朝一夕)에 여호와에 대한 신앙으로 바뀐다는 것이 결코 쉬운 일이 아닐 것이며, 이들의 불신 의혹의 영향을 기드온이 받을 수 있음도 이해는 가지만 무엇보다 기드온 자신도 이 훈련 없는 과병(寡兵)을 갖고 미디안의 연합군과 맞서 싸운다는 데서 너무나도 인간적으로는 큰 부담이 되었을 것이라는 생각이 든다. 그러므로 이는 기드온이 여호와에 대한 신앙의 동요에서가 아니라 자신의 신앙을 더욱 강화시키려는데 비중을 두었다고 우리는 이해하여야 하지 않을까 생각된다.

그 표적의 내용은 이슬과 양털에 관한 것인데, 양털 한 뭉치를 타작마당에 두고 밤을 새우고 이튿날 아침에 "이슬이 양털에만 있고 사면 땅이 마르면"이라는 시험인데, 시험 결과 기드온이 일찍 일어나 양털을 취하여 짜니 물이 나와 그릇에 가득 찬 것을 알게 되었다(37-38).

하지만 기드온은 하나님께 대한 죄송함을 호소하면서 다시 한 번 시험하기를 원하며 이번에는 반대로 "양털은 마르고 사면 땅은 이슬에 젖는" 시험을 한 결과 그대로 되었다(39-40). 여기서 "양털"은 이스라엘을 상징하고 "이슬"은 생기와 하나님의 은혜를 상징한다. 그리고 "사면 땅"은 이스라엘을 둘러싼 이방 민족을 상징한다고 보는 것이다.

첫 번째 "양털에만 이슬이 내린 것"은 하나님의 생기와 은혜가 이스라엘 나라와 그 백성에게만 임한다는 것이며, 다음 "양털은 마르고 사면 땅에만 이슬이 내린다"는 것은 저들이 회개하지 않고 우상을 섬기는 한 이스라엘에서는 하나님의 축복이 끝이 나고 이방인들이 융성하게 된다는 의미로 해석된다.

기드온은 여기서 확신을 갖게 되고 모든 이스라엘 병사들에게도 자신 있게 지휘자의 입장에서 확신을 심어주어 비로소 전투에 임하게 되었음을 다음 장에서 알게 해 주는 것이다.

결 론

본장은 미디안에 의하여 압제 받는 이스라엘을 구원하기 위하여 여호와의 대비책으로 세움 받은 사사 기드온의 소명을 보여준다. 기드온의 소명은 다른 사사들에 비하여 매우 특이한 점이 있다.

우선 백성의 부르짖음에 대하여 직접 사사를 보내신 것이 아니라 먼저 선지자를 보내어 진정한 회개를 촉구시키고(6-10), 기드온을 불러 사사로 세웠다는 사실이다. 이는 백성의 부르짖음이 진정한 회개의 기도라기보다는 압제의 고통이 극심한 시점에서 본능적으로 외치는 절규임을 증명하는 것이다.

또 하나의 특징은 다른 사사와 달리 두 번에 걸친 여호와의 제단을 쌓고 불로 응답되었다는 사실이다. 이 당시는 족장시대와는 달리 평민이 마음대로 제단 설치하거나 헌제하는 것은 금지되어 있었다. 적어도 모세에 의하여 세워진 제사제도(priest-hood)에 따라서 언약궤가 모셔진 성막에서만 행하도록 엄격히 구별되었다. 그렇다면 그 당시로는 실로에서만 제사장에 의하여 제사가 드려질 상황이었다.

하지만 기드온이 평민으로서 두 번이나 제단을 쌓은 것은 그에게 여호와의 사자가 바로 눈에 보이는 사람으로 나타나셨는데 이가 바로 여호와 자신이며, 또한 장차 오실 그리스도이었기 때문이다. 처음 제물을 드린 장소는 오브라의 반석 위이다(20). 반석은 예수 그리스도를 상징한다. 기드온이 제물을 그 위에 진열하자 그 반석에서 불이 나와서 제물을 살랐다. 이는 천화(天火)이다. 구약에서는 여호와의 명을 따라 제단을 설치하고 그 위에 제물을 올리자 하늘에서 불이 내려 점화되었고(레 9:23-24), 제사장은 그 불을 꺼지지 않게 보관할 책임이 있었다(레 6:12-13).

신약에서는 오순절의 성령의 불이 내려 교회시대를 이끌어 오고 있다(행 2:1-3). 그 다음 바알 제단을 헐고 산 위에 쌓은 여호와의 제단 역시 천화(天火)에 의한 것으로 상상할 것이다(26-28).

이 기사는 여호와 하나님과 바알 사이에 계속 야기될 투쟁의 특징을 예시한 것으로 엘리야의 갈멜 산상에서 벌였던 불로 응답하는 신이 참 신이라는 대결에서 엘리야의 승리로 끝난(왕상 18장) 사실에 관한 그 전주곡이 바로 기드온의 제단이라는 점이다.

그 후 기드온은 여호와의 신을 옷 입듯 하는 성령의 충만함을 받아 미디안 토벌전에 임하는 용사가 된 것이다(34-35).

오늘 우리 시대에 있어서 절실히 요구되는 것은 오순절을 기하여 예수 그리스도 승천 직후 임한 불의 제단이라는 것이다(행 2:1-3). 현금의 우리 제단에는 불이 있는가? "불" 즉 천화(天火)에 의하지 않은, 곧 성령의 역사가 없는 제단은 바알의 제단일지언정 여호와의 제단은 아니다.

바라건대 한국 교회는 물론 여호와 하나님께 드리는 예배들이 모두 기드온처럼 불로 응답되는 제단이 되기를 기도해야 할 것이다.

미디안의 날

사사기 7:1-25

본장과 다음 장 31절까지는 사사 기드온이 여호와의 명을 따라 미디안 군을 물리치기 위한 전투의 준비와 전투 장면을 기록하고 있다. 이것은 성벽이 무너져 내렸던 여리고 성에 관한 기사와 마찬가지로 이스라엘 백성들이 매우 큰 승리를 거두었던 전쟁들 중 하나로 서술되고 있다.

그러므로 저 유명한 이사야 선지는 메시아의 출현을 예언하면서 그로 인하여 "이는 그들의 무겁게 멘 멍에와 그 어깨의 채찍과 그 압제자의 막대기를 꺾으시되 미디안의 날과 같이 하셨음이니이다"(사 9:4)라고 하였다. 그렇기 때문에 본장을 강해하면서 제목을 "미디안의 날"이라 정하고 이 이스라엘의 광휘(光輝) 있는 승전 기록을 같이 생각하며 은혜를 나누고자 한다.

1. 기드온의 전투 준비 (1-14)

1) 이스라엘 군의 전투 기지(基地) (1)

"여룹바알이라 하는 기드온과 그를 좇은 모든 백성이 일찍이 일어나서 하롯 샘 곁에 진쳤고 미디안의 진은 그들의 북편이요 모레 산 앞 골짜기에 있었더라"(1).

여룹바알이라 하는 기드온과 그를 좇은 모든 백성(모병에 응한 32,000명)이 이튿날 미디안 군과 전투를 벌이기 위하여 일찍이 일어나서 하롯 샘 곁에 진지를 구축하였다. "하롯"(Harod)은 '떨림'이라는 뜻으로, 이 곳은 기드온의 모병에 응한 자 중 22,000명이 전투를 앞두고 떨고 자신감을 잃었던 장소이다(3). 하지만 이 곳은 이스르엘(Jezreel) 동남쪽으로 약 3km 지점에 있는 "아인 얄룻"(Ain-Jahlood)으로 추측하며, 다윗 왕의 두 심복의 고향과 관련하여 단 한 번 언급되어 있을 뿐이다(삼하 23:25).

그러나 이 곳은 길보아 산맥 가운데서부터 솟아나오는 샘물이 있어 병사들에게 필수적인 음료수의 원활한 공급으로 군사기지로서는 매우 적지(適地)라는 생각이 든다. 영해적(靈解的)으로 보면 "하롯 샘"은 오늘의 교회를 상징한다고 볼 수 있다. 오늘의 교회는 전투적 교회인 만큼 생명수가 넘치고 있어야 하는 것이다. 마귀와 더불어 싸워야 하는 병사로서의 신자들이 갈증을 느껴서는 안 되기 때문이다. 오늘의 교회는 현대의 미디안 같은 마귀와 더불어 접전(接戰)해야 하는 만큼, 성령의 생수가 넘치는 오늘의 "하롯 샘"이 되어야 한다는 생각이 든다.

이스라엘의 적인 미디안의 진지는 "모레 산 앞 골짜기"라고 하였는데, "모레(Moreh) 산"은 이 곳 이 외에 병행기사가 없으며, 이스르엘(Jezreel) 평원 북쪽에 있는 '네비 다이(Nebi Dahi)'로 추측한다(Moore). 쉽게 말하면 이스르엘(Jezreel) 평원을 사이에 두고 기드온 군은 남쪽에, 미디안 군은 북쪽에 포진(布陣)되었음을 알 수 있다.

2) 기드온의 정병 선발 (2-14)

(1) 1차 선발 (2–3)

총 응모된 이스라엘 군대 수는 32,000명인데 비하여 미디안과 그들의 동맹자들의 군사 수는 135,000명에 이르렀다(8:10). 그럼에도 불구하고 여호와께서는 "너를 좇는 백성이 너무 많은즉 . . . 누구든지 두려워서 떠는 자여든 길르앗 산에서 떠나 돌아가라"라고 명하시는 것이다. 그 이유는 많은 병사 때문에 미디안을 이겼다고 자긍할 가능성이 있기에 저들을 탈락시키라는 것이다. 그러나 이 경우에서 예상외에 결과가 나타났다. 즉 22,000명이 떠나가고 불과 1만 명이 남은 것이다. "두려워 떠는 자"들은, 첫째 다른 군인들에게도 겁약(怯弱)한 생각을 전염시킬 수 있고, 둘째는 하나님의 명령을 절대 순종함으로 그의 능력을 믿고 즐겨 싸울 각오가 없는 자들을 말하는 것이다.

오늘도 복음을 위하여 일하는 자들 역시 세상을 두려워하지 말고 오직 하나님을 기쁘시게 하기 위한 일념으로 하나님의 능력을 믿고 그 명령에 절대 복종함으로, 자진하여 즐거운 봉사 자세로 임할 각오를 가져야 하는 것이다. 그러므로 사도 바울은 다음과 같이 말하고 있다. 즉 "네가 그리스도 예수의 좋은 군사로 나와 함께 고난을 받을지니 군사로 다니는 자는 자기 생활에 얽매이는 자가 하나도 없나니 이는 군사로 모집한 자를 기쁘게 하려 함이라"(딤후 2:3-4).

여기서 "길르앗 산에서 떠나 돌아가라"(3)는 데서 "길르앗 산"은 요단강 동편에 있는 산인만큼(5:17), 여기에 대하여 학자들 간에 이론(異論)이 많으나 "길보아 산"에 대한 사본(寫本) 기자의 오기(誤記)로 봄이 가장 타당성이 있다고 생각된다(Lange, Bertheau).

(2) 2차 선발 (4–8)

응모 군사 중 3분의 2 이상이 탈락하고 겨우 1만 명이 남았는데도 다시 정병을 추리라는 것이 여호와의 명령이다. 그리고 그 선발 방법은 시험을 치루라는 것이다.

그 시험은 물가로 병사들을 이끌고 내려가서 물을 먹게 하라는 것이었다(4a). 대체로 정병 선발의 기준은 활쏘기와 칼 쓰기 등 무술을 시험으로 하는 것이 상례인데 비하여 목마른 병사들에게 물 마시는 시험으로 추려낸다는 특이한 방법을 여호와께서 명하시는 것이었다.

기드온이 1만 명의 군사로 하여금 물가로 인도하여 물을 마시라 하니 물 마시는 자세가 세 가지로 나타났다. 첫째는 개처럼 엎드려 그 혀로 물에 직접 입을 대고 마시는 자(5a), 둘째는 무릎을 꿇고 마시는 자(5b), 셋째는 손으로 물을 움켜 입에 대고 핥는 자(6) 등이었다.

첫째 경우는 가장 나쁜 자세로 이렇게 마시려면 두 손으로 땅을 짚고 허리를 굽혀 부복해야 되니, 이는 전투 자세의 위치에서 완전히 떠난 자태이며, 또한 다만 자신의 갈증 해소에만 총 집중된 자세이기 때문이다.

둘째 경우의 "무릎을 꿇고 마시는 자" 역시 첫 번 경우보다는 좀 나은 자세지만 이는 무릎을 꿇고 앉아서 물을 양손으로 떠서 핥는 자세인 만큼, 위급한 경우 신속한 동작이 불가능한 자태이다.

셋째 경우의 "손으로 움켜 입에 대고 핥는 자"는 가장 군인으로서 적절한 자세인바 학자들의 해석에 의하면 "서서 허리를 굽혀 한 손에는 무기를 잡고 다른 한 손으로 물을 떠서 손을 입에 대고 핥는" 방법인데, 이는 항시 눈으로 사방의 적을 감시하면서 물을 마시는 자세로서 음수 도중 적군이 출현할 경우라도 즉시 대응 자세를 취할 자태를 의미하기 때문이다.

이런 자세를 취한 자를 선별하니 1만 명 중 300명뿐이었다. 이들만 선별하고 남은 자는 일단 귀가 조치하였다(7b). 적과 비교할 때 450분의 1에 불과한 이들에게 승리를 주어 이스라엘을 미디안에서 구원하기 위한 것이 여호와의 작전 계획이었다.

오늘도 역시 십자군의 선발 기준은 동일하다. 지극히 작은 행위에서 십자군의 자격 기준이 결정되기 마련이다. 과연 "여호와의 구원은 사람의 많고 적음에 달리지 아니함"(삼상 14:6) 것임을 우리는 알아야 하는 것이다. 오늘의 교회도 전교인 중 소수의 선별된 자로 하여금 온갖 시험을 이겨내고 승리하게 하기는 역시 미디안 압제 하에서 과감하게 싸우던 300명의 전사와 같은 신앙의 힘이라는 점, 우리는 결코 이것을 잊어서는 아니 될 것이다.

3) 기드온의 적진 정찰 (9-14)

300명의 정병을 선별한 날 밤에 "일어나 내려가서 적진을 치라 내가 그것을 네 손에 붙였느니라"라는 전투 개시 명령과 아울러 승리의 보장까지를 약속하시었다(9).

이것은 인간적으로 볼 때는 지극히 불가능하게 보이기 때문에 기드온의 심중에는 두려워하는 마음이 있었다는 사실을 여호와께서 아시고 다시 확신을 주기 위하여 적진을 정찰할 것을 명하시었다. "만일 네가 내려가기를 두려워하거든 네 부하 부라를 데리고 그 진으로 내려가서 그들의 하는 말을 들으라 그 후에 네 손이 강하여져서 능히 내려가서 그 진을 치리라"(10-11).

이 순간 기드온은 두려움에 사로잡혀 있었다. 앞서 세 번에 걸쳐 기적을 통하여 확증을 얻은바 있음에도 불구하고 300명의 과병(寡兵)으로 135,000명의 대병을 상대로 싸워야 하는 너무나 불균형한 병력의 차이 때문에 두려운 생각이 들었을 것은 이해가 된다.

신앙의 사람이라도 인간인 이상 이런 경우 두려운 생각에서 용기를 잃고 흔들리게 마련이다. 그러므로 주석가 중에는 제1차 선별시 "누구든지 두려워 떠는 자여든 . . . 돌아가라"(3) 하였을 때 귀가 조치된

22,000명 중에 기드온도 끼었어야 한다고 극단적인 해석을 하는 자도 있다(바클레이).

여호와께서는 이 사실을 아시고 마치 어려움을 당하고 있는 자식을 보는 아버지의 자애로운 심정으로 확신을 주기 위한 방법을 시달하시었다. 이것이 곧 "적진 정찰"이다.

기드온은 300명의 정병을 선발한 밤에, 부하 부라와 같이 적진으로 내려갔다. 누가 뭐라 해도 기드온은 역시 용사임은 사실이다. 그것은 부하 한 사람만 대동하고 적진으로 들어간 사실로 알 수 있다. "그 진가에 내려간즉 미디안 사람과 아말렉 사람과 동방의 모든 사람이 골짜기에 누웠는데 메뚜기의 중다함 같고 그 약대의 무수함이 해변의 모래가 수다함 같은지라"(11b-12)라고 그가 본 소감 그대로를 기술하고 있다.

"미디안과 아말렉, 그리고 동방 사람"은 저들의 군사 동맹으로 결합된 연합군을 의미한다. 그리고 그 수가 "메뚜기의 중다함"이나 "해변의 모래가 수다함" 같다는 것은 무수히 많은 수를 뜻하는 말이다. 135,000명의 병사가 장막을 치고 있었으니 놀라운 숫자가 아니겠는가? "장막"은 가족과 동거하는 유목민의 주택을 의미한다.

하지만 수가 많은 것이 오히려 안전을 패하는 경우가 있다. 이들은 모두 잠들어 있었고, 진 주위에 보호벽도 없었으며, 적군이 들어와도 깨어 지키는 경비병도 없었기에 기드온은 아무런 장애도 받지 않고 진중으로 들어간 것이다. 이는 수가 많음을 믿고 방심하고 있는 것이라고 볼 수 있다.

기드온이 한 장막 앞에 섰을 때 한 병사가 꿈 이야기를 하였고, 또한 그 동무의 해몽하는 말을 듣고 그들이 이스라엘 군에 대한 두려움으로 사로잡혀 있음을 알게 되었다. 즉 "꿈에 보리떡 한 덩어리가 미디안 진으로 굴러 들어와서 한 장막에 이르러 그것을 쳐서 무너뜨려 엎드러뜨리니 곧 쓰러지더라"(13)는 것이다. 이 꿈 이야기를 듣고 "그 동무가 대답하여 가로되 이는 다른 것이 아니라 이스라엘 사람 요아스의 아들 기드온의 칼이라 하나님이 미디안과 그 모든 군대를 그의 손에 붙이셨느니라"(14)라고 해몽하는 것이었다.

"보리떡"은 그 당시에 말이나 약대에게 먹이는 사료이며, 또한 비천한 종들이나 먹는 거친 빵의 일종이다(겔 4:12). 그리고 "한 장막"은 '지휘관의 장막', 또는 '장막 전체'를 의미한다고 해석한다(Josephus, Lange, Hervey). 이런 의미에서 "보리떡"은 기드온으로 대표되는 이스라엘 군대의 상징이며, 하나님이 미디안과 그 모든 군대를 기드온의 손에 붙여 패하게 하신다는 의미이다.

미디안 군대는 밀과 보리의 주산지인 이스라엘 땅에 와서 추수기에 밀을 약탈해가고 이로써 이스라엘 백성들에게는 짐승이나 먹이는 보리떡을 먹게 만들었으며 저들은 고운 밀가루로 고급 빵을 만들어 먹고 보리떡 먹는 이스라엘을 멸시하는 만큼, 그 당시 상황에서 매우 적절한 꿈이며 해석이라고 할 수 있다.

이 꿈 이야기는 기드온에게는 확신과 용기를 주었고 미디안 군에게는 신경전의 일종으로 온 군대 막사에 널리 퍼져 하나님과 기드온의 이름을 두려워 떨게 하는 분위기를 조성했다고 볼 수 있다.

우리가 모든 꿈을 다 믿을 수는 없지만 구약시대에는 종종 하나님의 계시가 꿈을 통하여 나타나는 경우가 많았고, 신약에서도 종종 있었음을 알고 있다. 본장에 나타난 꿈은 하나님께서 기드온의 적진 정찰에 맞추어 한 적군 병사로 꿈을 꾸게 하셨고 또한 해석하게 하여 기드온으로 하여금 이것을 듣게 하는, 이 기이한 사실은 하나님의 계획과 섭리 속에서 이루어진 것임을 부인할 자는 없을 것이다.

이는 마치 여리고 함락시 기생 라합을 통하여 여리고 인들이 이스라엘의 소문을 듣고 두려워하여 간담이 녹았고, 홍해 도하사건과 요단 동편에 두 왕 시혼과 옥을 전멸시킨 소문에 역시 마음이 녹았고, 정신을 잃은 사실과(3:9-11) 마찬가지로 기드온에게 힘과 용기를 심어주고 미디안 군사들에게는 정신적 동요를 일으켜 공포에 떨게 하며 기드온으로 하여금 미디안 군을 이기는 것으로 이는 여리고 함락과 쌍벽을 이루는 전쟁사의 하나라고 볼 수 있다.

2. 기드온의 전투 (15-25)

1) 기드온의 전술(戰術) (15-18)

적병이 꾼 꿈과 이것을 해석하는 동무의 해명을 듣고 확신과 용기를 얻은 기드온은 여호와께 감사하는 경배를 드리고 즉시 이스라엘 진중으로 들어와서 " . . . 일어나라 여호와께서 미디안 군대를 너희 손에 붙이셨느니라"(15)라고 승리를 확신시키며 전투 지시를 하였다.

기드온의 전술과 작전 계획은 다음과 같다.

(1) 3대로 편성 (16a)

총 병력인 300명을 100명씩 3대로 편성하고 자신이 친히 한 대를 이끌었다. 이렇게 함은 야습 시에 군대 수가 많아 보이게 하기 위함이다.

(2) 무기 (16b)

무기는 네 가지인바 "각자 손에 나팔과", "빈 항아리", 그리고 "항아리 안에 횃불"과 "함성"이었다.

① "나팔"은 대체로 군인들의 동작을 알리는 신호로 군대에서 흔히

사용하는 것인데, 그럴 경우 나팔수가 부대마다 수명이 있어 상부의 명에 따라서 부는 것인데 여기서는 300명 전원이 나팔을 준비한 것은 단지 신호용만이 아니라 밤에 잠자는 적군을 놀라게 하려는 목적에서였다. 그리고 나팔의 대량 구입 경로는 이미 귀가 조치한 자들에게서 받은 것이다(7-8).

② "빈 항아리"는 두 가지 용도로 준비시킨 것인데, 첫째는 횃불을 감추기 위함이었고, 둘째는 그 항아리를 부수어 그 소리에 적군으로 하여금 놀라게 하며 또한 자기편의 진지가 파괴되는 소리로 오인하게 하기 위함이었다. 그리고 항아리의 대량 구입 역시 군량을 저장하는 용기(容器)로서 앞서 탈락한 병사에게서 받은 것이다(8).

③ "횃불"의 용도는 밤에 항아리 속에 숨겼다가 항아리를 깨면서 300개의 횃불이 나타나서 역시 적군을 놀라게 하며 또한 3대의 분산 배치로 멀리서도 빛나고 있어 군대가 많음을 알리기 위함이었다.

참말로 기발한 전략이다. 캄캄한 밤중 "이경 초"(밤 10시에서 새벽 2시 사이) 보초병이 교체하는 시간 즉 그때까지 아무런 이상이 없다고 교체 임무를 끝내고 일단 안심하고 병사들은 곤한 잠이 들었을 때, 갑자기 300명이 나팔을 불어대니 얼마나 놀랐을까. 아마도 그 소리에 자던 병사들도 깨어 막사 밖으로 뛰어 나왔을 것이다. 바로 그 순간 항아리를 각자 돌이나 땅에 내리쳐 부수니 그 소리가 얼마나 요란하였을까! 필자가 어렸을 때, 고향 집 맞은편 약 300m 거리에 있는 청년이 술을 먹고 주정을 하면서 자기 집 장독을 몽둥이로 쳐서 깨는 소리가 얼마나 크게 들렸던지, 지금도 생생히 귓가에 들리는 듯하다(그 후 그는 좋은 사람이 되었다).

그런데 300개의 항아리를 한꺼번에 깨뜨리는 소리야말로 기드온 군사의 습격으로 자신들의 막사가 파괴되는 굉음(轟音)으로 들리지 않았겠는가 짐작이 간다.

그러자 횃불 300개가 원근 각처에서 칠흑 같은 밤을 눈이 부시게 비치니 어찌 놀라지 않으랴! 저들은 300개의 불을 보는 순간 수천수만 군사가 배후에 있다고 생각했을 것이다.

④ 함성. 그 순간 "여호와 기드온의 칼이여" 하면서 일제히 함성을 질렀다(20). 그러자 적진에서는 혼란이 일어났다. 저들은 이미 기드온의 명성을 꿈 이야기를 통하여 듣고 우려하고 있던 데다 청천벽력 같은 나팔 소리와 항아리 깨지는 소리, 또한 눈이 부시는 무수한 횃불 그리고 일제히 지르는 함성을 듣는 순간, 정신이 나가서 혼비백산하여 전의를 완전히 잃었다. 또한 저들은 유목민으로서 군대와 함께 가족들도 함께 있었다고 생각한다. "장막"은 가족을 의미하기 때문이다(13b). 그러므로 가족과 같이 도망칠 생각에 정신이 없는데(21), "여호와께서 그 온 적군으로 동무끼리 칼날로 치게 하심으로"(22)라고 하였으니, 이는 적의 군대 편성이 미디안 족이라는 단일 부족으로 된 것이 아니라 "아말렉 사람과 동방의 모든 사람"들과 연합 전선을 펴고 있었던 만큼, 저들은 이스라엘 군대가 벌써 장막 안에 들이닥친 줄만 알고 동료간에 혼전이 일어나서 칼로 쳐서 서로 죽였다고 생각한다.

이스라엘의 구호(口號)가 "여호와와 기드온의 칼이여"(20) 하였지만 이 전쟁에서 칼을 써서 적을 멸한 것이 아니라, 기드온의 "칼"은 나팔과 빈 항아리와 횃불 그리고 구호의 외침이었다. 구태여 칼이라면 동무끼리 죽인 칼이 곧 기드온의 칼이라고 볼 수 있다(22).

오늘의 현대 교인들이 마귀와 더불어 싸울 무기는 무엇인가? 이것 역시 기드온의 무기들이다.

첫째, 기드온의 나팔은 오늘의 복음의 상징이다. 사도 바울은 "만일 나팔이 분명치 못한 소리를 내면 누가 전쟁을 예비하리요"(고전 14:8)라고 하였다. 오늘 우리는 "예수를 믿으면 구원 얻는다"(요 3:16)는 복음의 진수를 바로 전해야만 한다. 초대 한국교회의 최봉석(최권능) 목사는 평양성을 향하여 “예수 천당”을 외쳤다. “최권능 목사의 예수 천당 소리가 끊어지면 평양성은 망한다.”라고 누가 말하였다. 해방 후 그가 순교하자 평양은 교회가 다 없어지고 말았다. 오늘의 교인들은 복음의 나팔 소리로 천지가 진동하도록 울려 퍼지도록 해야 할 것이다.

둘째, 항아리를 깨고 횃불을 드높이 들어야 한다. 역시 사도 바울은 이 고사를 인용하여 다음과 같이 말한바 있다. “우리가 이 보배를 질그릇에 가졌으니 이는 능력의 심히 큰 것이 하나님께 있고 우리에게 있지 아니함을 알게 하려 함이라”(고후 4:7).

“항아리”는 우리의 육체를 상징한다. 그리고 “횃불”은 성령의 불을 뜻함은 사실이다. 성령의 횃불은 우리가 육체의 항아리를 깰 때에만 나타나서 큰 능력을 발하기 마련이다. 육체의 정욕이 살아 있는 한 성령의 빛을 발할 수가 없다. 그리고 육체를 깨는 방법은 “여호와의 칼이여”라고 함성을 지를 때에만 가능하다. 6.25 사변 당시 전쟁으로 초토화된 서울에서 ‘피얼스’ 박사의 주선으로 여러 저명한 강사를 초청하여 부흥회를 열었다. 그 당시에 강사로 온 미국인 목사 중 한 분이 한국교회의 새벽기도회에서 드리는 통성 기도 장면 보기가 소원이었는데 한국에 와서 직접 이를 보게 되니 참말 감개무량하다고 말하던 생각이 난다.

한국 교회에서 드리는 통성 기도 소리는 육체의 항아리를 깨는 소리이다. 이 소리에는 오늘의 미디안인 마귀들이 놀라서 도망하기 마련이다. 그럴 경우 성령의 횃불은 온 누리에 눈이 부시게 타오르게 될 것이다. 1907년 평양에서 일어났던 부흥운동은 육체의 항아리를 깨는 회개운동에서 비롯되었음을 부인할 자는 없다. 이런 운동이 재연되기 위하여 우리 육체의 항아리 깨지는 소리가 크면 클수록 성령의 횃불은 더욱 힘차게 타오르기 마련임은 틀림이 없다는 생각이 든다.

2) 미디안의 패주(敗走) (21-22)

"그 온 적군이 달음질하고 부르짖으며 도망하였는데 삼백 명이 나팔을 불 때에 여호와께서 그 온 적군으로 동무끼리 칼날로 치게 하시므로 적군이 도망하여"(21-22).

"기드온의 칼"(20b)은 사람을 찔러 죽이는 무기가 아니라 적군을 놀라게 하여 패주하게 하는 하나님의 능력을 의미한다. 사실 기드온이 인솔하는 이스라엘 군대는 직접 칼로 적군을 찔러 죽인 일은 전혀 없다. 단지 적진 내에 공포 분위기를 조성하고 혼란에 빠지게 하여 군대 규율과 조직 체계를 무너지게 하여 통솔이 불가능하게 만들어 적군으로 하여금 각각 비명을 지르며 도망치기에 급급하도록 하였을 뿐이다. 직접 칼로 죽이는 일은 적군이 자기 동료들을 찔러 적을 이용하여 적을 죽이는 일이 있을 따름이다. 이것을 동양의 병법에서 '이이제이'(以夷制夷)라고 말한다.

이스라엘 군대는 제자리에 서서 나팔을 불며, 구호를 외치고, 항아리를 깸과 아울러 횃불만 들고 있었을 뿐인데, 적군들은 혼비백산하여 서로 죽이고 도주하는 대혼란이 자행되었다. 이것이 신자의 전투 방법이다.

3. 기드온의 증병(增兵)과 추격전 (23-25)

1) 자진 참여한 병사들 (23)

"이스라엘 사람들은 납달리와 아셀과 므낫세에서부터 모여서 미디안 사람들을 쫓았더라"(23).

제1차 선별 시 겁을 먹고 귀가 조치되었던 22,000명과(3) 음수(飮水) 시험(試驗)에서 탈락되었던 9,700명(4-6), 그리고 기드온의 부족인 므낫세 족 중 아직도 애국심이 불타고 있는 자들이 합세하여 패주하는 적군을 추격하는 일에 동참하였다.

비록 300명의 정병 자격에는 미치지 못하나 그래도 전쟁 막바지에서 자진 동참하였다는 것은 잘한 일이라고 할 수 있다. 오늘의 교회도 주동 역할은 신앙이 투철한 자들이 선두에서 감행하지만, 그래도 신자인 이상 이와 같은 거국적인 전쟁에 동참하는 일은 매우 귀한 일이라고 생각한다.

2) 2차 모병에 참여자 (24-25)

"기드온이 사자를 보내어 에브라임 온 산지로 두루 행하게 하여 이르기를 내려와서 미디안 사람을 치고 그들을 앞질러 벧 바라와 요단에 이르기까지 나루턱을 취하라 하매"(24).

기드온은 미디안 전에 승리를 앞둔 시점에 에브라임 온 산지에 사자를 보내어 제2차 모병을 하였다. 처음부터 이들을 부르지 않은 이유는 저들이 산지에 살기 때문에 농작물을 주로 늑탈하는 미디안 족에게 크게 피해 본 일이 없었기 때문이라고 추측을 한다. 하지만 이 순간 저들의 참여에 필요성을 느끼게 된 이유는 적들이 혼비백산하여 여러 개의 패주로(敗走路)로 분산 도주하기에 300명으로는 부족을 느껴 저들의 협력이 필요하였기 때문이며, 또한 전쟁 완료 직전이라도 저들을 참여시켜 명예를 나누어 주고자 하는 뜻도 있었다고 추측한다.

이들은 마치 기다렸다는 듯이 모병에 응하였으므로 미디안을 앞질러, 요단강을 건너 고국으로 가려는 자들의 길을 막아 요단 나루턱을 취하는 임무를 부과하였다(24). 전쟁에서 나루턱 장악은 적군을 몰살시키는데 가장 유리한 작전 계획 중의 하나이다.

또한 에브라임 군은 적장 오렙과 스엡을 생포하여 죽였는데 "오렙"은 바위 동굴에 숨어 있다가 죽임 당하였고, "스엡"은 포도주틀 통 안에 숨어 있다가 처형되었다(25). "오렙"(Oreb)은 '까마귀'를 의미하고, "스엡"(Zeeb)은 '늑대'를 뜻하는 만큼, 잔악한 금수(禽獸)에서 저들의 이름을 통해 잔악성을 잘 표현해주고 있다. 이 두 방백은 이스라엘 백성들을 바위 틈에 숨게 하였고(6:11), 그들의 식량을 약탈한 자들이다. 이 포악한 적장의 죽음이야말로 하나님께서 이스라엘이 저들에게 받은 원수를 갚아준 것임을 알게 된다.

결 론

기드온에 의한 미디안의 승리는 "미디안의 날"(사 9:4)이라는 영원히 기념할 승전 기념일로 후세까지 남게 되었다. 하지만 미디안의 날의 주역은 당연히 여호와 자신인 만큼 마땅히 그만이 그 영광을 받아야 하는 것임은 사실이다. 그럼에도 불구하고 이 전쟁의 구호는 "여호와를 위하라 기드온을 위하라"(18)였음에 유의할 필요가 있다. 이는 어느 시대나 여호와께서는 교회에 사역자를 세우시고 그들을 통하여 구원의 역사를 이루어 가신다는 사실을 교훈해주고 있는 것이다(엡 4:11-12).

특히 오늘 이 시대야말로 기드온 같은 인물이 절실히 요구되는 상황에 처해 있음에 모두가 동감하고 있다. 모름지기 가공할 만한 살인 무기 앞에 떨고 있는 현대인들을 위하여 "은혜의 통치자" 기드온 같은 복음의 용사들이 나타나서 "미디안의 날"의 기쁨을 모두에게 안겨주는 축복이 있기를 힘써 기도해야 하리라고 굳게 다짐해야 할 것이다.

기드온의 승리와 치세(治世)

사사기 8:1-35

본장은 바로 전장(前章)인 7장의 연결로서 "미디안 전쟁"이라는 범주(category) 안에 속한다. 말하자면 7장에서 시작된 미디안 전쟁이 본장에 와서 승리로 끝이 나고 그 후 기드온의 치세 기간 40년에 된 일을 기록하고 있다.

그것을 순서대로 구분지어 강해함으로써 받는 은혜가 클 것이라 생각된다.

1. 에브라임의 불평과 진압 (1-3)

본문에 수록된 이 부분의 요지는 늦게 출전(出戰)한 에브라임 족들이 기드온에 대하여 늦게 불러준 일에 대하여 불평한 것으로 전장 마지막 절과 자연스럽게 연결되어 있다.

이 사건이 발생한 시기와 장소는 언제 어디서였을까? 그것은 에브라임이 요단 나루턱에서 본국으로 돌아가려는 미디안 군을 크게 도륙하고 저들의 수장인 오렙과 스엡을 죽여 그 머리를 갖고(7:24b-25), 마침 도망하는 적군을 추적하여 전투를 마무리 지으려고 요단 나루턱에 당도한 기드온을 만났을 때라고 생각한다(25).

그렇다면 전쟁이 아직 끝나지는 않았지만 거의 승리가 확실시 되어 가는 과정에서 이런 내분의 가능성을 지닌 큰 사건이 발생되었다는 사실은 심히 유감된 일이라 할 것이다.

우리의 의문을 일으키는 것은 에브라임의 불평이 왜 생겼을까 하는 것인데, 이것을 좀더 구체적으로 생각하면 다음과 같다. 본문에 의하면 에브라임 사람들의 불만 요인은 기드온이 미디안 전쟁 초기에 불러주지 않았다는 것이며, 이는 자신들을 푸대접함이라는 것을 이유로 크게 다투어 온 것에 기인한다. 이 사실을 기드온과 에브라임 양편에서 각각 생각해 본다.

첫째, 기드온의 입장에서는 앞서 언급한 대로 미디안에 약탈 행위 중 농산물 탈취가 주 목적인데, 에브라임 족은 산지에 살기 때문에 농산물 수확이 적어 직접 미디안에 의한 피해 대상이 아니었기 때문에 초기 모병에서 제외시켰다는 생각이다.

둘째, 에브라임 입장에서 보면, 사실 불평할 조건이 아니라고 할 수 있다. 전장(戰場)에 출정한다는 것은 누구나 즐겨할 일이 아니기 때문이다. 많은 희생이 따르기 마련이며, 또한 반드시 승리한다는 보장도 없는 에브라임의 입장에서는 다행한 일로 생각할지언정 결코 이것이 분쟁의 요인이 될 수가 없다고 생각된다. 그리고 또한 기드온이 그들을 전적으로 소외시킨 것이 아니라 승리가 보장된 막판에 불러서 싸우게 하고 그 공을 나누어주었다고 생각하면 불평보다는 오히려 감사해야 할 것이 아닌가?

그러므로 본문의 이유 제시 뒤에는 오래 전부터 숨어있는 잠재된 이유가 있다고 생각할 수 있다. 그것은 이들의 조상인 야곱이 두 손자인 므낫세와 에브라임을 축복할 때 차손인 에브라임을 장손인 므낫세보다. 우위(優位)에 두어 오른손의 축복을 한 데서 기인한다(창 48:8-14). 그 후로 에브라임 지파는 형인 므낫세 지파에 대하여 보이지 않는 갈

등의식이 계속되어 왔다. 그러므로 이번 전쟁에서도 전리품(戰利品)이나 바라고 늦게 불러준 것 때문에 에브라임이 문제를 일으키고 있음이 아닐 것은 명백한 일이다. 사실 가나안 입국과 그 후만 하더라도 에브라임 출신인 여호수아에 의하여 가나안 땅 점령과 아울러 지파별 기업 분배가 이루어졌으며, 그 중 에브라임이 받은 기업이 가나안 땅 중심부에 있을 뿐 아니라 법궤를 모신 실로가 역시 그들의 영내에 있음에서 에브라임의 우월감과 자부심이 고조에 달하고 있다는 점은 부인 못할 사실이다.

그런 중 이번 미디안 전의 사령관은 므낫세 출신의 기드온이라는 데서 에브라임의 생각은 만일 초기에 불러주었다면 기드온을 능가할 실력으로 승전의 영광을 차지할 수도 있었을 것이라는, 이런 오래된 양 족속의 전통적인 대립관계에서 발한 소행이 아닌가 생각된다.

사실 이들은 야곱의 손자이며 요셉의 아들로서 가장 친근해야 할 입장이면서도 정치적 또는 종교적인 우위에 서려는 오래된 생각이 마침내 미디안 전쟁에서 표출(表出)되었다고 생각한다. 오늘의 우리들의 현실 상황에서도 이와 같은 점은 각자 크게 반성해야 하는 교훈적인 사건이라고 생각한다.

이 사실을 잘 알고 있는 기드온은 " . . . 나의 이제 행한 일이 너희의 한 것에 비교되겠느냐 에브라임의 끝물 포도가 아비에셀의 맏물 포도보다 낫지 아니하냐 하나님이 미디안 방백 오렙과 스엡을 너희 손에 붙이셨으니 나의 한 일이 어찌 능히 너희의 한 것에 비교되겠느냐 기드온이 이 말을 하매 그들의 노가 풀리니라"(2-3)라고 하여 위기일발(危機一髮) 직전에서 신속히 수습하였다. 즉 기드온의 자기희생적인 한마디 말이 하마터면 내분으로 확대될 위기에서 원만한 해결을 보게 된 것이다.

사실 원문에는 "포도"라는 말은 없다는 것이다. 다만 "끝물이 맏물

보다"로(Pulpit Commentary) 되었으나 사본자(寫本者)들 중 농부 출신인 기드온을 고려하여 농업상 "포도"를 삽입하여 멋진 속담을 만들었다고 볼 수 있을 정도로 실감이 나며 산지에 사는 에브라임 인도 역시 포도 재배와 과업(果業)이 바로 주업이라고 생각하면 양쪽 모두에 관심을 끄는 명답이라는 생각이 든다.

그는 자신에 대한 행위를 평가절하하고 에브라임에 대한 업적을 과대평가하였다. 이 민감한 사실에 대하여 자세히 보면 이는 므낫세 지파의 허락 없이 지파적 차원에서 에브라임 지파보다 하위(下位)에 있다는 것이 아니며 "아비에셀의 맏물 포도보다"(2b)라고 하여 자기가 속한 아비에셀 가문적 차원에서 말하고 있음에 주의할 일이다. 그러므로 이는 지파적 차원에서 에브라임은 므낫세의 우위에 있다는 의미가 아니라 이번 전투에서 두 명의 적장을 잡아 죽인 공적은 높이 평가 받아야 한다는 의미임을 알아야 할 것이다. 기드온 자신도 적왕 세바와 살문나를 추격하고 있는 현실인 만큼(5), 기드온의 적장 체포 처형 업적은 높이 평가 받을 가치가 있다는 점에서 이는 지나친 과대평가라 할 수는 없는 일이다.

"맏물 포도"는 적기에 수확한 포도이며, "끝물 포도"는 추수 후 이삭주어 한 포도로 전자는 처음 모병된 자이며, 후자는 제2차 모병된 자를 비유적으로 표현한 것임은 사실이다.

이 한마디의 "그들의 노가 풀리니라"(3b)라고 하였다. "유순한 대답은 분노를 쉬게 하여도 과격한 말은 노를 격동하느니라"(잠 15:1)라고 잠언 기자는 명언을 전해주고 있다.

인간은 누구나 자기를 남보다 우위에 두고자 하는 것이 에덴에서의 타락 이후 공통된 입장이다. 그렇기 때문에 국제간에서나 남북관계에서나 종교 간에서나 심지어 동족 간, 가족 사이에서까지 이것이 온갖 분쟁의 불씨가 되어있다. 오늘에는 각종 회의문화(會議文化)의 발달로 말의 영향력이 매우 크다고 본다. 말 한마디가 큰 분쟁과 전쟁을 일으키는 예도 허다하다. 반면에 유순한 한마디 말이 큰 분쟁을 막고 화평케 만드는 윤활유의 역할을 하는 예도 있게 마련이다.

우리 모두는 기드온처럼 자기를 낮추는 겸손과 자기보다 남을 낫게 여기는 정신이 생겨질 때 화산폭발적인 전쟁의 위협에서 평화에로 전환시킬 수 있다는 사실을 여기서 배워야만 할 것이다.

2. 기드온의 원정(遠征)과 승리 (4-21)

1) 원정의 목적 (4-5)

에브라임 사람들의 불평이 기드온의 기지로 원만히 수습된 후, 에브라임은 더 이상 미디안 추격전에 가담하지 않았고, 기드온은 계속 300명의 정병을 이끌고 요단강을 건너, 미디안 족의 남은 병사 15,000명의 호위를 받아 숨어 있는 적 왕 세바(Zebah)와 살문나(Zalmunna)를 추적하여 길르앗까지 원정을 하게 되었다.

이 곳은 가나안 본토의 주전(主戰) 장소였던 이스르엘(Jezreel) 평원에서 약 100km 거리나 되는 만큼, 원정이라고 할 수 있다. 기드온이 이처럼 요단강 건너까지 원정을 하는 목적은 그들의 두 왕 세바와 살문나를 잡으려는 데 있었다. 이번 전투에서 미디안 군사 12만 명이 죽었다 하더라도 도망친 15,000명이 아직 남아 있고, 이들의 호위를 받은 두 왕이 살아있는 이상 기드온은 전투를 종식시킬 수 없다고 생각한 나머지, 원정을 단행하게 된 것이다. 옛날 전쟁에서는 적장은 물론, 적 왕까지 처치하는 것이 최후 승리를 거두는 것이라는 통념이 있었기 때문이다.

이는 "사람이 먼저 강한 자를 결박하지 않고야 어떻게 그 강한 자의 집에 들어가 그 세간을 늑탈하겠느냐 결박한 후에야 그 집을 늑탈하리라"(마 12:29)라는 예수님의 교훈과도 일치한다고 볼 수 있다.

기드온은 적 왕을 잡아 처치할 목적으로 요단강을 건너 250리나 되는 먼 원정의 어려운 전투를 감행하였다고 생각한다. 기드온의 이런 정신이야말로 오늘도 사탄과 싸우는 십자군의 용사들에게 큰 교훈을 준다고 할 것이다.

2) 원정길에 비협조자 (5-9)

(1) 숙곳 방백의 경우 (5-7)

기드온은 아직도 단 한 명의 전사자가 없는 300명의 정병을 거느리고 피곤한 병사를 격려하며 얍복강(Jabbok) 북쪽 언덕에 위치한 숙곳(Succoth)까지 이르러 "나의 종자가 피곤하여 하니 청컨대 그들에게 떡덩이를 주라 나는 미디안 두 왕 세바와 살문나를 따르노라"(5)라고 정중한 요청과 함께 임무 수행 목적을 숙곳 사람에게 알리게 되었다.

이 말을 들은 숙곳의 방백들은 일고의 여지도 없이 한마디로 거절하였다. " . . . 세바와 살문나의 손이 지금 어찌 네 손에 있관대 우리가 네 군대에게 떡을 주겠느냐"(6). 여기서 "네 손에 있관대"의 뜻은 "네 지배 하에 있지 않다"는 의미이다.

저들의 거절 이유는 첫째, 같은 동족이면서도 기드온이 요단강 서편에서 무려 12만 명의 적군을 멸하고(10) 승리하였다는 사실을 믿지 않음이며, 이는 믿음이 없는 증거이다. 둘째, 기드온과 그 군대를 멸시하는 것으로 아직도 15,000명의 군사가 남아있는 이상, 300명의 적은 병사로는 감히 당할 수 없으리라는 의미에서이다. 셋째, 저들의 비겁함을 드러내는 말이다. 즉 만약 미디안이 승리하고 돌아온다면 보복당할 것이라는 우려가 함축된 말이기도 하다.

이들은 마치 다윗의 병사들에게 양식을 거부한 나발과 같은 자로서(삼상 25:4-12), 숙곳의 방백은 동족애와 신앙심이 전혀 없는 자들이며 다만 이방인의 그늘 아래서 연명하려는 노예근성만 있을 따름이다.

그래서 기드온은 승리하여 돌아올 때 준엄한 응징을 하겠다고 그들을 위협하는 강한 의지를 표명하였다. 즉 "기드온이 가로되 그러면 여호와께서 세바와 살문나를 내 손에 붙이신 후에 내가 들 가시와 찔레로 너희 살을 찢으리라 하고"(7). 여기서 말하는 "들 가시와 찔레"는 그 당시 죄인에게 형벌을 가하는 수단으로 사용되었는데, 여기는 해석상 여러 가지가 있으나 "들 가시와 찔레"는 광야 메마른 땅에서 생장하는 억센 가시를 의미하는 것으로 "가시단 속에 죄인을 벌거벗긴 채로 한데 묶어 굴린다"는 잔악한 고대의 처형 방법을 말하는 것이다(삼하 12:31, 사 41:15). 카일 델리취(Keil-Delitzsch)는 "너희 살을 찢으리라"는 의미를 "혹독하게 벌한다"는 비유적 표현이라고 하였다. 어쨌든 이것은 숙곳 방백들의 가혹한 냉대에 대한 참혹한 보복을 가하리라는 위협적 발언임은 사실이다.

(2) 브누엘 사람의 경우 (8–9)

"거기서 브누엘에 올라가서 그들에게도 그같이 구한즉 브누엘 사람들의 대답도 숙곳 사람들의 대답과 같은지라 기드온이 또 브누엘 사람들에게 일러 가로되 내가 평안히 돌아올 때에 이 망대를 헐리라 하니라"(8-9).

브누엘(Penuel)은 얍복강 남쪽 해안에 있는 곳으로 그 옛날 야곱이 형 에서를 만나기 전 천사와 씨름한 브니엘(Peniel)과 같은 장소이다(창 32:30-31). 브누엘 사람들도 역시 숙곳 사람들처럼 거절하자 "내가 평안히 돌아올 때에", 즉 "내가 큰 승리를 거두고 개선할 때에" 망대를 허는 것으로 보복한다는 것인데, "망대"는 그 성의 위엄을 상징하며, 적군의 내습을 감시하는 것인 만큼, 망대의 파괴는 "그 성을 무방비상태로 만들겠다"는 의미인 것이다.

이상 두 성읍의 거민은 같은 동족임에도 불구하고 기드온의 단 한 번의 승리와 300명의 적은 군사를 보고 기드온을 과소평가하여, 이적 행위에 가담하고 있음은 그 당시 저들의 처지가 이해는 가지만 이러한 처신은 믿음이 없는 상태에서 취한 잘못된 판단의 결과임을 알게 된다.

3) 생포된 적의 두 왕 (10-12)

기드온은 계속 피곤에 지친 300명의 군사를 이끌고 적 왕 세바와 살문나를 찾아 추격을 계속하였다.

그 당시 적 왕은 "갈골"(Karcaria)이란 곳에 은신 중이었는데, 그들은 이미 12만 명의 동방의 연합군을 잃었지만, 남은 군사 1만 5천 명의 호위를 받으며 이미 요단을 건너 먼 곳까지 왔으니 만큼 "안연히 거하고" 있었다(11).

기드온은 노바(Nobah)와 욕브하(Jogbehah) 동편 도로를 우회하여 "장막에 거한 자의 길" 즉 유목민들이 다니는 길로 올라가서 적군을 치고 그들의 두 왕 세바와 살문나가 도망치는 것을 추격하여 생포하고 "그 온 군대를" 파하였다(12). 여기서 "파하였다"는 말은 "패주시켰다"라는 의미로 동방 원정의 목표가 적의 두 왕을 생포하는 것인 만큼 두 왕을 잡자 그 남은 군사들은 사방으로 분산 도주했다는 의미이다.

기드온이 피곤한 300명으로 아직 남은 15,000명의 적군을 패주시키고 적 왕을 생포하였다는 것은 또 한 번의 기적이며, 놀라운 업적이라고 할 수 있다.

4) 비협조자에 대한 처벌 (13-17)

기드온이 적의 두 왕 세바와 살문나를 생포하여 압송 중에 숙곳 사람 중 한 소년을 잡아 심문한 결과 앞서 멸시하던 숙곳 방백과 장로 77인의 명단을 확보하고 이를 기록하여, 말하자면 살생부(殺生簿)를 만들어, 피곤하고 허기진 병사들을 위하여 식물(食物)을 요구했다가 거절당한 숙곳 방백들 앞에 결박당한 미디안의 두 왕을 보이면서 "너희가 전에 나를 기롱하여 이르기를 세바와 살문나의 손이 지금 어찌 네 손에 있관대"라고 하며 떡주기를 거절하였으나 그 두 왕이 내 손에 있음을 보라 하고 결박된 두 왕을 증거로 제시하고, 이미 선고한 대로 "들 가시와 찔레로 숙곳 사람들을 징벌"(16) 하였다. 여기 "징벌"의 뜻은 '가르치다' '짓밟다' 등으로 번역되는 만큼, 하나님의 뜻을 따르는 기드온을 무시한 사실의 죄악이 얼마나 큰가를 교훈하였다(16)는 의미이다.

또한 "브누엘"에 대하여는 역시 예고한 바와 같이 "망대를 헐고 그 성읍 사람을 죽였다"(17). 학자들 중에는 이 때에 숙곳의 방백들도 같이 처형되었다고 주장한다(징벌 후 처형)(16).

우리는 이 두 성의 방백들에 대한 형벌을 보면서 적지 않은 의문이 생긴다. 12절에서 두 왕을 호위하며 따르던 적병 15,000명은 "그 온 군대를 파하니라"(12)라고 하여 분산 패주시킨 반면, 동족인 숙곳과 브누엘의 방백과 장로들은 들 가시와 찔레로 징벌하고 마침내 죽이는 혹독한 처벌을 한 이유가 무엇인가 라는 점이다.

여기서 우리가 유의할 점이 있다. 하나님이 없는 나라인 동방 제국에서 징집된 연합군은 대개 오합지졸(烏合之卒)일 수 있다. 이것들이 단기 훈련으로 하나의 조직체를 이루어 이스라엘을 공격하였으나, 2차에 걸친 기드온의 습격을 받은 이상 "그 온 군대를 파하여" 분산 패주시킨 것은 다시 전투력을 갖고 저항하지 못하도록 한 것으로서 피 흘리는 살육을 피한 것이라고 볼 수 있지만, 하나님을 섬기는 이스라엘 사람들이 자기 군대의 굶주림과 피곤을 무시하고 하나님의 명을 따라 성전(聖戰)을 수행하는 기드온의 요구를 거절하였다는 것은 죽임을 당함이 마땅하다고 보는 것이다.

오늘도 역시 적군의 침략보다 더 무서운 것이 동족간의 내분이며, 이보다 더 무서운 것은 같은 교인끼리의 싸움이다. 이는 하나님의 일에 대한 비협조적 행위라는 사실을 교훈 받아야 하리라고 생각된다.

5) 적 왕에 대한 처벌과 승리 (18-21)

"이에 세바와 살문나에게 묻되 너희가 다볼에서 죽인 자들은 어떠한 자이더뇨 대답하되 그들이 너와 같아서 모두 왕자 같더라"(18).

이 말은 적의 두 왕 세바와 살문나를 죽이기 전 재판 과정에서 된 일이다. 우선 그 장소가 어디인가에 대하여는 저들이 숙곳과 에델 망대를 지난 후로 기록되었지만 에델에서 된 것으로는 생각지 않는다. 이는 두 왕을 결박하여 이스라엘 본진까지 돌아와서 온 백성들의 환영을 받은 후로 추측하는 것은, 저들이 귀로에 숙곳과 에델을 이미 지났으며(16-17), 또한 그의 어린 아들 여델(Jether)이 등장해 있기 때문이다(20).

심문(審問)의 요지는 "너희가 다볼에서 죽인 자들은 어떠한 자이더뇨"(18a)라는 것이었다. 이 물음에 대하여 "그들이 너와 같아서 모두 왕자 같더라"(18b)라고 하였다. 이 때에 기드온은 "가로되 그들은 내 형제, 내 어머니의 아들이니라"(19)라고 하여 그들이 자신의 친 형제임을 밝혔다.

이로 보건대 기드온은 자신의 형제들이 세바와 살문나의 명으로 살해된 사실을 이미 알고 있었고, 적의 두 왕은 그들을 죽인 사실을 알고 있었으나 그것이 기드온의 형제인 줄은 알지 못하다가 비로소 이 순간 알게 되었다고 볼 수 있다.

기드온이 이처럼 적의 두 왕을 추적하는 이유는 앞서 언급한 대로 그 당시 전쟁에서의 최후 승리는 적장이나 왕을 생포하거나 죽이는 것으로 전쟁의 완전 승리를 인정하고 전쟁을 명예롭게 종식(終熄)시키는 관례도 있었지만, 기드온의 경우에서 이 두 왕이 자신의 형제들을 죽인 자임을 알고 있었기 때문에 율법에 따른 피의 보수법(민 35:16-34, 신 19:11-13)에 의한 의무를 수행하려는 목적도 있었으리라 생각된다.

저들은 자기들이 죽인 자를 "너와 같아서 모두 왕자 같더라"(18b) 한 것에 대하여 학자들 중에는 혹시라도 그들 자신의 목숨을 건질 수 있을까 하는 기대에서 아첨하는 말로 이미 죽은 자를 칭찬하였다는 해석도 있지만, 그들은 내 어머니에게서 난 내 형제라는 데서 이는 과장된 아첨이 아님이 밝혀지고 있다. "내 어머니의 아들"은 그 당시는 일부다처제도 하에 있어 여러 아내가 있었기 때문에 한 어머니의 아들이라면 친 형제라는 의미가 된다.

이 두 왕이 기드온의 친 형제들을 살해한 시기에 대하여서는 여러 가지 추측이 있지만, 미디안 전쟁이 일어나기 전 미디안의 압제에 대하여 반항하다가 체포되어 다볼산(4:6, 수 19:22)에서 처형되었다고 추측함이 옳을 듯하다.

"너희가 내 형제를 죽인 일만 없었다면 여호와께 맹세코 너희를 죽이지는 않았을 것이다. 하지만 이 사실을 고백한 이상 피의 보수법에 따라 사형에 처할 수밖에 없다"라고 사형 선고를 내렸다.

이에 기드온은 자기의 어린 아들 여델(Jether)에게 이들을 죽이라고 하였지만 아직 소년인 여델은 저들을 죽이기에는 나이가 너무 어렸으므로 칼을 빼지 못하였다. 기드온이 어린 아들에게 이런 잔악한 살인을 명한 것은 적 왕으로 하여금 수치를 더하게 함이며, 피의 보수법을 가르치기 위함이라고 생각한다.

이 때 세바와 살문나가 "네가 일어나 우리를 치라 대저 사람이 어떠하면 그 힘도 그러하니라"(21a) 하였다. 세바와 살문나는 기드온의 사형 집행령이 내리자 이제는 살기를 체념하고 기드온의 아들이 어려서 칼을 빼지 못하자 어린 소년의 손에 죽임당하는 것은 자신의 이름에 매우 큰 오점일 뿐 아니라 여러 번 난도질을 당하여 고통이 더욱 극심할 것을 알고 어차피 죽을 바에는 적장인 기드온의 칼에 죽는 것이 낫다고 생각하여 직접 처형을 요청하였다고 볼 수 있다. "대저 사람이 어떠하면 그 힘도 그러하니라"라는 말은 "사람에게는 그 사람의 됨됨이만큼 힘이 있는 법이라"는 의미로 소년에게 맡기지 말고 직접 처단을 바라는 요청이다.

이에 "기드온이 일어나서 세바와 살문나를 죽이고"(21b), 기드온은 적 왕의 요청을 받아들여 직접 그들의 목을 베었다. 이 얼마나 끔찍스럽고 야만적인 행위인가? 기드온은 전쟁 초기에는 300명의 정병을 이끌고 야반에 기습작전으로 적군을 혼비백산하게 만들어 자기끼리 싸워 죽이고 패주(敗走)시킴으로 적군을 직접 죽이는 일이 없었다. 실로 은혜의 통치자다운 영전(靈戰)의 용사였다. 하지만 적의 두 왕을 추적하는 원정에서 비로소 에델 사람을 죽였고(17), 이번에는 적 왕 세바와 살문나를 직접 죽이는 자가 되었다. 하지만 이것은 피할 수 없는 공의의 심판이며, 사악한 살인자에 대한 징벌로서 마땅히 행해져야만 할 일이었다.

이로써 오랜 숙적인 미디안과 그 연합군을 물리치고 적 왕을 죽임으로 미디안 전은 마침내 영광스런 승리로 막을 내리게 되는 것이었다.

3. 전후(戰後) 처리와 기드온의 치세 (22-35)

1) 기드온의 전후 처리 문제 (22-27)

(1) 기드온이 왕으로 추대 받고 거절함 (22-23)

이스라엘 사람들이 7년간이나 미디안의 압제 하에 시달리다가 기드온이 이들을 물리치고 승리하자 "당신이 우리를 미디안의 손에서 구원하셨으니 당신과 당신의 아들과 당신의 손자가 우리를 다스리소서"(22)라고 세습(世襲) 왕권(王權)을 요구해 왔다. 기드온은 한마디로 이를 거절하고 " . . . 여호와께서 너희를 다스리시리라"(23)라고 하였다.

이 왕권에 대한 요구가 본서의 마지막 부분(17장에서 21장까지)에서 매우 중요한 주제로 나타나게 되는데, 그것이 최초로 시도된 것이 본 장과 다음 장이다. 이 왕정 요구의 시도는 그런대로 사사시대를 지나서 사무엘 8장 5절에 가서 다시 논의 되어 사무엘의 완강한 반대에도 불구하고 결국 시행이 되었다(삼상 10:19, 12:12).

기드온은 이 최초에 시도(試圖)된 세습 왕권 설립에 대한 유혹을 잘 물리치고 "여호와께서 다스리신다"는 신정시대(神政時代; theocracy)의 지속을 명확히 하고 자신은 다만 하나님의 뜻을 따르는 사사로소 백성을 재판하고 통치할 것을 명백히 하였다.

이런 의미에서 기드온이야말로 이면에 있어서는 모세와 여호수아 다음으로 훌륭한 지도자라고 할 수 있다.

(2) 기드온의 노획물에 대한 처리 (24-27)

① 기드온이 백성에게 금품을 요구함(24-26)

세속(世俗) 왕권에 대한 유혹을 과감히 거절한 기드온은 이 말에 뒤이어 이번 미디안과의 전쟁에서 얻은 노획물 중 특히 "귀고리"를 달라고 요청하였다. "그 대적은 이스마엘 사람이므로 금귀고리가 있었음이라"(24) 하였다. 이 말은 미디안 연합군 중에 이스마엘 사람이 많다는 의미도 되지만, 대체로 요단 동쪽 사람을 말할 때는 이스마엘을 그 대표적으로 말하기도 하였기에 그 대적을 "이스마엘 사람"이라고 한 것으로 안다.

이 말을 들은 무리들은 쾌히 허락하고 저들의 겉옷을 펴고 각기 탈취한 귀고리를 던지니 귀고리 중수가 총 1,700세겔이나 되었다.

"겉옷"은 큰 보자기 같아서 잠잘 때는 담요나 이불 역할을 할 만큼 다용도로 사용하였기 때문에 즉석 응용에 편리한 것이었다. 이스마엘 사람들은 애굽과 아라비아 등지를 내왕하며 이스라엘의 향료(香料)를 낙타에 싣고 가서 금품으로 교환하였고 그 족속은 여자들뿐 아니라 남자들도 귀고리를 하는 풍속이 있어서, 쉽게 귀고리를 노획물로 취할 수가 있었다고 볼 수 있다. 금 1,700세겔이라면 19,414kg으로서 엄청나게 많은 양이다.

그 외에도 "새 달 형상의 장식"(26)이라는 것은 이미 세바와 살문나를 죽이고 그들이 탔던 약대 목에 장식하였던 것으로(21b), 금으로 반달 모양을 만들어 달신(月神) 숭배의 표징을 삼고 있었던 것이다. 또한 "패물"(netiphoth)는 진주와 보석을 뜻하며, 또한 "미디안 왕들의 입었던 자색 의복"에는 많은 금과 보석들이 장식되어 있었다. 그리고 "약대 목에 둘렀던 사슬" 역시 금사슬이었다(26).

② 기드온이 금으로 에봇을 만들다(27).

이때까지 무리들은 그 금의 용도에 대하여는 묻지 않고, 각자 자진하여 즐거이 금품을 헌납하였다. 이것이 27절에 와서야 비로소 그 사용 목적이 밝혀졌다. 그것은 기드온이 그 금으로 에봇 하나를 만들기 위함이었다(27a).

"에봇"(ephod)이라는 것은 대제사장의 예복 중 하나로 청색 겉옷 위에 입는 조끼 모양의 옷으로, 그 자료는 금실과 청색 자색 홍색실과 가늘게 꼰 베실로 공교히 짜서 만든 것으로서 그 위에 견대 둘을 좌우에 달도록 되어 있다. 즉 호마노(縞瑪瑙) 두 개에다 이스라엘의 12 아들의 이름을 연치대로 한 보석에 6명씩 12명을 새기고 이를 금테에 물려 견대 위에 부착한다(출 28:6-14).

그리고 가슴 위에는 판결 흉패를 부착하도록 하였는데 "흉패"는 역시 5색 실로 짜서 자루 모양으로 만들어 그 안에 우림과 둠밈(Urim and Thumim)을 넣고 이것을 접으면 사면 한 뼘의 정사각형이 된다(출 28:16). 그 위에 보석 열두 개에다 이스라엘의 아들의 이름을 새겨 금테에 물려 부착한다(출 28:15-31).

기드온이 에봇을 만든 목적에 대하여는 기드온 자신만이 알 뿐, 오늘까지 아무도 모른다. 그렇기 때문에 학자들 간에도 논란이 분분하다.

그 중 부정적인 해석을 하는 자들은, 기드온이 명예에 대한 시험은 이겼으나 재물의 유혹은 물리치지 못하였다고 주장한다. 그 중 허비(Hervry)는 말하기를 "에봇 하나 만드는데 19,414kg의 금이 필요하겠는가? 그리고 그는 이미 하나님을 만났고 제단을 쌓고 제사까지 드렸는데, 굳이 금으로 에봇을 만들 필요가 있었겠는가? 이는 재물을 모으려는 유혹을 이기지 못한 인간의 연약성의 노출이라"고 해석하였다.

그 반면에 긍정적인 해석을 가하는 학자들도 많이 있다. 매튜 헨리(Matthew Henry)는 "기드온은 거룩한 승리를 기념하기 위하여 신성한 예복을 만들 목적이었기 때문에 좋게 받아들이고 싶다"라고 하였다. 또한 카일 델리취 주석은 그가 성소를 짓고 금송아지 우상을 세운 일이 없으며 단지 에봇을 만들어 "자기 성읍 오브라에 두었더니"(27)라는 것인데, "두었더니"라는 것은 "세웠더니"와 달라 보관하였다는 의미로 볼 수 있다(의역)라고 해석하였다.

이 문제에 있어서 베이커 주석은 좀더 상세히 설명하고 있다. "그가 에봇을 만든 의도와 목적은 그 자신의 판단력이 충분하지 못할 경우와 특별히 어려운 모든 문제에 대하여 하나님께 구하여 가르침을 받으려는 것이었는데, 이는 참된 경건함에 전적으로 부합되는 것이었다"라고 하였다.

연이어 설명한 그의 주장을 요약하면 다음과 같다. "하지만 아무리 좋은 의도와 목적에서라 하더라도 여호와께서 이미 실로에 중앙 성소를 지정하였고 제사장을 세워놓으신 만큼, 이제 이를 제쳐놓고 자신이 제사직을 행사하려는 잘못을 범한 것이다."라고 하여 잘못도 지적하였다.

그 당시 실로에는 하나님의 언약궤와 제사장이 있었다 하더라도 그곳이 에브라임 땅에 있었고 기드온은 에브라임 사람들로부터 심한 시기와 질투를 받고 있었을 뿐 아니라 그 당시 에브라임 사람들의 신앙심이 지극히 미약하고 성소의 제사 기능도 마비된 듯하며, 제사장도 거룩한 신탁의 후견인으로서의 자격과 가치를 제대로 지니고 있지 못한 자로 기드온은 느꼈을 것이다.

그러므로 "자신이 거하는 성읍에 에봇이라도 만들어 하나님의 판단을 바라고 가르침을 받기 위함에서라고 생각된다"라고 베이커 주석은 해석한다(필자 자유 인용).

카일 델리취도 역시 "그러므로 그의 잘못은 단 하나의 법적인 성소로부터 백성을 떠나게 하고 성소의 단일성을 과소평가하였을 뿐 아니라 온 이스라엘이 그것을 바알을 섬기듯 음란히 섬겨 기드온이 본의 아니게 우상 숭배를 조장하는 셈이 되었다"라고 평가하였다(필자 자유 인용).

우리가 여기서 교훈 받을 것은 아무리 좋은 뜻에서 한 일이라도 하나님의 정하신 기본 원리에서 벗어나는 행동은 결과적으로 유익이 못된다는 점을 기억해야 하리라고 믿는 바이다.

27절 하반절에는 " . . . 그것이 기드온과 그 집에 올무가 되니라" 하였다. "그것"이라는 3인칭 대명사는 "에봇"을 지칭하며, 이것이 "기드온과 그 집에 올무가 되니라"는 것은 다음 장에서 보여준 기드온 집에 멸망이 초래됨을 의미하는 것이라(신 7:16 참조) 할 수 있다.

2) 기드온의 치세 (28-35)

(1) 40년간의 태평 (28)

"기드온의 사는 날 동안 사십 년에 그 땅이 태평하였더라"(28b).

기드온이 생존 기간에는 비록 죄악의 물결이 스며들고 있었을지는 모르나 공공연한 죄악이 행해지지 않았으며, 따라서 하나님의 공적인 징벌도 없었다. 한 인물의 위대함이 온 나라에 큰 영향을 미친다는 사실을 보여준다. 이는 마치 사무엘이 살아있는 동안 블레셋이 침략을 못하였다는 사실과 같은 논리이다(삼상 6:13-14).

그러므로 오늘도 각 분야의 지도적 위치에 있는 사람들은 각자 참된 신앙을 지니고 여호와께 순종할 때 모든 원수를 물리치고 평화의 시대를 초래한다는 사실을 깊이 인식해야만 할 것이다.

(2) 기드온의 사생활 (29-31)

"요아스의 아들 여룹바알이 돌아가서 자기 집에 거하였는데 기드온이 아내가 많으므로 몸에서 낳은 아들이 칠십 인이었고 세겜에 있는 첩도 아들을 낳았으므로 그 이름을 아비멜렉이라 하였더라"(29-30).

기드온은 미디안 전쟁을 끝내고 무리들이 주는 왕관을 거부한 후 그의 향리인 오브라로 돌아와서 사생활을 즐기면서 살았다. 하지만 사사직은 계속 유지한 것으로 생각하는데, 사사란 평상시는 평민 같이 살다가 유사시에는 나서서 활동하는 것이 사사 생활의 특징적 형식이기 때문이다.

하지만 그의 노후 생활은 여호수아처럼 경건하게 살지를 못하였다. 그는 많은 아내를 두었고, 그 몸에서 낳은 아들이 70명이나 되었다(30). 그리고 세겜(Schechem) 즉 현대의 나브루스(Nabulus)라는 곳에 첩까지 두어 아들을 낳아 그 이름을 아비멜렉(Abimelech)이라고 하였는데, 그 뜻은 "아비의 왕"이라는 것으로 이는 다음 장에서 될 일에 예고가 되었다.

그는 비록 왕관은 거절하였지만, 그 생활은 왕자(王者)답게 살았다. 그 많은 생활비는 어디서 조달하였을까? 그러므로 그가 노획물 중 귀고리와 금품을 요구한 것을 물질의 유혹을 이기지 못한 증거라고 말한 허비(Hervry)의 주장도 일리가 있지 않을까 생각된다(24).

구약시대에는 일부다처(一夫多妻)와 축첩이 공공연하게 자행되어 율법상 제재 조항이 명기되어 있지 않아 왕후장상(王侯將相)들과 부유층에서 의당하게 자행되었다. 하지만 이는 인간 창조의 원리에 어긋나기 때문에 그 결과는 대개 비극으로 끝이 났다. 아브라함, 야곱, 다윗과 솔로문 등이 그 대표적인 실례이다. 특히 사사시대에는 다처와 축첩이 만연(蔓延)한 시대였다. 사사들 중 "야일"은 아들이 30명이며(10:4), "압돈"은 아들이 40명, 손자가 30명이었다(12:14). 삼손도 역시 이것 때문에 희대의 역사(力士)로서 비극적인 종말을 맞았다(삿 16:15-22).

이것은 그리스도께서 나타나시기까지 율법적인 규제 조치가 없어 계속 자행되다가 그리스도 이후 그의 교훈에 따라 명확하게 일부일처(一夫一妻)라는 결혼관의 일대 혁신이 이루어지게 된 것이다(마 19:6, 5:32).

기드온이 세겜의 첩을 특히 사랑했던 것 같은데, 그 아들의 이름을 보아 알 수 있는바 "아비멜렉"(왕의 아비)이라 하여 큰 기대를 가졌던 것이다. 결국 이 아들이 기드온의 아들 70명을 한 반석에서 죽이고 왕이 되려다가 비극적인 종말을 지어 기드온 가문의 몰살을 가져오게 되었다(8:5). 이것이 이미 27절에서 기드온과 그 집에 "올무"로서 현실화 되었음을 예고해 주는 것이다.

(3) 기드온의 죽음과 그 후 (32-35)

기드온이 고령으로 죽으매 그의 선영(先塋)인 아비에셀 가문의 고향인 오브라에 있는 부친 요아스의 묘실(墓室)에 장사 지냄으로 이 유명한 사사의 생애의 종말을 보게 되었다(32).

그러자 이스라엘 자손들은 다시 이전 생활로 돌아가서 "바알들을 음란하게 위하고"라고 하였는데, 바알들을 음란하게 위한다는 것은 하나님 대신 우상을 숭배함은 영적 간음죄라는 의미도 되지만, 바알신 섬기는 방법이 직접 음란 행위를 하는 것으로 이것은 제례의 방식임을 뜻하는 것이다. 이것은 기우제(祈雨祭)의 하나의 형식으로 자행되었다.

또한 바알신 중 하나인 바알브릿(Baals berith)을 섬겼는데, 이것은 그 의미가 "바알과 언약을 맺음"이라는 뜻으로 이미 여호와 하나님과 언약을 맺은 백성이 이것을 파기하고 다시 바알신과 언약을 맺는 경지까지 이르게 된 것이다.

그 결과 "사면 모든 대적의 손에서 자기들을 건져내신 여호와 자기들의 하나님을 기억지 아니하며"(34), 또한 "기드온의 이스라엘에게 베푼 모든 은혜를 따라서 그의 집을 후대치도 아니하였더라"(35)라고 하였다.

우상 숭배는 하나님의 은혜를 저버린 배은망덕이며, 하나님을 저버린 자는 그의 뜻을 따라서 미디안의 연합군을 물리치고 40년간의 태평성대(太平聖代)를 가져다 준 기드온의 집을 배신하게 되었다는 것이다. 하나님의 은혜를 모르는 자는 또한 사람의 은공도 모른다는 것이 배신행위에 연루적인 관계성임을 보여주고 있는 것이다.

결 론

기드온이야말로 사사시대를 빛내준 훌륭한 사사이다. 그는 여호와의 사자 즉 여호와 자신을 직접 만나서 계시를 받은 자이며(6:11-27), 300명의 과병으로 미디안 연합군의 대병을 격파하고 승리한 자이다. 특히 그의 전술은 적과 싸우지 않고 적들을 물리쳐 적진에 혼란을 일으켜 저들끼리 서로 죽이고 놀라서 도망치는 병사를 오직 추격하는 것으로 피 흘리지 않고 적을 물리치는 놀라운 병술(兵術)을 지닌 자이다. 이것이 그의 신앙적 결과이며 업적이다.

특히 그가 전쟁 종료 후 무리들이 주는 왕관을 거절한 행위는 사사시대의 특징인 신정시대(theocracy)의 지속을 계속 유지하게 한 자로서 오직 여호와께서 다스리신다는 단호한 의지를 표명한 사실은 너무도 감동을 안겨주는 장면이다. 하지만 옥에도 티가 있듯이 비록 그가 미디안 전쟁에서 여호와의 승리를 기념하기 위하여 만들었다 하더라도 "에봇"을 만든 결과는 본의 아니게 백성들로 하여금 우상 숭배에로 유도하는 결과가 되었으며, 이것이 그의 죽은 후 다시 우상 숭배로 되돌아가는 올무가 되었음을 생각하면 아무리 좋은 일이라도 원칙에 벗어나는 것은 결국 유종의 미를 거둘 수 없다는 큰 교훈을 받게 된다.

끝으로 그의 사생활에서의 문란은 많은 처첩과 이복 자녀들이 70명이나 생겨나서 결국 골육상잔의 비극을 연출하였다는 사실은 여호수아의 말년에 비하여 너무나도 아쉬운 감을 주는 것으로 우리들 각자에게 경각심을 촉구하게 하는 큰 교훈임을 알아야 할 것이다.

아비멜렉의 왕권

사사기 9:1–57

기드온에 의한 40년간의 태평시대도 황혼기를 맞게 되어 이스라엘 자손들은 다시 기드온 이전 원 위치로 '유턴'(U-turn)하여 바알브릿을 섬겨 그와 언약을 맺고, 언약의 신이신 여호와 하나님을 기억지도 아니하자 기드온이 이스라엘에게 베푼 은혜마저 잊어가던 시점에, 하지만 아직 하나님이 채찍을 들고 이로 인하여 직접 치시기 바로 직전에 기드온의 서자(庶子)인 아비멜렉에 의한 왕권 찬탈이라는 가공할 만한 사건이 생겼던 것이다.

이것은 이스라엘 백성들의 심중에 은연중에 싹트고 있던 요구가 이미 기드온에 의하여 좌절(挫折)된 듯하였으나(6:22-23) 여기서 아비멜렉에 의하여 다시 재연되어 이른바 신정시대(theocracy)에서 세속 왕권을 세우므로 하나님의 은혜의 통치에서 벗어나고자 하는 하나의 세속 정부(世俗政府)의 출현을 보여주고 있다.

1. 불의한 방법으로 얻은 왕권 (1-6)

여룹바알의 여러 아들 중 세겜에 있는 첩의 소생이 하나 있었는데, 그 이름이 아비멜렉이었다. 그 어미는 이스라엘 족속이 아니라 가나안 토족의 딸로서 이스라엘의 열조들과 교류가 있었던 하몰 족의 후예로 생각한다(창 33:18-20, 수 24:32).

그는 어릴 때 오브라에 있는 아버지 기드온의 집에서 자랐으나 그 어미는 우상숭배자인 가나안 여인이었던 까닭에 그녀는 아들에게 가나안의 우상숭배 정신을 심어주는데 심혈을 기울였던 것으로 생각된다.

그가 이런 분위기에서 자라서 어느 정도 성년기에 이르자 외가(外家)가 있는 세겜으로 가서 그 어미의 형제와 외조부의 온 가족들을 모으고 자신이 왕이 되려는 생각을 알리고 이 사실을 세겜 사람에게 널리 선전하라고 선동하였다(1-2). 그 내용은 "여룹바알의 아들 칠십 인이 다 너희를 다스림과 한 사람이 너희를 다스림이 어느 것이 너희에게 나으냐 또 나는 너희의 골육지친임을 생각하라"(2)는 것이었다. 이 말은 세겜 사람들에게는 매우 호소력이 강한 것으로 "70인"은 오브라에 있는 이스라엘 출신 처들에게서 낳은 아들들을 뜻하며 "한 사람"은 아비멜렉 자신을 의미하는 것이다. 이는 70인이 모두 통치를 원하고 있는 듯이 과장하고 자신은 세겜의 원주민들과 혈통을 같이 하는 혈연관계임을 내세워 집중 선전을 하자 저들은 이스라엘 사람들에게 구별과 멸시를 받아온 터라 이번이야말로 명예를 회복할 기회가 왔다고 생각한 나머지, 세겜의 민심이 모두 아비멜렉에게 기울어 "자기 형제"라 하며 전폭전인 지지를 보내왔다.

그리고 세겜의 원주민들은 정치자금으로 "바알브릿 묘"에서 은 70개(70세겔)를 선뜻 아비멜렉에게 내준 것으로 보아 그 어미의 가문이 하몰가의 직계 후손으로 상당히 세도가 있었던 것으로 생각된다.

아비멜렉은 그 돈으로 "방탕하고 경박한 류" 즉 불량배, 깡패들을 매수하여 왕권 찬탈을 위한 행동 개시를 하여 이런 무리를 이끌고 "오브라에 있는 그 아비의 집으로 가서 . . . 자기 형제 칠십 인을 한 반석 위에서 죽였으되 오직 여룹바알의 말째 아들 요담은 스스로 숨었으므로 남으니라"(5)라고 하여 무수한 피를 흘리는 '쿠데타'가 감행되었던 것이다. 여기서 죽은 자는 사실 69인이었으나 70인이라 한 것은 70인을 다 죽일 계획을 말한 것으로 본다. 그리고 죽인 장소를 "한 반석 위"라 하였는데 이는 기드온이 여호와의 사자를 만나서 제물을 드릴 때 "불이 나왔던 반석"(6:21)으로 추측하는데, 이 곳에서 70명의 자기 형제를 죽여 제물로 드렸다고 생각하면 참말 독자로 하여금 소름을 끼치게 하는 살육의 현장이라고 할 것이다.

이상에서 언급한 아비멜렉의 죄악을 좀더 구체적으로 설명하면 다음과 같다.

(1) 여호와께서 직접 통치하시는 거룩한 자리를 감히 찬탈한 악행이다.

이는 신정(神政)에서 왕정(王政)을 세우려는 하나님을 무시하는 행위이며, 만일 왕정을 하나님이 허락한다고 가정하더라도 그 자리에 앉을 만한 합법적인 권리를 지니고 있던 자가 무려 70명이나 된다고 생각할 때, 아비멜렉의 오만 불손은 말할 것도 없거늘 하물며 하나님만이 앉으실 수 있는 지극히 거룩한 자리임을 고려할 때 이는 지극히 악한 자의 행위일 따름이라 할 수 있다.

(2) 우상의 신당(바알브릿 묘)에서 기부 받은 돈으로 불량배를 고용한 것이다.

이는 하나님의 종들을 죽이기 위하여 사탄의 병기를 갖고 불량배를 동원하여 신자인 자기 형제를 몰살시킨 잘못이다. 여호수아는 하솔 왕 야빈과 전쟁을 할 때 적의 "말 뒷발의 힘줄을 끊고 불로 그 병거를 사르라"고 하였다. 아무리 적에게서 노획한 준마(駿馬)라도 이것을 의의 병기로 삼지 말고, 또한 아무리 그 당시 최신무기인 철병거라도 이것을 사용하지 말고 소화시켜 버리라는 것이다. 신자를 죽이려는 무기는 마귀의 무기인 만큼 이것을 신자들이 사용할 무기가 될 수 없다는 것을 의미한다.

아비멜렉은 우상의 병기를 갖고 불량배를 고용하여 무죄한 피를 흘려 정권을 장악한 자이다.

(3) 무죄한 형제를 몰살시킨 자이다.

정권 야욕이 전혀 없이 자기 일에 충실하려는 70명의 형제를 마치 파리를 잡듯이 잔혹하게 살해한 아비멜렉은 무섭고도 비인간적인 악행을 범한 자이다.

(4) 우상숭배자들에 의하여 왕으로 선택된 자이다.

아비멜렉을 옹립하고 지지한 자들은 가나안의 우상인 "바알"을 섬기는 그 땅의 원주민들이었다. 이들은 그 외가를 중심한 세겜의 오래 거점을 삼고 있던 하몰 족속들이며 그 후손인 히위 족속이 대부분인 가나안 토족들이었다. 이들은 기드온의 우상 파괴에 대한 원한을 갖고 있었으며, 이 때를 복수할 기회로 삼아 기드온 가문을 멸절시키려는 자들인데 아비멜렉은 이들의 지지를 받은 것이다.

아비멜렉이야말로 기드온과는 극과 극의 대조를 이루는 완전히 상반된 자로서 기드온에게서 이런 자가 나올 수 있었을까 의문이 간다. 그러나 이것은 기드온이 가나안 여인을 첩으로 삼았다는 잘못된 혼인에 대한 징벌임은 분명한 일이다(8:31).

어쨌든 아비멜렉의 이른바 '쿠데타'는 일시 성공한 듯 세겜 모든 사람과 밀로(Millo) 모든 족속['밀로'는 '신전'으로 또는 "세겜 망대의 사람들"(46)로 해석함]이 모여 가서 세겜에 있는 저 유서 깊은 "기둥 상수리나무 아래서"(창 12:6-7, 35:4, 수 24:25-26) 이른바 대관식을 함으로 아비멜렉이 왕권을 장악하였던 것이다(6).

아비멜렉이야말로 이상과 같이 불의한 수단과 포악한 방법으로 일시 왕이 된 자임을 알게 된다.

2. 무자격한 자에게 주어진 왕권 (7-21)

형제 69명이 몰살하는 중에서 홀로 피하여 살아남은 기드온의 말째 아들 요담은 마치 죽은 자들 가운데서 부활한 것처럼 그리심산 꼭대기에 혜성처럼 나타나서 다음과 같은 우화로 하나님의 무서운 징벌을 선포하였던 것이다. 아 이 얼마나 두렵고도 놀라운 사실인가!

요담(Jotham)의 우화(寓話; allegory)는 우화의 대가인 이솝(Aesop)보다도 700년이나 앞선 것으로 그는 나무들의 우화로 세겜인들을 경고하고, 그들의 기드온에 대한 배은망덕을 책한 다음, 마침내는 그들과 아비멜렉이 서로 대적하여 같이 멸망할 것에 대하여 예언하였다.

이 요담의 우화에는 두 가지 다른 것들이 서로 대조되어 있다. 즉 아비멜렉에게 살해당한 기드온의 아들들의 숭고한 성품과 그들이 제기할 수 있었던 강한 주장에 반하여 아비멜렉의 오만한 성격과 그의 무가치한 주장을 서로 대조시키고 있는 것이다. 어찌 요담이 이런 재능이 있었을까? 이는 분명히 하나님께로부터 이 '메시지'를 받았을 것이며 그 영감의 산물일 것이라고 베이커 주석은 말하고 있다.

그 우화의 내용은 다음과 같다.

나무들이 모여서 왕을 세우기로 합의하고 먼저 감람나무에게 왕이 되어 달라 하였더니 감람나무는 나무들에게 "나의 기름은 하나님과 사람을 영화롭게 하나니 내가 어찌 그것을 버리고 가서 나무들 위에 요동하리요"라고 한마디로 거절하였다(8-9절 자유 인용).

감람나무는 매우 탁월한 특성들을 지니고 있는데, 그 중 대표적인 것이 본문에 언급된 기름이다. 이 감람기름(olive oil)은 왕과 제사장을 세울 때 사용되는 것이며 성소를 밝히는 등유로 사용되고, 소제(cereal offering)의 제물로서 제의상 불가결의 요소이다. 그리고 이 기름은 사람들의 생활에 있어서도 식품(食品)으로, 등유로, 약품으로, 그리고 화장품으로 절대 필요한 필수품인 것이다.

그러므로 감람나무는 왕이 될 충분한 자격을 지니고 있었으나 나무들 위에 왕이 되기를 거절하였다. 여기 "요동하리요"라는 것은 "흔들리다"라는 의미로, 자기 사명에 깊이 뿌리내리고 있어 왕권의 유혹에도 흔들리지 않는다는 의미로 해석한다.

나무들은 두 번째로 무화과나무에게 가서 왕이 되라고 요청하였다. 하지만 무화과나무 역시 "나의 단 것, 곧 아름다운 실과를 내가 어찌 버리고"(11)라고 하면서 왕 되기를 거절하였다. 그 이유는 "나의 단 것 곧 아름다운 실과"이다. 무화과는 성지에 가장 많고 그 열매의 특징은 "단 것" 즉 감미로움이다. 설탕이 없던 시절에 무화과는 설탕을 대신한 당원(糖原)이며 누구나 즐겨 먹는 식품의 하나이다. 그리고 길가의 무화과나무는 나그네의 휴식처이며 신자에게는 기도처로서 다목적으로 사람들에게 사랑받는 나무이다(마 21:19, 요 1:48).

세 번째로 나무들은 포도나무에게 왕이 되기를 요구하였다가 역시 거절당하였다. 그 이유는 "하나님과 사람을 기쁘게 하는 나의 새 술을 내가 어찌 버리고"(13)라는 것이었다. 성지에 농작물 중 가장 대표적인 것이 포도 재배이다. 그리고 그 특징은 포도는 그냥 먹어도 좋은 식품이지만 이를 발효시켜 만든 술이야말로 노아가 취하여 인사불성이 될 만큼 감미로운 것이며(창 9:20-21), 이것은 하나님께 드리는 전제물(출 29:40, 레 23:13)이 되며, 사람에게 필요한 식품과 음료 그리고 상처에 바르는 약품도 되었다(눅 10:34, 딤전 5:23).

이상에서 왕을 세우려던 "나무들은" 당시 "왕제(王制)를 주장하던 자"들을 의미하며 왕 되기를 거부한 감람나무, 무화과나무, 그리고 포도나무는 기드온의 70 아들을 지칭하고 있다.

당시 왕제를 주장하던 자들도 왕의 자질로는 기드온의 70아들뿐이라고 생각한 듯하다. 그러기에 저들은 성지의 대표적인 세 가지 나무를 찾아갔을 것이 아닌가? 이것은 사실 미디안 전쟁 직후 이스라엘 백성들이 기드온에게 세습왕권(世襲王權)을 요구하였다가 거절 당한 사실을 의미한다(8:22-23).

네 번째로 가시나무에게 가서 "우리의 왕이 되라"고 추대한 자는 세겜 사람이며, 그 주변 성읍의 사람들뿐이다. 22절에 아비멜렉을 "이스라엘 왕"이라 하였지만 사실 그는 세겜과 밀로 등 불과 두 세 성읍에서 3년간 권력 행사를 한 자일 뿐이다.

가시나무의 대답은 " . . . 너희가 참으로 내게 기름을 부어 너희 왕을 삼겠거든 와서 내 그늘에 피하라 그리하지 아니하면 불이 가시나무에서 나와서 레바논의 백향목을 사를 것이니라"(15)라고 하였다.

가시나무는 사실 그늘이 없다. 이는 다만 아비멜렉을 겨냥한 매우 신랄한 풍자일 뿐이다. 그러므로 "내 품에 피하라"는 말은 나를 지지하고 복종하라는 말과 다름없다. 이는 아비멜렉 통치의 가혹성을 나타내는 것으로 가시나무는 다만 사람을 찔러서 해치는 나무이며 비유적으로는 불신앙(사 32:13-15), 고통(잠 26:9), 파멸(사 34:13), 거짓 예언자(마 7:15-16), 심판(호 2:6) 등을 상징한다.

만일 피하지 않으면 "불이 가시나무에서 나와서 레바논의 백향목을 사를 것이니라"(16). "레바논의 백향목"은 최고급의 건축자재로(왕상 5:6, 6:15, 7:2), 여기서는 '세겜의 방백'들을 지칭하는 것으로, 이들이 아비멜렉과 대립될 것을 예언한 것으로 본다.

16-20절은 요담의 우화의 해설이며 그 결론이다.

이것을 요약하여 설명하면 다음과 같다. "이제 너희가 아비멜렉을 왕으로 삼았으니 이것이 과연 진실하고 의로우며 이것이 여룹바알의 가문을 선대함이냐 우리 아버지가 전에 미디안과 싸워 미디안의 압제에서 너희를 구출하였거늘 너희가 오늘에 이르러 우리 아버지 집을 치고 그 아들 70인을 몰살시키고 그 여종이며 첩의 아들인 아비멜렉을 너희 가나안 족의 형제라 하며 그를 세워 세겜 사람의 왕을 삼은 일이 과연 잘한 일이냐"라는 것이다. 이는 세겜 사람의 악행의 성격을 잘 지적하였음을 보여준다.

요담은 19-20절에서 세겜인에 대한 경고의 결론을 내리고 있다. "만일 너희가 오늘날 여룹바알과 그 집을 대접한 것이 진실과 의로움이면 너희가 아비멜렉을 인하여 즐기려니와"(19). 이 말은 주석가들 중에서도 해석을 각각 달리 하여 난제가 되는 것 중 하나이다. 이를 종합적으로 참고하여 해석한다면 "만일 너희가 여룹바알의 가문을 명예롭게 선대하였다면 비록 가시나무 같은 아비멜렉이라도 그의 통치를 즐거워해야 할 것이고 아비멜렉도 만족했을 것이다. 하지만 너희가 여룹바알 가문을 배신하고 불의한 방법으로 신당 자금으로 불량배를 고용하여 그의 아들 70인을 몰살시키고 가시나무 왕으로 아비멜렉을 추대하는 진실치 못한 일 때문에 아비멜렉에서 불이 나오고 세겜 사람과 밀로 족속에서도 불이 나와서 모두 망하게 될 것이라"는 것이다.

악인들은 어떤 유익을 목적으로 한때 서로 결탁하여 악을 행하지만 일단 성공하면 서로 분열되고 서로 싸우다가 같이 멸망하는 것이 상례이다. 이것이 철학자 헤겔의 변증법적(辨證法的) 역사철학(歷史哲學) 중 정반합(正反合)의 원리인지도 모른다.

이 말을 마치고 "요담이 그 형제 아비멜렉을 두려워하여 달려 도망하여 브엘로 가서 거하니라"(21)고 했다. 브엘(Beer)이 어떤 곳인지는 알 수가 없고 학자들도 각이한 해석을 가하고 있으나 모두 다 추측일 뿐이다. 다만 그가 할 말을 다하고 아비멜렉의 호구(虎口)를 일단 벗어난 것만은 사실이다.

3. 추대자에게 배신당한 왕권 (22-49)

1) 세겜 백성의 변심 (22-25)

이른바 "가시나무 왕"에 의한 정권도 3년간이나 지속되었다. 그동안 세겜인들의 고통이 얼마나 극심하였을까? 하지만 이는 세겜인의 자업자득(自業自得)이라 할 수 있다. 즉 기드온의 업적을 무시하여 그를 배반하고 무자격한 아비멜렉을 옹립하여 정치자금을 제공할 뿐 아니라 불량자들을 동원하여 기드온의 고향 오브라를 습격하여 그의 아들 70명을 죽이는 데 협력한 죄악의 결과였다.

그리고 22절에 "이스라엘을 다스린 지 삼 년에"라는 것도 이스라엘 전역(全域)이 아니라 세겜 주변에 있는 두 세 도시일 뿐인데도 "이스라엘"이라 한 것은 세겜이 비교적 큰 도시로 에브라임 지파를 대신하고 에브라임도 어느 정도 이스라엘을 대표한 데서 기인하였다고 본다. 그리고 "다스린다"는 것도 합법적인 통치가 아니라 힘에 의하여 다스리는 난폭한 치리를 의미한다라고 '베이커'주석은 말하고 있다.

드디어 3년만에 이 악한 가시나무 정권이 종지부를 찍게 된다. 그것은 하나님의 개입으로 "아비멜렉과 세겜 사람들 사이에 악한 신을 보내시매" 이로 인하여 배신케 되는 것이었다(23). 여기 "악한 신을 보내시매"에서 "악한 신"은 불안과 싸움을 조성하는 악한 영으로서 사탄 그 자체가 아니라 그 영향 하에 있는 영권(靈權)을 의미한다(카일 델리취). 이는 하나님께서 악신을 직접 부리셨다는 것이 아니고 두 사이를 이간 붙이기 위한 악신의 활동을 방치하셨다는 의미이다. 예컨대 이것은 "하나님이 바로왕의 마음을 강퍅케 하셨다"(출 10:20)는 것과 같은 류(類)의 것이다. 그것이 "바로의 악행을 방치하셨다"는 의미이기 때문이다.

어쨌든 이 악신의 작용으로 인하여 세겜 사람들이 아비멜렉을 배반하게 되었던 것이다. 이는 곧 내분에 의한 왕권의 몰락이다. 역사 이래 모든 제국들의 멸망도 그러했고 작은 나라 작은 집안의 모든 경우도 결국 이런 경로를 거쳐 쇠멸되기 마련이다.

하나님의 개입 목적은 아비멜렉이 자기 형제 70인을 죽인 죄악을 징벌할 것과 아울러 이에 협력한 세겜인의 악행을 동시에 갚기 위함이었다(24).

세겜인들의 아비멜렉 정권 타도의 첫 계획은 산들 꼭대기에 매복하였다가 세겜을 통과하는 모든 통행자들을 겁탈하는 일과 그곳에서 아비멜렉을 엿보다가 체포하기 위함이었다. 세겜 성의 위치는 남쪽에 그리심산과 북쪽에 에발산 사이에 있고, 그곳에 큰 대로가 있어 애굽에서 동북쪽으로 가는 대상(隊商)들에게서 아비멜렉은 통행세를 받아 이익을 보았다고 보며, 그러므로 세겜인들은 이들을 습격하여 통행을 방해함으로 수입원을 막아 재정상 어려움을 줌과 동시에 강도 출몰 소문을 내어 민심을 혼란시키려는 것으로 해석한다(바클레이).

그리고 이 두 산 고지에서는 아비멜렉의 행차 역시 쉽게 관망되기 때문에 호위병이 적으면 습격하여 생포하고 많으면 활로 쏘아 사살할 계획이라고 추측한다. 이 계획은 매우 기발한 전술이었음에도 불구하고 이것은 하나의 계획일 뿐, 사전에 그 음모가 드러나서인지 실천되지는 못하였다.

2) 가알에 의한 반역 (26-41)

(1) 포도 축제 현장에서의 모반 행위 (26–29)

에벳의 아들 가알(Gaal)이 세겜의 방백들의 모임인 포도 축제 현장에 돌연히 등장한다. 그의 아비 "에벳"은 종이라는 뜻으로 가알은 종인 아버지의 아들이었고, 아비멜렉은 종인 어머니의 아들이었다. 그 당시는 도덕적으로나 사회적으로 뜻있는 자는 다 숨어버리고 종의 자식들이 독무대를 만들고 활개 치는 시대상을 여실히 보여주고 있다.

이처럼 혼란한 기회를 틈타서 가알과 그 일족이 세겜에 나타났다(26). 가알은 아마도 그 당시 난무하던 산적(山賊)이거나 해적 같은 도둑 무리의 두목쯤 되었을 것이라고 생각된다. 그는 이미 아비멜렉의 대관(代官)이었던 스불(Zebul)과 아는 사이로서 가끔 세겜 성에 나타난 자로 생각된다(36-38절 참조). 그리고 세겜 사람들도 가알이 세겜에 이르자 "그를 의지하니라"(26)라는 기사를 보아 전부터 아는 사이임을 알 수 있다. 혼란기를 틈타 홀연히 나타난 가알의 등장으로 곧 조직적인 음모가 시작되어 공공연한 반역의 불길이 타오르게 되었다.

하필이면 가알을 옹립하는 반역의 첫 모임이 포도 수확의 축제 현장인 바알의 신전에서였을까? 포도 축제의 기원은 본래 이스라엘 백성들이 율법의 가르침을 받아 포도나무를 심은 지 제4년 만에 이를 수확하여 먼저 하나님께 드리는 감사의 축제였는데(레 23:24, 신 16:10, 사 9:10), 가나안 토족들이 이것을 모방하여 첫 수확의 포도를 바알브릿 신당에다 드리는 것으로 변질시켰다. 이런 기사를 통하여 이 당시 이스라엘 백성들이 가나안 인들과 혼거 생활을 하는 사이 상호간 문화가 교류되고 각각 영향을 받고 있었다는 일면을 알게 되기도 한다.

하여튼 즐거운 포도 수확 축제 현장이 정권 타도의 음모 현장이 되었다는 사실은 하나의 아이러니(irony)가 아닐 수 없다.

(2) 모반의 내용 (28)

가알은 동석한 세겜 방백들을 향하여 입을 열자 먼저 아비멜렉을 저주하고(29b), 그의 능숙한 열변을 토하여 아비멜렉 반역에 대한 저들의 지지를 호소하였다. 그 선동 내용이 바로 28절이다. 즉 "에벳의 아들 가알이 가로되 아비멜렉은 누구며 세겜은 누구기에 우리가 아비멜렉을 섬기리요 그가 여룹바알의 아들이 아니냐 그 장관은 스불이 아니냐 차라리 세겜의 아비 하몰의 후손을 섬길 것이라 우리가 어찌 아비멜렉을 섬기리요" 이것은 주로 종교적인 것과 혈통적인 이유를 거론하는 것으로 이는 고금을 막론하고 매우 설득력이 강한 효과적인 선동책인 것이다.

이것을 조목적으로 설명하면 다음과 같다.

① 가알은 "아비멜렉은 누구며 세겜은 누구기에"라고 묻고 대답하는 자문자답식의 논리를 편다.

첫째, "아비멜렉"에 대한 답변을 제시한다.

아비멜렉은 자신들의 섬길 자가 아님을 전제하고 그 이유를 제시한다.

a. 그의 아비는 "여룹바알"임을 지적하여 기드온이 오브라에서 바알 제단을 파괴하고 얻은 이름을 되새기게 하여 바알 숭배에 열중하는 세겜인의 감정을 자극하였다.

b. "아비멜렉"은 그의 아들로서 가나안의 여종 사이에서 난 혼혈아라는 것.

c. 그 장관은 "스불"로서 아무리 그 이름의 뜻이 '왕자'나 '왕족'이란 것이라도 아비멜렉이 임명한 대관(代官)인 만큼 배격함이 마땅하다는 것 등이다.

둘째, "세겜은 누구기에" 물음에 대한 답변 제시는 다음과 같다.

a. 세겜인이 섬길 자는 "하몰의 후손"이라는 것을 주장한다. 하몰은 세겜 성의 창설자이다(창 33:19, 34:2, 수 24:32).

b. 그 이유는 세겜의 아비이기 때문이며, 그 후손들은 순수한 혈통을 자랑하는 오늘의 세겜 족속이라고 추켜올리고 있다.

c. "그러므로 우리가 어찌 아비멜렉을 섬기리요"(28b)라고 결론삼아 완강한 거부 의사를 표명한다.

(2) 가알의 야심과 아비멜렉에 대한 선전 포고 (29)

어느 정도 지략이 능한 가알은 줄곧 아비멜렉을 규탄하고 세겜인들을 부추기는 말만을 해왔다. 그러면서 무리 중 누군가가 자기를 추천해 주기를 바랐을 것이다. 하지만 그런 일은 아직 없으나 회중 분위기는 자기주장을 지지한다고 느낀 나머지 어느 정도 술도 취한 김에 자기 본심을 마침내 폭로하고 말았다. 즉 "아하 이 백성이 내 수하에 있었더면 내가 아비멜렉을 제하였으리라"(29a). 이 말의 뜻은 '내가 세겜의 거민을 다스릴 수가 있었으면'이라는 것으로 본심을 드러내게 되자 그는 모두가 이 말에 동의한 것으로 생각하고 "아비멜렉에게 네 군대를 더하고 나오라고 말하니라"(29b). 이것은 아비멜렉에게 선전포고를 한다는 의미이다.

(3) 아비멜렉의 반격 (30-41)

가알에 의한 포도 수확 축제 현장에서의 아비멜렉에 대한 역모(逆謀) 사실은 그의 장관이었던 스불에 의하여 즉각 아루마(Arumah)에 거주하는 아비멜렉에게 비밀리에 통고되었고(30-31), 작전 계획까지 상세히 알려졌다. 즉 "당신은 당신을 좇은 백성으로 더불어 밤에 일어나서 밭에 매복하였다가 아침 해 뜰 때에 당신은 일찍이 일어나 이 성을 엄습하면 가알과 그를 좇은 백성이 나와서 당신을 대적하리니 당신은 기회를 보아 그들에게 행하소서"(32-33)라고. 이 전술의 요지는 다음과 같다.

① 야간에 은밀히 군사 이동을 할 것(32a), ② 매복 작전을 할 것(32b), ③ 새벽녘에 공격할 것(33a), ④ 가알과의 대전은 알아서 할 것(33b) 등이다.

아비멜렉은 스불에게 통고받은 작전 계획대로 야간에 군대를 세겜 성 외곽으로 이동하고 네 분대로 편성하여 세겜 성을 포위하고 매복시켰다. 이 순간 가알이 성에서 나와 성문 입구에 설 때 스불은 가알과의 우정을 가장하여 대화를 나누면서 아비멜렉 군대가 준비하도록 지연 작전을 썼다. 이것은 대화를 나누는 사이 생각을 딴 데로 돌리게 하려는 계책이었으나, 그 나름에 분별력이 예민한 가알은 적군이 접근해 오는 것을 직감한 듯 "백성이 산 꼭대기에서부터 내려오는도다"(36)라고 스불에게 말하자 "네가 산 그림자를 사람으로 보았느니라" 하며 안심시켰다. 하지만 다시 "보라 백성이 밭 가운데로 좇아 내려오고 또 한 떼는 므오느님 상수리나무 길로 좇아 오는도다"(37)라고 말하자, 스불은 더 속일 수 없음을 알고 이제는 그 가면을 벗어버리고 가알이 전에 아비멜렉을 비난하던 일(28)을 상기시키면서 네가 멸시하던 아비멜렉이 여기 있으니 "이제 나가서 싸우라"라고 본심을 드러냈다(38).

이에 전투는 시작되고 군사적으로 열세인 가알은 불가불 대항하여 싸워 보았으나 결국 추종하던 병사들을 모두 잃고 그 자신마저 마침내는 스불에 의하여 세겜 성에서 그 형제 일족과 함께 쫓겨나고 말았다(41).

이리하여 포도원 수확 축제에서 개막된 가알에 의한 아비멜렉 축출극은 그 출연 배우이던 가알은 물론, 아비멜렉의 장관이었던 스불까지도 무대에서 완전히 사라지고 드디어 막을 내리게 되었다.

3. 정권 유지를 위한 보복전 (42-49)

1) 아비멜렉에 의한 세겜의 멸망 (42-45)

가알이 주동한 음모 행위가 아비멜렉의 반격으로 끝나고 가알이 세겜 성에서 쫓겨나자 일단 세겜 사람들은 안심하고 이튿날 평소와 다름없이 농사 일에 종사하려고 성 밖으로 나오게 되었다(매튜 헨리).

하지만 아비멜렉의 분노는 사라지지 않고 있었다. 아마도 그는 밤새도록 아루마(Arumah)에서 어떻게 복수할 것을 생각하였을 것이다. 그 결과 그는 세겜 성을 파괴하고 그 성민(城民)을 다 죽이려고 결심하였다. 그리하여 전쟁은 다시 이튿날까지 이어지게 된다(42).

아비멜렉은 자신을 추종하는 백성들을 3대로 편성하고 1대는 자신이 친히 지휘하여 성민들이 다 나간 성문을 지켜 다시 나간 자들이 성 안으로 들어오지 못하도록 하고, 두 떼는 밭에 매복하였다가 저들의 노동 현장인 농장, 또는 포도원에서 무차별 학살할 것을 명하였다(44). 이런 살육 행위가 하루 종일 계속된 것을 보면(45), 농민들의 저항도 만만치 않았음을 짐작케 한다.

마침내 세겜 성은 함락되고 백성은 모두 살육(殺戮)되자 아비멜렉은 "그 성을 헐고 소금을 뿌리니라"(45) 한 것을 보아 성은 파괴하여 흔적을 없이하고 그곳에 소금을 뿌려 일체 식물의 생성을 불가능하게 만들었다. 이것은 성경에 처음 나오는 기사로서 다른 데 병행 기사는 없다. 하지만 이는 단지 식물 생장을 불가능하게 초토화한 것뿐 아니라 소금은 언약의 상징인 만큼 저들이 바알브릿(Baal-berith) 신당에서 정치 자금을 지출하여 후원한 곳이기 때문에 언약의 신 바알 전에서의 맹세한 언약을 파괴하였다는 상징적 의미로도 해석하는 것이다(베이커).

어쨌든 아비멜렉의 왕권 수립의 본거지였던 세겜 성은 그들이 세운 가시나무 왕에 의하여 흔적도 없이 사라지고 그를 왕으로 추대하였던 세겜 백성들은 남김없이 살육되는 비참한 현장을 보여주는 것이다.

2) 아비멜렉에 의한 세겜 망대(밀로) 백성의 멸망 (45-49)

아비멜렉의 분노는 세겜 성의 파괴로서도 가시지 않고 다시 가시나무의 횡포와 살육은 계속되었다. 그것이 바로 "세겜 망대의 사람들"을 공격하는 일이다. 이들은 곧 "밀로 모든 족속"(6, 20)을 가리킨다. 이 곳은 세겜 성 중에서도 중심을 이루고 높은 망대가 있고 요새화된 곳이며, 또한 세겜인들이 주신으로 섬기는 "엘브릿 신당의 보장(保障)"이 있는 곳이었다.

세겜 성의 파괴 소식을 들은 밀로 족속들은 이 곳을 저들의 유일의 피난처로 생각하고 신(바알)의 가호와 함께 또한 신당 보호의 목적으로 이 곳을 택하여 은신하였다고 생각된다. "엘브릿"은 언약의 신(the god of Berith)이라는 뜻으로 이는 이스라엘의 언어(言語)이며, 가나안의 언어로는 바알브릿(Baal-berith)(4)이다. 그리고 "보장(保障)"(46)은 '은밀한 장소'를 의미하는 요새화된 밀실로 신당의 각종 보물이 감추어져 있는 곳으로 보는 것이다. 이 장소가 남녀 1천 명 가량을 수용할 수 있었다면(49b) 상당히 넓은 곳으로 그 규모를 추측할 수 있을 것이다.

아비멜렉의 세겜 망대 점령을 위한 전략은 불로 소화(燒火)시키는 것이었다. 이런 계획을 세우고 자신이 친히 살몬(Zalmon)산에 오르는

데, 이 산은 짙은 숲의 산으로 나무가 무성한 산을 뜻한다. 아비멜렉은 친히 그 곳으로 가서 도끼로 나무를 찍어 메고 와서는 이것을 "보장" 밑에 놓아 따르는 자들에게 시범을 보였다. 그러자 저들이 각각 그 지시대로 하니 순식간에 그 망대의 보장을 태워 버릴 만큼의 나무들이 쌓였다. 이러한 행동은 망대 소각을 위한 연료의 공급뿐만 아니라 저들이 지도자의 명을 따라 충성을 다하는가를 시험하는 것이기도 하였다.

이에 산적한 나뭇가지 위에 불을 놓으니 이로 인하여 망대 안에 있던 남녀 대략 일천 명이 소살되고 망대는 파괴되었다(49). 이 잔인하고 흉악한 살인 행위에 대하여 저들이 그렇게 믿던 바알 신은 오직 무심할 뿐으로 저들의 악신 숭배의 허무성을 증명해 줄 뿐이었다. 이같은 아비멜렉의 행동에서 불로 망한다는 예언을 한 요담의 경고가 실현되었음을 보게 된다(20). 이는 장차 그리스도의 왕국을 거절한 자들이 어떻게 심판 받을 것에 대한 하나의 예표라고 볼 수 있다.

4. 아비멜렉의 죽음 (50-57)

마침내 아비멜렉에게 심판의 날이 다가왔다. 아비멜렉은 그것도 모르고 밀로 성 점령 파괴 소화(燒火) 후 그 여세를 몰아 세겜에서 약 18-20km나 떨어진 데베스(Thebez)까지 가서 그 성마저 불태워 버리고자 하였다. 이 곳 사람도 아비멜렉에게 반기를 들고 대항한 것으로 추측한다.

데베 성은 그리 큰 성은 아니더라도 성곽이 원형으로 둘러있어 요새화되었고 그 중앙에는 세겜처럼 높은 망대가 있었다. 성은 이미 함락되었고(50), 그 시민들은 도망하여 망대 안으로 피신하여 문을 잠근 후 망대 옥상으로 올라가서 돌 같은 것을 던지며 대항하였다.

한편 아비멜렉은 데베스 역시 밀로 망대처럼 불살라 죽일 전략을 세우고 망대의 문에 가까이 이르렀을 때 한 여인이 맷돌 윗짝을 아비멜렉 머리 위에 내던지자 이것이 머리에 적중하여 두골이 부서졌다. 하지만 즉사하지는 않았고, 아비멜렉은 병기 잡은 소년에게 자신을 죽이라고 하였다. 그 이유는 여인에게 죽는 것을 수치스럽게 생각했기 때문이다(54). 이 미련한 패장은 죽으면서 까지도 그 교만심을 보여주고 있다.

맷돌은 그 당시 음식을 만드는데 생활필수품으로서 어느 가정이나 비치되어 있었고 이것은 저당 잡았을 때도 해지기 전에 돌려보내야 하는 것 중 하나였다. 그 윗짝은 손잡이가 있어 여인이 들기에 더욱 편리한 것이다. 그 당시는 사사들이라 하더라도 무기라곤 아무것도 없었다. 무기는 오직 성령의 능력뿐이었다. 이 여인이 던진 맷돌 윗짝이야말로 삼손의 경우는 나귀 턱뼈이며, 삼갈의 경우는 소 모는 채찍에 해당되는 것이다. 이것은 바로 하나님의 능력의 폭탄이며 심판의 철주였다.

이 장면은 흡사 사울 왕의 죽음과 닮아있다. 그것은 "병기 잡은 자에게 죽여 달라"고 한 것이 동일하다(54, 삼상 31:4). 하지만 다른 점은 아비멜렉은 "여인의 손에 죽는" 수치를 면하려 한 데 비하여, 사울은 그래도 "할례 없는 자에게 죽임 당함을" 수치로 안 것이며, 또 한 가지는 아비멜렉의 경우는 병기 든 자가 죽이라는 명을 받고 즉시 찔러 곧 죽게 한 반면(54), 사울의 경우는 병기 든 자가 감히 두려워 죽이기를 즐겨하지 않아 사울이 자결한 것이다(삼상 31:4b). 전자에 비하여 후자의 경우는 그래도 군신 간의 의리와 명예 존중에 있어서 생각의 차이를 볼 수 있다.

아비멜렉은 죽을 때까지도 회개는커녕 여인의 손에 죽는 것을 수치로 여겨 자신의 오만한 왕으로서의 체면을 유지하려 하였지만 이 이름 모를 여인의 맷돌이야말로 하나님이 보내신 의의 병기이기 때문에 이 여인의 업적을 찬양하는 기사가 사사기 기자에 의하여 영원히 빛나고 있는 것이다.

아비멜렉의 죽음으로 "이스라엘 사람들이 . . . 각각 자기 처소로 떠나갔더라"(55) 하였는데, 여기서 말하는 "이스라엘 사람"은 아비멜렉 휘하 군사를 의미하는바 이들은 아마도 크게 자성하면서 각각 귀가하였으리라 생각된다.

이로써 희대의 폭군인 가시나무 왕은 비참한 최후를 맞았고, 그의 정부는 와해되었으며, 군대는 해산되었고, 이를 옹립하여 세속 왕권을 세웠던 세겜을 비롯한 주변 제성 사람들은 반란을 일으켰다가 전멸하고 말았다.

결 론

소란하던 도성이 무너지고 악역의 주모자가 피살되자 조용해진 순간에 하늘의 재판장의 은은한 음성이 들려왔다. "아비멜렉이 그 형제 칠십 인을 죽여 자기 아비에게 행한 악을 하나님이 이같이 갚으셨고 또 세겜 사람들의 모든 악을 하나님이 그들의 머리에 갚으셨으니 여룹바알의 아들 요담의 저주가 그들에게 응하니라"(56-57).

교황 보니파키우스(Bonipakius)의 비문에 새겨진 구절은 세겜의 가시나무 왕에게 적절하다고 볼 수 있다. "그는 이리처럼 세상에 들어왔고, 사자처럼 군림하고, 개처럼 죽었다."(트랩).

오, 기드온의 불행한 아들이여! 그는 아마도 기드온의 큰 기도의 자식이었을 것이고, 경건한 신앙의 본을 받아 자랐을 것이며, 분명히 확실한 신앙의 특권을 지닌 아들이었을 것이련만 그의 전 생애를 통하여 신앙은 그림자도 찾아 볼 수가 없고, 죽을 때도 돌연 급사로 인하여 회개할 기회도 없이 지상에서 사라졌다.

인간은 누구나 오랜 병상에서 고생하다 죽기를 바라지는 않지만 그래도 병상 위에 자비의 손길이 놓여지고 위대한 재판장 앞으로 나아오라는 소환을 받아 과거의 모든 악행을 회개하고 모든 죄를 깨끗하게 하시는 피를 피난처로 삼는 기회쯤은 주어졌으면 . . . 하는 바람이다 (베이커 주석, 필자 자유 인용).

이스라엘의 곤고와 여호와의 근심

사사기 10:1-18

사사 활동의 마지막 단계로 들어가는 10장에서 핵심을 이루고 있는 구절이 있다면 바로 16절이다. 즉 "여호와께서 이스라엘의 곤고를 인하여 마음에 근심하시니라"라는 말씀이다.

기드온의 아들 아비멜렉의 내란 이후 돌라와 야일에 의한 45년간의 평화의 시대가 있었지만 그후 이스라엘의 범죄가 다시 재개되어 그 정도가 극심하자 저들이 "여호와께 부르짖어 가로되"(10)라고 하여, 회개하면서 구원을 호소하였음에도 불구하고 여호와께서는 구원의 손을 선뜻 내밀지를 않으셨다. 하지만 여호와께서는 "이스라엘의 곤고를 인하여 마음에 근심하시니라"(16)는 것이다. 이 사실이야말로 탕자의 다리를 걷어 올리고 초달을 치면서도 아들 때문에 가슴이 아픈 아버지의 심정과 같은 것이다. 이 근심 때문에 이스라엘은 버림을 받지 않았으며 그 대비책으로 저 유명한 사사 입다의 출현을 보게 되는 것이다(11장).

본장의 구성은 이러한 곤고한 날이 오기 전에 소 사사 돌라와 야일에 의하여 45년간의 평화시대가 있음을 보여주었다(1-5).

오늘은 이상의 사실들을 차례대로 생각하여 하나님의 은혜를 같이 바라기로 하는 바이다.

1. 소 사사들에 의한 평화 시대 (1-5)

이스라엘의 사사 12명 중에 이른바 소 사사가 5명이 있다. 혹은 삼갈을 합하여(3:36), 6명으로 생각하는 학자들도 있기는 하다. 그 중 두 분이 본장 서두에 나오는 돌라와 야일이며, 나머지 세 명은 12장 8-15절에 나오는 입산과 엘론과 압돈이다.

여기서 소 사사(the minor Judges)라는 것은 그 인물이 출중치 못하다는 뜻이 아니라 그들에 관한 기사(記事)의 양이 적다는 것으로, 이는 마치 12소선지와 같은 경우라고 생각할 수 있다.

1) 사사 돌라 (1-2)

"아비멜렉의 후에 잇사갈 사람 도도의 손자 부아의 아들 돌라가 일어나서 이스라엘을 구원하니라 그가 에브라임 산지 사밀에 거하여 이스라엘의 사사가 된 지 이십삼 년 만에 죽으매 사밀에 장사되었더라"(1-2).

이상에서 보는바 "돌라"는 그의 23년간이라는 긴 활동 기간에 비하여 단 두 절로 그의 생애에 대한 기록을 남기고 있을 뿐이다. 즉 그의 가계, 거주지, 직책, 활동 기간 및 매장지 외에 다른 기록을 없는 것이다.

그 중 돌라(Tola) 사사의 가계, 즉 족보가 비교적 자세히 기록되어 있다. "잇사갈 사람 도도의 손자 부아의 아들 돌라 . . . 그가 에브라임 산지 사밀에 거하여"라고 하였다. 먼저 "잇사갈 사람"이라고 하였는데, 창세기 46장 13절에서는 "잇사갈의 아들 곧 돌라와"라고 하였고, 민수기 26장 23절에서도 역시 "잇사갈 자손은 그 종족대로 이러하니 돌라에게서 난 돌라 가족과"라고 하여, 창세기 기사와 일치되고 있으나 본문에 경우는 "잇사갈 사람 도도의 손자 부아의 아들 돌라"라고 하여 도도의 증손자로 되어 있음을 보아 본문의 기록이 더 자세하게 기록되어 있지마는 이것은 "잇사갈 지파에 속하는 돌라"라고 봄이 타당성이 있다고 할 수 있다. 그러므로 창세기에 기록된 돌라와는 동명이인(同名異人)임을 알게 된다.

그의 '업적'에 대하여는 "돌라가 일어나서 이스라엘을 구원하니라"(1b)라고 극히 짧게 기록되어 있다. 하지만 이 구절을 설명하기 위해서 여러 견해가 등장한다. 로제뮬러(Rosemuller)의 해석에 의하면 돌라 시대에도 무수히 많은 이방인들의 압제가 있었으나 돌라가 이들을 물리치고 구원하였다라고 주장한다.

이에 반하여 학자들 중에는 돌라는 옷니엘, 에훗, 드보라, 기드온의 경우처럼 외적이 침략해 오는 것 같은 난세의 영웅으로서 이들을 물리치고 이스라엘을 구원한 것이 아니라 백성들로 하여금 우상 숭배를 멀리하고 하나님을 잘 섬기도록 지도하고 또한 사사의 특징인 재판 업무를 잘하여 사회 안정과 민심의 평정을 가져온 것으로 외적들의 침략도 없어 23년의 평화시대를 가져온 것이 "이스라엘의 구원"이라고 해석하는 학자들이 많다.

말하자면 아비멜렉의 실정 이후 어지러운 나라를 정돈하고 무너진 여호와의 제단을 다시 일으켜 신앙부흥을 일으킴으로 국가와 사회가 안정되니 외적의 침략도 없었다는 것이 돌라의 업적이며, 이것이 "이스라엘을 구원한 것"이라고 봄이 정당한 해석이라 할 것이다.

이에 대하여 메튜 헨리(Matthew Henry)는 평화롭고 조용한 시대에는 별로 큰 사건이 없어서 성경 기자도 이 부분은 간단하게 언급하였다고 해석한다.

그의 거주지에 대하여는 "에브라임 산지 사밀에 거하여"(1b)라고 하였는데, 그가 잇사갈 지파 출신이면서 에브라임 경내인 "사밀(Shamir)"

에 거한 것은, 그가 사사직을 맡게 되었을 때 그의 관할 범위 내에 중심지역으로 옮기는 것이 편리할 것으로 생각되었기 때문이라고 베이커 주석을 말하였다. 하지만 이 곳은 유다 산지의 사밀과는 다른 지역이다(수 15:48). 그는 이 곳에서 23년을 치리하다가 죽어 역시 사밀에 장사지냈다(2).

사사 돌라는 어떤 출중한 영웅적인 기질을 가진 자 같지는 않지만, 훌륭한 가문 출신으로 23년의 평화시대를 이끌어 온 유능한 사사라 할 수 있다. 여호와께서는 힘차게 흘러내리는 시내도 필요로 하시지만 또한 졸졸 흐르는 개울도 필요로 하신다. 사람들 생각으로는 이 사람 저 사람을 비교하여 우열을 평가하지만 하나님께서 보시기에는 모두가 다 아름다우며 그 시대에는 돌라 같은 인물을 필요로 하셨다고 볼 때 앞서 언급한 대로 소 사사(Minor Judges)란 그 인물이 작다는 것이 아니라 기록한 기사가 적다는 의미로 본다면, 돌라야말로 평화의 사사로서 높이 평가받아 마땅한 인물이란 생각이 든다.

2) 야일 (3-5)

"그 후에 길르앗 사람 야일이 일어나서 이십이 년 동안 이스라엘의 사사가 되니라"(3).

돌라 후에 나타난 야일(Jair)을 돌라와 비교해 보면 각각 공통성과 차이점이 있다.

공통성은 ① 둘 다 같이 소 사사(minor Judges)라는 것으로, 기사 내용이 짧다는 사실이다. ② 그 이름이 둘 다 그의 소속 지파 내에 동명이인이 많아 분별키 어렵다는 것이다. ③ 무엇보다 둘이 다같이 평화시대를 유지해 왔다는 점이 공통성이라 할 수 있다.

그리고 다른 점은 ① 각각 통치한 지역이 다르다는 것이다. 돌라가 요단 서편 본토에 속하는 에브라임 산지에 거하면서 주로 그 이북 지역을 통치한 데 비하여, 야일은 요단 동편 길르앗에 거하면서 주로 므낫세 반지파를 다스렸다는 점이다. ② 현저히 다른 점은 돌라는 가문과 문벌 즉 조상에 대하여 상세히 기록하고 있는데 비하여, 야일의 경우는 족보는 생략하고 자손에 대하여 자세히 보여주고 있다. 전자가 훌륭한 선조의 후손됨에 명예를 존중하고 있는 반면, 후자는 자손의 창성과 부를 자랑하는 현실감을 느끼게 하는 차이점을 볼 수 있다.

앞서 언급한 대로 야일은 본문에 족보를 명시하고 있지 않기 때문에 그 인물에 대하여 잘 알 수가 없다. 성경 몇 곳에 야일이란 이름을 가진 기사가 나온다. 역대상 2장 21-23절에는 야일은 "헤스론과 마길의 딸 사이에서 난 스굽의 아들이라"고 나와 있으며, "길르앗 땅에서 이십삼 성을 소유"하였다고 하였다. 반면에 민수기 32장 40-42절과 신명기 3장 14-15절에서는 야일은 "므낫세의 아들"로 기록되었으며 그 이름을 따서 촌락들의 이름을 하봇야일이라 명명하였다고 기록되어 있다.

이상에서 말하는 야일이 요단 동편에서 아모리 족 등과 싸워 이기고 저들의 성을 취한 것은 사실이나, 본문이 말하는 사사 야일과는 동명이인(同名異人)일 뿐으로 마길의 딸 시대만 하더라도 수백 년 전 사람이므로 "마길의 딸"은 "마길의 자손"이라고 보아야 하며, 또한 "므낫세의 아들"은 므낫세 "지파에 속하는 후손"이라고 보아야 할 것이다.

그러므로 사사 야일도 역시 므낫세 지파 출신이며, 마길의 후손으로 보아야 하며, 또한 길르앗에서 사사로 활동한 것과 성읍을 많이 소유하고 성명(城名)을 하봇야일(Havoth-jair)이라 한 것이 동일하나, 그들의 조상이 이미 갖고 있던 성읍 이름을 그대로 호칭하였다고 보는 것이 가장 정당하다고 볼 수 있다.

야일의 업적에 대하여는 전혀 기록을 남기지 않았다. 전임자 "돌라"

는 그래도 "이스라엘을 구원하니라"(1b)라고 간단한 기록이라도 보이고 있으나, "야일"은 전혀 생략하고 있다. 다만 그의 통치기간이 22년이라고 되어있을 뿐이다(3).

특종 기사가 없는 장기 집권에서 우리가 추상할 것은 야일이야말로 평화시대의 통치자로서 돌라처럼 공정한 재판과 사회적 안정을 가져와서 나라가 태평하니 적들도 감히 침범치 못하였다고 호평을 할 수 있으나, 다음 사생활에서 보면 점수가 많이 깎인다고 생각되기도 한다. 즉 "그에게 아들 삼십이 있어 어린 나귀 삼십을 탔고 성읍 삼십을 두었었는데 그 성들은 길르앗 땅에 있고 오늘까지 하봇야일이라 칭하더라"(4)가 그것이다.

그의 공적 임무의 빈약성을 느끼게 하는 반면, 사적인 가정생활 기록은 풍성한 내용을 제시한다. 추상컨대 30명의 아들이 한 아내에게서 낳았다고 생각할 수는 없으며, 여러 처첩들이 있어 호화로운 생활을 하였다고 볼 수 있다. 이는 기드온 이후 사사들의 생활이 마치 왕자(王者)들의 모습의 일면을 반영하는 것으로, 특히 소 사사들에게서 더 많이 볼 수 있는 현상이다(12:13-14).

30명의 아들이 다 "어린 나귀를 탔고"(4a)라고 한 것을 보면, 그 당시 교통수단은 원근을 막론하고 걸어 다니는 것이 보통인데, 나귀를 탄다는 것은 오늘로 말하면 30아들이 다 자가용을 사용했다는 것 이상의 부유함을 의미한다. 그리고 이 대가족을 수용하기 위하여 30개의 성읍이 있어 각각 한 성읍씩을 차지하고 있었다는 것이다. 그리하여 하나의 가족(家族) 집단촌(集團村)을 이루었기 때문에 이를 하봇야일(Havoth-jair)이라 칭하였는데, 이는 "야일의 동리"라는 뜻이다.

이 명칭은 여기서 처음 사용된 것은 아니며, 본래 마길 시대에 있던 것을 사사 야일에 의해서 다시 사용된 것이라고 본다(민 32:41, 신 3:14).

그의 장지는 가몬(Kamon)이라 하였으나(5), 그 위치는 병행 기사가 없어 잘 알 수 없다.

이상 두 사람의 소 사사의 사적을 마치면서 한마디로 총평을 한다면 이들 때문에 적어도 45년이라는 긴 세월 동안 평화로운 태평성대를 이루었다는 데서 사사로서의 매우 유능하였다는 사실을 추상할 수 있다. 반면에 이 짧은 구절 속에서 종교적인 관심을 전혀 보여주지 못하였다는 사실은 신정국가(神政國家; a theocratic state)를 이끌어야 할 사사의 입장에서 볼 때 매우 유감스런 일이라 할 수 있다.

2. 이스라엘의 범죄와 여호와의 진노 (6-9)

1) 이스라엘 자손의 범죄 (6)

"이스라엘 자손이 다시 여호와의 목전에 악을 행하여 바알들과 아스다롯과 아람의 신들과 시돈의 신들과 모압의 신들과 암몬 자손의 신들과 블레셋 사람의 신들을 섬기고 여호와를 버려 그를 섬기지 아니하므로"(6).

돌라와 야일의 태평시대가 끝나자마자 이스라엘 자손들은 다시 각종 이방신을 섬기게 되었고, 이로 인하여 블레셋과 암몬에 의한 학대가 시작되어 결국 다시 전쟁판이 벌어지게 된다. 말하자면 요순(堯舜)시대가 끝나고 춘추전국(春秋戰國)시대가 다시 열리는 새로운 악순환에 돌입하는 셈이 되었다.

"여호와의 목전에 악을 행하여"(6a)라는 것은 곧 각종 우상 섬김을 뜻하는 바, "바알들과 아스다롯"은 가나안 족의 주신이며(2:11, 13), "아람의 신"은 수리아의 주신인 림몬(Rimmon)이고(왕하 5:18), "시돈의 신"은 바알과 아스다롯이었으며(왕상 18:19), "모압의 신"은 그모스(Chemosh)이며(민 21:29, 왕상 11:5), "암몬의 신"은 밀곰(Milcom; 왕상 11:5), 또는 몰록(Moloch)이다(왕상 11:7). 그리고 "블레셋의 신"은 다곤(Dagon) 신을 지칭한다(삿 16:33).

그들은 창조주 하나님보다 피조물을 더욱 숭배하여 광범위한 우상숭배를 하여 범죄의 도수를 가일층 가중시킨 것이다. 위에서 언급한 7종의 우상 신을 보면, 가나안 땅의 신은 바알과 아스다롯뿐이고, 그 외의 것은 모두가 이스라엘 나라를 둘러싸고 있는 주변 국가의 신들이다. 그렇다면 그 나라의 신을 섬기는 것은 곧 그 나라를 섬겼다는 의미가 함축된 이상, 이런 추상논리에 비춰볼 때 돌라와 야일 시대라는 45년간의 평화 시에는 우상 숭배가 없이 여호와만 섬긴 기간이라고 생각할 수도 있다. 그럴 경우 비록 돌라와 야일 사사의 업적이 생략되었고 특히 종교적 색채가 전혀 보이지 않지만 적어도 평화 유지를 위하여 돌라와 야일이 우상 숭배를 배격하고 여호와 섬김에 본이 되었다는 사실을 간접적으로 알게 해 준다고 볼 수 있다.

그리고 이러한 잡다한 이방신 숭배가 "야일이 죽으매 . . . 이스라엘 자손이 다시 여호와의 목전에 악을 행하여"(6a)라는 것을 보아 한 사람의 위대한 지도자가 나라의 존폐를 좌우할 수 있을 만큼 그 힘이 크다는 사실도 알게 해 준다.

이들은 하나님과 우상을 겸하여 섬겨도 안 되거늘 "여호와를 버려 그를 섬기지 아니하므로"(6b)라고 한 것을 보아 이 시대에 이스라엘의 죄악상이 얼마나 큰 것이었나를 알 수 있다.

생각건대 평화 유지의 지렛대 역할을 하던 야일의 죽음과 함께 주변의 대소 국가들의 우상을 대량 수입하여 섬긴 것을 보면, 그 당시 주변 국가들이 이스라엘에 대한 침략 야욕이 매우 강하게 일어나고 있지 않았나 생각되기도 한다. 마치 조선 말기에 우리나라가 처했던 상황과 비슷한 것이 아닐까라고 . . .

어쨌든 야일 사후(死後) 이스라엘 백성들의 입장은 매우 어려운 상황에 처해 있었음을 알 수 있다.

2) 범죄의 결과 (7-9)

"여호와께서 이스라엘에게 진노하사 블레셋 사람의 손과 암몬 자손의 손에 파시매 그들이 그 해부터 이스라엘 자손을 학대하니 요단 저편 길르앗 아모리 사람의 땅에 거한 이스라엘 자손이 십팔 년 동안 학대를 당하였고"(7-8).

저들이 여호와를 버리고 우상을 섬긴 결과는 여호와의 진노를 일으켜서 다시 블레셋과 암몬 자손에 의한 학대로 인한 곤경에 처하게 된다. 여기서 새로운 압제자로 등장하는 블레셋과 암몬 중, 암몬의 압제는 본장에서부터 12장 7절까지 나오지만, 블레셋의 압제는 13-16장에서 삼손의 역사를 통해 볼 수 있다. 그러므로 6-7절은 암몬의 학대에서 입다 출현의 서론이 되는 동시에 블레셋 압제에서의 삼손 출현의 서론도 된다. 그것은 13장 1절에 삼손 출현 전에 이스라엘의 범죄 상태를 기록하지 않음을 보아도 알 일이다.

여호와께서는 요단 동편에 거하는 암몬 자손을 채찍으로 삼아 범죄한 이스라엘을 징계하였다. 압제 당하는 편은 요단강 동편에 살던 르우벤, 갓, 므낫세 반지파였다. 저들이 사는 요단 동편을 총칭하여 "길르앗"이라 부르며, 본래 아모리 족의 땅인 것을 모세가 점령하고 두 지파 반에게 분배한 지역이다(수 13:8-33).

암몬 족에 의한 학대는 18년간 계속되었고(8), 저들은 요단 동편 땅 즉 트랜스 요르단(Transjordan) 전 지역을 정복하였을 뿐 아니라 요단강을 건너서 에브라임과 베냐민 그리고 유다 지파까지 압제를 가하였다(8-9).

이로 인해 "이스라엘의 곤고가 심하였더라"(9b)라는 것은 2장 15절에서는 "그들의 괴로움이 심하였더라"라고 되어 있다. 이는 범죄의 결과로부터 오는 고통이 견디기 어려울 정도로 심각함을 의미하는 것이다.

3. 이스라엘의 회개와 여호와의 근심 (10-16)

1) 이스라엘의 회개와 여호와의 응답 (10-16)

"이스라엘 자손이 여호와께 부르짖어 가로되 우리가 우리 하나님을 버리고 바알들을 섬김으로 주께 범죄하였나이다"(10).

이상과 같이 암몬 사람들의 억압과 학대는 이스라엘 자손들로 하여금 비탄에 잠기게 하고 죄를 고백하게 하였다. 이것은 심한 곤고 때문에 본능적으로 부르짖는 외침이라기보다도, 그들이 당면한 불행의 원인이 바로 그들 자신들의 죄를 인정하는 마음이 담겨있다고 본다. 그러므로 저들의 부르짖음에는 완전은 아니더라도 어느 정도의 진심이 담겨져 있다고 할 수 있다.

(1) 회개와 회상(回想) (10–13)

이스라엘 자손들의 회개의 부르짖음을 들으신 여호와는 먼저 그들에게 자신들이 받은 은혜를 상기(想起)시킨다(11-12). 그것은 앞서 일곱 개의 우상을 섬긴 죄에 대하여 지적한 바 있지만(6) 이 부분에서는 일곱 번에 걸쳐 이방나라에서 구출 받은 역사적 사실을 상기시켜 가일층 회개의 심도를 높이려 하신다. 여기서 이스라엘의 수적 개념에 있어서 7수를 제시하여 그 상황의 심각성을 보여준다고 할 것이다.

이스라엘이 과거의 위기에서 구출 받은 사건을 열거하면 다음과 같다.

① "애굽 사람과"(출 1-14장), ② "아모리 사람"(민 21:3), ③ "암몬 자손과"(이는 모압 왕 에글론이 암몬과 아말렉 연합군에 암몬이 가담되었다가 에훗 사사가 이를 물리치고 구원한 사실을 의미함; 3:12-13), ④ "블레셋 사람"(삼갈을 통하여 구원받음; 삿 3:31), ⑤ "시돈 사람과"(야빈 휘하에서 이스라엘을 괴롭힌 사실을 지적; 4-5장), ⑥ "아말렉 사람과"(출 17:8), 또는 모압과 같이 미디안을 도와 이스라엘을 침략(6:3), ⑦ "마온 사람", 이는 70인역(LXX)에서는 "미디안"으로 되어 있다. 그렇다면 기드온에 의한 구원(6-7장)을 의미한다.

이들이 너희를 "압제할 때에 너희가 내게 부르짖으므로 내가 너희를 그들의 손에서 구원하였거늘"(12).

사람들은 과거에 받은 은혜는 쉽게 잊어버리고 위급한 일을 다시 만나면 계속 구원을 호소한다. 이는 일곱 번만 구원하였다는 뜻이 아니라 7수는 많은 수를 의미하는 것이다.

전도서 7장 14절에는 "형통한 날에는 기뻐하고 곤고한 날에는 생각하라"라고 하였다. 하지만 사람들은 형통한 날에는 기뻐하나 곤고한 날에는 생각지를 못한다. 곤고한 날에 회개의 기도는 물론 중요하지만 과거 곤고한 날에서 구원받은 사실을 생각하는 것이 중요하다는 사실을 지적하시는 것이다.

예컨대 롯은 아브라함의 은혜를 많이 받은 자이었다. 아버지를 일찍 잃은 롯은 삼촌 아브라함을 따라서 하란에서 나와 가나안 땅에까지 왔으며(창 12:4), 흉년을 만나서 애굽으로 가서 구출 받고 돌아올 때는 많은 재물까지 갖고 왔다(창 13:1). 분가 시에는 거주지 선택을 먼저 했고, 큰 부자가 되어 소돔 성으로 갔다(창 13:10-13). 하지만 롯은 아브라함에 대한 감사는 전혀 없이 전해 오는 소식은 위급한 경우에 구원을 호소하는 절규뿐이었다. 그돌라오멜 침략시에도 그러했고(창 14:14-17), 소돔 고모라 멸망시에도 그러했다(창 19:29).

어쩌면 이 당시 이스라엘 백성의 경우가 바로 이와 같은지 모른다. 저들은 일곱 번이나 사경(死境)에서 여호와의 구원을 받았음에도 불구하고 한 번도 감사는 없고 다만 적침으로 인하여 다급한 경우에 살려달라는 부르짖음뿐이었다.

오늘의 성도들 역시 위급한 경우, 구원을 호소하는 간구는 물론 당연하지만 우리가 과거에 받은바 은혜가 얼마나 큼을 회상하면서 감사하는 생각부터 먼저 해야 한다는 교훈을 오늘 본문에서 배워야 하리라고 굳게 다짐해야 할 것이다.

(2) 경고와 회개 (13–16)

너희가 이미 받은 구원의 은총은 기억하지 못하고 각종 우상을 섬기는 한 "내가 다시는 너희를 구원치 아니하리라"(13) 하시면서 "너희가 나를 버리고 너희가 선택한 신들이 그렇게 좋으면 차라리 그 우상 신들에게 부르짖어 환란에서 구원 받으라"(14)(필자 자유 인용)라고 여호와께서 책망의 경고를 내리셨다.

이러한 위협적인 경고는 즉시 그 효과를 발하였다. 이스라엘 자손은 자신의 범죄를 좀더 심도 있게 인정하면서 "우리가 범죄하였사오니 주의 보시기에 좋은 대로 우리에게 행하시려니와"(15)라고 하였다. 이 말은 우리 죄에 대한 어떤 처분도 달게 받겠다는 것으로 다만 우리의 숙적인 암몬 족속에게서만은 건져 주옵소서라는 의미이다. 이는 "우리가 여호와의 손에 빠지고 내가 사람의 손에 빠지지 않기를 원하노라"(삼하 24:14)라고 한 다윗의 고백과도 같은 것이다(Moore).

그리고 이번의 회개가 10절의 경우보다 더욱 심도 있는 것이라는 증거는 저들 각자가 "자기 가운데서 이방 신들을 제하여 버리고 여호와를 섬기매"(16a)라고 한 것이다. 이는 회개의 합당한 열매를 맺은(마 3:8) 것이기 때문이다.

그제서야 "여호와께서 이스라엘의 곤고를 인하여 마음에 근심하시니라"(16b)라고 하시어 이스라엘이 암몬의 채찍 아래 고통 받음을 인하여 여호와께서 근심하시게 되셨다는 것인데, 여기서 "근심하시니라"의 의미는 "견디지 못하심"(impatient)이다.

이는 아무리 큰 죄인이라도 진정한 회개가 있을 때는 용서하신다는 진리를 여기서 알 수 있는 것이다. 이는 진노 중에 베푸시는 긍휼이다(합 3:2).

4. 이스라엘의 대진(對陣)과 방백들의 모임(17-18)

이제 전쟁은 피할 수 없게 되었다. 그것은 암몬 자손이 이미 모여서 군사를 동원하여 저들이 점령한 길르앗에 진을 쳤기 때문이다(17). 이에 맞서 이스라엘 자손도 군사를 동원하고 역시 길르앗에 있는 미스바(Mizpah)에 진을 치고 암몬 진과 대진하였는데, 이 곳은 라모스 미스바(Ramoth-Mizpah)라고 하여(수 13:26) 흔히 "길르앗 라못"이라 칭하는 곳이다(왕상 4:13, 22:3, 6). 성지(聖地)에는 이 곳 외에 사무엘의 활동무대였던 미스바(삼상 7:5-6)와 다윗이 피신한 모압의 미스바(삼상 22:3) 등이 있어 이 곳과 구별된다.

이스라엘 진에서는 하나의 큰 문제가 생겨 길르앗 백성과 방백들이 비상 소집되었다. 그것은 병사는 모집되어 진지 구성은 하였으나 이를 지휘할 만한 지휘관이 없기 때문에 이 문제를 의논하기 위함이었다. 그간에는 암몬 압제 하에서 군대 조직을 할 수 없었기 때문임을 알 수 있다.

그러므로 전쟁에 총 지휘권을 가진 지휘관을 급모(急募)하게 된 것으로 그 지휘관에 대한 유일한 판단 기준은 암몬 인과 싸워서 이길 수 있는 장군이었다. 그리고 그가 암몬을 이기고 돌아올 경우 길르앗 즉 요단 동편 두 지파 반에 거하는 "모든 거민의 머리가 되리라"(18b)라고 하였는데, 여기서 "머리"는 '장관'을 의미한다(11:6).

이 때에 선발된 자가 바로 11장 1절에 나오는 "길르앗의 큰 용사 입다"이다. 그러므로 입다(Jephthah)의 소명과 활동은 다음 장에 연결되는 것으로 본장을 마감하고 있다.

구국의 용사는 고독하였다

사사기 11:1-40

1. 입다의 출생과 출세 (1-11)

1) 입다의 출생 (1-3)

본장은 "길르앗 사람 큰 용사 입다는"(1a)이라는 연역논리(演繹論理)로 그 서두를 시작하고 있다. 여기서 강조하는 것이 "큰 용사"라는 것이다. 그가 비록 비천한 신분 때문에 출생과 더불어 고난을 면치 못하였으나, 큰 용사의 기질을 갖고 있었기에 이것으로 인하여 마침내 하나님의 부르심을 받아 사사가 되었다는 이유를 지적한다.

그는 길르앗 지방의 출신으로 그의 부친의 이름도 길르앗(Gilead)이었다. 하지만 그 조상 중에 유명한 므낫세의 손자 마길의 아들 길르앗과는 구별되는 동명이인(同名異人)이다. 이는 10장 1절에서 언급한 돌라의 경우와 마찬가지로 유명한 조상의 이름이 그의 후손들에 의해서 반복되었다고 본다.

그는 정처는 물론, 첩도 아닌 기생의 소생이기 때문에 당시 법률상 아버지의 유산을 물려받을 상속권이 없었다. 입다의 아비 길르앗은 정처의 아들들도 있었기 때문에 이들이 장성할 무렵 입다는 출중한 용사의 기질로 두각을 나타내게 되었을 것이며, 그의 형제들은 이것을 시기와 질투의 대상으로 여겼을 것으로 추측한다. 이로써 입다를 이복형제라는 이유로 아버지 기업이 없음을 지적하고 집에서 쫓아냈다(2).

집에서 쫓겨난 입다는 그 인근에 위치한 "돕"(Tob) 땅으로 피하여 갔다. 그러자 "잡류"들이 그에게 몰려 와서 함께 출입하여 그 집단의 우두머리를 삼았다. 생각건대 그의 명문가 출신인 것과 또한 그의 용사적 기질과 아울러 뛰어난 통솔력을 지니고 있었다는 것 등이 잡류들로 하여금 그에게 매료되었을 이유라고 본다.

여기 "잡류"라는 것은 '무익한 사람들'이라는 뜻이지만, 반드시 도덕적으로 타락한 자를 가리키는 것은 아니며, 여기서는 어떤 이유로 생활 안정을 얻지 못하고 유리하는 빈곤층을 지칭한다고 볼 것이다. 이는 자신들의 실정이 입다의 처지와 같기 때문에 동조했을 것으로 생각된다.

이리하여 입다는 잡류들의 집합체의 우두머리가 되었는데, 이를 부정적 견지에서 보면 하나의 도적떼의 괴수라고 볼 수도 있겠지만 사실 입다의 경우는 이스라엘의 적은 이방인이며, 동시에 자국민이라 하더라도 매국노 같은 자들을 습격하여 삶을 유지하며 때를 기다리는 의적과 같은 집단의 지도자라고 호평할 수도 있다고 볼 수 있다.

입다의 이러한 출신 성분과 관련하여 우리가 받을 교훈은 매우 크다. 오늘도 많은 아이들이 세상에 태어나지만 그 중에는 가난한 부모에게 태어나서 출생 즉시 버림 받는 자들이 얼마나 많으며, 나면서부터 장애를 갖고 태어나서 사람 구실을 제대로 못하고 일생을 장애자로 사는 자들은 또한 얼마나 많은가? 이럴 경우 죽다 남은 이런 부류의 사람들은 대개 자포자기하고 또 불량배와 동조하여 남에게 해를 끼치고 인간의 이성과 감정을 저버리고 사회의 해독을 주는 예는 또한 얼마나 많은가? 입다가 만일 그러한 열악한 환경에서 자신의 이성을 잃고 실제로 산적의 우두머리로 끝났다면 후에 길르앗의 왕관을 차지하는 영웅적인 성공을 바랄 수 있었겠는가?

예수님은 한때 나면서 소경된 자를 데리고 와서 "이 사람이 소경으로 난 것이 뉘 죄로 인함이오니이까"라는 물음에 대하여 "이 사람이나 그 부모가 죄를 범한 것이 아니라 그에게서 하나님의 하시는 일을 나타내고자 하심이니라"(요 9:1-3) 하시었다.

오늘 우리는 출신 성분이나 출생시의 환경과 처지를 비관하지 말고 입다처럼 자신의 특징인 장점을 잘 살려 인내한다면 반드시 때가 온다는 사실을 배워야 할 것이다.

2) 입다의 출세 (4-11)

입다가 돕 땅에서 지난 지 얼마 후에 암몬 자손들이 이스라엘을 치려고 길르앗에 진 치고 있을 무렵(10:17), 길르앗의 장로들이 이미 소문이 난 입다의 용맹을 생각하여 그를 데리려 돕 땅으로 가서 "우리가 암몬 자손과 싸우려 하나니 당신은 와서 우리의 장관이 되라"(6)라고 간곡히 요청하였다.

"입다(Jephthah)"라는 뜻이 '열린 자'이듯이 그의 앞에는 마침내 대로가 열리기 시작했다. 말하자면 출세가도(出世街道)의 문이 활짝 열린 것이다. 이것이 길르앗 장로들의 방문 요청이었다.

여기서 우리의 추리를 가능케 하는 것은 적어도 입다가 관여하는 잡류의 집단이 한갓 도적떼에 불과하였다면 그 두목격인 입다를 장로들이 찾아가지는 않았을 것이다. 그것은 하나의 의병(義兵) 집단의 우두머리로 널리 알려졌기 때문에 길르앗의 장로들이 방문 요청을 하였다는 점을 알 수 있다.

7절이 말하는 "장관"은 군사적 지휘관인 "군 총사령관"을 의미하고(수 10:24), 11절에 "머리와 장관"에서의 "머리"는 '정치적 통치자'를 의미하기 때문에, "머리와 장관"이라면 정치와 군사를 모두 총괄하는 말하자면 왕을 삼는다는 것이다. 그러므로 우선 군 총사령관이 되어 출정하여 암몬 자손과 싸울 것이며 싸워 이기면 왕을 삼는다는 것이 저들의 방문 이유였다(8).

생각건대 입다가 그의 아버지 집에서 쫓겨났던 때는 이스라엘 백성들이 각종 우상에 빠져 있을 때라고 보며, 입다가 미움 받은 또 하나의 이유는 그 집안도 모두가 우상을 섬기는데 오직 입다만이 하나님을 경외하였다고 추측한다. 말하자면 이스라엘 역사의 가장 어두운 시기에 참된 빛이 꺼지지 않고 남아 있었다고 볼 수 있다.

이제 18년간에 걸쳐 미디안의 채찍 밑에서 우상 숭배의 잘못을 철저히 회개하고 보니(10, 15-16), 그 형제들은 물론 입다 추방시 이를 묵인하거나 협조한 장로들도 잘못을 뉘우치고 찾아온 것으로 생각된다(베이커).

입다는 이스라엘 군대장관이 되어 달라는 장로들의 요청에 대하여 "너희가 전에 나를 미워하여 내 아버지 집에서 쫓아내지 아니하였느냐 이제 너희가 환난을 당하였다고 어찌하여 내게 왔느냐"(7)고 대답하였다. 이 구절을 보면 입다를 집에서 쫓아낸 직접적인 책임자는 그의 형제들이지만 장로들도 배후에서 조종하였거나 묵인한 사실을 지적하며, 이 사실을 입다가 여기서 거론하는 이유는 원망하는 것이 아니라 그 일에 책임을 묻고 전쟁이 끝난 후 다시 이런 일이 없도록 확인하기 위함이라고 본다.

8절은 여기에 대한 장로들의 대답이며 방문 목적을 제시하는 것이다. 첫째는 "암몬 자손과 싸우게 하려 함이니"이며, 둘째는 싸워 이길 경우 "우리 길르앗 모든 거민의 머리가 되리라"(8)는 것이다. 입다는 9절에서 다시 길르앗 장로들에게 이 사실을 확인하자, 저들은 "여호와는 우리 사이의 증인이시니 당신의 말대로 우리가 반드시 행하리이다"(10)라고 신전(神前) 맹세의 의식을 거쳐 이를 수락하는 확실한 증거를 보였다.

이에 입다는 "장로들과 함께 (길르앗으로) 가니 백성이 그로 자기들의 머리와 장관을 삼은지라"(11a). 이는 온 국민들이 군을 총괄하는 "장관"과 아울러 "머리" 즉 '정치적 통치자'로 추대하게 되었다는 뜻이다. 그러자 입다는 미스바에 가서 이미 암몬 족과 대진하고 있던 병사들에게 "여호와 앞에 고하니라"(11b) 하였으니, 이는 여호와께 맹세하는 자세로 출정 군사들에게 알렸다는 의미인 것이다.

이리하여 도적떼의 괴수로 산간에 은거(隱居)하던 입다는 조국을 위한 구국의 용사로서 일약 대의명분을 지닌 깃발을 휘날리며 높은 군마에 올라 장검을 휘둘러 천병만마(千兵萬馬)를 호령하는 장군이 되었던 것이다.

2. 입다의 평화 협상 (12-28)

입다가 이스라엘 군의 총사령관이 되었다고 즉시 길르앗에 대진 중인 암몬 자손의 도전에 응전하여 싸운 것이 아니라 싸우기 전에 적왕(敵王)에게 먼저 사신을 보내어 평화 협상을 제안하였다. 그것이 바로 이 단락에서(12-28) 보여주는 협상 내용이다.

1) 제1차 협상의 내용 (12-13)

"입다가 암몬 자손의 왕에게 사자를 보내어 이르되 네가 나와 무슨 상관이 있기에 내 땅을 치러 내게 왔느냐"(12).

여기서 입다는 비류 집단의 두목이라는 '이미지'와는 달리 그는 이 순간 길르앗의 지도자다운 신사도를 발휘하여 무조건 무력을 앞세우는 용사의 기질과는 전혀 상관없이 암몬과의 명예로운 협상을 제안하였다. 그리하여 제1차 평화사절을 보내어 도대체 길르앗을 침략하는 저의가 무엇인가에 대한 질문을 했다. "네가 나와 무슨 상관이 있기에 내 땅을 치러 내게 왔느냐" 여기서 입다의 사자는 국가를 대표하는 위치에서 "나" "내 땅"을 이라고 호칭한다. 그리고 또한 이는 입다의 메신저(a messenger)로서의 입다의 입장을 대변하는 의미도 된다.

이 질문에 대한 암몬 왕의 답변은 다음과 같다(13). "이스라엘이 애굽에서 올라올 때에 아르논에서부터 얍복과 요단까지 내 땅을 취한 연고니 이제 그것을 화평히 다시 돌리라"는 것이다. 즉 "아르논"(Arnon)은 모세가 두 지파 반에게 분배한 요단 동부 지역의 남단을 말하며, "얍복"(Yabbok)은 북부 지역에 해당하며, "요단"(Jordan)은 서부 지역을 의미한다. 이는 곧 요단 동편 기업 전체 지역을 반환하라는 것이다. 이것만 반환하면 전쟁 없이 평화롭게 해결한다는 것이 그 답변 요지이다.

2) 제2차 협상의 내용 (14-28)

우선 입다는 다시 사자를 통하여 "이스라엘이 모압 땅과 암몬 자손의 땅을 취하지 아니하였느니라"(15)라고 일단 연역논리(演繹論理)로 이를 부인하고 계속하여 귀납논리(歸納論理)로 자세하게 역사적 사실을 증거로 삼아 설명하였다(16-27).

베이커(Preacher) 주석에서는 입다의 주장에 관하여 그가 이스라엘 백성들의 출애굽 사건에 대한 역사적 사실을 거의 완벽하게 잘 알고 있음을 보아, 그가 돕 땅에 은거하면서 이스라엘 백성에 대한 하나님의 놀라운 사역들을 깊이 묵상하는데 많은 시간을 보냈을 것이라고 해석하였다.

입다의 주장을 요약 설명하면 다음과 같다.

(1) 이스라엘은 언제나 다른 민족을 침략한 적이 없다는 것(16-18)

이스라엘이 출애굽 당시 애굽에서 나와 광야를 지나 가데스(Kades)에 이르렀을 때에 에돔 왕에게 사자를 보내고 모압 왕에게도 사자를 보내어 그 땅의 통과를 요청하였으나 이들이 거절하므로(민 20:14-21), 하는 수 없이 사해 남방으로 우회하여 요단 동편 땅에 이르고 모압 땅도 밟지 않고 그 땅 경계 밖에 있는 아르논(Arnon)에 진을 쳐서 아무런 피해를 주지 않았음을 역설하였다(민 20:14-22, 21:13).

(2) 헤스본 곧 아모리 왕 시혼도 평화 통행 요청을 거절하고 공격해 왔다는 것 (19-23)

시혼(Sihon)은 헤스본(Heshbon)을 수도(首都)로 한 아모리 족속의 왕으로 이들은 평화 통행을 거절했을 뿐 아니라 군대를 동원하여 야하스(Jahaz)에 진 치고 이스라엘을 공격하였다(민 21:21-25, 신 2:26-34).

이때에 하나님 여호와의 도우심으로 아모리 사람의 온 땅 즉 남북으로는 "아르논에서부터 얍복까지와" 동서로는 "광야에서부터 요단까지"(21-22), 모압과 암몬을 제외한 요단 동편 전 지역을 취하였음을 밝히고 있다.

(3) 입다는 이스라엘의 정당한 소유권을 주장하고 암몬의 침략의 부당성을 규탄한다 (24-26)

① 이스라엘 하나님 여호와께서 주신 땅이라는 것(24)

"네 신 그모스가 네게 주어 얻게 한 땅을 네가 얻지 않겠느냐 우리

하나님 여호와께서 우리 앞에서 어떤 사람이든지 쫓아내시면 그 땅을 우리가 얻으리라"(24).

이 말씀은 성경학자들 간에 여러 가지 이견(異見)이 있는 것으로 적어도 두 가지 문제점이 제기된다.

첫째는 "암몬 신의 잘못된 이름"이다. 즉 "네 신 그모스"에서 "그모스"(Chemosh)는 암몬의 신이 아니고 모압의 주신이다. 암몬 신은 '밀곰'(Milcom) 또는 '몰록'(Moloch)이다(참고, 왕상 11:7, 33, 왕하 23:13, 렘 48:7, 13).

이 차이점을 단순히 하나의 오기(誤記)로 돌리기도 하지만(Wycliffe), "그모스" 신은 모압과 더불어 암몬 인도 같이 숭배하였다는 것이다(Studer, Schmid). 하지만 보수적 입장에 선 학자들 중에는 당시 암몬 왕이 모압 사람이었기 때문에 모압의 신을 거론한 것이라고 해석하기도 한다.

둘째는 유일신론(唯一神論)에 관한 문제이다. 즉 24절에 "네 신 그모스가 네게 주어 얻게 한 땅을 네가 얻지 않겠느냐 우리 하나님 여호와께서 우리 앞에서 어떤 사람이든지 쫓아내시면 그 땅을 우리가 얻으리라"에서 "네 신 그모스"와 "우리 하나님 여호와"를 동격으로 본 것이 아닌가 하는 문제이다. 이는 입다의 입장에서 그모스는 헛된 우상숭배에 불과함을 알면서도 이론상 암몬 인의 입장에서 그모스는 국토관리상 최고 지위에 있는 신이라고 믿고 있었기 때문에 그들이 싸워 빼앗은 땅은 그모스가 준 것으로 믿는 것이다. 모압 족속의 기념비(The Moabite Stone)를 보면, 모압의 승리는 그모스의 은혜로 보고 저들의 패전은 그모스의 진노의 탓으로 돌리고 있다. 모압과 암몬은 같은 족속으로 많은 공통성을 갖고 있다. 이것은 모압과 암몬 인들의 잘못된 미신에 불과하다. 다만 하늘과 땅을 주관하시는 신은 여호와 하나님뿐이시다.

그렇다면 우리 하나님 여호와께서 우리 앞에서 어떤 민족이든지 쫓아내신다면 그 땅을 우리가 취하는 것은 당연한 사실이 아니겠느냐는 것이다.

모압과 암몬 땅도 본래는 아낙 자손과 르바임의 땅이던 것을(신 2:10-21) 저들이 빼앗아 자기 소유로 만들었고, 이것을 또한 아모리 족이 빼앗아서 헤스본 왕국을 건설한 것인데, 저들이 가나안을 찾아가는 평화로운 이스라엘을 공격해 옴으로, 하나님의 뜻을 따라서 저들을 이기고 취한 것이 바로 이 땅 길르앗인 만큼 암몬 족이 감히 소유권을 주장함은 부당하다는 논리인 것이다.

② 모압 왕 발락도 길르앗 소유권을 주장하지 않았다(25)

"이제 네가 모압 왕 십볼의 아들 발락보다 나은 것이 있느냐 그가 이스라엘로 더불어 다툰 일이 있었느냐 싸운 일이 있었느냐"(25).

이 말씀은 입다가 길르앗을 비롯한 요단 동편 땅의 소유권에 대하여 역사적인 사실을 들어서 이스라엘의 소유권을 증명하기 위하여 모압 왕 발락의 실례를 들고 있는 것이다.

모압 왕 발락이 이스라엘의 소문을 듣고 발람 선지를 매수하여 이스라엘을 저주하라고 하였으나 이스라엘과 싸우려 하지 않았다. 저주하려 시도한 것은 이스라엘을 두려워하여 왕위를 잃지 않을까 하는 우려에서였다. 그 당시 암몬도 모압과 동조했었다(신 23:4).

이스라엘이 점령한 요단 동부 지역의 상당 부분이 이전에 모압에 속한 것이었음에도 불구하고(민 21:26), 저들은 영토 반환을 요구하지도 않았고 이를 위하여 다투는 영토 분쟁 같은 것을 한 일도 없었다(25b). 그렇다면 "네가 모압 왕 십볼의 아들 발락보다 나은 것이 있느냐"라고 입다는 반문한다. 이처럼 너희 형제인 모압이 영토 반환을 주장한 일이 없다면 너희도 길르앗 땅을 자신의 소유권 주장이나 반환 요구는 하지 않는 것이 당연하거늘, 더구나 300년이나 지난 오늘에 와서 이미 시효가 지난 옛 일을 거론함은 크게 잘못된 일임을 지적하고 있는 것이다(26).

3) 협상의 결과 (27-28)

입다는 이상과 같이 길르앗 땅의 정당한 소유권을 여러 논증을 들어 강력히 주장하고 27절에서는 결론 삼아 다음과 같이 말하고 있다.

"내가 네게 죄를 짓지 아니하였거늘 네가 나를 쳐서 내게 악을 행하고자 하는도다 원컨대 심판하시는 여호와는 오늘날 이스라엘 자손과 암몬 자손의 사이에 판결하시옵소서 하나"(27).

이는 이상의 논증에서 이스라엘이 암몬에게 결코 악을 행함이 없는 정당한 주장을 하였음에도 불구하고 암몬이 우리를 치려함은 곧 이스라엘에 대한 악행임을 단언하는 것이다. 그런 만큼 여호와께서 두 사이에 개입하시어 시비를 판단해 주실 것을 소원하였다. 그 판단은 전쟁을 통하여 내려질 것을 함축하고 있다.

한편 암몬 측은 입다의 평화 협상에 있어서의 최후의 논술은 감동을 받을 만한 것인데도 "암몬 자손의 왕이 입다의 보내어 말한 것을 듣지 아니하였더라"(28)라고 하여 이를 거부함으로써 입다의 모처럼의 평화 협상은 마침내 결렬되고 말았던 것이다.

3. 입다의 서약과 승리 (29-33)

1) 입다의 출정(出征)과 서약 (29-31)

입다의 평화 협상이 암몬 왕의 반대로 결렬되자 이제 전쟁은 피할 수 없게 되었다. 그런 중 출정 직전에 두 가지 사건이 생겼다. 그 하나는 "이에 여호와의 신이 입다에게 임하시니"(29a)라는 것이다. 여호와의 신(the spirit of the Lord)은 여호와의 성령을 뜻하는 것으로 이것이 입다에게 임함으로써 여호와 하나님을 믿는 믿음이 있었음을 증거한다. 또한 입다는 성령을 받음으로 말미암아 사사로서의 소명감과 아울러 이스라엘의 승리를 확신하게 되었다고 볼 수 있다.

이는 옷니엘이나(3:10), 기드온이나(6:34) 그리고 삼손에게(13:25, 14:19, 15:14) 임하신 것같이 입다에게 임한 것이다. 그에게는 본래 용사의 기질이 있었으나(1) 그 위에 성령 충만을 받음으로써 그의 타고난 자연적인 수준 이상으로 들려 올려진 것이다. 이는 입다의 소명이 단순히 이스라엘 장로들에 의한 것이 아니라 여호와 하나님에 의하여 선택되었음을 확증하는 것으로 그 머리에 기름이 부어짐을 의미하는 가장 엄숙한 순간이다. 이로써 입다의 승리가 그의 자연적인 힘이나 재능에 의한 것이 아니라 여호와 하나님의 능력에 의하여 이루어진 것임을 나타내는 것이기도 하였다.

오늘의 교회를 중심한 하나님의 사업은 모두가 성령을 받은 자들의 활동을 통하여서만 이루어질 뿐 여기에 인간적 요소가 개입되어서는 안 된다는 교훈을 우리 모두가 배워야 할 것이다.

입다가 여호와의 성령을 받자 제일 먼저 한 것은 군사를 모집하는 일이었다. " . . . 입다가 길르앗과 므낫세를 지나서 길르앗 미스베에 이르고 길르앗 미스베에서부터 암몬 자손에게로 나아갈 때에"(29b). 이 말씀이 보여주는 순행(巡行)의 목적은 군사를 모집하기 위함이며 그 노정(路程)의 순서는 정확하지 않으나 그는 군사를 모집하여 최종 집결지인 미스베까지 행군을 계속하였다. 이 곳은 이미 모병된 이스라엘 병영(兵營)의 진지(陣地)였음으로(10:11) 여기서 신 · 구 병사가 합류하여 출정하기 위함이었다.

이리하여 군대 정비는 이미 끝났으나 또 한 가지 중요한 사실은 입다의 마음의 준비였다. 그가 이미 성령을 받았음에도 불구하고 아직 확신이 서지 아니하여 그로 인하여 입다의 무모(無謀)한 서원이 이루어진 사건을 기술한다.

"그가 여호와께 서원하여 가로되 주께서 과연 암몬 자손을 내 손에 붙이시면 내가 암몬 자손에게서 평안히 돌아올 때에 누구든지 내 집 문에서 나와서 나를 영접하는 그는 여호와께 돌릴 것이니 내가 그를 번제로 드리겠나이다 하니라"(30-31).

입다가 출정에 앞서 여호와께 서원한 내용은 이번 전투에서 암몬 자손을 나로 하여금 이기도록 해주시면 내가 승리하고 돌아올 때 누구든지 내 집 문전에 나와서 나를 영접하는 자를 여호와께 번제로 드리겠다는 것이다.

우리가 이 문제에 접하여 우선 입다가 왜 이런 서원을 하였을까? 그 이유가 무엇일까를 생각하면 당시 입다가 처한 상황에서 볼 때 어느 정도 이해가 간다. 서원이란 야곱의 경우(창 28:20-22)나 한나의 경우(삼상 1:11) 등 절박한 사정 아래서 행해지는 것이기 때문이다. 이 당시 입다가 비록 길르앗 장로들의 초청과 온 백성의 지지를 받고 무엇보다 성령을 받은 실제적 체험을 갖고 있다 하더라도 기생의 아들로 고향에서 추방되고 돕 땅에서 잡류들을 규합하여 은거 생활을 하던 비천한 자리에서 전쟁이라는 특수 상황 아래서 일거에 이스라엘 군의 장관이 되고 승귀한 지위에 올라 이제는 국가의 운명을 양어깨에 짊어지고 바야흐로 전선으로 향하려는 순간이다. 마치 기드온 사사의 망설임처럼(6:37-40) 좀더 확신을 얻기 위한 최선책으로 생각한 것이 그의 서원의 이유라는 데서 이해가 되기도 한다.

하지만 그 서원의 조건으로 내세운 것 중에서 승리하고 돌아올 때에 " . . . 나를 영접하는 그는 여호와께 돌릴 것이니 내가 그를 번제로 드리겠나이다”(31)가 문제인 것이다. 여기 서원에는 두 가지 잘못이 제기된다.

첫째는 하나님이 주시는 구원이 자신의 가장 좋은 것을 드려야 받을 수 있다고 생각한 것이 잘못이다. 이것은 신학적(神學的)인 문제이다. 이미 여호와께서는 입다를 부르시고 성령을 선물로 주어서 암몬 전쟁에서 승리케 하시기로 되어 있다. 입다는 이런 하나님의 계획과 능력을 믿고 확신을 갖고 전쟁에 나가서 싸우기만 하면 되는 것이다. 그럼에도 불구하고 전쟁에서 이기고 개선할 때 자기 집 문전에서 영접하는 자를 여호와께 드린다는 조건 제시는 오늘의 이신득의(以信得義)의 신앙과 배치되는 것이다. 여호와의 구원은 오직 믿음으로 되는 것일 뿐 나의 가장 좋은 것을 드려야 한다고 생각함은 잘못된 생각임을 알아야 할 것이다.

둘째는 “번제로 드린다”는 것인데, 이것 역시 인신헌공(人身獻供)이라는 점에서 문제가 되는 것으로 논란의 대상이다. 입다가 자기 집 문전에서 나와서 자기를 영접하는 자를 누구로 생각하였을까? 이는 적어도 딸일 가능성이 크다고 우리는 추측할 수 있다. 이 문제에 대한 학자들 간에 논란이 매우 크다. 그러므로 후에 상세히 논하기로 하고 우선 인신헌공은 적국인 암몬 인들이 몰록(Moloch) 신에게 아이를 바치던(레 18:21, 왕하 23:10) 이방 종교의 악습으로서 여호와 신앙에서 보면 큰 죄악이다.

이런 의미에서 입다의 서원에는 많은 문제점을 내포하고 있음을 제시하고 이 문제는 서원 이행 사실에서 좀더 상세히 거론하기로 한다.

2) 입다의 전투와 승리 (32-33)

입다의 사적 중 가장 중요한 것이 암몬 전쟁인데도, 그 전투 장면은 단 두절로 요약하고 있을 뿐이다. 그 이유는 입다는 본래 용사의 기질을 갖고 태어났으며 돕 땅에서도 그 용맹을 이용하여 약탈 행위를 한 것으로 추측하지만, 그는 사실 호전가(好戰家)가 아닌 평화주의자이다. 그것은 암몬인과 싸우기 전에 먼저 평화 협상을 시도한 사실을 보아도 알 일이다. 그리고 실제 암몬인과의 전쟁 상황은 간단히 언급한 기록에서도 나타난다. 적과 싸우는 살벌한 장면을 길게 늘여 놓을 필요성을 느끼지 않는다. 이것을 본서 기자도 고려한 듯하다.

더구나 "여호와께서 그들을 그 손에 붙이시매"(32b)이고 보니 승리는 자명한 일이다. "이에 암몬 자손이 이스라엘 자손 앞에 항복하였더라"(33)라고 간단히 전황을 기록할 뿐이다.

이 말씀 중에는 두 가지 큰 의미가 있다. "아로엘에서부터 민닛(Minnith)에 이르기까지" 20성읍이나 쳤다면 얼마나 큰 전투인가 짐작이 가며, "아벨 그라밈(Abel-ceramim)까지 크게 도륙하니"라는 데서 전투의 규모 여하도 역시 짐작이 가지만 "여호와께서 그들을 그 손에 붙이시매"(32)라고 하여 여호와께 승리의 영광을 돌릴 뿐 입다의 업적은 언급되어 있지 않다.

오늘도 역시 마귀와의 영전에 있어서 우리로 이기게 하시는 분은 여호와시며, 사람들은 어떤 경우도 찬양 받을 대상이 아니라는 점을 배워야 할 것이다.

또 한 가지 중요한 사실은 "암몬 자손이 이스라엘 자손 앞에 항복하였더라"(33b)에서 그 의미는 "크게 엎어졌다"는 것이니, 그들의 교만은 여지없이 꺾이고 그들의 힘은 완전히 분쇄되었다는 것으로서 이는 감히 하나님의 백성을 압제하였던 자에게 돌아갈 응분의 보응이다. 더 나아가 단순한 패배로 끝나지 않고 다시 머리를 들 수 없이 되었다는 것으로 이는 완전 파멸을 의미한다.

4. 입다의 개선(凱旋)과 고독 (34-40)

1) 입다의 개선과 딸의 영접 (34-36)

입다는 하나님의 능력을 힘입어 18년간이나 이스라엘을 학대하던 저 동방의 숙적인 암몬 족을 완전히 격멸하고 승전 장군으로 기세당당하게 미스베로 개선하게 되었다. 생각건대 그가 고향 집으로 향하는 동리의 연도에는 많은 동민들이 도열했을 것이며, 그 가운데로 입다는 높은 군마에 올라 자기 집 문전에 이른 것으로 생각된다.

그 당시 승리자들이 돌아올 때는 여인들이 기쁨의 노래를 부르고 춤을 추며 영접하는 관습이 있었다(삼상 18:6, 출 15:20). 그럴 경우 개선 장군은 저들에게 노획물로 취득한 화려한 붉은 옷을 여인들에게 던져주어 저들을 기쁘게 하였다(삼하 1:24).

그런데 이 순간 여인들의 맨 앞에 서서 "소고를 잡고 춤추며 나와서 영접하는 자"가 있었으니, 바로 입다의 무남독녀(無男獨女) 외동딸이었다(34). "입다가 이를 보고 자기 옷을 찢으며 가로되 슬프다 내 딸이여 너는 나로 참담케 하는 자요 너는 나를 괴롭게 하는 자 중의 하나이로다 내가 여호와를 향하여 입을 열었으니 능히 돌이키지 못하리로다"(35)라고 하였다.

이로써 충천하던 입다의 기세는 참담한 괴로움의 심연(深淵)으로 급전직하(急轉直下) 하는 돌변 상황에 직면하게 되었다. 그 원인이 무엇인가? 이는 입다가 출정에 앞서 행한 서원 내용이 바로 자기 집 문전에서 자기를 환영하는 딸에게 해당되었기 때문이다. 그 당시 맹세한 번제물이 바로 자신의 딸이라는 것이다.

그의 슬픔의 정도는 자신의 "옷을 찢음"으로 표현되었다. 이는 극한 슬픔과 애통을 표시하는 것으로, 미칠 듯이 괴로움을 나타내는 일반적인 행위이다(레 10:6, 창 37:29, 욥 1:20). "너는 나로 참담케 하는 자요"라는 말에 대한 원문의 뜻은 "너는 나를 꺾이게 하고 꺾이게 하는 자로다"이다. 이것을 "무릎을 꿇게 하다"로도 번역하는데 슬픔이 극하여 서 있지를 못하고 넘어지는 것을 의미한다고 한다(베이커). 또 "너는 나를 괴롭게 하는 자 중의 하나이로다"(35b)라는 것은 나를 가장 괴롭게 하던 자는 암몬 족이었지만, 이제 막 거기서 빠져 나오려는 순간인데, 또 다시 딸에게서 그 이상의 고통을 받게 된다는 의미이다.

"내가 여호와를 향하여 입을 열었으니 능히 돌이키지 못하리로다"(35c). 입다는 여기서 슬픔의 원인이 무엇인지 제시한다. 그것은 출정 전에 서원한 사실을 상기시킨다. 서원은 변개하지 못하는 것이 문제라는 것이다(민 30:2, 신 23:21-23, 시 118:14, 18, 66:13-14).

이 기록에 의하면 입다는 출정 전에 강한 책임감을 느낀 나머지 하나님께서 승리를 주신다면 마땅히 보다 더 전적으로 하나님을 사랑하고 그에게 헌신적인 삶을 살아야 한다는 강한 의무감을 느끼고 이런 의지의 표현으로 하나님께 번제를 드리겠다고 한 것이었다. 하지만 그 번제물이 무엇인가를 확정지을 만큼 여념이 없었기 때문에 이것을 전적으로 여호와께 맡긴 것으로 생각한다.

여기서 문제가 되는 것이 입다의 서원 내용이 "번제로 드리겠다"는 것인데(31), 이 문제에 대한 해석은 학자마다 분분하다. 이것이 밝혀지면 입다의 극단적인 슬픔의 내용도 밝혀질 것이다. 31절에 번제물로 지목된 "누구든지"에 대한 해석을 한글 성경에서 보면 입다의 딸이라고 생각할 수 있으나, 그럴 경우 앞서 잠깐 언급한바 있지만 사람을 불태워 제물로 드리는 인신헌공(人身獻供)은 율법이 엄금하고 있기에(레 18:21, 20:2-5, 신 12:31, 18:10), 입다는 이 사실을 잘 알고 있었을 것이며, 더구나 이것은 입다가 싸우는 적국인 암몬 족들이 몰록 우상에게 바치는 행위라고 보면(왕상 11:7), 이 당시 입다가 이런 적국 암몬의 미신적 방법을 취하려 했다면 이해가 안 되는 일이다.

그러므로 "누구든지"로 번역되어 있는 용어를 "무엇이든지"로 해석하여 A.V.는 'anything'으로 번역하고 있어 인신헌공에 반대하고 있다. 이같은 주장에 대하여 지지하는 저명한 학자들이 많이 있다(C.F. Keil & F. Delitzsch, Preacher).

만일 그럴 경우 극한적인 입다의 슬픔과 참담, 또는 괴로움의 내용은 무엇인가라는 문제에 부딪치게 된다. 그것은 단순히 문자적인 해석으로써가 아니라 그 서원의 정신적인 차원에서 "결혼하지 않고 일생 처녀로 성전 봉사에 헌신한다"는 것이다(Kim Chi, Abarb, de Dien). 필자 역시 이 사실을 전제로 하고 남은 본문을 생각하고자 한다.

2) 입다의 딸의 제안과 요청 (26-39a)

아버지의 비통한 슬픔과 괴로운 심정의 이유를 알게 된 입다의 딸은 그것이 출정 전에 맹세 때문이고 그 맹세에서의 번제물이 자신임을 알게 되자, 이 문제에 관하여 다음과 같은 제안을 하였다. "딸이 그에게 이르되 나의 아버지여 아버지께서 여호와를 향하여 입을 여셨으니 아버지 입에서 낸 말씀대로 내게 행하소서 이는 여호와께서 아버지를 위하여 아버지의 대적 암몬 자손에게 원수를 갚으셨음이니이다"(36). 이 말의 요지는 아버지의 서원하신 대로 자신을 제물로 바치라는 것이며, 그 서원 자체의 시비를 논하기 전에 아버지의 그 당시 입장에서는 불가피한 것이며, 아버지는 이 서원에서 힘을 얻어 암몬 자손을 쳐서 원수를 갚고 이스라엘을 구원한 만큼, 주저 없이 그 서약한 대로 갚으라는 제안이었다. 실로 그 아버지의 그 딸이라 할 수 있다.

그런 다음 한 가지 요청을 덧붙이고 있다. "아비에게 또 이르되 이 일만 내게 허락하사 나를 두 달만 용납하소서 내가 나의 동무들과 함께 산에 올라가서 나의 처녀로 죽음을 인하여 애곡하겠나이다"(37).

입다는 이 요청을 받아들여 허락하고 있다(38).

이상 부녀간의 대화에서 서원 문제 중 맹세의 조건인 번제물로 지목된 입다의 딸에 관한 것에 완전 합의를 보게 되었다. 하지만 독자들에게는 아직도 번제물에 대한 문제가 해결되지 못한 상태로 남아 있다.

입다의 딸은 제물이 될 것을 허락하고 자신이 처녀로 죽음을 인하여 애곡하기 위하여 동무들과 함께 산으로 갔다. 그 기간은 두 달 간이었다(37-38). 이 사실에서 두 가지 문제가 생긴다.

하나는 "처녀로 죽음을 인하여"라는 것이다. 여기서는 "처녀"가 강조되었다. 히브리 여성들에 있어서는 아내가 되고 어머니가 되는 것이 가장 큰 소원이었다. 이는 보다 높은 차원인 메시아 사상에 근거하고 있다. 히브리 민족의 가장 큰 소망과 기대는 메시아의 대망이며, 이는 여자에게서 태어나도록 되어있기 때문이다. 그러므로 내가 낳은 아들이 메시아일는지도 모르며, 설혹 메시아가 아니더라도 후에 나타날 메시아의 조상일 수도 있다는 사상이다. 이런 의미에서 아이를 낳지 못하거나 무자한 상태로 죽는 것은 저주로 간주되어 왔다(시 78:63). 여기에 사라와 라헬, 그리고 한나의 애끓는 슬픔이 있으며, 저 유다의 자부 다말이 비상수단으로 출생한 베레스와 세라가 있다(창 38장). 한 걸음 더 나아가서 자녀 생산을 영생관념과도 연관된다. 즉 예수 그리스도로 말미암아 개인 부활사상이 생기기 전 인간의 궁극적 소망인 영생관은 자녀 생산에 있다고 믿었다. 내가 죽은 후 나는 내 자손에게 깃들어 영생한다는 데서 이른바 계대결혼(Levirate marriage)까지 율법으로 제정되어 있었다(룻 4:10, 마 12:18-22).

이런 의미에서 입다는 딸이 결혼을 못하고 평생 처녀로서 그것이 비록 제단 봉사자로 바쳐지는 것이라 하더라도 이는 생명이 끊어지는 고

통과 슬픔으로 알았으며 그의 딸도 결혼을 포기하는 것은 죽어 번제로 드려지는 고통을 감내한 것으로 보는 것이다.

그러므로 "처녀로 죽음을 인하여"(37b)는 "처녀로 살다가 죽음을 인하여"라고 보아야 한다(카일). 그리고 이 사실을 뒷받침하는 것이 "내가 나의 동무들과 함께 산에 올라가서 나의 처녀로 죽음을 위하여 애곡하겠나이다"이다. 어차피 번제물로 죽을 결심을 하였다면, 그가 경애하는 아버지 입다와 함께 단 두 달간이라도 더 아버지와 같이 지내면서 남은 시간을 보냈을 것이 아닌가? 단지 처녀로 죽는 슬픔을 달래기 위하여 두 달간의 애곡은 사리에 맞지 않는다고 본다. 그렇기 때문에 이는 결혼을 포기하고 일생 성전에서 봉사하는 여인으로 살기 위한 준비 기간으로 보는 것이다. 그러므로 그가 산에 간 것은 세상과 떠남을 뜻한다고 보는 것이다(베이커).

3) 입다의 서원 이행과 고독 (39b-40)

"아비가 그 서원한 대로 딸에게 행하니 딸이 남자를 알지 못하고 죽으니라"(39b).

여기서 입다는 서원한 대로 딸로 하여금 일생 결혼을 포기하고 성소에 봉사하는 것으로 서원을 이루었고 입다의 딸도 남자를 알지 못하고 평생 독신으로 영적인 번제물로 주의 제단에 바치는 희생으로 이 문제의 결론을 내리고 있다.

만일 이상의 해석을 무시하고 기어이 입다가 그 딸을 죽여 번제물로 바쳤다면 여러 가지 교리적인 문제가 생기기 마련이다.

우선 하나님은 사람을 죽여 제사 드리는 인신헌공(人身獻供)은 원하지 않기 때문에 그럴 경우 입다는 몰록 우상 숭배자가 되는 것이며, 또한 어떤 방법으로 제사를 드렸을까 추상하더라도 제사 절차도 문제가 된다. 가령 번제는 그 당시 실로에 성막이 있었으므로 실로에 가서 제사를 드렸다면 이를 집행할 제사장이나 그 직에 종사하는 자들이 이 것을 용납하고 시행하였을까, 아니면 이런 합법적인 제사의식을 무시하고 입다가 개인적으로 딸을 살해하여 어떤 방법으로 어디서 번제를 드렸다는 말인가? 만일 그렇게 되었다면 이는 살인죄에 해당되며 하나님은 어떤 방법으로든 이 야만적인 행위를 책하였을 것이다. 유명한 사사 기드온이 에봇을 만들어 자기 성읍 오브라에 둔 것에 대하여도 올무가 되었다라고 그 잘못을 지적하고 있다(8:27). 하지만 입다에 대하여 잘못의 지적이 없으며 히브리서의 신앙의 용사 명단에 어엿이 그 이름이 기록되어 있는 것이다(히 11:32).

끝으로 이것은 성전에서 봉사하는 여인들과 특별한 연관성이 있다고 볼 수 있다. 출애굽기 38장 8절에 물두멍 제작 과정에서 "회막문에서 수종드는 여인들의 거울로 만들었더라"라고 기록되어 있으며, 엘리의 아들들이 회막에서 수종드는 여인을 범한 기록이 있어(삼상 2:22) 이를 뒷받침해 준다.

"이로부터 이스라엘 가운데 규례가 되어 이스라엘 여자들이 해마다 가서 길르앗 사람 입다의 딸을 위하여 나흘씩 애곡하더라"(39b-40). 학자들 중에는 "애곡하더라"라는 히브리어를 "칭송하더라"라고 번역하여 이 사실이 이스라엘의 국민적 행사가 되어 지켜졌는데, 입다의 딸의 죽음을 애곡하기보다는 매년 그 날이 오면 "평생토록 처녀로 살았기 때문에 그녀를 기념하고 이를 축하하였다"라고 해석하는 이도 있다(Preacher, Delitzsch).

그 후 입다의 생활 형편은 과연 어떠하였을까? 물론 그는 이미 약속한 대로 길르앗을 중심한 이스라엘의 머리와 장관이 되어 7년을 통치하였다. 하지만 그는 개선 당일에 되어진 딸과의 관계에서 평생을 고독 속에 눈물지으면서 살았으리라 생각된다.

결 론

세상에는 이른바 비장(悲壯)한 이야기들이 많이 있으나 입다의 관한 것도 실로 비장한 이야기 중 하나이다.

전술한 바와 같이 입다는 기생의 아들로서 가문에서 쫓겨나서 돕 땅에 도망하여 지내다가 하나님의 부르심을 받아 18년간의 암몬의 압제에서 이스라엘을 구원하고 7년간 권좌에 올라 이스라엘을 다스리는 영광을 누리었다.

하지만 이 업적을 수행하는 과정에서 무남독녀 외동딸을 잃었다. 사사기 기자는 그의 7년간의 통치상황은 아무런 언급을 하지 않고 다만 독자의 상상에 맡기고 있다. 말하자면 그는 돕 땅 도적떼의 괴수에서 갑작스럽게 왕이 되었다. 그가 이처럼 신속히 급변하는 과정에서 그의 유일의 혈족인 딸을 잃은 그 후 그의 삶의 모습을 한 번 상상해 보라!

입다의 사적을 아무리 연구하여도 딸 외에 다른 가족이나 친척이 모습은 보이지 않는다. 그리고 그 유일의 딸마저도 무남독녀였다. 입다는 나라를 구하기 위하여 이 유일의 가족인 딸을 희생하였고, 그의 딸은 자신의 희생으로 아버지를 구했다. 이 급변하는 상황 변화에서 입다는 과연 자신의 표정 관리를 어떻게 하였을까? 그의 머리에는 도적의 두건(頭巾) 대신 왕관이 씌워졌고 그의 몸은 짐승의 가죽옷 대신 화려한 곤룡포(袞龍袍)가 입혀졌다. 하지만 면류관을 쓴 그의 머리 속에는 언제나 그의 딸 생각뿐이었을 것이며, 화려한 왕복의 옷자락은 항시 그 눈에 흐르는 눈물을 닦는 수건이 되었을 것이다.

인간의 행복이란 과연 어디에 있는 것인가? 그는 차라리 화려한 옥좌(玉座)보다도 지난날에 돕 땅에서 그 넓은 평야를 말을 타고 딸과 같이 달리면서 즐기던 그때를 그리워했을는지도 모른다.

끝으로 우리가 생각할 것은 인간은 결코 행복을 누리기 위하여 사는 것은 아니라는 것이다. "사람의 제일 되는 목적은 하나님을 영화롭게 하고 영원토록 그를 즐거워하는 것이라"라고 요리문답에서 단정한다. 입다야말로 하나님의 부름으로 암몬의 압제에서 이스라엘을 구원하라는 사명을 받고 이 의무를 감당키 위하여 딸을 희생하였고, 또한 그의 용감한 딸도 이것을 위하여 자신을 희생한 것이다.

모든 인간은 역시 하나님의 부름 받은 사명이 있으며 그 사명 수행의 의무를 위해서는 모든 것을 희생해야만 한다. 사랑하는 가족도 나의 생명도 모두 바쳐야 하는 경우도 있다. 희생, 또 희생 . . . 인간의 의무는 사랑보다도 더 중하다는 것이다. 이런 의미에서 입다의 사적을 연구함에서 우리는 인생의 참된 가치가 무엇인지를 알게 된다는 점을 잊지 말아야 할 것이다.

명예와 희생

사사기 12:1-15

필자의 어릴 때 초등학교(당시는 보통학교) 교과서 「조선어독본」에 "훈패냐 돈이냐?"라는 제목의 글이 실려 있었다. 그 내용은 다음과 같다. 전쟁에서 승리하고 개선한 장군에게 왕이 그를 맞아 "여기 돈과 훈패(훈장)가 있다. 장군은 둘 중 하나를 택하라"고 하였다. 그 순간 그는 돈을 선택하였다. 이 사실을 본 왕은 크게 실망한 어조로 "그대가 군인이 되어 명예보다 돈을 택함은 옳지 않다"라고 하였다. 그러자 장군은 "제게는 빚이 있습니다. 그 빚을 갚지 못하면 군인으로서 가장 명예롭지 못합니다."라고 하였다. 그 순간 왕은 부드러운 언성으로 "그대의 선택이 옳다. 그러면 돈과 함께 훈패도 주겠노라."라고 하였다는 내용이다. 이처럼 군인에게 명예는 귀중한 것이다.

본문의 내용을 보면, 희생은 없이 명예만 얻으려는 에브라임이 입다가 암몬 족을 물리치고 승리하자 군대까지 동원하여 요단을 건너 입다와 싸우려고 길르앗까지 와서 시비를 일으키자, 입다는 부득이 "형제들 사이의 전쟁"(war between brothers)을 할 수밖에 없었고 이로써 에브라임은 명예는커녕 42,000명의 병사를 잃고 패전의 고배를 마신 사실을 보여준다.

오늘은 이 본문을 근거로 삼아 "명예와 희생"이라는 제목으로 같이 은혜를 나누고자 한다.

1. 에브라임의 희생 없는 명예욕 (1-3)

여기에 희생 없이 명예만 탐하는 하나의 부족이 있다. 바로 에브라임 지파였다. 이들은 입다가 암몬 족과 싸워서 이겼다는 소문을 듣고 군대까지 동원하여 북으로 가서 입다를 만나 두 가지 이유를 들어 시비를 걸어 왔다.

여기서 "북으로 가서"(1a)라는 것은 에브라임에서 길르앗으로 가려면 동북쪽으로 행군함은 사실이며, 숙곳 나루터를 향하여 요단강을 건넜다고 본다. 그 이유는 70인역(LXX)을 비롯한 여러 사본(寫本)에서 "북으로"를 "사본"(Zapon)으로 번역하고 있는데, 사본 성읍이 바로 숙곳 근방으로 언급되어 있기 때문이다(수 13:27).

이런 경로로 에브라임은 요단을 건너 길르앗으로 가서 입다를 만나 암몬 족과의 싸움에서, 자신들을 부르지 않았다는 이유로 "우리가 반드시 불로 너와 네 집을 사르리라"(1b)라고 위협적인 시비를 걸어온 것이다.

이러한 선전포고적인 에브라임에 대하여 입다는 성경에 기록은 없으나 실제 사실인 두 가지 이유를 들어 답변을 하였다.

1) 불러도 구원하지 않았다는 것 (2-3)

"입다가 그들에게 이르되 나와 나의 백성이 암몬 자손과 크게 다툴 때에 내가 너희를 부르되 너희가 나를 그들의 손에서 구원하지 아니한 고로 내가 너희의 구원치 아니하는 것을 보고 내 생명을 돌아보지 아니하고 건너가서 암몬 자손을 쳤더니 여호와께서 그들을 내 손에 붙이셨거늘 너희가 어찌하여 오늘날 내게 올라와서 나로 더불어 싸우고자 하느냐 하고"(2-3).

성경에 기록은 없으나 길르앗이 암몬의 위협을 받을 당시 입다가 길르앗에게 원조를 요청한 것은 사실로서 둘 사이는 이미 알고 있는 일이었다. 그 거절 이유를 허비(Hervey)라는 학자는 입다가 길르앗에서 사사로 임명된 사실에 대하여 에브라임이 주도권을 상실한 데서 생긴 불만이라고 해석하였다.

입다는 에브라임의 거절로 인하여 하는 수 없이 "내 생명을 돌아보지 아니하고" 단독으로 싸운 결과 여호와의 도움으로 승리한 것이어늘 어찌하여 이제 와서 트집을 잡고 군사까지 동원하여 싸우려 하느냐는 것으로 이는 말하자면 의미 없는 생트집에 대한 멋진 반격이라고 볼 수 있다.

이 사실은 노력 없이 명예만 취하려는 길르앗의 상투적인 수단 방법에 불과하다고 할 것이다. 저들은 이미 지난 기드온에 관한 기사에서도 이와 비슷한 사실을 보여주었다(7:24~8:3). 하지만 그 때는 에브라임이 늦게나마 전투에 가담하였고, 어느 정도 공을 세우기도 하였다. 그러나 이번 경우는 암몬 전쟁에 전혀 가담하지 않았으며, 직 간접적으로 아무런 희생도 없었고 공을 세운 일도 없었다. 그러기에 기드온의 경우는 그가 유능한 달변가이기도 하지만 에브라임의 공을 "맏물 포도"라고 극구 칭찬하였던 것이다(8:2-3). 하지만 입다는 솔직담백한 장군으로서 암몬 전쟁에서 아무런 공도 없는 에브라임에 대하여 전혀 칭찬을 하지 않았다. 그것은 당연한 일이었다. 그 결과 기드온은 에브라임을 무마하여 전쟁을 피하였지만 입다는 전쟁을 피할 수 없게 된 것이다.

에브라임은 이처럼 노력 없이 영예만 취하려는 상투적인 불로소득을 노리는 자라고 할 수 있다.

2) 길르앗을 무시한 에브라임의 오만 (4)

"입다가 길르앗 사람을 다 모으고 에브라임과 싸웠더니 길르앗 사람들이 에브라임을 쳐서 파하였으니 이는 에브라임의 말이 너희 길르앗 사람은 본래 에브라임에서 도망한 자로서 에브라임과 므낫세 중에 있다 하였음이라"(4).

본 기사는 길르앗이 에브라임과 싸워야만 할 두 번째 이유를 제시하고 있다. 이 경우에 싸움을 걸어온 자는 물론 에브라임이다. 그들이 사신을 보낸 것이 아니라 병력을 이끌고 사본 나루를 건너 길르앗까지 온 것은 이미 선전포고와 다름이 없는 것이다. 에브라임이 싸움을 걸어온 것이며, 길르앗은 다만 그들의 도전에 대하여 응전하는 길 밖에 없는 것이었다.

사실 길르앗 편에서는 암몬 전쟁이라는 힘겨운 전쟁을 단독으로 치루고 이미 병사들도 다 귀가시킨 후라 다시 전쟁을 한다는 것은 매우 어려운 상황이었으며, 더구나 골육상잔의 피 흘리는 전쟁을 원치 않았음도 짐작이 가는 일이다.

하지만 이 경우에서는 에브라임과 싸울 수밖에 없는 상황인데다가, 길르앗의 입장에서 더더욱 참을 수 없는 것은, 에브라임의 오만불손한 자세 때문이었다. 저들의 주장은 길르앗 사람을 에브라임에서 도망한, 말하자면 찌꺼기 같은 자들이며, 에브라임과 므낫세 중간에 끼어 시세(時勢)에 따라 왔다 갔다 하는 기회주의자라고 혹평을 하였던 것이다(4b).

길르앗은 므낫세 지파에 속하는 한 유수한 가문의 후예로서, 그리 무시당할 족속은 아니다. 하지만 이 미분명한 혹평 속에는 입다가 기생 출신으로 떠돌이 신세에서 같은 떠돌이 집단의 두목이라는 천대에는 참을 수 없는 모욕을 느꼈을 것이다. 이는 어느 정도 사실이지만 사람이란 자신의 약점을 들추어 멸시할 경우 심기가 상하게 됨은 보편적 감정이라 할 수 있는 것이다.

사실 에브라임의 우월성의 근거는 야곱의 축복에서 기인되었다고 할 수 있다. 야곱이 요셉의 두 아들 므낫세와 에브라임을 축복 할 때 요셉의 바람과는 달리 장자인 므낫세에게 왼손을 차자인 에브라임에게 오른손의 축복을 함으로 인하여, 하나의 지파적 우월감이 형성되어 그 후로부터 요셉의 직계 상속자로 생각하며 자신들은 최고의 신분이며 형 지파인 므낫세는 평민이고 길르앗 사람들은 천민으로 간주할 따름이었다.

이처럼 동족 의식이 전혀 없는 에브라임의 모욕적인 도전에 대하여는 입다의 입장에서 보면 크게 분노할 일이었음은 사실이다.

이러한 에브라임의 지파적인 우월성으로 인해서 스스로 전쟁에서 패하고 자멸하는 결과에 이르게 되었던 것이다. 이는 국제 외교상으로나, 동족간 평화 유지에서나, 또한 교회생활에서의 일치, 그 외에 모든 경우에 있어서 평화를 깨는 불씨가 된다는 점을 기억해야 할 것이다.

2. 패전으로 소멸된 명예 (5-7)

길르앗을 무시하는 에브라임 사람들은 기세당당하게 요단을 건너 명예를 얻기 위한 싸움을 시작하였지만, 마침내는 길르앗에게 패하고 패잔병 신세로 요단을 건너 서쪽인 본향으로 도주하기에 이르렀다. 그러므로 명예를 취하려고 일으킨 싸움은 패전으로 끝이 나 그들의 명예는 물거품처럼 소멸되고 말았던 것이다.

이번 전쟁에서 길르앗은 두 가지 전법을 써서 적을 물리쳤다.

1) 요단 나루턱 장악이다 (5a)

"길르앗 사람이 에브라임 사람 앞서 요단 나루턱을 잡아 지키고" (5a).

전쟁에 있어서 강은 전략상 요인이 되는 경우가 허다하다. 강은 본래 타국과의 국경선을 이루는 경계(境界) 표시(標示)가 되지만, 이스라엘의 경우에는 동족간의 동서 구분 역할을 하고 있었다. 이는 두 지파 반이 그 동쪽에 살고 있었기 때문이었다. 에브라임은 므낫세 지파에 속하는 길르앗과 입다를 "에브라임에서 도망한 자"(4b)라고 천시하여 호언장담하면서 싸움을 시작하였지만, 이제는 패전의 고배를 마시고 사본(Zapon) 나루턱에서 요단을 건너 자신들의 땅으로 도망하는 신세가 된 것이다.

이 기회를 틈타서 길르앗의 병사들은 사본 나루턱을 장악하고 요단을 건너려는 에브라임 병사들의 길목을 차단하고 요단강 도하 작전에서 승리를 거두게 된 것이다. 이로써 가장 명예로운 지위를 자랑하던 에브라임은 가장 치욕적인 패전의 불명예를 안고 도망치는 신세가 되고 말았던 것이다.

2) 구음(□音; 사투리)에 의한 구별 (5b-6)

사본(Zapon) 나루턱에 집결된 자들 중에는 길르앗 전쟁에 참여한 군사와 개중에는 사적인 용무로 요단을 건너 서쪽으로 가려는 길르앗의 일반인도 끼어있었을 것이다. 이를 구별하기 위하여 언어(사투리)로 시험하는 기발한 방법을 사용하였던 것이다.

요단을 건너려는 자에게 "십볼렛"(Shiboleth)이라 하라 하면, 길르앗 사람이면 정확히 십볼렛이라 발음하지만 에브라임 병사의 경우는 "씹볼렛"(Siboleth)이라 하였다. 길르앗 사람은 순한 발음을 할 수 있지만 에브라임은 된소리 밖에 말할 수 없었다. 이 사투리가 생사를 가름하는 기준이 되었다. 십볼렛의 뜻은 '시냇물'(stream)이고 씹볼렛은 '무거운 짐'(burden)을 의미한다.

오늘날도 이러한 사투리는 어떤 한 부류에 속한 사람들을 다른 부류에 속한 사람들과 구분 지어주는 기준이 되기도 한다.

이런 이야기가 전해지고 있다. 평양신학교에서 강의 시간마다 먼저 기도로 시작하는데, 대개는 교수가 간단히 기도하지만 때로는 학생을 지명하여 시키기도 한다. 한 교수가 한 학생을 지명하여 기도를 하라 하니, 그 학생이 큰소리로 "뻐근히 고맙고 댓세히 감사하신 하나님 아버지"라고 하니 학생들은 물론 교수까지도 모두 웃었다고 한다. "뻐근히"는 '매우' "댓세히"는 '지극히'라는 평안도 사투리로, 아주 강조하는 된소리로서 타도 사람들은 알지 못하는 구음이다.

여기서 에브라임 사람들은 저들이 그렇게도 천시하던 길르앗 사람이 되고자 무한히 애를 쓰고 "십볼렛"이라고 순한 발음을 내려 하나 자기도 모르게 "씹볼렛"이라는 된 소리를 내고 죽임을 당하는 것이다. 그때에 죽은 자가 "사만 이천 명"이나 되었다(6b).

역시 심판 날에 모든 사람이 생사가 가름되는 순간 마치 염소가 양인 체 하여도 목자는 영락없이 좌우로 구분하게 된다(마 25:31-36). 에브라임 병사가 가짜 길르앗 행세를 하려 하여도 그의 말이 자신을 적발하여 죽게 하였듯이 하나님 앞에서는 거짓 그리스도인이 참 교인 행세를 하려 하여도 자신 스스로가 아님을 증명하게 될 것이다.

십볼렛과 씹볼렛은 흐르는 강과 무거운 짐으로 구별된다. 참 신자는 마치 흐르는 강물처럼 은혜의 생수가 넘치지만 거짓 신자는 죄의 짐을 지고 허덕일 따름이다. "악인은 입술의 허물로 인하여 그물에 걸린다"(잠 12:13)라고 하였다. 모름지기 우리는 우리의 거짓 증거 때문에 스스로 정죄 받는 오늘의 에브라임이 되지 않도록 유의해야 할 것이다.

3. 소 사사들의 생애와 명예 (8-15)

입다가 죽은 후 25년간에 걸쳐 세 사람의 소 사사가 계승하여 통치하였다. 이들이 입산과 엘돈, 그리고 압돈이다.

이들의 공통성은 다같이 소 사사라는 것이다. 거듭 말하지만 소 사사는 인물이 작다는 뜻이 아니라 생애를 기록한 내용의 분량이 적다는 것이다. 또한 셋이 다같이 타국과 전쟁을 한 기록이 없다는 것, 그리고 사사 활동 기간만을 기록하고 있다는 것이 모두 동일하다.

1) 입산 (8-10)

"그의 뒤에는 베들레헴 입산이 이스라엘의 사사이었더라 그가 아들 삼십과 딸 삼십을 두었더니 딸들은 타국으로 시집보내었고 아들들을 위하여는 타국에서 여자 삼십을 데려왔더라 그가 이스라엘 사사가 된 지 칠년이라 입산이 죽으매 베들레헴에 장사되었더라"(8-10).

입산에 대하여는 출생지와 매장지, 가족수, 그리고 통치기간에 대하여서만 보여준다. 그 출생지는 베들레헴이라 하였으나 이 곳이 유다 베들레헴인가, 스불론에 있는 갈릴리 베들레헴인가에 대한 양론이 있으나 후자의 것이 유력하다. 그 근거로는 예수님이 탄생한 베들레헴의 경우는 "유다 베들레헴"(마 2:5) 또는 "베들레헴 에브라다"(미 5:2)로 불리고 있기 때문이다.

그의 사사 통치 기간은 7년이었으며, 그의 장지는 그의 출생지인 베들레헴이었다. 그의 생애의 특기할 만한 기사는 60자녀를 두었다는 것이며, 또한 딸 30을 타국으로 시집보내고 아들 30을 위하여 타국에서 자부를 맞아 그 많은 자녀를 모두 국제결혼을 시켰다는 것이다. 그가 가령 20세에 장가를 갔다면 80이 될 때까지 매년 한 명씩 자녀를 낳았다는 계산이 나온다. 물론 이는 여러 처첩의 소생일 것이지만, 그러기에 일부다처 역서 비성서적임을 알게 된다. 이 사실을 입다와 비교하면 입다는 단 한 명의 외동딸을 하나님의 제단에 드리고 홀로 외롭게 산 데 비하여 입산은 60남매를 한 사람도 하나님의 뜻대로 성혼시키지 못하고 모두 이방혼사를 하여 이스라엘 혈통의 순수성을 지키지 못한 자이다.

하지만 구태여 입산의 장점을 지적하자면 7년 통치 기간에 전쟁이 없었다는 것으로, 이런 평화시대의 유지는 입다의 영향력도 크다고 할 것이지만, 아마도 입산의 국제결혼을 통한 외교정책에 의한 것이 아닌가 생각되기도 한다. 즉 정략결혼에 의한 잠정적 평화가 아닌가 말이다.

인간이 세상에 태어나서 결혼하여 60명의 자녀를 낳아 모두 국제결혼을 시키고 7년간 공직에 종사하다가 죽었다는 입산의 이력서는 우리가 본받을 것은 별로 없다고 본다. 다만 7년간을 전쟁 없이 지냈다는 데는 그 나름대로 평화 유지의 사사로서의 통치력을 상상해 볼 뿐이라 생각된다.

2) 엘론 (11-12)

"그의 뒤에는 스불론 사람 엘론이 이스라엘의 사사가 되어 십 년 동안 이스라엘을 다스렸더라 스불론 사람 엘론이 죽으매 스불론 땅 아얄론에 장사되었더라"(11-12).

엘론 사사에 대한 기록은 매우 짧다. 다만 출신 지파와 통치 기간 그리고 장지 외에는 아무런 기록이 없다. 그 중 통치 기간은 10년으로 (11) 3명 중 가장 길다. 그렇다고 이것이 엘론의 업적이라고 증거할 아무런 이유도 제시하고 있지 않다. 하여간 평온무사한 생활 모습을 보여주며, 죽은 후 그의 향리인 "스불론 땅 아얄론에 장사되었더라"(12) 하였는데, 아얄론(Aijalon)은 엘론(Elon)과 같은 말이다.

생각건대 엘론에 의한 10년의 평화시대는 앞서도 말하였거니와 사사 입다의 영향을 받은 것이 아닌가 추측할 뿐이다. 하지만 10년간의 평화시대를 누림은 엘론의 공적도 전혀 무시할 수는 없다는 생각이 들기도 한다.

3) 압돈 (13-15)

최후의 소 사사인 압돈(Abdon)에 대하여는 지파명은 기록이 없고 다만 "비라돈(Pirathon) 사람 힐렐의 아들"(13)이라고만 기록하였다. 하지만 비라돈이 에브라임 지파에 속하는 세겜 서편 아말렉 사람의 산지에 위치하기 때문에 그가 에브라임 지파임을 알 수 있다.

그의 아비는 힐렐이라 하였으나 성경에 병행(竝行) 기사가 없는 무명인일 뿐이다. 압돈의 통치 기간 8년 중 공직상 특기할 만한 사건은 없어, 역시 평온한 생활이 유지되었으며, 다만 사생활에 있어서 "아들 사십과 손자 삼십이 있어서 어린 나귀 칠십 필을 탔었더라"(14)라고 하여 다산에 의한 자손 창성과 아울러 "70필의 나귀를 탔다"는 말은 앞서 언급한 야일의 경우(10:4)나 바로 전 언급한 입산(12:9)과 비등하다고 볼 수 있다. 이는 지위를 이용한 향락 생활과 부(富)를 말해준다고 할 수도 있다.

그의 장지 역시 그의 향리인 "에브라임 땅 아말렉 사람의 산지 비라돈"(15)이었다.

이상 3명의 소 사사들의 생애는 짧고 평온무사하였고, 그들의 생애에 관해서 언급한 것은 출생지와 장지와 통치 기간뿐이며, 그 통치기간 중 공적으로 특기할 만한 것은 별로 없고, 다만 많은 자녀를 둔 사실과 세상의 부귀를 누리고 있다는 것뿐이다.

하지만 그 많은 자손 중 이름을 남긴 자는 한 사람도 없으며, 그 세 사사 자신들의 이름마저 신앙의 용사들의 명단에 빠져있음에 비하여, 자녀 없이 죽은 입다의 이름은 어엿이 신앙 열전 명단에 기록되어 그 명예를 길이 남기고 있다(히 11:32).

결 론

본장에 기록된 4명의 사사 중 명예로운 이름을 남기고 있는 자는 오로지 입다 한 사람뿐이다. 에브라임 지파는 상투적으로 불로소득으로 명예만을 취하려는 자로서 이를 동물에 비하면 하이에나와 같은 자들이다. 저들은 피 흘리는 전쟁은 피하고 승전 후 그 노획물은 제일 좋은 것으로 취하려는 희생 없는 명예만 취하려다 패전의 불명예를 남긴 자들이다.

그리고 입다 후에 그의 뒤를 이어 승계한 세 사람의 소 사사 역시 불명예스럽다고까지 할 수는 없지만 또한 명예로운 사사라고 칭찬을 받을 만한 위치에 있는 자들은 아니다. 저들은 입다가 생명을 돌아보지 아니하고 암몬 자손과 싸워 획득(獲得)한 평화의 나무에 달린 열매를 따먹으면서 안일무사하게 지내며, 다만 자녀 생산과 이생의 부를 누릴 뿐 아무런 내용 없는 삶을 살다가 죽은 자들일 따름이다.

입다는 위급한 나라를 구하기 위하여 생명을 돌아보지 아니하고 싸웠고, 심지어는 오직 유일의 혈족인 외동딸마저 하나님께 제물로 드렸다. 하지만 입산과 압돈은 수십 명의 자녀와 많은 자손을 두었으나 하나도 하나님의 뜻에 맞게 양육하지를 못하였다. 다만 화려한 무대만 장식해 놓고 내용 없는 연극을 하다가 죽어 향리에 무덤만을 남기고 갔을 뿐이다.

끝으로 우리가 본장을 통하여 기억할 것은 인간에게 세 가지 중요한 것이 있다는 것이다. 즉 출생과 죽음, 그리고 그 사이에 끼어 있는 삶의 모습이다. 입다는 출생과 죽음 사이에서 나라를 구하기 위하여 희생적인 삶을 산 명예로운 사사라면 3명의 소 사사들은 출생과 죽음 사이에서 자녀 생산 외에는 아무런 삶의 내용이 없이 다만 무덤만을 남겼을 뿐이다. 오히려 압돈의 장사의 경우는 입다의 장사 기록보다 더 자세히 기록하고 있다(15).

모름지기 명예란 결코 희생 없이는 주어지지 않는다. 바울 사도는 이에 대하여 다음과 같이 언급하였다. "관제와 같이 벌써 내가 부음이 되고 나의 떠날 기약이 가까왔도다 내가 선한 싸움을 싸우고 나의 달려갈 길을 마치고 믿음을 지켰으니 이제 후로는 나를 위하여 의의 면류관이 예비되었으므로 주 곧 의로우신 재판장이 그날에 내게 주실 것이니 내게만 아니라 주의 나타나심을 사모하는 모든 자에게니라"(딤후 4:6-8).

예수님이 쓰신 관은 가시 면류관이다(마 27:29). "면류관"은 명예이며 "가시"는 희생이다. 가시 면류관은 "희생 없이 영광이 없다"는 의미이다.

모름지기 인간의 삶의 가치는 출생과 죽음 사이에서 가장 명예롭게 사는 것이다. 그러기 위해서는 각자 자신의 모든 것을 희생함으로써만 그 목적을 달성할 수 있다는 것이다. 희생 또 희생! 이것이야말로 인간의 존엄한 삶의 내용임을 우리 모두 기억해야 할 것이다.

삼손의 출생

사사기 13:1-25

1. 삼손 사사 출현의 필연성 (1)

"이스라엘 자손이 다시 여호와의 목전에 악을 행하였으므로 여호와께서 그들을 사십 년 동안 블레셋 사람의 손에 붙이시니라"(1).

삼손 사사의 출현 당시에 이스라엘을 둘러싼 정세는 동부 이스라엘은 암몬 족속에 의하여 압제를 받고 있었고, 서부 이스라엘은 블레셋 족속 때문에 위협을 받고 있었다. 이런 와중에서 동부의 암몬 족속은 입다에 의하여 이미 진압되었고, 그 영향을 힘입어 3명의 소 사사가 계속 뒤를 이어 소강상태를 유지하면서 호화 사치의 생활을 자행하며 백성의 모범이 되지 못하고, 오히려 범죄를 가중시키는 결과에 이르자, 이번에는 여호와께서 블레셋 족속을 도구로 사용하여 40년 동안에 걸쳐 압제를 받게 한 것이다.

블레셋(Philistines) 족속은 노아의 아들인 함의 자손으로(창 10:14), 처음에 이들은 지중해 가운데 있는 그레데 섬에서 살다가 라암셋(Raamses) 3세 시대에(B.C. 1200년 경) 애굽에 침입하였으나 실패하고 이스라엘이 출애굽할 무렵에 가나안 땅 서부 해안선으로 침입하여 가장 비옥한 땅인 세펠라(Shephelah) 평야에 정착하였다. 그들은 곧 성벽으로 둘러싸인 성읍들로 요새화하고 이스라엘에 대한 군사적인 침략을 시작하여 무려 40년간이나 괴롭힌 족속이다.

이런 상황에서 동부 암몬 족속 침입시는 사사 입다를, 그리고 동부 블레셋의 압제에서는 삼손을 사사로 세우시려는 여호와의 섭리 아래서 삼손이 출생하게 된 것이다.

삼손의 사역(事役)은 엘리 제사장이 급사했을 무렵부터인 것으로 추측한다. 그러므로 엘리의 사역이 삼손보다 앞선 것으로 생각하는 학자들이 많이 있다. 하지만 그의 사역이 사사기에 기록되지 않고 사무엘서에 기록된 이유는 사무엘이 엘리의 사역직을 즉각 물려받았기 때문이라고 본다.

이상과 같은 위기 상황에서 삼손의 출현은 필연적이라고 생각할 수 있다.

2. 삼손 출생을 위한 수태고시(受胎告示) (2-5)

1) 고시자(告示者)와 수신자(受信者) (2-3a)

"소라 땅에 단 지파의 가족 중 마노아라 이름하는 자가 있더라 그 아내가 잉태하지 못하므로 생산치 못하더니"(2).

삼손의 부모가 거주한 곳은 소라(Zorah) 땅이었다. 소라 땅은 가나안 서남쪽에 있는 작은 성읍으로서 본래는 유다 지파의 영토에 속하였으나 후에 단 지파에게 주어졌다(수 19:41, 대하 11:10). 이 곳은 벧세메스 맞은 편에 있는 소렉(Sorek) 계곡 북편에 위치하고 있으며 예루살렘 서쪽 24km 지점에 있다.

삼손의 가계(家系)는 "단 지파 가족 중 마노아"의 아들인 바, 단 지파는 단일 가족으로 "수함 가족" 하나뿐이었으므로(민 26:42-43), 단 지파에 있어서는 지파와 가족은 사실 같은 말이 된다.

삼손의 아비 마노아(Manoah)는 그 아내가 잉태치 못하여 자녀간 생산이 없고 무자하였다(2a). 성경에는 삼손 외에도 이런 경우가 종종 있다. 예컨대 이삭(창 21:1), 사무엘(삼상 1:20), 세례 요한(눅 1:36) 등이 무자한 상태에서 오래 기다리다가 얻은 아들이며, 이들 모두가 유명한 자들이다.

그런 중 "여호와의 사자가 그 여인에게 나타나시고 그에게 이르시되 보라 네가 본래 잉태하지 못하므로 생산치 못하였으나 이제 잉태하여 아들을 낳으리니"(3)라고 하였다. 즉 수태고시(受胎告示)가 주어진 것이다. 여기서 고시자는 "여호와의 사자"이고, 수신자는 "그 여인" 즉 마노아의 아내이었다. 이러한 축복의 고시는 사라에게(창 17:19), 한나에게(삼상 1:17), 엘리사벳에게(눅 1:13), 그리고 성모 마리아에게(눅 1:31) 고시하신 것과 동일하다(Hervey).

이 사실을 마노아의 아내에게 고시한 자는 여호와의 사자이다. "여호와의 사자"라면 이미 2장 1절에서 지적한 대로 여호와의 천사(the Angel of the Lord)로도 번역되고, 여호와 자신 즉 구약에 나타난 성자 그리스도라는 견해가 압도적이다(창 16:7, 9, 11).

이 경우도 여호와의 사자는 사람의 형상으로 나타나신 그리스도였다(18). 하지만 마노아의 아내는 여호와의 사자를 "하나님의 사람"(6a) 즉 예언자인 줄로만 알았다. 이는 그녀의 착각이었다.

수신자인 마노아의 아내의 이름은 기록되지 않았다. 이는 남성 우위에 관습이 유다에서도 신약시대까지 전승되어 온 것으로 본다.

하지만 본장 전체를 미루어 가장(家長)인 마노아보다 그의 아내가 신앙적 영성이 앞서 있었던 것으로 생각된다. 이 여인이야말로 여호와의 사자의 방문을 직접 받은 소수의 경건한 여인 중 한 사람에 속한 자이다.

2) 고시의 내용 (3b-5)

(1) 아들을 낳을 것 (3b)

“ . . . 그에게 이르시되 보라 네가 본래 잉태하지 못하므로 생산치 못하였으나 이제 잉태하여 아들을 낳으리니”(3b).

고시의 내용은 잉태하여 아들을 낳으리라는 것이다. 명실 공히 수태 고시(受胎告示)였다. 이 메시지를 받은 여인의 마음이 얼마나 기뻤을까 상상이 가고도 남는다. 당시 유대 사회에 있어서 무자를 수치로 아는 것이 하나의 관례로 되어 있었기 때문에 이로써 사라의 고민과(창 16:1-6), 다말의 결심과(창 38:11-18), 리브가와(창 25:19-26), 라헬의 애탐(창 30:1-24)이 있었던 것과 마찬가지로 마노아와 그 아내도 큰 고민 중에서 기도하고 있었을 것이라고 생각된다.

무자를 수치로 아는 근거는 영생관에서 유래된 것이다. 오늘처럼 예수 그리스도로 말미암아 개인의 부활을 통한 영생의 교리가 확립되기 전에 인간의 영생 추구에 대한 해결책으로는 부모의 영이 자녀 속에 들어가서 계속 자손에게 전승되어 영생한다고 믿었기 때문에 무자는 곧 죽음이라고 생각하였던 것에 기인하고 있다고 보는 것이다.

그리고 그보다 더 강한 성경적 근거는 메시아 사상이다. 메시아 사상의 근거는 창세기 3장에 아담과 하와의 범죄와 동시에 주어진 것으로(창 3:15, 20), 그 후부터 메시아가 어느 가정에서 태어날 것인가가 문제이며, 내가 낳은 자식이 메시아일는지도 모르며, 설혹 그렇지 못하더라도 적어도 메시아의 조상이 되어 계속 자손을 낳게 되면 마침내는 메시아에게 연결되는 교량 역할을 한다는 이유 때문에 자녀 생산을 중요시하게 된 것이다. 여기에 심지어는 이른바 계대결혼(Levirate marriage)이라는 신학적 근거까지 생겨났다는 것을 알게 된다.

이런 의미에서 여호와의 사자에게서 수태고시를 받던 마노아의 아내의 기쁨이 얼마나 컸을까 하는 것은 짐작이 가고도 남을 일이다.

(2) 출산에 따른 금기(禁忌) (4–5)

"그러므로 너는 삼가서 포도주와 독주를 마시지 말지며 무릇 부정한 것을 먹지 말지니라"(4).

고시 내용의 둘째는 이른바 태교(胎敎)에 관한 문제이다. 이 여인에게 있어서 태교의 필요성을 강조하는 이유는, 잉태 중의 아이가 보통인이 아니고 나실인(Nazirite)이기 때문이다. 그러므로 나실인을 잉태하고 있는 이상 이 여인은 나실인 차원에서 특히 식생활에 있어서 포도주나 독주를 마시지 말며 부정한 음식을 금하여 나실인을 잉태한 자로서 나실인의 생활 규례(민 6:1-4)를 지키라는 것이었다.

오늘도 역시 태교는 성서적이며, 모든 산모(産母)들은 술과 담배는 물론 태아에 유해한 식물을 먹지 말며 모든 기거동작과 사고방식을 나실인적 차원에서 행한다면 필시 나실인 같은 아들을 생산하게 될 것이라 생각한다.

(3) 산아(産兒)에 관한 지시 (5)

" . . . 그 머리에 삭도를 대지 말라 이 아이는 태에서 나옴으로부터 하나님께 바치운 나실인이 됨이라 그가 블레셋 사람의 손에서 이스라엘을 구원하기 시작하리라"(5).

이 구절 안에는 세 가지 중요한 의미가 함축되어 있다. 첫째, 산아(産兒)에 대한 금기(禁忌), 둘째는 산아의 신분(身分), 셋째는 산아의 사명 등이다.

산아에 대한 금기로는 "그 머리에 삭도를 대지 말라"는 것이며(5a),

산아의 신분은 "이 아이는 태에서 나옴으로부터 하나님께 바치운 나실인이 됨이라"(5b), 즉 나실인의 신분을 갖고 출생한다는 것이다. 나실인(Nazirite)의 의미는 "바침이 되었다"(consecrated)라는 뜻으로 나실인의 규례는 민수기 6장에 상세히 기록되어 있다(졸저; 구약설교전집 민수기 pp.64-75 참조). 거기에 의하면 나실인의 성별기간은 일시적인 것과 항구적인 것이 있는데, 일시적인 시행 실례는 사도 바울이 있을 뿐이며(행 18:18), 항구적인 경우는 3명이 거론되는데, 즉 본장의 삼손을 비롯하여, 사무엘(삼상 1:28) 그리고 세례 요한(눅 1:15) 등이다. 삼손은 "태에서 남으로부터" 나실인이 된 자이다.

나실인의 금기(禁忌)조항(條項)으로는 세 가지가 기록되어 있는바 ① 포도주와 독주 금지(민 6:3-4), ② 삭발 금지(5, 민 6:3-4), ③ 시체 접촉 금지(민 6:6-12) 등인데, 삼손의 경우는 "그 머리에 삭도를 대지 말라"(5a)라는 것만 기술하였다. 그 이유는 후에 삼손이 실패 요인이 된 것이 머리털을 깎이운 것이 문제가 된 것이었기에 이 면을 강조하기 위함인가 생각된다. 사실 그는 시체 접촉 금지 규례는 어기었다. 죽은 사자의 시체에서 나온 꿀을 먹고 이 사실을 수수께끼로 블레셋 청년들에게 제시한 일도 있다(14:8-9). 하지만 그것을 문제로 삼지는 않았다.

나실인의 3대 금기 이유는 "포도주와 독주의 금지" 경우는 영적으로 항상 깨어 있으라는 것이며, "삭발 금지"는 하나님께 항상 복종한다는 표상이며(고전 11:10), 그리고 "시체 접촉 금지"는 죽음을 가져오는 죄악을 멀리하라는 의미이다(고전 15:56, 롬 6:23).

삼손의 경우는 특히 삭발 금지 조항을 위반한 사실이 그에게 치명적인 실패 요인이 되었음을 앞으로 전개될 그의 사적에서 보게 될 것이다.

그리고 "산아의 사명"은 "그가 블레셋 사람의 손에서 이스라엘을 구원하기 시작하리라"(5c)라는 것이다. 삼손이야말로 이스라엘에 가장 강력한 압제자인 블레셋의 학정에서 이스라엘을 구원하는 사명을 지니고 출생한 자이다. 그는 다른 사사들에 비하여 특이한 점이 많다. 우선 그가 이스라엘이 적의 압제에서 견디다 못해 "백성들이 여호와께 부르짖음"의 결과로 난 자가 아니며, 또한 그는 군사를 모아서 싸우지 않고 단독으로 싸운 것 또한 다르다. 특히 그의 출생에 있어서 모태로부터 나실인 사람이라는 것이 강조되고 있는 점이 또한 그러하다. 대개 위인의 출생 경우 출생 예고와 함께 산아(産兒)의 이름과 그 이름이 의미하는 바를 알리는 것이 통례인데 비하여, 삼손은 그가 나실인임이 먼저 강조되고(5) 후에 삼손이라는 이름이 나온다(24).

삼손의 이름의 뜻은 "강한 자" "봉사자" 등이 있으나, "태양"이라는 것이 가장 유력하다(Jerome, Moore). 이는 죄악으로 어두운 세상에 태양이 비추자 밝게 된다는 의미도 있지만, 그렇게 되기 위해서는 먼저 나실인이 되어야 함이 우선순위이므로 그는 평생을 나실인 규례에 따른 범주(category)에서 살아야만 그의 사명인 블레셋을 이길 수 있다는 데서 그의 이름보다 나실인의 직분이 강조되고 있음을 알아야 할 것이다.

그리고 또 하나의 논란이 되는 것은 "그가 블레셋 사람의 손에서 이스라엘을 구원하기 시작하리라"(5)에서 "구원하기 시작하리라"가 문제인데, 사실 삼손의 생애는 블레셋과의 싸움에서 끝을 낸 자가 아니라 시작한 자에 불과하다. 그 후 블레셋은 사무엘에 의하여 에벤에셀(삼상 7:10-14)에서 패한 후 사무엘 생전에는 다시 침략을 못하다가 그가 죽은 후 다시 사울 왕을 거쳐 다윗 시대에 가서야 정복을 당하게 되는 것(삼하 5:17-25)을 보면, 블레셋이야말로 이스라엘의 최대의 강적이었다.

삼손은 이 족속을 물리치시려는 여호와의 섭리 아래서 태어난 나실인으로의 사명을 지닌 자임이 본장에서 강조되고 있는 것이다.

3. 삼손을 출산한 가정 (6-23)

1) 이상적인 모범 가정

삼손을 출산한 마노아의 가정은 성경에 나타난 이상적인 가정 중에 손꼽히는 모범 가정이라 할 수 있다. 그 이유는 다음과 같다.

(1) 일부일처의 가정이다.

신 구약 성경에서 모범 가정은 구약에서는 노아의 가정과 이삭의 가정이며, 신약에서는 브리스길라와 아굴라의 가정을 꼽는다. 그 이유는 가정 조직상 가장 중요한 결혼에서 일부일처라는 것이 그 이유이다. 이 면에 있어서는 아브라함도 실패하였고, 야곱도 네 아내 때문에 그 가정이 평화롭지 못하였다. 그리고 다윗, 솔로몬 등 모두 이 면에 약점을 지니고 있는 것이다. 사무엘의 부모의 경우도 그의 모친 한나는 경건하였으나 그의 아버지 엘가나는 두 아내 사이에서 불경건한 생활을 한 자이다(삼상 1:1-2). 더구나 바로 전장(前章)에서 보여준 소 사사 입산과 압돈의 경우는 다산에 따른 다처(多妻)로 인하여 그 가정은 물론 문란한 사회가 된 상황에 비하여, 마노아는 경건한 아내와 같이 일부일처의 모범 가정을 이루고 있었다.

(2) 경건한 신앙인의 가정이다.

본문에 의하면 부부가 다같이 경건한 신앙인이었다. 어느 면에서는 남편인 마노아보다 이름도 없는 그의 아내가 신앙면에서 더 우위에 있는 듯이 생각된다. 그것은 여호와의 사자가 두 번이나 마노아보다 그의 아내에게 나타난 사실로 미루어 추상된다. 하지만 아내는 수태고시 그대로를 남편에게 알렸고, 남편 마노아는 그 말을 믿고 의심하지 않았다. 이들이야말로 신약에 있어서 브리스길라와 아굴라 부부처럼 부부가 같이 신앙의 균형을 이루고 있는 경건한 가정이다. 성경에는 이런 부부가 쉽지 않을 뿐더러 더구나 오늘의 우리 시대에도 짝 믿음으로 인해 고민하는 경우가 허다하기 때문에 마노아의 가정의 경건한 신앙이 흠모될 뿐이다.

(3) 평화로운 가정이다(6–7).

마노아의 가정의 평화 유지는 부부간 비밀이 없다는 것이다. 여인은 여호와의 사자의 고시를 듣자 곧 바로 남편에게 가서 그가 받은바 고시 사실을 유루 없이 다 알리었다. 이 여인에게서는 결코 남편에 비하여 신앙상 우위에 있음을 과시하는 모습도 안 보이며, 또한 남편 마노아 역시 아내의 전하는 말을 의심하거나 열등의식을 느낀 흔적이 없다.

예나 지금이나 부부간 평화 유지의 비결은 상호 존중하며, 아무런 비밀 없이 대화하는 것임을 알게 해준다. 그러므로 부부간 화평을 깨는 요인은 서로 숨기고 또한 상대를 무시하는 대화의 단절이 그 원인임을 알아야 할 것이다.

2) 기도하는 가정 (8-14)

아내의 전하는 수태고시에 대한 소식을 들은 마노아는 먼저 하나님께 기도를 드리었다. 그 기도의 내용은 "주의 보내셨던 하나님의 사람을 우리에게 다시 임하게 하사"(8a)라는 것이다. 그 이유는 아내의 말을 의심하고 직접 확인하려는 것이 아니라, 낳을 아기에 양육 문제에 대하여 물어보기 위함이었다. " . . . 그로 우리가 그 낳을 아이에게 어떻게 행할 것을 우리에게 가르치게 하소서"(8b)라는 것을 보아 알 수 있다.

특히 이 기도에서 마노아는 "나에게"가 아니라 "우리에게"를 두 번이나 반복한 것을 보아 부부가 같이 양육의 책임을 진다는 의미라고 보아 부부간의 깊은 정을 알게 된다. 이 사실로 미루어 마노아의 가정은 모든 중대한 일에 봉착될 경우 기도로써 그 해결책을 강구한 가정임을 알 수 있다.

마노아의 기도는 즉각 응답되었다. 9절에서 "하나님이 마노아의 목소리를 들으시니라"라고 기록한 사실을 보아 알 일이다. 하지만 마노아에게 직접 하나님의 사자가 나타나지 않고 이번에도 다시 그 아내가 밭에서 일하고 있는 노동 현장에 임하신 것이다. 이로 보아 앞서 말한 대로 신앙적인 영성이 마노아보다 아내가 더 강한 듯하며 또한 자녀 생산과 아울러 양육하는데 더욱 큰 역할 담당의 비중이 아내에게 있기 때문이 아닌가 느껴진다.

여인은 달려와서 이 사실을 남편에게 알리었고 남편 마노아는 듣자마자 즉시 아내를 따라가서 "그에게 묻되 당신이 이 여인에게 말씀하신 사람이니이까"(11)라고 물었다. 여호와의 사자가 "가라사대 그로라"(11b)라고 대답하자, 먼저 아내에게 고시한 수태 예고가 그대로 성취되기를 소원함과 동시에 "이 아이를 어떻게 기르오며 우리가 그에게 어떻게 행하오리이까"(12)라고 그의 기도 내용 중 가장 중요한 산아(產兒)의 양육 문제에 관하여 물었던 것이다.

여기 대하여는 "내가 여인에게 이미 말한바 포도주를 비롯한 모든 주류(酒類)와 기타 부정한 식물(食物) 섭취에 대한 금기 조항을 다 삼가 준수하라"는 사실을 재확인할 뿐이었다. 생각건대 마노아의 입장에서는 아내에게 언급한 외에도 양육 문제에 관한 좀더 구체적 설명이 듣고 싶었다고 생각되며, 아내의 말을 의심하여 확인하려는 것은 아니라고 보이나 여호와의 사자는 이미 지시한 나실인 차원에서의 잉태 중 주의사항만을 반복 확인시켜 줄 뿐이었다.

이상의 사실로 보아 마노아의 가정은 기도하는 가정이며 또한 기도 응답을 받은 가정임을 알 수 있으며, 생각건대 삼손을 잉태함도 무자한 중에서 간절히 드린 기도의 결과가 아닌가 추측된다.

3) 여호와의 사자를 잘 대접한 가정 (15-17)

"마노아가 여호와의 사자에게 말씀하되 구하옵나니 당신은 우리에게 머물러서 우리가 당신을 위하여 염소 새끼 하나를 준비하게 하소서"(15).

마노아는 자기 가정에 좋은 소식을 전하여 준 사자에게 고마운 마음에서 식사 공급을 하고자 하였다. 이 기사를 보아 마노아와 그 아내는 여호와의 사자인 줄 알지 못하고 "하나님의 사람" 즉 예언자로만 알고 있었음이 분명하다. 그리고 그 당시 여호와의 사자의 모습이 마치 길 가는 행인처럼 보였음도 알 수 있다.

이 장면은 흡사 아브라함의 경우와 비슷하다(창 18:1-8). 아브라함은 송아지 요리를 대접하였으나 마노아는 염소 새끼를 잡아 준비하였다. 이러한 식사 메뉴의 차이는 아브라함은 생활이 부유하였고, 마노아는 가난한 농민으로 넉넉지 못하였을 것으로 사료된다.

마노아는 식탁을 준비하고 대접하려 하였으나 사자는 이를 거부하였다(16a). 그 이유는 사람이 아님을 암시하려 한 것으로 생각된다. 그 대신 "번제를 준비하려거든 마땅히 여호와께 드릴지니라"(16b)라고 하였다. 그 이유 역시 "이는 마노아가 여호와의 사자인 줄 알지 못함을 인함이었더라"(16c)이기 때문이다. 준비한 염소 요리를 인간의 식사 방법으로 먹기를 거부하는 대신, 번제로 드리면 받는다는 것으로, 이 또한 자신이 여호와이심을 바로 알기를 바람에서라고 볼 수 있다.

하지만 마노아는 아직도 여호와의 사자를 하나님의 사람 즉 예언자인 줄만 알고 그 이름을 물었다. 그 이유는 이처럼 좋은 소식을 전해준 자에게 고마운 생각에서 아이가 낳을 때 이름과 주소를 기억하였다가 찾아가서 후하게 사례하려는 존숭의 생각으로 물은 것이라고 생각된다(17). "존숭"함의 의미는 후대(厚待)하고 영예(榮譽)를 돌린다는 것이다.

이처럼 마노아의 가정은 하나님의 사자(예언자)를 잘 대접하는 가정이었다. 이는 마치 아브라함이 길 가는 행인을 대접한 것이 천사를 대접한 사실처럼 마노아의 가정은 예언자를 후대한 것이 결국 여호와 하나님 즉 예수 그리스도를 대접함이 된 것이다.

오늘 우리들도 우리 자정의 좋은 소식을 전하여준 자에 대한 후한 접대는 결국 예수 그리스도를 만나는 계기가 된다는 사실을 기억해야 할 것이다.

4) 여호와를 만난 가정 (18-23)

여호와의 사자는 이름을 묻는 마노아에 대하여 "내 이름은 기묘니라"(18)라고 대답하였다. "기묘"라는 뜻은 '절대적이고, 탁월하게, 기이한' 등으로 해석한다. 이 말은 하나님께만 사용되며(Delitzsch), 이사야 6장 6절에서는 예수 그리스도를 예언하면서 그 이름을 "기묘자"라고 하였다.

이 사실로 인하여 마노아와 그 아내에게 나타나신 분이 바로 예수 그리스도임을 확인시키고 계시다. 그 뿐만 아니라 마노아가 반석 위에 번제물과 소제물을 진열하고 여호와께 드리자 사자의 이적으로 단에서 불이 나와 점화되고 "불꽃이 단에서부터 하늘로 올라가는 동시에 여호와의 사자가 단 불꽃 가운데로 좇아 올라간지라"(20)라고 하였다.

이 구절에 대하여는 다소 해설이 필요하다. 번제를 비롯한 모든 제사 행위는 당시 실로(Shiloh)에 설치된 성막에서만 시행하도록 되어있다. 그럼에도 불구하고 마노아의 경우 소라 땅 한 반석 위에서 시행하였다는 데 문제가 있다. 하지만 마노아는 아직 여호와의 사자인 줄을 모르고 있지만, 이는 하나님의 사람의 지시에 따라 번제와 소제물을 드린 것이며, 실제로는 여호와의 명이기 때문에 가능한 것으로 본다. 이는 사마리아 여인이 예수님께 예배 장소에 대하여 물었을 때 예루살렘이건 그리심 산이건 상관없이 예배자는 신령과 진정으로 예배하면 된다(요 4:20-24)는 신학적 교리의 근거가 된다고 볼 수 있다.

그리고 제물을 사른 "불" 역시 하늘에서 내려서 점화된 제단의 불 이외의 것은 제사에 사용 못하도록 되어있다. 하지만 이 경우에서 하나님의 사자가 반석에서 불을 내어 제물을 사른 것 역시 반석은 곧 예수 그리스도를 상징하는 만큼(고전 10:1-4), 이 불은 천화(天火)로서 실로의 제단 위에 불과 동일한 근원의 산물이다.

따라서 여호와의 사자가 "불꽃 가운데로 좇아 올라간 것"은 예수 그리스도의 갈보리 제단의 예표라고 볼 수 있다. 제물의 소화작용이 의미하는 것은 "제물을 받으셨다"는 의미로서 주님의 갈보리 제단의 제사는 모든 제사의 원형으로서 오늘의 성도들이 드리는 예배의 모형이 되는 것이다.

이 때문에 소라 땅에서 드린 마노아의 제단은 실로에서의 헌제와 동일하다고 보는 것이다. 이 장면을 보는 순간 마노아 부부는 비로소 여호와의 사자인 줄을 알고 자동적으로 얼굴을 땅에 대고 엎드려졌던 것이다. 이는 인간으로서 신을 만나는 순간에 따른 본능적인 자세라고 할 수 있다(6:22-23, 사 6:5).

여기서 우리가 기억할 것은 마노아 부부가 여호와의 사자임을 인식하는 데는 여러 과정을 거쳤다는 사실을 알게 된다. 그러므로 여호와께서 인간에게 자신을 나타내심은 여러 단계를 거쳐 현현(顯現)하신다. 그것은 다음과 같다.

① 처음에 사람 모양으로 나타냄(3); 여인은 하나님의 사람으로 인식하였고, 그 용모가 하나님의 사자의 용모 같다고 느낌(6).

② 식사를 거절하고 번제 드리기를 명함(16); 마노아 부부는 아직 여호와 자신임을 느끼지 못함.

③ "내 이름은 기묘니라"(18)라고 자신의 이름을 밝힘; 하지만 아직도 마노아 부부는 인식하지 못함.

④ 단에서 나온 불꽃(19-20); 하나님의 사람이 베푸는 이적이라고 생각함.

⑤ 불꽃 중에 승천(20b); 비로소 여호와의 사자인 줄 알고 부복(俯伏)함.

오늘날 우리도 역시 여호와를 즉시 식별하지 못하고 점진적 신앙 성장 과정을 거치며 적절한 단계에 이르게 될 때 여호와는 우리로 확실히 인식하도록 자기 계시를 하신다는 사실을 배워야 할 것이다.

여호와의 사자라는 사실을 인식한 순간 마노아는 그 아내에게 "하나님을 보았으니 죽으리로다"라고 두려움에 떨었지만 그 아내는 남편을 두 가지 사실을 들어 위로하였다. 첫째는 저들이 드린 번제와 소제를 받으신 사실이며(23a), 둘째는 아들을 낳으리라는 수태고시 사실을 들어 죽음을 당하지 않을 것이라고 하였다(23b).

우리는 여기서 남편보다 나은 아내를 볼 수 있다. 여자는 약하나 신앙면에서는 남자보다 강하다고 할 수 있다. 성경에서는 이런 경우를 종종 보게 된다.

역시 오늘의 한국교회 상태를 보아도 우선 교인수가 남자보다 여자가 많으며, 신앙상 정도 차의 비교에서도 여 성도들이 우위에 있다고 생각된다. 이는 아내에게 끌려서 교회에 나오는 남성의 경우가 많이 있기 때문이다.

마노아의 아내는 비록 성경에 이름도 기록되지 않았으나 확실히 마노아보다 신앙면에서 앞서 있다는 사실, 이는 정확한 판단이라고 볼 수 있다.

4. 삼손의 출생과 영감(靈感) (24-25)

1) 수태고시(受胎告示)대로 출생함 (24a)

"여인이 아들을 낳으매"(24a).

이는 예언이 성취된 사실을 의미하는 것이다. 모든 예언은 마침내 성취되어 예언하신 여호와의 성실성은 증명되기 마련이다. 이로써 이스라엘의 구원자가 출생한 것이다.

2) "삼손" 이라고 명명(命名)함 (24b)

삼손(Samson)의 뜻에 대해서는 여러 가지로 해석하는 학자들이 많이 있다. 요세푸스(Josephus)는 '강한 자' '담대한 자'로 해석하였고, 또 다른 학자는 '봉사한다'(Hervey)라고 해석한다. 하지만 이는 그의 활동과 역사(役事)에 따른 호칭일 뿐이며 실제 어근상으로 보면 '태양과 같은', '작은 태양', 또는 '태양의 영웅' 등 '태양'이라고 주장한 제롬(Jerome)의 주장이 가장 적절하다고 생각된다. 그 이유는 노예의 상태는 밤이기 때문이다. 하지만 자유의 시작은 태양이 떠오르는 새벽이다. 모름지기 삼손 출생 당시는 블레셋에 의하여 억압 받는 긴 밤의 계속이었다. 이제 이런 어두움을 내쫓고 자유를 가져다 줄 태양 같은 삼손이 출현하였음을 바로 그 이름이 증명한다고 보아야 한다. 그러므로 우리는 삼손의 이름에서 인류 역사 진행과정에서 고난의 밤이 깊어지면 반드시 여명의 밝은 해가 떠오르는 아침이 온다는 진리를 배워야 할 것이다.

3) 삼손의 성장과 영감 (25)

"아이가 자라매 여호와께서 그에게 복을 주시더니 소라와 에스다올 사이 마하네단에서 여호와의 신이 비로소 그에게 감동하시니라"(25).

(1) 삼손은 여호와의 축복 가운데서 자랐다.

이는 마치 예수님의 성장 모습처럼 "예수는 그 지혜와 키가 자라가며 하나님과 사람에게 더 사랑스러워 가시더라"(눅 2:52) 그대로 순조롭게 삼손은 성장했을 것이다.

(2) 삼손의 활동 무대는 소라(Zorah)와 에스다올(Estaol), 마하네단(Mahaneh Dan) 등이었다.

특히 "마하네단"은 그가 처음으로 여호와의 신에 감동받은 유명한 고장이다. 그 의미는 "단의 진영"이라는 군사 용어로서 실제 그 후 이 곳은 군사기지가 된 곳이다.

삼손은 이 곳에서 여호와의 신 곧 성령의 감동을 받았다. 이것은 성령께서 그의 속에 내재(內在)하시어 그를 점령하시며 충동하심을 가리킨다(Delitzsch). 특히 "감동"이란 말은 '충동한다' '부추긴다' '밀어붙여 움직이게 한다' 등의 뜻이다. 성령에 감동되면 사람이 원하지 않더라도 그의 일을 할 수밖에 없다.

삼손은 이 곳 마하네단을 본거지로 삼아 그의 사사로서의 활동을 20년간 계속하다가 마침내는 이 곳이 그의 장지가 되었다(16:31).

이런 의미에서 마하네단이야말로 삼손으로서는 결코 잊을 수 없는 활동 무대이며 무엇보다 성령의 감동을 비로소 체험한 곳으로 유명한 지명이 되었다.

오늘 우리 각자들도 현대의 나실인 사람으로서 신앙생활을 하는 과정에서 특히 성령의 감동을 받음으로써 충동을 받아 각자 나름대로 크게 활동하는 마하네단이 있기 마련이다. 바라기는 이 경험을 계속 유지 발전시켜 나가야 할 것이며, 아직도 이런 경험을 가지지 못한 자들은 각자 오늘의 나의 신앙생활에서 부디 마하네단의 삼손의 경험을 체험할 수 있도록 노력해야만 할 것이다.

삼손의 결혼

사사기 14:1-20

모태로부터 나실인으로 출생한 삼손은 경건한 부모인 마노아의 가정에서 순조롭게 양육을 받아 어느덧 결혼 적령기에 도달하였다. 그러므로 본장은 삼손의 결혼 장이다. 하지만 그의 부모가 모범적인 일부일처의 부부애로 말미암아 이상적 가정을 이루고 산 데 비하여 삼손은 결혼부터가 잘못되었고, 그 후도 가사의 기생(16:1-3), 소렉 골짜기의 들릴라(16:4) 등 불륜의 관계를 계속 맺어오다가 결국 이것 때문에 사사로서의 명예로운 승리를 거두지 못하는 비참한 결과를 맺고 있음을 알게 된다.

오늘은 삼손의 결혼을 기록한 본장을 통하여 현금(現今)의 신자로서의 우리들의 결혼관과 이에 따른 여러 가지 교훈을 받고자 한다.

1. 삼손의 결혼관에 따른 부당성 (14)

"삼손이 딤나로 내려가서 거기서 블레셋 딸 중 한 여자를 보고"(1).

삼손이 딤나로 내려간 이유와 목적에 대해서는 학자들 간에 많은 이론(異論)이 제기된다. "딤나"는 본래 유다 지파에게 할당된 영지였으나(수 15:57), 단 지파가 배당 받은 영지가 너무 작다는 데서 딤나를 위시한 다른 촌락까지 단 지파에게 주어진 땅이다(수 19:43). 딤나는 삼손이 살던 소라에서 약 5-6km가량 떨어진 곳에 있는 지역으로 이 때는 이미 블레셋이 점령하고 집단 서식하는 블레셋 인의 거주지였다.

일부 학자들은 삼손이 아무런 이유와 목적도 없이 이방인들이 사는 블레셋의 촌락을 배회하다가 블레셋 여자에게 유혹 당하였다고 이를 부정적으로 보는가 하면, 또 다른 부류는 삼손의 소명이 블레셋에서 이스라엘을 구원할 사명을 지닌 만큼, 그가 장성함에 따라서 그 사명에 대한 자각이 생겨서 적지 답사 형식으로 딤나로 간 것이라고 긍정적 평가를 내리기도 한다.

하지만 결과적으로 보아 삼손이 딤나로 간 것이 잘못되었다고 부정적 평가를 받게 되는 것은, 삼손이 결혼 실패라는 쓴 경험을 갖게 되었기 때문이다.

지금까지 경건한 신앙인의 가정에서 생장한 삼손이 딤나의 이국 풍경을 처음 접함에서 새로운 느낌을 실감했을 것으로 생각된다. 그 중 가장 강력하게 눈길을 끈 것이 "블레셋 딸 중 한 여자"였다.

창세기 6장 2절에 보면 "하나님의 아들들이 사람의 딸들의 아름다움을 보고 자기들의 좋아하는 모든 자로 아내를 삼은지라"는 기록이 있다. 여기서 "하나님의 아들들"은 셋의 자손이고, "사람의 딸들"은 가인의 소생이다. 아마도 셋의 딸들보다 가인의 딸들이 어느 면에서 더욱 매력적인 외모를 지니고 있었다고 생각된다. 여기 끌려서 결혼한 결과 이것이 홍수 심판의 원인이 된 것같이 블레셋 여자를 본 삼손의 눈에 비친 이 이국풍의 딤나 여자는 삼손으로 하여금 강력한 연정을 일으킨 것이 아닌가 생각된다.

삼손은 집으로 올라와서 부모의 동의를 얻고자 하여 부모에게 허혼(許婚)해 주기를 요구하였으나 그의 경건한 부모는 일고의 여지도 없이 이를 거절하였다. 그 거절 이유는 다음과 같다.

1) 율법을 위반한 결혼이기 때문이다. (3)

"부모가 그에게 이르되 네 형제들의 딸 중에나 내 백성 중에 어찌 여자가 없어서 네가 할례 받지 아니한 블레셋 사람에게 가서 아내를 취하려 하느냐"(3).

삼손의 부모의 경우는 어디까지나 성경적이며 율법이 제시하는 합법적인 결혼관을 갖고 있음을 볼 수 있다. 여기서 "네 형제들의 딸"은 "근친 중에서"라는 의미이고, "내 백성 중에"라는 것은 "이스라엘 전체 동족"을 지칭하는 것이다. 이를 마다하고 "할례 받지 아니한 블레셋 사람에게 가서" 아내를 취하려는 것은 율법을 위반한 것으로(출 34:16, 신 7:3-4), 허락할 수 없다는 것이 삼손 부모의 정당한 반대 이유이다.

우리가 삼손의 결혼을 아브라함의 독자 이삭의 결혼과 비교해 보면, 상호간 대조를 이루고 있음을 알게 된다. 이삭의 결혼은 주혼자인 아브라함의 주도하에 이루어 진 데 비하여, 삼손의 결혼은 삼손 자신의 주도하에서 추진된 결혼이다. 이는 부모 위주에서 신랑 본인 위주라는 차이에서 하나의 결혼관의 발전이라고 볼 수도 있겠지만, 부모가 주도하고 믿을 만한 중매자(늙은 종)에게 위임하여 하란 고향에 가서 이삭의 아내를 동족 중에서 찾은 데 비하면(창 24:1-9), 삼손의 경우는 이방 여자에게 현혹되어 부모가 반대하자 기어이 자기 소견대로 추진한 것은 잘한 일이라고 볼 수가 없다.

2) 부모가 반대하는 결혼이기 때문이다. (3)

위에서 언급한 바와 같이 삼손의 부모는 삼손의 이방 여자 취처 요청을 듣자마자 거절 하였음에도 불구하고 "내가 그 여자를 좋아하오니"(3b)라고 그 이유를 제시하고 있는데, 이 말의 뜻은 "그 여자가 나를 즐겁게 하니"라는 의미로 이는 육체적 쾌락을 목적으로 한 이기적인 발상에서 나온 욕망일 뿐이다. 좋아해서 결혼할 것이 아니라 사랑해서 결혼해야 하는 것이다. 좋아해서 결혼한 것은 육체적 결합에서 만족하나 사랑해서 결합함은 영혼과 영혼의 결합인 만큼 결혼의 영구적 보장이 되는 영육의 결합인 것이다(창 2:23-25).

이삭은 아버지 아브라함의 결혼 추진에 묵묵히 기다렸고(창 24:63), 아무런 간섭도 없이 중매자 격인 늙은 종이 돌아오기를 기다리다가 브엘 라해로이에서 아내 리브가를 만나 모친 사라의 장막으로 들이고 사랑하였으니(창 24:67)라고 기술하고 있음을 보아, 이삭의 결혼은 사랑하는 결혼인데 비하여 삼손의 결혼은 좋아하는 결혼이기 때문에, 전자는 성공한 결혼인 반면에 후자는 실패한 결혼이 된 것이다.

삼손이 부모가 그처럼 반대하는 결혼을 차라리 단독으로 해결하지 아니하고 계속 부모 동의를 요청한 것은 부모가 신부에게 폐백 형식으로 지불할 지참금(持參金)이 필요하였기 때문이다. 아브라함은 적어도 약대 열 필에 실을 예물을 갖고 리브가에게 보냈다(창 24:10). 삼손도 그렇게 규모가 큰 것은 아니더라도 최소한의 예물이 필요한 것이며 따라서 이것은 그 자원의 출처가 부모이기 때문에 양친의 반대를 무릅쓰고 계속 허혼을 간청한 것이라고 보는 것이다.

결국은 "자식 이기는 부모가 없다"는 격언도 있지마는 부모는 이 부당한 혼인을 인정하는 수밖에 없었다. 하지만 율법이 불허하고 부모가 반대하는 결혼이 성공을 기대하기란 거의 불가능하고, 또한 부당한 결혼이라고 단정하는 것이다.

그럼에도 불구하고 4절에서 하나의 해석상 난제에 부딪치게 된다. 즉 "이때에 블레셋 사람이 이스라엘을 관할한 고로 삼손이 틈을 타서 블레셋 사람을 치려 함이었으나 그 부모는 이 일이 여호와께로서 나온 것인 줄은 알지 못하였더라"(4) 바로 이것이다. 이 구절을 잘못 이해하면 삼손이 블레셋 여자를 사랑하여 결혼하고자 한 것이 "여호와께로서 나온 것인"(4) 만큼 이는 정당한 것이었다라는 의미가 되기 때문이다. 하지만 이는 절대 불가한 해석이다. 그 의미는 다음과 같다. 즉 삼손이 블레셋 여자를 취하려 한 것은 율법의 위반이며 또한 부모가 반대하는 것인 만큼 이는 잘못이다. 그럼에도 불구하고 삼손의 심중에 블레셋을 치려는 마음이 있으며 또한 삼손을 나실인으로 세우신 여호와의 뜻이 블레셋에서 이스라엘을 구하려는 목적이 확실한 만큼 삼손의 실패를 넘어 추진된다는 뜻이다.

말하자면 삼손의 개인적인 실패에도 불구하고 하나님의 섭리적 차원에서는 좌절되지 않고 계속 추진된다는 의미이다. 예컨대 하나님이 바로왕의 마음을 강퍅케 하였다(출 9:12)라고 해서 선량한 바로 왕의 마음을 악하게 만들었다는 뜻이 아니라, 바로왕의 강퍅한 마음을 이용하여 10재앙을 내리게 되고 홍해에 그 군대를 장사하는 조건이 되었다는 의미인 것처럼 삼손의 부당한 결혼에도 불구하고 블레셋에서 이스라엘을 구원하시려는 여호와의 뜻에는 더욱 박차를 가하게 된 것으로 보는 것이다.

삼손의 결혼에서 한 가지 더 부가시키고 싶은 것은 이삭의 결혼과 비교해 보면, 이삭의 결혼은 시종일관 아브라함의 기도와 중매자인 늙은 종의 계속적인 기도로 추진된 데 비하여(창 24:7-9, 11-14, 26, 48), 삼손의 경우는 이것이 없다. 삼손 자신은 물론 그의 경건한 부모도 이런 어려운 혼인이 추진되는 동안 한 번의 기도도 없었으며, 그들의 가정을 둘러싼 친족 중에서마저 기도자는 나타나지 않고 있다는 것이다. 이것이 삼손 결혼의 결정적 실패 요인이라고 생각된다.

바라기는 오늘의 신자들이 바른 결혼관을 갖고 부디 신자끼리 결혼하고 외모만 보고 정욕에 끌려서 결혼하기보다 영혼과 영혼이 결합되는 참된 신앙과 사랑의 동기에서 이뤄지는 결혼이 되어야 한다는 점을 본문에서 배워야 할 것이다.

2. 결혼 추진과정에서의 오류(誤謬) (5-9)

부모의 완강한 반대에도 불구하고 블레셋의 한 여자를 좋아하는 삼손의 의지를 그 부모는 꺾을 수가 없었다.

5절에 보면, "삼손이 그 부모와 함께 딤나로 내려가서"라고 했는데, 삼손의 이번 딤나 행의 목적은 약혼 차 가는 것으로 생각된다. 그 이유는 부모도 같이 동행하고 있기 때문이다. 이렇게 나실인으로서의 부당한 결혼은 삼손의 고집스런 주장에 못 이겨 마침내 부모의 양보로 계속 추진되고 있었다. 그런 중 삼손의 이번 딤나로 가는 길에서 그는 세 가지 나실인으로서의 오류를 범하고 있음을 볼 수 있다.

1) 포도원에서 된 일 (5-7)

"삼손이 . . . 딤나의 포도원에 이른즉 어린 사자가 그를 맞아 소리 지르는지라"(5).

삼손이 결혼 추진 목적으로 부모와 함께 딤나로 가는 길에 마침 포도원을 지날 때 사자를 만나게 되었다. 블레셋 지방에서 유명한 포도원은 16장 4절에 나오는 들릴라가 거주하던 소렉 골짜기이다. "소렉"의 뜻이 "포도"이기 때문이다. 생각건대 딤나도 소렉과 가까운 곳에 위치하고 있어 포도 소산지가 아닌가 생각된다.

삼손은 뜻밖에 딤나의 포도원에서 사자를 만나게 된다. 팔레스틴 지역에서 사자의 서식처로는 요단 계곡 밀림지대였다(렘 49:19). 그 외에도 분산 서식하였으리라고 생각된다. 본문처럼 포도원에서의 사자 출몰은 드문 일로 보지만 여우나 재칼 등 소동물들이 그곳에 많이 있기 때문에 이것들을 잡아먹기 위하여 사자들이 숨어 있지 않았나 추측된다(아 2:15).

여기서 "어린 사자"(5b)라 한 것은 사자 새끼를 말하는 것이 아니라 원문상으로는 "무서운 사자" "흉악한 사자"라는 것으로(페퍼르), 영어 성경에는 젊은 사자(young lion)라고 기록되었다. 이런 경우는 아무리 힘이 강한 역사(力士)라도 위기일발(危機一髮)의 순간이 아닐 수 없다. 바로 이 때에 "삼손이 여호와의 신에게 크게 감동되어 손에 아무것도 없어도 그 사자를 염소 새끼를 찢음같이 찢었으나 그는 그 행한 일을 부모에게 고하지 아니하였고"(6)라고 하여, 자신의 힘이 아닌 괴력 즉 성령의 능력이 주어지자 마치 요리사가 어린 염소 새끼를 찢어 요리하듯 쉽게 찢을 수가 있었다.

여기서 본문 해석상에 또 하나의 문제가 생긴다. 삼손이 딤나 길에서 사자를 만난 곳이 포도원이었다. 이때에 부모는 같이 없었다. 분명히 출발을 같이 하였는데, 앞섰는지 뒤따라오는지 여하튼 포도원에서 사자와 싸울 때 부모가 없었던 것은 확실하다(6b). 만일 부모가 같이 있었다면 삼손이 포도원 가까이 접근하는 것을 금지시켰을 것이다. 나실인은 포도주와 독주를 먹지 않을 뿐 아니라 포도즙이나 생포도 건포도 심지어 씨나 껍질 등 일체 포도나무 소산을 금하고 있기 때문이다(민 6:1-4). 하지만 부모는 그 현장에 함께 있지 않았다. 삼손은 부모와 함께 있지 않을 때 문제가 생겼다. "블레셋 여자를 본" 것도 혼자서 딤나에 갔을 때 생긴 일이며(1), 사자를 만난 때도 혼자 있을 때 나실인에게 금기(禁忌)로 되어있는 포도밭에서 생긴 것이다.

이 경우의 사자는 강적 블레셋을 상징한다고 볼 수 있다. 율법을 범하자 즉시 사자가 나와 으르렁거렸다. 하지만 재빨리 여호와의 신이 감동하여 이를 물리치도록 역사하였다. 이는 앞서 부당한 결혼 간청 때와 마찬가지로 이번 나실인의 선서를 위반함으로 생긴 위기에서도 여호와께서는 블레셋 제압을 위하여 삼손을 세우신 섭리적 차원에서 여호와의 개입이 이루어진 것으로 보는 것이다.

삼손이 부모에게 이 엄청난 사건(사자 죽인 것)을 말하지 않은 것을 보아 삼손 자신도 포도원에서 된 사건이 자신의 잘못임을 알기 때문이라고 생각된다. 아직 성혼 전 인생의 경험이 없는 자로서는 부모의 조언(助言)을 듣는 것이 매우 유익하다는 점을 오늘의 젊은이들이 이해할 수 있으면 좋으리라 생각된다.

이상과 같이 삼손이 나실인으로서의 금기(禁忌)를 깨는 범행을 거듭 자행하고 있음에도 불구하고 블레셋 여자와의 결혼 추진은 계속되어 이번 부모와 같이 가서는 약혼이 무난하게 성립된 것으로 생각된다. 그 이유로는 7절에 보면 "그가 내려가서 그 여자와 말하며 그를 기뻐하였더라"라는 것이 이 사실을 증명해준다.

전에는 이 여자를 보기만 하였으나(1) 이번에는 "그 여자와 말하며"라고 하여 상호간 대화를 나누게 되었고, 또한 그 여자로 말미암아 기쁨을 누릴 만큼 자유로운 교제가 성립된 것을 말해주기 때문이다.

2) 사자 시체에서 나온 꿀 (8-9)

약혼 준비 차 부모와 같이 딤나 행을 하고 돌아온 지 얼마 지나지 않아 삼손이 그 여자를 취하려고 다시 딤나로 가게 되었다. 이번 딤나 행은 혼자서 간 것으로 적어도 약혼 후 6개월 내지 1년쯤 지나서일 것이라고 추측한다.

이번 딤나 행의 목적은 그 여자를 취하려(8a)는 데 있었다. 여기 "취

(娶)한다"는 것은 "장가든다"는 의미이다. 하지만 결혼식을 위한 딤나 행은 10절 이하에 나옴을 보아 이번 길을 장가들기 위한 준비 차로 간 것으로 보아야 할 것이다.

이 사실에서 삼손은 또 한 번 나실인으로서의 금기를 어기는 범행을 자행하게 된다. 그는 도중에 지난 번 포도원에서 나온 사자 죽인 일이 생각나서 지나는 길에 그 현장을 찾아 가서 보게 되었다. 그랬더니 놀랍게도 그 사자의 시체 속에 벌이 집을 짓고 꿀을 저장해 놓은 것을 발견하였다.

이 경우에도 학자들 간에 양론(兩論)이 제기된다. 카일 델리취(Keil, Delitzsch)는 삼손이 죽인 사자의 시체가 노변에서 좀 떨어진 곳에 방치되었을 때 아라비아 광야의 찌는 듯한 태양열로 인하여 부패되기 전에 즉시 말라버려, 마치 미이라(Mirra)가 되었다고 해석한다. 그 지역에는 사람이나 짐승의 시체가 말라버리는 경우가 종종 있다는 것이다. 벌은 더럽고 냄새가 나는 곳에는 절대 집을 짓지 않는 법인데, 이 경우는 24시간 내에 완전히 말라버렸고, 또한 이미 오랜 세월이 지난 후라 벌들이 바위굴이나 나무 구멍으로 알고 그곳에 집을 지은 것이 아닌가 생각된다고 하였다.

하지만 베이커(Preacher)주석은 이와는 달리 사자가 죽자 야수들이 그 고기를 다 뜯어 먹고, 다시 독수리와 매 종류 같은 맹금(猛禽)류들이 다 갉아먹자 앙상하게 남은 뼈가 태양열에 완전히 건조되어 악취가 전혀 없게 되었는데, 벌들이 나뭇가지처럼 알고 집을 지었다고 해석하였다. 후자의 경우가 더욱 그럴듯하게 생각된다.

여하튼 이 기이한 현상에서 삼손은 또 하나의 나실인 규범을 어기는 일이 발생되었다. 즉 삼손이 "손으로 그 꿀을 취하여 행하며 먹고 그 부모에게 이르러 그들에게 그것을 드려서 먹게 하였으나 그 꿀을 사자의 몸에서 취하였다고는 고하지 아니하였더라"(9)에서 삼손은 나실인의 3대 금기 중 하나인 시체에 접촉하여 범법하였을 뿐 아니라(민 6:6), 나실인 자신을 산출한 모체로서의 부모에게까지 먹여 범죄하게 하는 행위를 아무런 거리낌 없이 자행한 것이다. 부모에게 꿀에 출처에 대하여 말하지 않음은 부모가 알 경우 그 꿀을 먹지 않음은 물론 자기를 크게 책망할 것을 두려워하여 고하지 않은 것으로 볼 수 있다. 사실 삼손은 그 꿀을 먹기 전에 사자를 죽인 그 자체가 이미 시체 접촉 금기를 어긴 것이 되었다.

삼손은 나실인의 금기 조항을 알면서도 아무 거리낌 없이 위반하는 범죄를 감행한 의식적(意識的) 범죄자라고 볼 수 있다.

오늘의 그리스도인들 역시 성도라는 이름을 갖고 있으면서도 달콤한 세상 유혹에 끌려서 부정한 사물(事物)에 접촉하여 오늘의 나실인으로서의 구별된 생활을 못하고 있다는 점은 심히 개탄할 일이라고 생각된다.

3. 결혼식에서의 문제점 (10-20)

삼손의 결혼이 이상과 같이 추진되는 과정에서 여러 가지 문제점을 지니고 있으면서도 하나님의 은혜로 진행되어 마침내 결혼식을 올리는 시점까지 이르게 되었다.

10절에 의하면 "삼손의 아비가 여자에게로 내려가매 삼손이 거기서 잔치를 배설하였으니 소년은 이렇게 행하는 풍속이 있음이더라" 한 것을 보아 삼손이 결혼 준비를 위하여 먼저 딤나로 갔고 그 뒤를 따라 주혼자로서 그 아비가 간 것으로 되어있는바, 이는 잔치 배설자는 삼손이며 부모는 주혼자(재정 보장자)로서 참석하였다는 의미가 있다. 이것은 당시 그 지방의 풍속을 따른 것이었다.

한편 신부 측에서는 삼손이 들러리를 데리고 오지 않음을 보고 신부 측과 관계있는 청년 30명을 데려다가 신랑의 동무 즉 들러리로 세웠다는 것이다. 사실 그 당시 풍속에 따르면 신랑이 장가 갈 때 10명 이상 동무와 같이 가서 신랑의 들러리를 서고 그중 한 사람으로 연회장을 삼아 의식의 사회와 관리를 하는 법인데, 이 당시 삼손의 경우 어찌하여 동무들과 동행하지 않았는가에 대해서는 알 수가 없고, 반대로 신부 측에서 30명의 장정을 신랑의 동무 즉 들러리(best man)라고 명목상 세웠으나 사실 이들은 삼손을 감시하기 위한 목적에서임을 알 수 있다.

이러한 결혼식 장면과 분위기로 보아 이는 이스라엘 식의 혼례가 아니고 블레셋 식이거나 사전에 삼손을 모해하려는 임시방편으로 마련된 것이라고 볼 수밖에 없다.

하여튼 이상과 같은 이례적(異例的)인 삼손의 결혼에서 역시 두세 가지 문제가 생기었다.

1) 삼손의 수수께끼 (10-14)

삼손은 결혼 피로연 석상에서 하나의 수수께끼를 할 것을 제안하였다. 이는 전혀 예외적인 것은 아니고 잔치의 흥을 돕기 위한 풍속이었다고 한다. 우리나라에도 5, 60년 전에는 신랑이 장가가서 처갓집에서 큰 상(床)을 받으면 신부 측의 청년들이 와서 일종의 내기를 하는 풍속이 있었다. 그 내기의 내용은 역시 수수께끼 같은 것을 출제하여 신랑의 지능을 시험하는 것으로 생각된다.

삼손은 수수께끼의 내용을 말하기 전에 먼저 하나의 조건을 제시한다. 즉 7일 간의 잔치 기간 내에 그 해답을 풀어 고하면 자신이 베옷(세마포 속옷; 창 31:24) 30벌과 겉옷(화려한 외출복; 창 45:22) 30벌을 줄 것이며 만일 풀어 고하지 못하면 너희가 내게 동일한 수량의 옷을 주어야 한다는 제안이었다. 이 제안에 대하여 저들이 동의하자 삼손이 문제를 제시하였다. "먹는 자에게서 먹는 것이 나오고 강한 자에게서 단 것이 나왔느니라"(14)는 것이었다. 여기서 "먹는 자"와 "강한 자"는 사자를 뜻하며, "먹는 것"과 "단 것"은 꿀을 의미하는 것으로 삼손 자신이 사자의 시체에서 벌꿀 먹은 개인적인 경험을 저들에게 제시한 것이다(8-9).

삼손은 여기서 엄청난 실수를 범하고 있다. 나실인 사람으로서 시체에서 나온 꿀을 먹은 사실을 무슨 자랑거리라고 잔치석상에서 제시하는가도 문제이거니와, 그보다 더 큰 잘못은 자신의 귀중한 신앙 경험을 하나의 잔치에서의 오락으로 이용하였다는 점이다. 이 사건은 삼손에게 보다 더 큰 의미를 주는 귀중한 진리가 함축되어 있다고 보아야 한다. 딤나의 포도원에서 만나 "소리 지르는"(6) 사자는 강적 블레셋의 위용을 의미한다. 하지만 삼손은 맨손으로 오직 성령의 큰 감동으로 이를 죽였다. 이는 삼손이 블레셋의 압제를 물리칠 것을 보여준 것이다. 그리고 이 과업이 비록 어렵더라도 이 사명을 감당하기만 하면 꿀같이 단 승리의 기쁨을 얻게 될 것이라는 의미이다. 이는 모든 신앙 위인에게서 또한 보편적인 일반 사회인에게서도 타당성 있는 진리인 것이다. 이는 "십자가 없이 면류관 없다"는 서양 격언에서도, 또한 "행복은 고난 산 저편"이라는 동양의 격언에서도 일치하는 철칙이다.

그렇기 때문에 삼손은 일생 동안 이 경험을 홀로 지니고 생활 철칙으로 삼아야만 했다. 삼손의 수수께끼는 그가 해석하여 알려주기 전에는 아무도 알 수 없다. 이는 개인의 신앙 경험이기 때문이다. 성경 중에는 종종 주관적인 신앙 경험을 남에게 알려 객관화시키려는 경향이 있음을 보여준다. 그 대표적인 자가 요셉이다. 요셉은 형들의 곡식단이 자기의 곡식단을 향하여 절한다는 것과 또한 해와 달과 열한 별이 자기보고 절한다는(창 37:5-11) 꿈 이야기를 부모형제 앞에서 기탄없이 발설하였다. 꿈은 주관적인 것이며 자기만이 아는 비밀이다. 요셉은 이 꿈 이야기 때문에 형들의 미움을 사서 애굽에 팔려가게 되었다. 형들이 그 꿈의 진의는 몰랐고 다만 단순히 요셉이 자기에게 가족 모두가 절한다는 것 자체가 미워서 심지어는 죽이려는 모의까지 하게 되었다(창 37:18-20).

요셉은 자기의 비밀을 부모형제 앞에서 폭로하였지만 삼손은 바로 원수인 블레셋 사람 앞에서 발설한 것이다. 아마도 삼손 자신도 자신이 경험한 이 기이한 사실의 의미를 알지 못한 것 같으며, 블레셋 청년들도 그 신령한 의미까지는 몰랐을 것이라고 생각되지만, 실제 이 고귀한 경험이야말로 혼자 알고 음미해야 할 그야말로 꿀같이 단 진리이거늘 이것을 하나의 잔치석상의 흥을 돋우기 위한 희롱거리로 삼았다는 것이야말로 삼손의 큰 실수라고 생각한다.

오늘도 역시 많은 사람들이 자신만이 경험한 주관적 체험을 또는 꿈이야기를 강단에서까지 폭로하여 이를 객관화하려는 우둔한 행위를 자행하는 자들이 많이 있는데, 이런 삼손의 실수를 재연하고 있는 자들은 크게 반성해야 한다고 생각한다.

2) 암송아지로 밭 갈림 당한 삼손 (15-18)

블레셋 청년들이 삼손의 수수께끼 제안을 쉽게 수락한 이유는 아마도 그들 30명이 지혜를 짜낸다면 쉽게 풀 것이라고 생각한 듯하다. 하지만 저들이 3일간을 심사숙고(深思熟考)하여도 풀지 못하자, 드디어 삼손의 아내를 이용하여 해답을 얻고자 생각하고 "너는 네 남편을 꾀어 그 수수께끼를 우리에게 알리게 하라 그렇지 아니하면 너와 네 아비 집을 불사르리라 너희가 우리의 소유를 취하고자 하여 우리를 청하였느냐"(15)라고 협박을 가하며, 심지어 자기들을 신랑의 들러리로 초대한 것을 자기들의 소유 침해 목적이 아니냐고 트집을 잡았다.

이 사실은 삼손의 약점인 미인계(美人計)를 쓴 것이며, 삼손은 처음으로 이 계략에 희생물이 된 것으로 보여진다. "삼손의 아내가 그의 앞에서 울며 가로되 당신이 나를 미워할 뿐이요 사랑치 아니 하는도다"(16a)라고 계속 눈물을 흘리며 애정공세를 하는 것이었다. 여기서 "삼손의 아내가 그의 앞에서 울며"의 의미를 "그의 위에서"라고 해석하는 학자도 있다. 이는 여자가 남편의 머리 위에서 목을 감싸고 애정표현을 하는 의미라고 하였다. 그것은 수수께끼의 비밀을 숨기고 있음은 애정 결핍의 증거라고 삼손의 마음을 괴롭게 하는 애원이었다.

삼손은 일단 이 사실은 자신의 부모에게도 풀어 고하지 않은 것이라며 거절하였으나(16), 제칠 일째 되는 잔치 마지막 날에는 마침내 아내의 눈물과 강박함에 못 이겨 혼자만 아는 수수께끼의 비밀을 아내에게 알리게 되었고 아내는 그것을 자기 민족에게 고하게 되었던 것이다(17).

"제칠 일 해지기 전"(18a), 이는 결혼식이 끝나기 직전이라는 뜻이다. 성읍 사람들이 삼손에게 이르되 "무엇이 꿀보다 달겠으며 무엇이 사자보다 강하겠느냐"(18)라고 저들은 훌륭하게 시적(詩的)으로 바꾸어 마침내 그 해답을 제시하였다.

이에 삼손이 그들에게 한 대답은 "너희가 내 암송아지로 밭 갈지 아니 하였더면 나의 수수께끼를 능히 풀지 못하였으리라"(18b)라고 하였다. 여기서 삼손이 자기 아내를 "암송아지"라고 한 것에 대하여 이는 당시 사회에서 아내의 고자질에 대하여 통용하던 속담이라고 보기도 하며(Keil), 또한 아내에 대한 극단적인 모욕적 언사라고 해석하기도 한다. 그리고 바클레이 주석에서는 아내에 대하여 "암송아지"라고 한 표현에서 "블레셋 청년들과의 성적 관계까지 추론할 수 있다"라고 하였으나 이는 지나친 비약적 추론이라고 생각된다.

당시 "속담으로 보는 것"이 무난한 듯하다. 소로 밭을 갈면 밭 가운데 숨겨 있던 것들이 드러나기 마련이기 때문에 여자의 절제 없는 말이 비밀을 폭로시킨다는 의미가 되기 때문이다.

하지만 이 사태에서 삼손의 아내만을 나쁘게 생각할 수는 없다. 누구나 그 입장에서는 어쩔 수 없었으리란 생각이 든다. 삼손의 아내가 처음부터 간첩 행위를 하려고 의도적으로 접근하였다고 볼 수는 없다. 삼손의 간곡한 청혼에 의하여 인간적인 애정에 끌려서 결혼하였으리라 생각되기 때문이다.

그런 중 그 뜻하지 않은 수수께끼 때문에 동족에게 협박을 받게 되자 가족 몰살이냐, 신랑 배신이냐의 기로에 서서 그 고통이 얼마나 컸을까 짐작이 간다. 이 여인은 여리고의 기생 라합과 같은 믿음을 갖지 못하였기 때문에(수 2:8-21), 삼손을 버리고 가족의 안전책을 선택한 것이다.

다만 잘못의 책임은 삼손의 이방 혼사에 있을 뿐이다. 하나님의 율법을 어기고 부모의 반대를 무릅쓰고 나실인으로서 온갖 범행을 하면서 딤나 여자와 결혼한 삼손이 전적으로 책임질 일이라 생각된다.

3) 결혼식장에서 파혼된 결혼 (19-20)

애초부터 부당한 삼손의 결혼은 결혼 잔치가 끝나기도 전인 제칠 일 해지기 직전에 파혼이 되는 비극을 초래하였다.

삼손은 수수께끼 내기에서의 패인이 블레셋 청년들이 사전에 아내와 공모하였기 때문임을 선언하고(18), 그냥 자기 집으로 갈 수도 있었지만 이미 자신이 제시한 약속을 지키기로 하였다. 그 대신 약정된 속옷과 겉옷 합 60벌의 옷은 블레셋 인에게서 탈취하기로 결심하였다.

바로 이때 "여호와의 신이 삼손에게 크게 임하였다"(19a). 그는 성령에 이끌린바 되어 딤나 인근에 작은 촌락에서가 아니라 딤나에서 무려 64km나 먼 거리에 있는 큰 도시 아스글론(Ashkelon)으로 가서 그곳 부유층의 사람 30명을 타살하고 화려한 옷 30벌을 취하여(19b) 수수께끼를 푼 자들의 발밑에 내던지었다. 그리고 그 길로 처가에 머물지 않고 곧 바로 아비 집으로 올라갔고(19c), 삼손의 아내는 들러리 섰던 자 중 하나에게 그 부모에 의하여 준 바 되었다(20). 이로써 삼손의 결혼은 예식도 끝이 나기도 전에 파혼이라는 비극을 맞게 된 것이다.

결 론

삼손의 결혼은 처음부터 끝까지 실패작이다. 결혼 동기와 추진과정 모두가 나실인으로서 어느 하나도 여호와의 정하신 법에 따른 것이 없다. 그러므로 그 책임은 첫째 삼손에게 있다. 하지만 그의 아내된 여인도 아무리 동족의 협박 공갈에 못 이겨서라 하더라도 결혼식석상에서 신랑을 배신한 행위를 긍정적으로 평가할 수 없으며, 그의 부모 역시 결혼식 불상사를 처리하는 과정에서 심사숙고함도 없이 딸을 타인에게 그것도 들러리섰던 자 중 하나에게 주어 결혼시켰다는 것 역시 신중하지 못한 처사라고 할 수밖에 없다.

우리가 이 사실에서 꼭 기억해야 할 것은 이러한 인간들의 자기중심적인 행동과 비인간적인 불륜과 불신앙적인 만행에도 불구하고 삼손을 세워 블레셋에서 이스라엘을 구원하시려는 여호와 하나님의 섭리와 경륜의 수레바퀴는 아무런 저항도 받지 않고 굴러가고 있다는 것이다.

삼손은 이 실패한 결혼에서 블레셋 사람들에 대한 분노를 스스로 겪으면서 자신을 나실인으로 세우신 하나님의 뜻을 점차 이해하게 되었으며 또한 이것은 자기 개인을 위한 분노와 복수심의 차원을 넘어서 이스라엘의 적으로서의 블레셋 정복이라는 공익적인 차원에서 발생한 의문이라고 생각했을 것이다. 그 이유로서는 직접 결혼식에서 해를 준 자들을 멸하지 않고 딤나에서 거리가 먼 곳에 있는 큰 도시 아스글론으로 가서 비교적 대도시의 부유층들을 치고 그들의 화려한 옷을 가져다 변상물로 삼은 것과 무엇보다 이것을 취하러 가려는 순간 "여호와의 신이 삼손에게 크게 임한 것"을 보아 블레셋과 싸우려는 삼손의 의지에 따라 그로 하여금 승리하도록 여호와께서 작용하였음이 이를 증명한다고 볼 것이다.

한편 불의의 습격을 당한 아스글론의 30명의 입장을 생각하면 하나의 삼손의 무모한 희생물이 된 자들이라는 생각이 들기도 하지만, 사실 블레셋의 권력 행사는 이 아스글론을 비롯한 5대 도시라고 생각하면 이들이야말로 이스라엘이 멸해야 할 대상이기 때문에 여호와의 계획을 수행시키기 위한 하나님의 능력이 삼손의 손을 들어주었다는 사실을 알게 된다. 15장 1-2절에 보면 삼손이 그 아내를 용서하고 다시 찾아간 사실로 미루어 개인감정이 아니라는 것이 증명되며, 블레셋이라는 하나님의 적과 싸우려는 사사의 사명을 인식하였다고 생각된다.

우리가 삼손의 이 실패한 결혼에서 배울 것은 신자의 결혼관은 무엇보다 먼저 성서적이어야 하며 신앙적 차원에서 이루어져야 한다는 사실을 기억해야 하며, 설혹 인간들이 눈이 멀어 하나님의 뜻을 따르지 못할 경우라도 여호와께서는 우리 각자를 통하여 이루시려는 근본 의지에서는 인간의 모든 실패를 넘어서 원수 마귀와 싸워 이기게 하신다는 진리를 배워야 하는 것이 본장이 주는 큰 교훈이라는 점을 알아야 할 것이다.

삼손의 복수(復讐)

사사기 15:1-20

1. 복수의 이유 (1-3)

"얼마 후 밀 거둘 때에 삼손이 염소 새끼를 가지고 그 아내에게로 찾아 가서 가로되 내가 침실로 들어가 아내를 보고자 하노라 장인이 들어오지 못하게 하고"(1).

"얼마 후"라는 것은 삼손의 결혼식 소동 이후를 기준한 계산이다. 그 당시 결혼식은 대개 3월에 하였기 때문에 "밀 거둘 때"라면 5월경이라고 보아 결혼 소동 후 삼손이 귀가하여 약 2, 3개월 지나서라고 볼 수 있다.

그 사이 삼손은 격분하였던 처가에 대한 감정이 어느 정도 풀리고 실제 아내의 배신행위도 블레셋 사람의 협박에 의한 것이라 생각한 나머지 일단 처가를 방문하여 결혼 생활을 재개할 뜻을 품고 그 당시 의례적인 선물로 염소 새끼를 가지고 갔다고 생각된다. 이러한 선물은 화해와 보상의 의미가 있었다(창 38:17).

삼손은 장인을 만나 "내가 침실로 들어가 아내를 보고자 하노라"라고 하였다. 이 경우 "침실"은 여인의 거처를 의미하며, 동시에 결혼한 신부의 방을 뜻한다. 사실 삼손은 결혼식 소동 때문에 신방에서 첫날 밤을 치루지 못하고 본가로 갔던 것이다(14:18-19).

이러한 삼손의 요구에 대한 장인의 대답은 " . . . 네가 그를 심히 미워하는 줄로 내가 생각한 고로 그를 네 동무에게 주었노라 그 동생이 그보다 더욱 아름답지 아니 하냐 청하노니 너는 그의 대신에 이를 취하라"(2) 하는 것이 아닌가. 장인은 결혼식 당일에 삼손의 언동을 보아서 결혼 생활 유지가 어려울 것으로 판단한 나머지 일단 파혼으로 간주하고 타인에게 출가시켰다고 생각된다. 그러면서 그 대안으로 둘째 딸을 취하여 아내를 삼으라고 권하는 것으로 사태를 수습하려 하였다.

삼손은 일고의 여지도 없이 이를 거절하고 다음과 같이 복수의 이유를 밝히었다. "삼손이 그들에게 이르되 이번은 내가 블레셋 사람을 해할지라도 그들에게 대하여 내게 허물이 없을 것이니라 하고"(3). 여기서 "그들"은 처가는 물론 그 주변에 있던 블레셋 인들을 의미하며 "내게 허물이 없을 것"이라는 뜻은 블레셋에 대하여 저들을 해할지라도 나는 "깨끗하다"는 의미이다. 삼손은 여기서 처가에 대한 개인적 보복을 피하고 하나의 민족적 감정으로 그의 분노를 폭발하였다. 이것이 바로 그가 나실인으로 세움 받은 이유이며 사명이기 때문에 이는 블레셋에 대한 하나의 선전포고라고 볼 수 있다.

우리가 이 단락에서 기억할 것은, 물론 삼손이 이방 여자와 결혼한 사실은 잘못이지만, 이 기회를 통하여 블레셋 인과 접촉하면서 처가의 가정과 블레셋 인과의 관계 등을 보면서 블레셋 인의 압제를 물리치시려고 자신을 세우신 하나님의 섭리를 점차 깨닫게 되었다는 점이다. 그가 여기서 처가에 대한 복수로 끝을 맺었다면 아무 의미도 찾을 수 없었을 것이다. 그가 블레셋 인들을 민족의 적으로 보고 블레셋 정복에로 보복 이유를 찾았다는 데서 본 기사의 중요한 의미가 있다고 보는 것이다.

2. 복수의 방법 (4-17)

1) 여우 꼬리의 횃불 (5-8)

삼손의 활동 사역을 다른 사사들과 비교해 보면 현저히 다른 면을 보게 된다. 즉 입다나 기드온 기타 사사들은 최소한의 병력이라도 확보하고 이들과 협력하여 적을 무찌르고 승리한 데 비하여 삼손은 언제나 혼자 싸웠다는 것이다. 그것이 그의 특징이며 또한 약점이기도 하다. 그러므로 그는 하나의 고독한 사사라고 할 수 있다. 이 때문에 그의 주변에는 동물들이 자주 나타난다. 사자, 벌, 이번에는 여우가 등장한다.

"삼손이 가서 여우 삼백을 붙들어서 그 꼬리와 꼬리를 매고 홰를 취하고 그 두 꼬리 사이에 한 홰를 달고 홰에 불을 켜고 그것을 블레셋 사람의 곡식밭으로 몰아 들여서 곡식단과 아직 베지 아니한 곡식과 감람원을 사른지라"(4-5).

기드온이 300명의 정병을 선발한 데 비하여 삼손은 여우 300마리를 그의 블레셋과의 싸움에 투입하였다. 학자들 간에는 이는 여우가 아니라 팔레스타인 지방에서 비교적 흔히 발견할 수 있는 재칼(jackal)이라고 한다. 그 이유는 여우는 독거(獨居) 본능의 동물로서 혼자 살기 때문에 여우 300마리를 잡으려면 매우 어렵지만, 재칼은 군거(群居) 본능의 동물로 무리지어 살기 때문에 일단 그물만 던지면 수십 마리씩 쉽게 사로잡을 수 있다는 것이다. 여우와 재칼은 같은 여우 속(屬)에 포함되는 두 개의 종(種)이다. 재칼은 여우와 늑대 사이에서 난 동물로서 그 생태는 여우와 동일하다고 한다.

이것을 잡아 두 마리씩 꼬리를 붙들어 매고 그 사이에 횃불을 달아 추수를 기다리는 건조한 밀과 보리밭에 150쌍을 투입하였다. 개는 사람들이 다니는 길을 따라서 가지만, 여우는 본래 밀밭 사이로 피하여 다니기 때문에 삽시간에 이미 추수하여 쌓아놓은 곡식 더미와 아직 추수 전 곡식과 심지어 감람원까지 전소하는 큰 피해를 주게 되었다. 블레셋은 지역적으로 평야지대여서 곡식밭이 계속 연결되어 있기 때문에 연쇄적 소화(燒火)가 가능하였다고 본다.

여기에서도 문제가 되는 것이 있다. 여우와 재칼은 죽은 짐승의 썩은 고기를 먹는 동물이기 때문에 나실인으로서의 삼손이 나실인 범규를 범하였다고 볼 수 있으나, 일부 학자들은 삼손에게는 시체 금기(禁忌) 조항을 시달한 바 없다는 주장을 하기도 한다(13:4-5). 하여튼 시체 접촉 금기는 나실인의 3대 금기 중 하나인 것만은 사실이다(민 6:1-8).

그러자 블레셋 사람이 방화 책임자를 색출한 결과 삼손임이 밝혀졌고, 그 이유로 딤나 사람이 "삼손의 아내를 취하여 그 동무 되었던 자에게 준 연고니라"(6)라는 방화 원인이 밝혀지자, 블레셋 사람이 몰려가서 삼손의 아내인 여인과 그 장인을 소살(燒殺)하였다. 저들은 앞서 이 부녀를 불사른다고 위협하여 삼손이 낸 수수께끼를 알아낸 일이 있었다(14:15). 이제는 실제로 그렇게 되고 말았다. 저들은 살아 보려고 삼손을 배신하고 블레셋 편을 들어 주었지만, 결국 동족들의 손에 죽은 것이다. 이들이 삼손을 믿고 그 편에 섰더라면 이런 참변을 당하지 않았을는지도 모른다.

우리도 역시 선택의 기로에서 하나님 편에 서지 않는다면 무서운 형벌로 보복된다는 사실을 기억해야만 할 것이다.

삼손은 처가의 장인과 아내되었던 여인이 같은 블레셋 인에게 소살(燒殺)되었음을 알자 "삼손이 그들에게 이르되 너희가 이같이 행하였은즉 내가 너희에게 원수를 갚은 후에야 말리라 하고 블레셋 사람을 크게 도륙하고 내려가서 에담 바위 틈에 거하니라"(7-8)라고 하였는데, 삼손이 곡식밭의 불을 놓은 것은 처가의 부당한 처사에 대한 분노에 기인하였으나, 이번 블레셋 사람을 크게 도륙한 것은 처가를 몰살시킨 블레셋 인에 대한 복수의 형태로 나타났다. 이는 삼손이 방화 책임자로 알지만 처벌이 불가능하자, 이미 이혼을 하고 상관도 없는 처가를 몰살시킨 것이다.

이 사건이 삼손의 투쟁을 정당화시키고 크게 분노케 하는 계기가 되었다. 그러므로 삼손은 복수 행위를 중단하지 않고 계속 하리라는 결심을 표명하고 "블레셋 사람을 크게 도륙하는" 결과를 빚어냈다. 여기에서 "도륙"의 뜻은 '정강이와 넓적다리를 쳐서 부순다'는 것으로 야곱이 천사와 씨름하다가 환도뼈가 위골이 된 사실을 연상하게 된다(창 32:25).

삼손은 이 사건 후에 "에담 바위틈에" 피신(避身) 은거(隱居)하였는데, "에담"(Etham)은 베들레헴과 드고아 사이에 위치한 곳으로(대하 11:6), 이곳을 택한 이유는 아비집에 피해를 주지 않으려는 생각에서가 아닌가 추측한다. "에담"의 뜻은 "야수의 잠자리"라는 것으로, 이곳은 동굴이 많아 은신하기 좋으며, 동물들의 서식처로서, 앞서 언급하였듯이 삼손은 사람들과 사귀기보다는 동물과 같이하는 경향이 여기서도 드러났다고 볼 수 있다.

2) 동족에 의한 체포 (9-13)

블레셋 사람들이 삼손에 의한 방화사건 이후 크게 도륙을 당하게 되자 이를 보복하기 위하여 군대를 동원하여 유다 지파에 속하는 레히(Lehi)에 진을 치고 편만하게 되었다.

유다 사람들은 크게 두려워하여 블레셋 사람에게 영토 침입 이유를 묻자 그들은 삼손을 체포하기 위함이라고 대답하였다(9-10). 이때 유다 사람들은 어떻게 하였는가? 이 순간 저들이 삼손을 중심하여 블레셋에 항거하였다면 이스라엘의 역사는 크게 달라졌을 것이다. 하지만 저들은 압제자인 블레셋의 앞잡이 노릇을 하기로 하고 3,000명을 동원하여 자기들의 유일의 해방자인 삼손을 결박하기 위하여 에담 바위틈으로 내려갔다(11a).

저들은 삼손을 만나 "너는 블레셋 사람이 우리를 관할하는 줄을 알지 못하느냐 네가 어찌하여 우리에게 이같이 행하였느냐"(11b)라고 노예근성을 보이면서 삼손을 책망하였다. 삼손 한 사람을 체포하기 위하여 블레셋에서는 군대가 동원되었고, 유다 자손 3,000명이 동원된 것을 보면 삼손의 위력이 얼마나 크고 두려움의 대상이었던가를 알게 해준다.

이 장면은 사사시대의 비참한 역사 기록 가운데서 가장 천박하고 비굴한 모습을 전해주는 것이다. 저들 3,000명이 삼손 주변에 모여들기만 하면 블레셋의 압제에서 해방될 수 있는 천재일우(千載一遇)의 좋은 기회였음에도 불구하고 애석하게도 3,000명 중 "바알에게 무릎을 꿇지 않은 사람이 단 세 명도 없었다"라고 카셀은 말하였다. 삼손은 동족에게 "너희는 친히 나를 치지 않겠다고 내게 맹세하라"(12)는 한 가지 조건을 수락 받고, 마치 이삭이 아버지에게 결박당하였듯이(창 22:8-9), 아니 예수 그리스도께서 제자 가룟 유다의 신호로 체포당하였듯이(마 26:46-50), 두 겹으로 된 새 줄로 결박당하여 끌려갔던 것이다(13).

유다 사람이 만일 삼손을 죽이려 했다면 불가불 삼손은 저들과 싸워야만 했기에 단 한 가지 "치지 않겠다"는 조건 하에 순순히 결박당함은 동족과의 피 흘리는 살육을 피하기 위함이었다. 이 사실이야말로 삼손의 생애 중 가장 고귀한 행동 중 하나라고 할 수 있다. 그는 3,000

명을 능히 이길 수 있는 힘을 억제하고 마치 어린 양이 죽을 땅에 끌려가듯이 동족과의 싸움을 피한 것이기 때문이다. 이 점에 있어서 삼손은 예수 그리스도의 그림자가 된다고 할 수 있다.

3) 성령의 능력에 의함 (14-17)

"삼손이 레히에 이르매 블레셋 사람이 그에게로 마주 나가며 소리 지르는 동시에 여호와의 신의 권능이 삼손에게 임하매 그 팔 위의 줄이 불탄 삼과 같아서 그 결박되었던 손에서 떨어진지라"(14).

삼손의 복수 방법 중 또 하나는 성령의 능력에 의한 것임이다.

(1) 결박이 풀림 (14)

삼손이 동족에게 두 겹의 새 밧줄에 묶여 블레셋의 진영(陣營)이 있는 레히에 이르자 관례적으로 쓰러진 적을 향하여 지르는 승리의 환성이 터져 나왔다(삼상 17:52). 바로 이 순간 "여호와의 신의 권능이 삼손에게 임하매 그 팔 위에 줄이 불탄 삼과 같아서 그 결박되었던 손에서 떨어진지라"(14)라고 기술하고 있다.

위기일발(危機一髮)의 순간에 여호와의 능력이 개입하게 된 것이다. 이는 삼손의 블레셋을 상대로 하고 있는 복수 행위가 여호와 하나님의 지지를 받고 있다는 증거이다. 성령의 권능이 삼손에게 임하자 그 팔 위에 새 줄이 마치 불탄 삼(麻)같이(삼은 물에 적시면 힘이 질겨지고 건조하고 화기에는 힘이 없다) 즉 썩은 새끼줄처럼 끊어졌다. 이는 삼손의 힘이 그 자신의 것이 아니라 성령을 받음에서 오는 영력(靈力)을 의미하는 것임을 보여준다. 이것이 곧 나실인이 지닌 불가항력적인 능력임을 말하는 것이다.

오늘의 많은 사람들은 마귀에 의한 강한 속박을 당하고 있는 실정이다. 하지만 성령이 임하는 순간, 마치 빌립보 옥중에서 사도 바울이 찬송을 하자 옥문이 열리고 족쇄(足鎖)가 풀렸듯이(행 16:25-26), 놀라운 기적은 나타나기 마련이며, 삼손을 결박한 포승은 풀리게 마련이다.

(2) 나귀의 새 턱뼈 (15-17)

성령의 권능에 의하여 결박이 풀린 삼손은 가까이 있던 "나귀의 새 턱뼈"(15)를 취하여 그것으로 블레셋 사람 일천 명을 죽였다. 삼손은 호신용 무기도 갖고 다니지 않았지만 성령이 역사할 때는 손에 잡히는 것은 모두 강한 무기가 된다. 짐승이 먹고 버린 광야에 굴러다니던 "나귀의 새 턱뼈" 즉 오래되지 않아 탄력 있는 그것으로 적군을 난타하여 혼자서 무려 천 명의 적을 타살하였다. 천 명의 군사가 삼손의 휘두르는 나귀 턱뼈에 맞아 마치 삼(麻)단이 쓰러지듯 그 사체가 레히에 두 더미를 쌓아놓았다. 그야말로 시산혈해(屍山血海)를 이룬 셈이다.

삼손은 승전 후 다음과 같은 승리의 개가를 읊었다. 즉 "나귀의 턱뼈로 한 더미, 두 더미를 쌓았음이며 나귀의 턱뼈로 내가 일천 명을 죽였도다"(16)라고. 그 후부터 이곳의 지명(地名)을 라맛 레히(Ramath-Lehi) 즉 "턱뼈의 산"이라고 부르게 되었다.

삼손의 경우 성령이 임한 결과로 두 가지 놀라운 역사가 일어난 것이다. 첫째는 모든 속박에서 자유케 된 것이며, 둘째는 마귀의 아성(牙城)을 파하고 사단의 군대를 전멸시키는 승리의 용사가 된 것이다.

오늘도 역시 성령을 충만히 받는 즉시 모든 죄의 유혹과 정욕의 권세에서 해방되어 자유롭게 되는 것이며, 나아가서는 마귀들의 군대와 싸워서 승리하는 놀라운 전과를 올리게 된다는 사실을 우리 모두는 큰 교훈으로 삼아야 할 것이다.

3. 복수전(復讐戰) 후에 갈증과 생수 (18-20)

레히(Lehi)에서의 대승 직후, 삼손은 심히 목마르는 갈증을 느끼게 되었다. 그때는 절기상 초여름에 해당되는 만큼 중동 지방의 열사의 폭양 아래서 필사적으로 힘을 다하여 단번에 천 명의 적을 멸하는 과도한 활동 후인만큼 많은 땀을 흘려서 육체적 탈진 상태가 된 것이라 생각된다. 하지만 이 사실을 단순한 육체의 갈증으로만 생각할 것이 아니라고 본다. 그는 심한 신앙적인 갈증을 느꼈음을 의미한다고 볼 수 있다.

1) 심한 갈증의 이유 (18a)

"삼손이 심히 목마르므로"(18).

위에서 언급한 바와 같이 인간의 체력에는 아무리 장사라도 한계가 있기 마련이다. 무더운 여름에 천 명의 적을 타살한 삼손의 목마름은 당연한 일이다. 그렇다고 여호와의 신의 권능을 받은 그가 성령의 고갈 상태에 이르렀다고 볼 수는 없는 일이다. 여기서 육체와 더불어 삼손이 친히 느끼는 갈증은 하나님의 말씀에 고갈이다. 그 이유는 그의 승리의 노래 속에 "내가 일천 명을 죽였도다"(16b)라고 하여, 분명히 승리의 영광을 하나님께 돌리기보다 "내가" 즉 자신의 업적으로 돌리고 있기 때문이다.

하나님께 돌릴 영광을 자신이 차지할 경우는 으레 인간의 교만 때문에 말씀에 대한 불순종으로 인하여 필연적으로 심령의 고갈을 느끼기 마련이다.

인간의 갈증에는 육체의 갈증과 영혼의 갈증이 있다. 육체의 갈증은 음료수를 마시면 해갈된다. 하지만 영혼의 갈증은 예수 그리스도로 말미암아서만이 해결되는데 그것은 물과 성령으로 거듭날 때에만 가능하다. 예컨대 니고데모의 경우, 그는 영혼의 갈증을 느낀 자 중 하나이다. 예수님은 그 해결 방법으로 네가 "물과 성령으로 (거듭) 나지 아니하면 하나님 나라에 들어갈 수 없느니라"(요 3:5)라고 하셨다. 여기서 물은 성령이 아니라 "말씀"이다.

또한 사마리아 여인에게 약속하신 생수도 단순한 식수가 아니라 이는 영혼을 살리는 성령과 생수가 되시는 그리스도 자신을 지칭하고 있음은 설명할 필요도 없다(요 4:14-15). 그러므로 삼손의 갈증의 원인 중 말씀의 불순종으로 인한 신앙의 고갈, 이것이 그의 교만심에서 나온 것으로 보아야 한다.

2) 갈증 해소의 방법 (18b)

"여호와께 부르짖어 가로되"(18)

영육의 갈증으로 빈사상태에 이른 삼손이 이 순간 할 수 있는 것은 여호와께 부르짖는 기도일 뿐이다. 삼손의 기도는 세 가지 내용으로 되어 있다. 그것은 다음과 같다.

(1) 주께 영광 돌림 : "주께서 . . . 이 큰 구원을 베푸셨사오니" 이는 앞서 "내가"에서의 근본적인 수정이다.

(2) 자신을 주의 종으로 인식 : "종의 손으로"

(3) 갈증 해소를 위한 간구 : "내가 이제 죽어서 할례 받지 못한 자의 손에 빠지겠나이다"

신자가 위급할 때 할 수 있는 것은 오직 기도뿐이다. 그는 마치 예수님의 겟세마네 기도처럼 혼자 위기 사경에서 부르짖었다. 천 명의 적을 물리친 용사의 주변에는 아무도 없었다. 삼손은 유다 지파 사람에게 배신당하였고, 겁쟁이들은 다 도망치고 홀로 남아 기도하는 모습에서 역시 예수 그리스도의 모형을 볼 수 있다. 그의 주변에는 병사도 없고 친구도 없다 고독한 그와 관계된 것은 동물뿐이다. 사자와 벌, 여우 그리고 염소 새끼 등등 그런 중 공교롭게도 레히 전투에서의 무기도 역시 "나귀의 새 턱뼈"였다.

소란하던 싸움이 끝나고 적의 시체만 더미로 쌓여있는 싸움터에 홀로 앉아 눈물의 기도를 올리는 고독한 삼손의 모습을 보면서 감개가 무량함은 느낀다.

모름지기 오늘의 성도들도 이 삭막한 영육의 싸움터에서 갈증을 느낄 때에 할 수 있는 것은 오직 기도뿐이다. 아무도 돕는 이가 없는 삭막한 세상에서 갈급한 심령으로 간절한 기도를 올려야 한다는 점, 이는 인간의 절실한 요청이며 문제 해결의 방법이다.

3) "엔학고레" 의 생수 (19-20)

"하나님이 레히에 한 우묵한 곳을 터치시니 물이 거기서 솟아나오는지라 삼손이 그것을 마시고 정신이 회복되어 소생하니 그러므로 그 샘 이름은 엔학고레라 이 샘이 레히에 오늘까지 있더라"(19).

삼손의 기도는 즉시 응답되었다. "엔학고레"라는 뜻 자체가 "부르짖는 자의 샘"이기 때문이다. 기도는 반드시 응답된다. 일본의 우찌무라(內村)는 "불응답도 응답이다."라는 유명한 말을 남기었다. 성도의 기도는 다 응답되나 혹 응답되지 않는 경우라도 그것은 기도자가 잘못 기도했기 때문이므로, 이런 경우의 불응답은 곧 응답이라고 하였던 것이다.

19절은 하나님이 어떤 방법으로 생수가 터지게 하셨는가를 보여준다. 곧 "하나님이 레히에 한 우묵한 곳을 터치시니 물이 거기서 솟아

나오는지라"(19a)라고 하였다. 여기서 "레히의 한 우묵한 곳"에 대하여 학자들 간에 논란이 있다.

(1) 싸움터인 "레히에서 우묵하게 파진 곳"이라고 보는 견해. 이는 "레히"를 단순히 지명(地名)으로 보는 견해로 이 견해에 대한 지지자는 요세푸스(Josephus)를 비롯한 카일(Keil), 메튜 헨리(Matthew Henry) 등이다.

(2) "레히"를 해석상으로 보아 "나귀 턱뼈"의 우묵한 이빨 있는 곳에서 샘물이 나왔다는 견해. 이는 루터의 독일어 성경에서 "턱뼈에 있는 이틀을 터치어서"라는 것을 보카르트(Bochart)라는 학자가 전적으로 지지함에서 레히를 "턱뼈"라는 의미로만 보는 견해이다.

(3) 그 외에도 삼손이 나귀 턱뼈(레히)를 던진 곳, 또는 나귀 턱뼈 모양처럼 생긴 바위 등 여러 가지 해석을 하는 학자들이 있다.

하지만 "레히"를 지명(地名)으로 보는 것이 가장 타당성이 있다고 본다. 그 이유는 레히에 있는 우묵한 반석에서 나온 샘물이 본 기록이 쓰여질 때까지 있었다(19)는 것으로 증명된다. 만일 나귀 턱뼈에서라면 일시적 기적 현상일지는 몰라도 계속 거기서 샘물이 나올 수 없겠기 때문이다.

"삼손이 그것을 마시고 정신이 회복되어 소생하니"(19)라는 것은 한여름 목이 마를 때 생수를 마셔본 경험이 있는 자라면 그 상쾌감을 짐작할 것이다. 이 말의 신령한 의미는 삼손이 하나님의 말씀을 바로 이해하고 믿음을 정상 궤도에 올려놓은 사실을 말하는 것으로 다시 정상 상태를 회복하여 사사로서의 활동이 가능케 되었음을 뜻하는 것으로 볼 수 있다.

오늘도 역시 물과 성령은 성도로서의 정상적 활동과 역사를 가능케 하는 기본 에너지가 된다는 점을 알아야 할 것이다. 그러므로 우리 모두는 갈급한 상태에서 부르짖는 간절한 기도를 드림으로써 오늘의 엔학고레(부르짖는 자의 샘)가 되도록 해야 한다는 점을 배워야 할 것이다.

20절의 "블레셋 사람의 때"는 삼손이 블레셋을 완전히 정복한 것이 아니라 아직도 저들이 이스라엘을 지배하는 시기라는 의미이며, "삼손이 이스라엘 사사로 이십년을 지내었더라"는 것은 블레셋 통치 기간인 총 40년(13:1) 중 20년간에 걸쳐 삼손이 활동하여 블레셋을 제압한 기간이라는 의미이다.

이런 의미에서 그는 하나의 미완성 작품을 남기고 간 작가와 같다고 할 수 있다.

유혹을 경계하라(Ⅰ)

사사기 16:1-20

1. 유혹에 이르는 경로와 사단의 계략 (1-3)

1) 유혹에 이르는 경로 (1)

삼손은 나실인으로서 경건한 부모에게서 생장한 만큼, 그는 경건한 신앙과 거룩한 생활로 온 백성에게 본이 되어야 할 위치에 있는 자였다. 그럼에도 불구하고 그는 언제나 세상 유혹을 받아 타락한 생활로 일관되어 있는 자로 성경에 부각되어있다.

본장 1절에서도 역시 유혹에 이르게 된 경로를 보여주는 것으로 시작된다. 즉 "삼손이 가사에 가서 거기서 한 기생을 보고 그에게로 들어갔더니"라는 것이다. 본문은 "삼손이 가사로 가서"라고만 하였을 뿐 가사로 간 이유와 목적에 대해서는 아무런 설명이 없다.

가사(Gaza)는 블레셋의 5대 도시 중 맨 남쪽에 있는, 그 당시 요새화된 가장 대표적 큰 도성이었다. 이때에 블레셋은 레히(Lehi) 사건(15:14-16) 이후 삼손 체포령이 내리고 비상 경계령을 내린 마당에 아무 대책도 없이 단신으로 적지에 들어갔음은 무슨 이유인가?

주석가 중 베이커(Preacher)는 삼손이 블레셋을 제압하라는 사명을 받고 사사가 된 만큼 적진의 동태를 탐지하기 위함이 아닌가 라고 그의 가사 행을 합법화시키려 하지만, 그렇다면 적어도 이 큰 목표를 세운 자답게 하나님께 기도로 준비하고 그 허락을 받고 갔어야 마땅한 일이었을 것이다. 사사라는 중직에 있는 자가 적지로 들어가면서 아무런 사전 준비와 대책도 없이 무작정 적진으로 뛰어들었다는 무모한 삼손의 행동에서는 다만 유혹에 끌려들어가는 길을 걸어갔다고 볼 수밖에 없다.

이것은 마치 아담과 하와가 하나님이 금하시는 선악과를 따먹은 경로와 비슷하고(창 3:1-6), 또한 요나가 니느웨를 피하여 다시스로 가는 배를 타는 것과 같은(욘 1:1-3) 위험 지대를 향하여 달리고 있음을 의미한다고 볼 것이다.

삼손이 가사에 가서 처음 만난 사람은 누구인가? "거기서 한 기생을 보고 그에게로 들어갔더니"(1b). 즉 기생을 만나 그 집에 들어가 잤다는 것이다.

삼손에 관한 큰 사건에는 그 시작이 언제나 여인과 만나는 장면에서 시작되는 것이 특징이다(14:1, 16:1, 4). 삼손이 가사까지 무사히 간 것은 다행한 일이지만, 거기서 처음 만난 자가 기생이라는 것이다. 하지만 학자들 중에는 이는 단순한 매춘부(賣春婦)로서의 기생이라기보다는 "여인숙 여자 주인"으로 보아 삼손이 가사로 간 이상 여인숙을 찾아야 했음을 들어 삼손의 죄상을 완화(緩和)시켜 해석하는 경향이 있기도 하지만, 그러나 이 부패한 사회에서 기생이라면 여관집 주인이며 동시에 매춘녀의 기능을 모두 행하는 자라고 보아 가사의 기생 역시 악한 의미로 해석할 수밖에 없다고 보는 것이 당연하다고 생각된다.

하지만 분명한 것은 삼손의 가사로 간 것이 기생을 만나기 위하여라고 볼 수는 없으며 가사에 가서 우연히 만난 것뿐임은 사실이며, 또한 그가 습관적으로 방탕한 기질이 있다고 할 수는 없고 다만 미녀를 볼 때 충동적으로 유혹에 빠진 것으로 보아야 할 것이다.

우리가 본장에서 배울 것은 삼손이 죄악의 도성을 향하여 단 한번의 기도도 없이 또한 목적 없이 갔다는 것이며, 그곳 기생집에서 기생과 같이 잤다는 것이 잘못이라는 점이다. 아무리 장사라도 죄악으로 오염된 이방인의 타락 문화의 대표적인 환경에다 계속 자신을 노출시키는 일은 불원간 그 탁류에 휩쓸려 떠내려 갈 가능성이 많이 있다는 것이다. 그러므로 베이커 주석은 "할 수 있으면 유혹과 싸우는 것보다 그것으로부터 피하는 것이 더 안전하다."라고 하였다. 이것이 요셉의 회피 작전이라고 할 수 있다(창 49:12).

2) 사단의 계략 (2-3)

사람이란 일정한 목적 없이 이방문화의 환락가(歡樂街)를 배회하다 보면 자연히 사단의 유혹을 받기 마련이다.

이번 삼손의 가사 행에서 사단은 한 요염한 기생의 모습으로 나타났고, 그 배후에 사단의 흉계가 숨겨져 있었다. 이것이 사단의 수법이다. 중세 화가들이 사단을 그릴 때 흉악한 모양으로 그리는 것이 통례였지만, 이는 사단의 내면의 감춰진 부분의 표현일 뿐 실제 사단은 그런 모습으로 직접 등장하지 않는다. 언뜻 보기에 아름답고 매력적인 기생 같은 모습으로 나타나는 것이다. 그런 흉물의 모습으로 다가온다면 누가 유혹에 끌리겠는가?

삼손이 가사의 기생에게 매혹되어 그 집에 들어가 자고 있는 사이 그 누구에 의하여 밀고가 들어왔다. "혹이 가사 사람에게 고하여 가로되 삼손이 여기 왔다 하매"(2a). 학자들 중에는 삼손을 밀고한 자를 자기와 같이 자고 있던 기생일 것이라고 생각하는 자들이 많다. 이것이 사실이라면 여리고 정탐 시 정탐꾼들을 숨겨준 기생 라합과는 판이한 일이다. 라합은 누군가에 의하여 밀고를 받고 찾아온 자들을 교묘히 따돌리고 숨겨준 데 비하여(수 2:1-4), 가사의 기생은 직접 자신이 밀고하여 죽이려 하였다면 이 얼마나 무서운 일인가? 사실 이 경우는 여리고의 경우와는 사건 자체가 다르다. 여리고 정탐꾼의 경우는 여리고 점령이라는 목적이 명확하였고, 삼손의 경우는 목적 없이 가사로 내려가 기생과 같이 자고 있는 즉 자신의 육체의 정욕을 채우려는 것이었기 때문이다.

정보를 입수한 가사 사람들은 즉시 "그를 에워싸고 밤새도록 성문에 매복하고 밤새도록 종용히 하며 이르기를 새벽이 되거든 그를 죽이리라 하였더라"(2b). 삼손은 완전히 포위되고 성문에는 복병을 숨겨 새벽을 기하여 죽이려고 세심한 계획을 세웠다.

이 절박한 순간에도 이스라엘을 블레셋 압제에서 구원하라는 사명을 받은 삼손이 적진 깊숙이에서 완전 포위된 채 기생 품에서 자고 있는 것이 아닌가? 이런 상황에서 삼손을 도울 자는 아무도 없다. 이는 마귀에게 둘러싸인 하나의 죄인의 모습을 보여주는 것뿐이다.

바로 이때에 "삼손이 밤중까지 누웠다가 그 밤중에 일어나 성 문짝들과 두 설주와 빗장을 빼어 그것을 모두 어깨에 메고 헤브론 앞산 골짜기로 가니라"(3)라는 놀라운 일이 생겼다. 적들의 계획은 새벽에 죽이려 하였는데, 삼손은 야반(밤중)에 기상하였다. 그 이유는 알 수 없다. 주석가 중에는 동숙 중인 기생이 알고 삼손을 깨웠을 것이라고 하였지만(Hervey), 그렇다면 앞서 언급한 고발자로서의 기생이라는 설과 모순이 된다. 이를 따질 것 없이 이번에도 도움은 위에서부터 임하였다. 삼손의 가사 잠입(潛入) 사실이 누구에 의하여서건 알려졌고 이 정보를 입수한 가사 인들의 새벽 살해설에 대한 정보를 삼손에게 알린 자가 그 누구이든 삼손이 야반에 기상하여 "성 문짝들과 두 설주와 빗장을 빼어 그것을 모두 어깨에 메고 헤브론 앞산 골짜기로 가니라"(3)로 보아 이는 하나님의 도우심임을 알게 된다.

삼손이 만일 야반에 기상하여 탈출하지 않았다면 그의 입장은 상당히 불리하게 되었을 상황이었다. 저들이 새벽 살해 계획을 세웠으니만큼 그 시각은 병사들의 수비와 경계도 강화되고 모두 깨어있기 때문에 삼손의 탈출 활동에 지장을 많이 받게 되었을 것이다. 하지만 가사 인들은 삼손 살해 시간을 새벽으로 정한 이상, 성문을 굳게 잠근 채 안심하고 졸거나 잠을 잤을 것이다. 이 느슨한 경계망을 뚫고 삼손은 밤중이라 가만히 가서 아무런 장애도 받지 않고 성 문짝을 송두리째 떼어 어깨에 메고 헤브론까지 갈 수 있었다는 것이다.

이로써 일단 요새(要塞)화 된 가사 성 안에서 꼼짝없이 죽임 당할 순간에 그 포위망을 뚫고 탈출에 성공한 것이다.

3) 가사 사건이 주는 교훈

우리는 이 단락에서 반드시 그냥 지나칠 수 없는 문제에 부딪친다. 그것은 삼손에 대한 하나님의 관용을 오해하지 말아야 한다는 것이다. 삼손은 그의 경건한 부모가 삼손이 복중에 있을 때에 여호와 하나님의 계시를 받고 나실인의 규례를 다 지키고 출산한 자로서 그는 모태로부터 나실인이다. 하지만 삼손 자신은 나실인의 3대 금기 조항을 무시하고 사자 사체에서 난 꿀을 먹는가 하면, 포도밭이 많이 있는 딤나나 소렉 골짜기 등을 거리낌 없이 드나들며 나실인의 경건성과 아울러 갖추어야 할 도덕성을 무시한 채 이방 여자인 딤나 여인과 결혼하였다가 실패하고 그 과정에서 나실인답지 못한 여러 가지 잘못을 범하는가 하면(14장), 이번에는 가사의 기생을 만나 그 집에서 같이 자는 성적 타락상을 보여주고 있다.

그럼에도 불구하고 하나님은 그에게 준 힘을 거두지 아니하고 성 문짝을 메고 무려 60km나 떨어져 있는 헤브론 산꼭대기까지 가도록 두신 이유가 어디 있는가?

우리가 분명히 기억할 것은 하나님께서 삼손의 죄에 대하여 무관심하시다거나 묵과하신다고 생각하면 잘못이다. 다만 삼손으로 하여금 회개할 기회를 기다리시고 계실 뿐임을 알아야 한다. 삼손은 나실인으로서 지금까지 범한 죄 짐을 스스로 지고 다닐 뿐이다. 그가 육중한 성 문짝을 설주와 빗장까지 어깨에 가볍게 메고 장거리를 달림같이 그의 무거운 죄 짐도 가볍게 메고 다닐 뿐이다. 하나님께서는 그가 언젠가는 스스로의 죄 짐의 무거움을 느끼고 회개할 때가 올 것으로 보시고 그때까지 오래 참아 기다리신다는 진리를 우리는 깨달아야 하는 것이다.

그러므로 홀이라는 학자는 말하기를 "선이란 그로 인해 평화를 누리기 때문에 선이 아니라 그것이 명령된 것이기 때문에 선이요, 악이란 그것이 처벌을 받기 때문에 악이 아니라 그것이 금지된 것이기 때문에 악이다."라고 했다.

2. 유혹에 따른 음모와 매개체 (4-5)

1) 들릴라에게 유혹 받은 삼손 (4)

삼손을 주제로 한 드라마에서 가장 중요하게 생각되는 이 장면에서도 역시 삼손은 여자와 함께 등장한다. 이 여자가 바로 소렉 골짜기의 들릴라(Delilah)이다. "이 후에 삼손이 소렉 골짜기의 들릴라라 이름하는 여인을 사랑하매"(4).

본문은 이 사건이 생긴 시기와 장소에 대하여 보여준다. 그 시기는 "이 후에"라는 것을 보아, 가사의 기녀 사건 후 어느 정도의 시일이

지난 후라는 것이며, 그 장소는 "소렉 골짜기"라 한 것을 보아 삼손의 고향인 소라(Zorah) 부근에 있는 블레셋에 속한 촌락으로 추측한다(Jusebius). 그리고 소렉(Sorek)이라는 뜻이 "포도"를 의미한다고 보면 "포도 골짜기"라 할 만큼 이 고장이 포도의 주산지임을 알 수 있으며, "골짜기"는 넓은 평원을 의미한다.

이곳에서 삼손은 그의 생애를 가장 비참하게 만든 운명의 여인 들릴라와 만나게 된다. 들릴라(Delilah)라는 이름의 뜻이 "약한 자" 또는 "애처로운 사람"이란 것이니 만큼 이는 그 여인의 외모와 성격을 말햐 준다고 보아 요사이로 말하면 날씬하고 가냘픈 미인형의 조건과 아울러 가련 청순한 성격의 소유자임을 연상(聯想)시켜 준다. 그리고 혹자는 직공녀(織工女)라고 하는데, 이는 이 여인의 직업을 뜻하는 것으로 그의 집에 베 짜는 직조(織造)틀이 있음에서(13-14) 추측한 것으로 생각된다(Lange).

삼손이 들릴라와 교제를 갖게 된 이유는 "들릴라라 이름하는 여인을 사랑하매"(4)라는 것을 보아 여기서 "사랑"이라는 것은 기독교에서 말하는 아가페(Agape)적인 것이 아니라 하나의 육욕적인 정욕(情慾)이라는 것은 의심할 여지도 없는 일이다.

삼손의 여성편력(女性遍歷)에서는 첫 번은 이방 여자였고(14:1-3), 두 번째는 기생이었으며(16:1-3), 이번에는 나실인의 금기로 되어있는 포도원에 둘러싸여 있는 소렉 골짜기 여인이었다는 것이다. 삼손이 애초부터 경건한 히브리 여인과 결혼하였더라면 그의 삶이 이처럼 비참한 비극적 경지까지 이르지는 않았을 것이다. 처음부터 잘못된 출발이 가는 곳마다 걸림돌을 만들었고 결국 그 돌 뿌리에 채여 마침내 넘어지는 결과에 이른 것으로 보아 이 기사는 오늘 우리에게 큰 교훈을 주는 것으로 생각된다.

2) 유혹에 따른 음모 (5)

"블레셋 사람의 방백들이 그 여인에게로 올라와서 그에게 이르되 삼손을 꾀어서 무엇으로 말미암아 그 큰 힘이 있는지 우리가 어떻게 하면 그를 이기어서 결박하여 곤고케 할 수 있을는지 알아보라 그리하면 우리가 각각 은 일천일백을 네게 주리라"(5).

블레셋을 대표하는 5대 도시의 방백(Satraps) 즉 오늘로 말하면 지사(知事)격인 권력자들이 모두 들릴라에게로 와서 삼손의 힘의 근원과 아울러 삼손 체포의 방법을 알아내라고 명하는 동시에 그럴 경우 우리가 각각 은 1천1백씩 모두 합하면 5,500세겔을 준다는 것으로 비밀리의 음모가 진행되고 있었다. "세겔"이라는 것은 화폐가 아니고 중량을 의미하는 만큼 1세겔은 약 11.42g임으로 이를 모두 합하면 은 61.71kg으로, 이는 오늘도 거금(巨金)에 해당하는 것으로서, 들릴라를 유혹하기에 충분한 액수이다. 이는 삼손의 첫 번 여자에게 했던 것과 비슷한 수법인데, 그러나 그 차이는 전자의 경우는 협박 공갈뿐이었고(14:15), 이번 경우는 역시 협박조이기는 하나 막대한 돈을 매체로 한 유혹적 방법을 쓰고 있다는 점에 차이가 있다.

여기 보면 삼손과 들릴라는 둘 다 유혹을 받고 있다. 삼손은 들릴라의 미모에 들릴라는 블레셋이 제시하는 황금에 유혹을 받고 있는 것이다. 그리고 유혹 뒤에는 무서운 블레셋 방백들의 음모가 숨겨져 있다는 것이다.

모든 유혹의 경우는 대개가 미인계와 돈을 매개체로 하여 다가오기 마련이다. 여기는 헤어나기 어려운 강력한 마력이 개재하기 마련이다. 성서 중에는 여인의 유혹 받은 대표적 인물로 삼손을 보여주었고, 황금에 눈이 먼 자로는 구약에는 발람 선지와(민 22:5-13) 신약의 가룟 유다가 대표적 인물임을 보여준다. 하지만 예부터 오늘까지 이들에게 돌을 던질 자는 아무도 없다. 이것들은 누구나 유혹 받기 쉬운 양대 매개물이기 때문이다.

블레셋 방백들은 삼손이 지닌 괴력의 출처와 체포 방법을 알아내는 것을 조건으로 들릴라와 거래를 하고 있다. 그 당시 사람들은 삼손의 힘의 출처가 어떤 주문(呪文)이나 부적(符籍)같은 호신부(護身符)를 몸에 지니고 다니는 것으로 생각하고 이 비밀을 찾으려고 했던 것이다. 사실 어떤 면에서는 삼손에게 숨겨진 비밀이 있었던 것은 사실이었다. 즉 나실인의 비밀이 바로 그것이다.

3. 유혹에 이르는 단계 (6-20)

대체로 유혹은 단 한번으로 끝이 나는 것이 아니라 적어도 약 세 단계에 걸쳐 진행되기 마련이다. 이것은 아담과 하와의 타락 경로와 같이 진행되는 것이다.

삼손과 들릴라의 경우도 역시 3단계로 유혹이 점진적인 강화 추세로 다가왔다. 그것은 다음과 같다.

1) 제1단계 (6-9)

"들릴라가 삼손에게 말하되 청컨대 당신의 큰 힘이 무엇으로 말미암아 있으며 어떻게 하면 능히 당신을 결박하여 곤고케 할 수 있을는지 내게 말하라"(6).

이는 재물에 현혹되어 신빙성이 전혀 없는 그녀가 삼손을 꼬이기 위한 첫 번째 시도(試圖)였다. 블레셋 방백들이 두둑한 보상을 약속하면서 심각하게 한 말을 그녀는 삼손에게 호기심을 충족시킬 것처럼 가장하고 장난기 어린 투로 표정 관리를 하며 말한 것이라고 생각된다.

삼손 역시 반농담조로 대답한 것처럼 보인다. "삼손이 그에게 이르되 만일 마르지 아니한 푸른 칡 일곱으로 나를 결박하면 내가 약하여져서 다른 사람과 같으리라"(7).

여기 "마르지 아니한 푸른 칡"은 본래 활 줄(弓絲)이나 거문고 줄(현악기의 줄)로 사용하던 것으로(시 11:2), 우리나라 야산에서도 흔히 볼 수 있는 것으로 농기구에 흔히 사용되는 덩굴 손 식물(植物)이다. 70인역에서는 이것을 "가축의 힘줄로 만든 것"이라는 가정을 내리고 있다. 이것을 7중으로 합치면 매우 강하기 때문에 코끼리나 물소 같은 거구(巨軀)의 야생 동물을 생포할 때 사용하는 경우도 있다고 한다.

이것으로 나를 결박하면 나도 "다른 사람" 즉 보통 사람처럼 된다는 것이다. 그녀의 말을 들은 블레셋 방백들은 푸른 칡 일곱을 가져왔고, 내실에는 힘센 장정들을 매복시켜 삼손이 결박당한 채 힘을 못 쓰면 압송할 계획을 세운 다음 삼손을 결박하였다. 그 방법은 알 수가 없다. 혹 잠든 후인지 희롱삼아 한 것인지 여하튼 결박이 성공한 후 "삼손이여 블레셋 사람이 당신에게 미쳤느니라 하니 삼손이 그 칡 끊기를 불탄 삼실을 끊음같이 하였고"(9) 그 힘의 근본을 그녀는 찾지 못한 채 실패하고 만 것이다.

2) 제2단계 (10-12)

1단계에서 삼손의 힘의 근원 찾기에 실패한 들릴라는 자신을 속인 삼손의 행위를 일단 비난하는 어조로 이번에는 진실을 실토하기를 바라면서 "청컨대 무엇으로 하면 당신을 결박할 수 있을는지 이제는 내게 말하라"(10)라고 역시 희롱조로 추궁하였다. 이런 주문을 하는 매력적인 그녀의 요염한 자세는 본문에 기록이 없으나 짐작이 갈만큼 느껴진다.

삼손은 이번에도 거짓말 할 것을 스스로 생각하고 “만일 쓰지 아니한 새 줄로 나를 결박하면 내가 약하여져서 다른 사람과 같으리라” (11)라고 이미 써먹은 바 있는 것을(15:13-14) 다시 제시하였다. 이것을 보면 삼손은 들릴라의 추궁에 많은 부담을 느낀 듯하며 사실 대답에 궁함을 느껴 앞서 레히(Lehi) 사건이 떠올라 재시도한 듯하다. 하지만 이는 첫 번 단계에서 한 대답보다는 죄악의 발전 과정이 그 강도를 더 높이고 있다는 생각이 든다.

첫 번째 제시한 결박용 줄이 “푸른 칡 일곱”(7)인데 비하면 이번에는 “쓰지 아니한 새 줄”은 더욱 강도가 높은 것이기 때문이다. 즉 전자는 야생 그대로의 것인데 비하여 새 줄은 역시 식물성 섬유이긴 하나 이것을 꼬아서 밧줄로 제품화된 것인 만큼 또한 아직 다른 데 사용되지 않은 신품이기 때문에 칡 일곱보다 훨씬 강도가 높은 밧줄이라고 할 수 있다.

이 사실이야말로 삼손의 자유를 구속하는 블레셋의 저항이 더 세진 것을 의미하며, 삼손으로서는 더욱 물리치고 벗어나기 힘든 상황임을 증명하는 것이라 생각할 수 있다. 즉 삼손의 죄상이 전에 비해 더 가중되었다는 의미인 것으로 볼 수 있다.

여인은 일단 새 줄로 삼손을 결박하는 데 성공하였지만 역시 한 가닥의 실(絲)을 끊음같이 가볍게 결박에서 벗어날 수가 있었다. 이는 아직도 그의 죄가 누적(累積)되어 있음에도 불구하고 여호와의 영이 떠나지 않았음을 증명하는 것이다.

3) 제3단계 (13-14)

세 번째 단계 역시 돈에 눈이 먼 들릴라와 유혹에 눈이 먼 삼손의 대결이 계속된다. 지금까지는 서로가 희롱조로 결박하고 결박을 끊고 하였지만 이번은 실토에 가까운 문제의 핵심으로 다가가고 있다. 즉 나실인의 특징인 머리털이 거론되어 있기 때문이다.

삼손의 사적 중에는 나실인의 3대 특징 중 삭발 금지 조항을 더 중요시 한 것처럼 느껴진다. 생각건대 삼손은 그의 치렁치렁하게 늘어진 두발을 일곱 가닥으로 땋은 것이 분명하다. 그 일곱 개의 땋은 머리카락을 베틀의 베 짜는 위선(씨줄, a woof)으로 섞어 짜면 된다라고 역시 허위이기는 하나 단지 그 방법의 차이일 뿐 머리털을 거론한 것은 실토 직전에 있음을 알 수 있다.

들릴라는 즉시 그대로 삼손의 머리털을 베틀 위선에 섞어 짜고 "삼손이여 블레셋 사람이 당신에게 미쳤느니라" 하니 삼손이 잠을 깨어 직조틀의 바디(베틀의 기구)와 위선에 섞인 머리채를 빼내는 웃지 못할 광경이 연출되었다(14).

4) 삼손의 실토 (15-20)

마침내 하늘의 높은 지위에 있던 삼손의 영광은 지하의 깊은 음부까지 떨어지는 순간이 다가왔다. 유혹자는 그의 눈앞에 어른거리는 5,500세겔의 뇌물이 사라지는 것처럼 보였을 것이다. 그러므로 천재일우의 행운의 기회를 놓치지 않으려는 우려에서 그녀는 온갖 궤계와 술수를 다 동원하여 유혹의 강도를 끝까지 높이게 되었다.

그녀는 자기가 희롱의 대상이 되어 있다는 것, 삼손이 그 마음을 자기에게 주지 않는다는 것, 그녀 자신의 최고의 목표인 삼손의 괴력의 비밀을 말해주지 않는다는 것, 이것들을 보아 삼손이 자기를 진정으로 사랑하지 않는 증거라는 사실을 지적하면서 "날마다 그 말로 그를 재촉하여 조르매 삼손의 마음이 번뇌하여 죽을 지경이라"(16)할 만큼 그녀의 강도 높은 유혹에 삼손은 마음의 번뇌를 느껴 죽을 지경에 이를 만큼 양자 모두 한계에 도달하고 있음을 보여준다.

생각건대 그 기간이 꽤 오래 걸렸을 것이다. 마침내 삼손은 실정을 토하고 만다. "내 머리에는 삭도를 대지 아니 하였나니 이는 내가 모태에서 하나님의 나실인이 되었음이라 만일 내 머리가 밀리우면 내 힘이 내게서 떠나고 나는 약하여져서 다른 사람과 같으리라"(17).

삼손은 자신이 나실인인 것과 그 때문에 그 특징의 표로서 머리에 삭도를 대지 않은데 있음을 실토하게 된 것이다. 성경에 기록은 없지만 아마도 삼손은 들릴라에게 이 비밀을 블레셋 인에게 알리지 말 것을 조건으로 실토했을 것이다. 하지만 어리석게도 이것은 고양이에게 생선을 맡기는 것과 같은 우매(愚昧)에 불과한 일이다.

한편 들릴라는 "삼손의 진정을 다 토함을 보고"(18a), 이것은 삼손과 사귀면서 지금까지 그의 말과 행동을 미루어 진정임을 감지할 수 있었다는 의미이다. 이에 들릴라는 본격적인 행동 개시를 시작하여 우선 블레셋 방백들에게 약속한 은을 가지고 "이제 한 번만 올라오라"고 했다. 이미 여러 번 속은 저들에게 이번만은 마지막이라는 뜻을 전달하여 초치한 다음, 그녀는 자기 무릎 위에 삼손을 눕히고 잠들게 한 후, 사람을 시켜서 삼손의 일곱 가닥으로 땋은 머리채를 자르고 그를 괴롭혀 시험한 결과, 그 힘이 없어진 것을 확인한 후, 들릴라는 전과 같이 삼손에게 블레셋 사람이 왔다 소리 지르매 삼손이 잠에서 깨어 "내가 전과 같이 나가서 몸을 떨치리라 하여도 여호와께서 이미 자기를 떠나신 줄을 깨닫지 못하였더라"(20).

이로써 삼손은 마치 하나님을 반역한 천사가 번개 같이 하늘에서 음부로 떨어진 것과 마찬가지로(사 14:12-13) 삼손은 들릴라가 쳐놓은 그물에 무참히 걸리고 말았다. 마치 하루살이가 촛불 속으로 뛰어드는 것과 마찬가지로, 삼손은 앞서 3차의 유혹에서는 분명히 들릴라의 계략을 눈치 채고 결단을 내려 그의 유혹을 뿌리치고 자유롭게 되었어야만 했었다. 하지만 유혹에서 벗어나기란 쉬운 일이 아니다.

유혹이란 대개 이상 3단계의 과정을 통하여 점차 강도를 높여 다가오기 마련이다. 삼손의 유혹 받은 과정을 보면 마치 인류의 조상 아담과 하와의 경우와 비슷하게 진행되었음을 알게 된다. 아담의 경우 하와가 선악과를 먹으면 "정녕 죽으리라"(창 2:17)는 여호와의 금령을 받았으나 사단은 "결코 죽지 아니하리라"(창 3:4)로 번복하였다. "정녕 죽으리라"가 단번에 "결코 죽지 아니하리라"로 되지는 않는다. 반드시 중간 과정이 있기 마련이다. 하와는 그 나무에 근접하게 되고 선악과를 본즉 "먹음직도 하고 보암직도 하고 지혜롭게 할 만큼 탐스럽기도 한 나무인지라"(창 3:6)라고 하여 이제는 더 이상 선악과를 따먹지 않고는 견딜 수가 없게 되어 인류의 시조는 이상과 같은 유혹의 경로로 타락하게 된 것이다(졸저: 구약설교전집 1권 창세기 pp. 34-36 참조).

바클레이는 들릴라를 가리켜 잠언 7장 1-7절에 나오는 "호리는 이방계집"이라고 하였다. 그리고 계속하여 다음과 같이 말하였다. "가련하게도 삼손의 사랑은 생명을 건 모험이었으며, 유감스럽게도 잘못된 것이었다. 여인의 말은 잔인한 사람들이 이전에 시도했던 것보다 더 삼손에게 치명적인 타격을 주었다. 삼손은 곰 같은 사람이었다. 즉 그는 속기 잘하는 어리석은 사람이었다."라고.

간음하다 현장에서 잡힌 여인을 돌로 쳐 죽인다고 손에 돌을 들고 모여 온 자들에게 "너희 중에 죄 없는 자가 먼저 돌로 치라"는 예수님의 말씀에 감히 돌을 들어 치는 자가 하나도 없었다. 예수께서 땅에 글을 쓰심은 흥분된 자들의 감정을 가라앉게 하시려는 심리작전이었다. 감정이 작용하면 이성(理性)이 마비되고 이성이 작용하면 흥분된 감정은 가라앉는다. 감정적으로 흥분한 군중은 이성이 마비되어 자기도 죄인임을 분별하지 못한다. 땅에 글을 쓰시는 예수님의 동작을 보는 동안 무리들은 이성이 작용하게 되어 흥분이 가라앉은 다음 “죄 없는 자가 먼저 치라” 하시는 말씀을 들을 때 생각해 보니 자신의 죄가 모두 기억나게 된 것이다.

성경에서 이 유혹에 대하여 이긴 자는 기록상으로는 요셉이 있을 뿐이다(창 39:7-18). 바라건대 삼손에게 돌을 던지려는 자는 먼저 자신의 정체를 보는 이성(理性)의 눈을 떠야 할 것이며, 오늘의 우리들 역시 삼손과 같은 유혹을 받고 있음을 기억하고 “우리에게 시험에 들지 않게 하소서”라고 기도하는 일을 쉬지 말아야 할 것이다.

유혹을 경계하라 (Ⅱ)

사사기 16:20-31

1. 유혹에 빠진 결과 (20)

"들릴라가 가로되 삼손이여 블레셋 사람이 당신에게 미쳤느니라 하니 삼손이 잠을 깨며 이르기를 내가 전과 같이 나가서 몸을 떨치리라 하여도 여호와께서 이미 자기를 떠나신 줄을 깨닫지 못하였더라"(20).

삼손이 일단 나실인의 길에서 떠나 들릴라의 유혹에 빠져들자 어느 정도의 잠정기를 지나서 육체의 고통이 오기 전에 먼저 영력을 상실하는 결과를 가져왔다. 그는 영육의 갈등 속에서 방황하다가 마침내 나실인의 상징인 머리털이 밀리자 그의 힘은 빠져나갔다. 그렇다고 삼손의 힘의 원천이 그의 긴 머리털에 있었다고 생각하면 이는 잘못이다. 머리털은 하나님께 헌신한 표식에 불과할 뿐, 힘의 원천은 오직 하나님 말씀에 기초한 나실인으로서의 선세에 의한 것이다. 그 서약의 상징인 머리털을 밀리자 그의 육체력이 빠지기 전 벌써 영력이 떠나게 된 것이다.

삼손의 유혹은 들릴라를 통하여 오는 정욕을 억제하지 못한 데 기인하나 모든 범죄가 비단 색욕에 의한 것뿐만은 아니다. 기타 여러 가지 세상 정욕에 빠진 경우 모두 동일하게 영력을 상실하는 비참한 결과에 이르게 되는 것이다.

삼손이 들릴라에게 "만일 내 머리가 밀리우면 내 힘이 내게서 떠나고 나는 약하여져서 다른 사람과 같으리라"(17b) 하였지만, 힘이 떠난 것은 사실 여호와께서 삼손을 떠났기 때문임을 20절에서 밝히고 있다. 즉 "여호와께서 이미 자기를 떠나신 줄을 깨닫지 못하였더라"(20) 하였기 때문이다.

삼손의 경우 육체력을 상실하기 전에 이미 영력을 상실하였고, 그 영력 상실은 그에게서 여호와께서 떠났음을 명확히 보여준다. 그러므로 하나님 말씀을 무시하고 세상 유혹에 빠진 경우는 먼저 영력을 잃게 된다는 사실을 알아야 할 것이다. 하지만 삼손은 영력을 상실한 자신의 정체를 깨닫지 못하였다. 이것이 곧 "여호와께서 이미 자기를 떠나신 줄을 깨닫지 못하였더라"(20b)는 사실을 보아 알 수 있다.

이는 곧 삼손의 신앙 수준이 어느 지경에 있는가에 대해서 말해준다. 그가 나실인이 된 것은 그의 부모에 의하여 선세되었을 따름이며(13:4) 그 자신의 선세에 의한 것이 아니었다. 하지만 그는 나실인인 것은 사실이기 때문에 여호와의 영에 의하여 육체의 힘까지 유지될 수 있었다. 그 사이 하나님은 오랫동안 삼손이 자신의 믿음을 소유하기를 기다려 오셨다고 생각된다.

그럼에도 불구하고 그는 나실인답게 살지를 못하였다. 삼손은 지금까지 딤나에서 블레셋 여자와 결혼을 하였고(14:1-3), 다음은 가사에서 한 기생과 동침하였으며(16:1-3), 그 후 소렉 골짜기의 들릴라와 사랑을 맺는 등(16:4) 모두 블레셋 여인들과 기탄없이 교제하며 여성 편력(遍歷)을 계속해 온 것이다. 이것들은 그 어느 하나 나실인다운 생활태도가 아닌, 하나님의 뜻을 떠난 불신앙적인 것에 불과할 뿐이다. 이때에 그의 신앙은 가장 낮은 수준에 있었으며, 죄의 생활은 습관화되어 자신의 신앙에 대하여 전혀 분별치 못하는 영적 무지에 있었을 따름이다.

하지만 지금까지는 그의 경건한 부모가 나실인의 3대 금기(禁忌)를 다 지키고 삼손의 출생과 더불어 나실인 선세를 하였기 때문에 여호와의 영이 삼손에게 깃들어 힘을 주었지만 삼손이 들릴라의 유혹에 빠져 나실인의 표징인 머리털이 밀리움과 함께 여호와께서는 삼손에게서 떠나신 것이다. 하지만 삼손은 이 사실을 의식도 하지 못할 만큼 죄악으로 인하여 무지한 상태에 있었기 때문에 "전과 같이 나가서 몸을 떨치리라 하여도"(20a) 불가능하게 된 것이다.

심리학에서는 "본능과 습관"이라는 것이 있다. 인간은 나면서부터 "본능"을 지니고 있다. 잠자는 것, 먹는 것, 재채기, 하품하는 것 등의 행위는 배우지 않아도 하는 본능에 속한다. 그리고 "습관"은 본능은 아니지만 배우고 연습하면 본능처럼 되는 것이다. 가령 피아노 치는 것, 컴퓨터 작동 등의 작업은 학습하여 습관화되면 본능처럼 자유자재로 행하게 되는 것이다. 기독교 교리 중 인죄론(人罪論)에 있어서는 생래의 인간은 원죄(original sin)를 지니고 태어나기 때문에 나면서부터 죄인이며, 또한 세상에서 자기 스스로가 본죄(all sins)를 짓기 때문에 이것이 습관화되면 사람은 자신이 죄인임을 깨닫고 회개하기 전에는 원죄와 본죄로 인하여 죽게 마련인 것이다. 가령 부모에 의하여 유아세례를 받은 자는 큰 축복이지만 자신이 장성하여 신앙 고백을 하지 않는 한 무용한 것처럼 삼손의 경우도 마찬가지이다.

교회사적으로 볼 때 크게 영력을 발휘하여 훌륭한 업적을 남긴 자 중에도 세상 유혹에 따라 범죄함으로 그 영력을 다 상실하고도 자신의 정체를 알지 못하는 자들이 많이 있다.

바라건대 우리 각자는 습관화된 죄악에 빠져 영적 무지 상태에 떨어지는 일이 없도록 각자가 본문을 통하여 각성할 필요가 있음을 배워야 할 것이다.

2. 유혹에 따른 형벌과 재생 (21-27)

1) 형벌 (21)

"블레셋 사람이 그를 잡아 그 눈을 빼고 끌고 가사에 내려가 놋줄로 매고 그로 옥중에서 맷돌을 돌리게 하였더라"(21).

사람들이 대체로 어떤 유혹을 받게 될 경우 그 결과는 영력을 상실하게 되고 또한 그 죄에 따른 형벌을 받게 됨은 당연한 순리이다. 삼손 역시 네 가지 형벌을 받게 되었다.

(1) 체포됨 (21a)

"블레셋 사람이 그를 잡아"(21a).

블레셋과 싸워 이겨야 할 사명을 지닌 자가 적에게 생포당하고 말았으니 삼손은 부르신 부름에 합당한 자가 되지를 못하였다. 이로써 그는 이스라엘의 총사령관으로서 패배의 수치를 안겨준 패장의 신세가 된 것이다.

사실 삼손은 이미 오래 전부터 영적으로는 마귀에 의한 포로 신세가 되어 있었다. 이제는 그 육체력까지 상실하는 비참한 상황에 이른 것이다.

(2) 두 눈이 뽑힘 (21b)

적군은 그를 체포하자 그의 두 눈을 뺐다. 이는 고대 전쟁사에서 가끔 볼 수 있는 것으로 성경에서도 시드기야 왕이 패전 후 바벨론 왕에게 눈이 뽑혔다(왕하 25:7). 이런 잔악한 행위가 고대 중동국가에서 자행되었던 것이다. 이 같은 형벌은 인간으로서의 기능을 상실하게 하여 아무 일도 하지 못하게 만드는 것이었다.

삼손의 경우 그는 이런 형벌을 받기 전에 이미 그의 영안(靈眼)은 멀어 있었다. 이것이 보이는 외부 생활로 발현되었을 뿐이다. 그는 들릴라의 유혹에 빠져 이미 사리를 분별치 못하는 영적 소경에 불과하였다.

예수님은 "바리새인 중에 . . . 우리도 소경인가" 하였을 때 "너희가 소경 되었더면 죄가 없으려니와 본다고 하니 너희 죄가 그저 있느니라"라고 말씀하신 바 있다(요 9:40-41).

(3) 놋줄에 매여 옥중에서 맷돌을 돌림 (21c)

" . . . 끌고 가사에 내려가 놋줄로 매고 그로 옥중에서 맷돌을 돌리게 하였더라"(21c).

블레셋 사람이 삼손을 체포하여 가사(Gaza)로 압송한 이유에 대하여, 랍비들은 삼손의 타락이 가사에서 시작되었기 때문이라고 주석을 가하고 있다(16:1). 이런 해석도 일리는 있으나 가사가 블레셋 5대 도시 중 가장 큰 도시이기 때문에 그리로 압송한 것이 아닌가 생각된다.

삼손은 놋줄에 결박당하였다. 놋줄은 놋으로 만든 사슬이며 손과 발을 묶는 이중의 사슬이다. 역시 그는 이미 사단에 의하여 죄의 사슬에 결박당하고 있었다. "옥중에서 맷돌을 돌림"은 노예들에게 가해졌던 치욕적이며 어려운 노동이었다(출 11:5, 12:29). "맷돌"은 손으로 돌리는 것도 있으나(눅 17:35), 삼손의 경우는 연자 맷돌이라고 보는데, 그 이유는 연자 맷돌은 소와 말에게 눈을 가리고 끌게 하는 것이므로 눈먼 소경의 삼손이 우마(牛馬)의 대역으로 혹사당하였다고 볼 수 있음이 자연스럽기 때문이다. 그렇지 않고 비록 손 맷돌이라 하더라도 이는 매우 어려운 일 중 하나이다. 이것은 대체로 노예, 천민, 또는 여자들이 담당하였다(출 11:5, 사 47:2, 행 12:3, 마 24:41).

이상의 기록으로 삼손이 받은 고통의 비참이 비교적 상세히 묘사되고 있음을 보게 된다. 놋 사슬에 결박당하여 옥중에서 맷돌을 돌리는 노역에 혹사당하는, 이 이상 더 비참하고 치욕적인 상태는 없을 것이기 때문이다.

(4) 이방 신상 앞에서 희롱 당함 (23-27)

이 부분에서는 블레셋 인의 주신(主神)인 다곤(Dagon)의 축제와 눈먼 삼손의 굴욕을 대조시키고 있는데, 지금까지는 삼손이 육체적 정신적 고통 받음을 보여주었지만 여기서는 삼손의 신인 여호와 하나님과 블레셋 신인 다곤과의 싸움으로 확대시키고 있다.

블레셋 방백들은 저들의 공포의 대상이었던 삼손이 체포됨을 다곤 신에 의한 승리로 보고 다곤에게 제사를 드리고 즐거워하는 대 축제를 베풀고 삼손을 다곤 신당으로 끌어들이고 "우리 토지를 헐고 우리 많은 사람을 죽인 원수를 우리 신이 우리 손에 붙였다 하고 자기 신을 찬송하며"(24) 마치 서커스 무대에서 재주 부리는 곰처럼 굴욕적인 희롱거리로 삼았다. 이때 "삼손이 그들을 위하여 재주를 부리니라"(25) 하였지만 사실 삼손은 다만 저들이 하라는 대로 굴종하는 외에 아무것도 할 수가 없었을 것이다. 그 많은 관중 앞에 이중 놋줄에 매여 주춤거리며 무대로 끌려 나온 것만으로 저들에게는 큰 구경거리며 쾌감을 느끼게 되었을 것이라고 생각된다.

우리는 이 장면에서 범죄의 결과가 과연 얼마나 무서운 것인가를 실감하게 된다. "소금이 만일 그 맛을 잃으면 . . . 밖에 버리워 사람에게 밟힐 뿐이니라"(마 5:13)는 그대로 신자의 타락은 세상에 놀림감과 조롱거리가 되기 마련이다. 이와는 달리 신자가 빛을 발하면 "저희로 너희 착한 행실을 보고 하늘에 계신 너희 아버지께 영광을 돌리게 하라"(마 5:16)라고 하여 사람들이 하나님께 영광을 돌리게 된다는 것이다.

"다곤" 신은 물고기 신(fish-deity)으로, 상체는 사람의 머리와 팔의 모양이고, 몸뚱이는 물고기 모양을 닮은 우상이다(삼상 5:4). 삼손의 타락이 만군의 여호와께 욕을 돌리고 하찮은 물고기 귀신을 찬양하게 만드는 계기가 되었다는 것은 그의 타락이 준 가장 큰 치욕이 아닐 수 없다.

2. 재생 (22)

"그의 머리털이 밀리운 후에 다시 자라기 시작하니라"(22).

이 짧은 기사는 삼손의 재생을 의미하는 매우 희망적인 내용이며, 이스라엘의 승리를 미리 보여주는 것이 아닐 수 없다.

밀리운 머리털이 자리기까지는 상당한 시간이 걸렸을 것이라고 보면, 그 오랜 기간 동안 삼손의 치욕적이며 굴욕적인 생활의 고통을 짐작할 수 있다. 그런 중에서도 그의 머리털은 자라고 있었다. 밀리운 머리털은 삼손이 유혹에 빠진 타락의 결과라면, 자라는 기간은 그의 회개로 말미암아 능력을 다시 회복하는 재생을 준비하는 기간을 뜻한다고 볼 수 있다.

이런 의미에서 밀리운 머리가 자라는 동안 삼손은 비로소 자신의 범죄를 깨닫게 되었고, 자신 때문에 일시나마 하나님께 욕을 돌린 사실을 뉘우치며 진실한 참회의 눈물을 흘렸으리라는 것은 상상하기 어렵지 않다. 그는 비록 육안(肉眼)은 멀었으나 그의 영안(靈眼)은 다시 밝아지기 시작하였다. 블레셋 인은 이 사실을 인식하지 못하였다. 다만 하나의 노예로 생각하고 노예 취급을 할 뿐, 자라는 머리털에 대하여는 무관심한 채 방치한 것으로 생각된다. 하지만 그의 머리털이 자람은 나실인의 자격을 다시 회복하고 있음을 보여주는 것이며, 또한 회개의 기간임을 뜻하는 것이다. 이런 의미에서 삼손에게는 가사의 방앗간이야말로 재생을 준비하는 훈련의 도장이었다고 볼 수 있다.

오늘의 우리 모두는 삼손의 방앗간이 있어야 한다. 즉 이 말은 우리의 처한 환경에서 자신의 영력을 되찾고 나실인의 본직을 회복하여 블레셋에서 이스라엘을 구원할 힘을 키우는 훈련 도장이 있어야 한다는 의미에서이다.

3. 유혹으로 실추된 명예의 회복 (28-31)

마침내 삼손에게 마지막 순간이 다가왔다. 이 단락은 삼손이 실추된 명예를 회복하고 죽음으로 블레셋의 원수를 갚는 장면을 보여준다. 이는 1막 2장으로 삼손 드라마의 라스트신을 장식한다고 할 수 있다.

즉 마지막 막(幕)이 열리자 그 첫 장면은 삼손의 기도 모습이 나오고, 다음에는 삼손의 장례 장면이 나온다.

1) 삼손의 최후의 기도 (28-30)

(1) 고독한 예배자로서의 기도 (28)

삼손에게 있어서 공식적인 기도는 이번이 두 번째이다. 첫 번째는 엔학고레(15:19)에서 일천 명의 블레셋 시체 사이에서 드린 기도였고, 이번에는 수천 명의 블레셋 인들이 다곤 신을 찬양하는 가운데서 드린 기도였다. 이 순간 삼손의 주변에 운집한 수천의 관중은 여호와를 무시하고 자신을 조롱하는 무리들일 뿐 자신을 돕는 자는 단 한 명도 없었다. 실로 고독한 예배자가 아닐 수 없다. 그는 혼자서 여호와 하나님께 기도를 드리고 있는 것이다. 주변에는 다곤을 찬양하는 무리들의 환호성뿐인 상황에서 삼손의 말없는 기도 소리가 천상을 향하여 올라갔다. 진실로 주 예수께서 잡히시던 밤의 겟세마네 동산에서의 기도를 연상케 하는 목숨을 걸고 드리는 기도라고 할 수 있다(마 26:39).

(2) 명예 회복을 위한 기도 (28b)

기도의 내용은 " . . . 주 여호와여 구하옵나니 나를 생각하옵소서 하나님이여 구하옵나니 이번만 나로 강하게 하사 블레셋 사람이 나의 두 눈을 뺀 원수를 단번에 갚게 하옵소서 하고"(28)라는 것이었다.

그의 기도의 대상은 주 여호와 하나님이었다. 그리고 기도의 중심은 "나를 생각하옵소서 . . . 이번만 나로 강하게 하사"였는데 이는 영력 회복을 위한 것이며, 그리고 그 힘의 용도는 "나의 두 눈을 뺀 원수를 단번에 갚게 하옵소서" 즉 블레셋 원수를 갚게 해 달라는 것이었다. 말하자면 나실인으로서의 자격을 한번만 감당하도록 회복시켜 달라는 간절한 호소였던 것이다.

(3) 인사(人事; human business)를 다한 기도 (29–30a)

"집을 버틴 두 가운데 기둥을 하나는 왼손으로, 하나는 오른손을 껴 의지하고 가로되 블레셋 사람과 함께 죽기를 원하노라 하고 힘을 다하여 몸을 굽히매"(29-30a).

삼손은 여호와 하나님께 기도를 드리기 전에 자기 나름대로 마지막 계책을 마련하였다. 그것이 곧 26절 말씀이다. "삼손이 자기 손을 붙든 소년에게 이르되 나로 이 집을 버틴 기둥을 찾아서 그것을 의지하게 하라 하니라"이다. 삼손은 소경이므로 다곤 신당에 끌려나올 때 그를 안내하는 소년이 있었다. 큰 장사가 어린 소년에게 끌려 다니게 하여 삼손을 더 초라하게 보이려는 생각에서인지 모르나 소년은 이 순간 동물원에서 동물 연기를 할 때 조련사격이라고 할 수 있다. 삼손은 소년에게 그 집을 지지하고 있는 두 기둥 사이에 세워 "피곤하니 의지하게 해 달라"고 한 것으로 생각된다. 하지만 삼손은 이미 소년에게 부탁하기 전에 두 기둥 사이에 서 있었다(25). 그 당시 건축상 두 기둥이 선 곳이 중앙무대이기 때문이다. 삼손이 이를 알면서 소년에게 부탁한 것은 이를 다시 확인하기 위함이라 볼 수 있다.

그 당시 블레셋의 건축 양식은 크레데(Crete) 궁전의 건축양식을 닮아 있어서 이것이 블레셋 인들이 크레데 섬에서 이주해 왔다는 학설을 뒷받침해 주고 있다. 이런 건축 구조는 중앙에 큰 기둥을 세우고 원형으로 기둥을 둘러 세운 다음 사방으로 돌아가며 큰 들보를 드문드문 경사지게 건 다음 그 사이사이에 서까래를 걸어서 원형으로 지붕을 만들었다고 생각된다. 상상컨대 오늘의 몽고족들의 가옥 구조를 닮았다고 보면 좋을 듯하다. 이 당시 다곤 신당은 규모가 크기 때문에 중앙에다 기둥 두 개를 세운 것으로 생각된다.

"지붕에 있는 남녀도 삼천 명 가량이라"(27) 한 것은 신전 안에 블레셋 방백을 위시한 주최측과 주빈석을 비롯한 초대 관중이 가득 찼을 것이고, 지붕은 이층 난간으로 된 곳으로 거기에 있던 삼천 명은 일반 관중인 것으로 추측된다. 이 곳에 모인 숫자만 해도 삼천 명 가량이라면 본당에 있던 숫자는 짐작이 가고도 남는다.

삼손은 블레셋의 자주 내왕하면서 그 당시 블레셋의 건축물에 대한 지식을 갖고 있었을 것으로 생각되며, 그는 소경이 된 지금에서 다만 죽기만 기다린 것이 아니라 그가 하나님께 최후의 기도를 하기 전 자기 나름대로의 블레셋의 다곤 신당 파괴 계획을 세웠음은 확실하다. 그는 무모하게 하나님의 뜻만 기다린 것이 아니라 비록 소경의 몸으로라도 가능한 계획을 세우고 기도하였다는 사실을 알아야 할 것이다. 동양 사상에도 "인사를 다한 후에 천명을 기다리라"는 격언이 있듯이 삼손은 자기가 할 도리를 다하면서 기도를 드린 것이다.

그는 이 건물을 지지하고 있는 두 기둥을 양손으로 껴안고 "블레셋 사람과 함께 죽기를 원하노라"(30a)라고 스스로의 의지를 표명하였다. 이 때문에 삼손의 자살설까지 학자들 사이에서 논란이 되지만, 그것은 결코 자살 행위가 아니라 소경이 된 그로서는 다곤 신당 파괴와 함께 여호와께 영광을 돌리고 자신이 거기서 탈출하기란 불가능함을 느낀 나머지 죽음을 각오하고 나실인의 마지막 과업을 성취함으로써 명예를 회복하려는 그의 결심의 표명이었다고 볼 수 있다.

(4) 응답된 기도이다(30b).

기도를 마친 후 두 기둥을 의지하고 서 있던 삼손이 희롱당하여 피곤한 모습처럼 보이자, 무리들이 술 취하여 웃고 떠드는 소리와 조롱과 야유의 소리가 극에 달하여 있을 때, 삼손은 두 기둥을 껴안고 허리를 굽혀 이를 잡아당기자 그 기둥은 흔들리다가 마침내 주춧돌에서 벗어나자 이 웅장한 건물은 삽시간에 붕괴되어 지붕 난간이 무너져 내리자 삼천 명이 추락하여 본당에 운집한 자들의 무리 위에 건물과 함께 뒤덮였다.

마침내 환락의 외침은 순식간에 죽음의 신음 소리와 고통의 비명으로 바뀌어 버렸다. 그 거대한 다곤 신상(神像)도 파괴되어 산산조각이 났음은 물론이다. 이로써 여호와의 승리로 영광을 크게 돌리고, 삼손 역시 죽기 직전 결심한대로 무수한 블레셋 인들의 시신 위에서 죽음으로 종말을 고하였다. 그의 최후의 기도는 응답되어 블레셋의 원수를 갚았고 하나님께 영광을 크게 돌리고 유혹으로 더러워진 자신의 죄악에서 벗어나서 나실인으로의 명예를 회복하였다.

삼손의 기도는 응답되었다. 그것은 자신의 죄를 인정하고 회개한 후 하나님의 뜻을 이루기 위한 기도이기 때문이었다. 무릇 하나님의 뜻대로 하는 모든 기도는 응답되기 마련이다. 이에 대하여 예수님은 다음과 같이 말씀하신다. "너희가 내 이름으로 무엇을 구하든지 내가 시행하리니 이는 아버지로 하여금 아들을 인하여 영광을 얻으시게 하려 함이라 내 이름으로 무엇이든지 내게 구하면 내가 시행하리라"(요 14:13-14).

2) 삼손의 장례와 그 의미 (31)

"그의 형제와 아비의 온 집이 다 내려가서 그 시체를 취하여 가지고 올라와서 소라와 에스다올 사이 그 아비 마노아의 장지에 장사하니라 삼손이 이스라엘 사사로 이십 년을 지내었더라"(31).

삼손이 가사에서 죽었다는 부음을 들은 "그의 형제와 아비의 온 집" 즉 친족들 그리고 단 지파에 속한 많은 무리들이 가사로 내려가서 그 어떤 저항도 받지 않고 수많은 블레셋 인의 시체 중에서 삼손의 시신을 찾아 고향 소라로 올라왔다. 이들이 아무런 저항도 받지 않은 것은 블레셋의 다섯 방백이 다 죽었기 때문에 행정업무가 마비되어 통제 기능을 잃었기 때문이라고 볼 수 있다.

그리고 그의 장지는 "소라와 에스다올 사이 그 아비 마노아의 장지"라고 하였으니, 그가 비록 블레셋 땅에서 죽었으나 그의 부친 마노아가 묻힌 선영에 장사지낸바 되었던 것이다. 이는 그가 비록 이국땅에서 객사한 셈이나 블레셋의 원수를 갚고 그 시신이 고국에 돌아와 조상의 선영에 묻힌 것이야말로 그의 명예 회복의 증거이며, 하나님의 돌보심의 은혜임을 알아야 할 것이다.

이리하여 삼손은 사사로서 레히에서의 대승을 거둔 이후, 이스라엘의 사사가 되어 이십 년을 지낸 후, 그의 영욕이 엇갈린 생애를 보여주는 것으로 대단원의 막이 내려진다.

결 론

삼손은 나실인으로서 마노아 부부의 경건한 가정에서 태어났다. 하지만 마노아 부부는 오히려 나실인의 3대 금기(a taboo)를 잘 지켰지만 당사자인 삼손은 이를 제대로 지키지 못하였다. 그는 포도주와 독주의 금기를 무시하고 블레셋 땅에 포도밭 주변을 돌며, 심지어 연회석에서 포도주까지 마신 것으로도 추측할 수 있다. 그는 또한 시체 접촉 금기도 무시하고 사자 시체에서 나온 꿀을 먹는가 하면 레히에서 나귀 턱뼈로 블레셋 인을 천 명이나 죽이고 그 시체 위에서 목이 말라 했었다. 그리고 삭발 금기 규례는 어느 정도 유지하였으나 들릴라에 의하여 이것마저 깎기고 그 결과 영육의 힘을 다 잃은 채 체포, 형벌, 노예적인 우마의 대역 등으로 그 자신이 받은 고통은 고사하고라도 그를 모태로부터 나실인으로 삼아주신 여호와 하나님의 뜻을 저버리고 또한 온 이스라엘의 국민적 기대마저 저버린 꼴이 되었다. 하지만 그는 방앗간에서 참회하며 회개함으로써 점차 힘을 회복하여 마지막으로 최후 기도를 올리고 블레셋의 전승축하 현장에서 그 건물을 지지하고 있던 두 개의 기둥을 파괴함으로써, 단번에 이층 옥상(난간)만에도 삼천 명이나 있던 그들을 죽이고 자신도 그들 시체 속에서 죽은 것이다.

우리가 이 고사(古事)를 생각하면서 삼손이 비록 나실인의 명예는 회복하였다 하더라도 그의 생애를 영예로운 것이라고 단정할 수는 없다고 본다. 그가 좀더 성실하게 나실인의 규율을 지키고 살지 못한 것은 고사하더라도 좀더 일찍 잘못을 뉘우치고 그 직무를 회복하였더라면 그가 이방인들의 시체 속에서 죽는 일은 없었으리라고 생각되기 때문이다. 그런 점에서 삼손은 죽기 전에 늦게나마 회개하고 그를 불러

주신 바 블레셋 제압이란 사명을 이루었음은 사실이나, 그의 죽음이나 생애가 명예롭고 하나님께 전적으로 영광을 돌린 삶이었다고 생각할 수 없다는 아쉬움을 남겨준 비장한 영웅이라고 할 수 있다.

우리 모두는 삼손의 생애를 보면서 죽어서 하나님께 영광을 돌리기보다 죄를 즉시 회개하고 좀더 살아서 나라와 교회에 공헌하는 자들이 되고자 결심하는 은혜가 있기를 바라는 바이다.

사사기

제 3 부
단 지파의 북방이주와 베냐민 족의 악행 (부록 편)

미가의 신당(神堂)

사사기 17:1-13

사사기의 원 줄거리는 삼손의 죽음으로 일단 종결이 되고, 그 후에 나오는 다섯 장, 즉 17-21장은 연대기적인 순서에 따라서 삼손의 죽음과 연결되는 것이 아니라 두 개의 부록으로 구성되어 있다. 첫째는 17-18장이며, 그리고 둘째는 19-21장이다.

부록 중 제1부는 단(Dan) 지파의 북방 이주와 단(Dan) 성소의 기원을 주제로 하고 있다. 이는 여호수아 사후 이스라엘의 가나안 정착이 안정되기 전 하나의 혼란기에 일어난 종교적 상태를 보여주는 것이며, 부록 제2부는 그 당시의 사회적 혼란과 도덕적 부패의 극한 상황을 보여주는 것을 내용으로 하고 있다.

그 원인을 "이스라엘에 왕이 없으므로 사람마다 자기 소견에 옳은 대로 행하였더라"(6, 18:1, 19:1, 21:25)라고 거듭 강조하여, 사사기 초기부터 왕정(王政)에 대한 맹아(萌芽)를 보여주고 있는 것이다.

오늘은 제1부의 첫째인 "미가의 신당"에 대하여 생각하고자 한다.

1. 미가의 신당 설치의 경위 (1-6)

팔레스틴 중심지대에 있는 에브라임 산지에 정체불명의 미가(Micah)

라는 사람이 그 모친과 함께 살고 있었다(1). "미가"라는 이름의 뜻은 "여호와와 같은 이가 누구냐"라는 것으로, 구약에 10회 이상 나타나고 있으며, 그 대표적인 자는 메시아 출생을 예언한 유명한 예언자 미가라고 할 수 있다(미 1:1).

본장의 미가는 그 이름의 아름다움에 비하여 그의 생활에 어느 한 곳도 좋은 면이 없는 자로 등장하고 있다. 그가 살던 시대가 여호수아 시대 직후 즉 사사시대 초기라고 추측하는 이유는 엘리아살의 아들 비느하스가 아직 살아 있고(20:28), 단 지파가 분배 받은 땅에 아직 정착하지 못하고 있던 사실을 보아 알 수 있다(18:1).

즉 이 시대는 여호수아가 가나안 땅을 점령하고 이것을 12지파에 분배하여 기업을 주었으며, 에브라임 지파 내인 실로(Shiloh)에 중앙 성소를 설치하고 합법적인 제사 기능이 시행되기는 하였으나, 아직도 백성들은 그 땅에 정착을 못하여 생활이 안정되지 못하였다. 또한 가나안의 우상 종교와 대립하여 여호와의 종교가 역시 뿌리내리지 못한 상황에서 백성들의 생활과 정신적, 종교적 안정이 되지 못한 틈을 타서 미가의 사설 신당 설치 사건이 생긴 계기가 되었던 것이다.

1) 돈과 관계되어 있다 (1-3)

본장은 열자마자 돈 문제로 시작된다. 즉 미가의 어미가 분실한 은 1,100세겔 때문에 크게 분노하여 저주하는 소리를 듣자 그의 아들 미가가 그 저주로 인하여 화가 미칠까 두려운 생각이 나서 그 범인이 미가 자신임을 고백하고 훔친 돈 그대로를 모친 앞에 내어놓았다.

은 1,100세겔을 오늘날의 화폐단위로 계산하면 약 30-40억쯤 된다고 추측한다. 생각건대 미가의 아버지에 대한 기록은 없으나 가나안 정착 직후 혼란한 틈을 타서 갑자기 갑부가 된 것이 아닌가 추측한다. 근래에도 러시아와 중국이 자유주의 경제체제로 전환하자 하나의 과도기적 경제 활동으로 재벌이 된 자들이 많이 있고, 지금도 신흥재벌이 속출하는 것과 마찬가지로 생각할 수 있다. 아마도 미가의 부친은 신흥재벌 행세를 하다가 이 재산을 아내에게 유산으로 남기고 조사(早死)한 것이 아닌가 생각된다.

그러므로 본장이 돈으로 시작되고 있을 뿐 아니라, 또한 도적한 재물이라고 볼 때, 아무리 미가가 범인임을 스스로 자복하고 원금 그대로를 모친에게 돌렸다 하더라도 이것을 깨끗한 돈이라고 할 수는 없을 것이다. 하물며 이 돈이 우상 제조를 위하여 사용되었다는 것은 더욱 큰 문제를 야기한다는 생각이 들 뿐이다.

생각건대 이 모자(母子)는 신앙심도 갖고 있는 듯하지만, 재물에 대한 욕심과 아울러 그 재물에 대한 강한 애착을 지니고 있음을 알게 된다. 그것은 이 거액의 돈을 분실하고 저주하였다고 하였지만(2), 그 저주는 보다 강도 높게 범인인 아들이 듣고 공포심을 일으킬 만큼 심각하였음을 알 수 있다. 과거 우리나라에서 잃은 돈이나 물건을 도적맞고 범인 색출을 위하여 까마귀발을 냄비에다 끓이면서 "나의 것을 도적한 자는 이같이 되라"라고 이웃 사람을 모아 놓고 저주하는 일이 있었다. 까마귀 발을 끓이면 오그라드는데 이것을 보는 범인의 양심을 자극하려는 하나의 수법이라고 할 수 있다.

이런 재물에 대한 탐심을 보고 자란 그의 아들 역시 어머니의 그 큰 돈을 훔쳐내는 도적 심리의 소유자가 되었다고 할 수 있다. 그러므로 이 모자는 둘 다 재물을 하나님보다 더 사랑하였던 자임을 알 수 있다. 왜냐하면 모친의 경우, 훔친 자를 저주하기보다는 돈 관리를 잘못한 자신의 죄를 하나님께 회개해야 했으며, 아들의 경우 역시 하나님 두려운 줄을 알고 도적 행위를 하지 말았어야 했기 때문이다.

한 걸음 더 나아가서 이들의 돈에 대한 애착은 모친의 경우 자신이 저주한 도적이 바로 자기 아들임이 밝혀지자, 자식에 대한 한마디 책망도 없이 단지 돈을 찾았다는 기쁨에서 "내 아들이 여호와께 복 받기를 원하노라"(2a)라고 축복을 하였다. 한 샘에서 쓴 물과 단 물을 내지 못하는데도 불구하고 돈 때문에 도적한 자를 입으로 저주하고, 범인이 아들로 밝혀지자 그 입으로 축복을 선언하고 있으니 이것이 문제라는 것이다. 오늘도 돈 때문에 자기 아들을 저주하는가 하면 신자이면서도 축복의 내용 중 첫째가 돈이라는 잘못된 인식을 갖고 있어, 심지어 강단에서까지 "돈 많이 벌어 부자 되라"고 기복신앙으로 흐르고 있음은 바로 미가 모자의 잘못된 황금주의에 침투되어 있는 증좌임을 개탄해야 할 것이다.

2) 혼합 신앙의 산물이다 (3)

"미가가 은 일천일백을 그 어미에게 도로 주매 어미가 가로되 내가 내 아들을 위하여 한 신상을 새기며 한 신상을 부어 만들 차로 내 손에서 이 은을 여호와께 거룩히 드리노라"(3).

미가의 어미는 자신이 저주한 도둑이 아들임이 밝혀지자, 이미 저주한 것을 취소하지 못한다는 데서(민 30:2, 신 23:21), 돌연 아들을 축복하면서 그 돈을 여호와께 드리므로 그 저주가 취소되기를 바란 나머지 "내 손에서 이 은을 여호와께 거룩히 드리노라"라고 선언하였다. 그러면서 한 가지 조건을 제시하였다. 즉 이 헌금의 용도에 대하여 "한 신상을 새기며 한 신상을 부어 만들 차로"라는 것이다. "새긴 신상"은 나무나 돌에 조각하는 것을 말하며, "부어 만든 신상"은 금속을 녹여 주조한 우상 형상을 뜻하는 것이다.

우리는 이 사실에서 이 모자의 혼합 신앙을 보게 된다. 그 어미는 분명히 아들에 대한 저주가 말소되기를 바라면서 "내 손에서 이 은을 여호와께 거룩히 드리노라" 하였음에도 불구하고 이 헌금이 두 개의 우상 제조에 사용되기를 바란 것은 여호와를 우상신으로 착각하고 있음을 알게 된다. 여기서 우리는 가나안 땅 입국 초기에 가나안 원주민의 우상종교에 대한 모세와 여호수아의 계속적인 경계의 당부가 있었음에도 불구하고 보이지 않는 여호와를 보이는 우상신으로 대치하는 혼합 종교의 모습을 드러내고 있음을 보게 된다.

이 모자는 분명히 여호와를 믿고 섬기는 자임은 틀림없다(3). 하지만 저들은 분명히 보이지 않는 하나님을 보이는 우상의 형상으로 바꾸어 놓은 것이다. 이것이 바로 미가의 집에서 이스라엘의 종교와 가나안 족의 종교를 혼합한 특수 종교의 형태로 출현하게 된 것이다.

미가의 어미는 아들이 내어 준 1,100세겔 전액을 돌려받고 그 중 200세겔을 은장색에게 주어 새긴 신상과 부어 만든 신상 두 개를 만들게 하였다. 그리고 그 나머지는 신당 설치비용으로 썼을 것이라고 생각된다. 그 당시 미가의 집의 신상이 실제 가나안 족들의 신상을 모형으로 만들고 섬겼다면 큰 문제이기도 하지만, 설사 하나님을 섬긴다는 신앙을 갖고 어떤 형상을 만들었다 해도 이는 제2계명 위반으로 큰 범죄행위가 됨은 물론이다.

이 우상은 다음 장에서 보게 되는 대로, 단 지파 가족 600명에게 탈취당하여 북방 라이스(Laish)에 이르러 단 지파 우상 신당에 세워져, 한 가족의 우상은 마침내 한 지파의 우상으로 확대되었고, 왕국 분열 후에는 이 우상 제단이 금송아지 우상으로 대치되어 하나의 국가적 차원의 우상 숭배의 중심이 되었던 것이다.

3) 사이비 종교의 창안이다 (4b-6)

미가 모자는 실로의 성막을 모방하여 우상 종교를 만들어 그럴듯한 사이비 종교를 창안하였다.

(1) 그의 집이 성소가 되었다 (4b)

"그 신상이 미가의 집에 있더라"(4b).

미가의 어머니가 부자였으니 그의 집도 비교적 크고 좋았으리라 생각된다. 그것을 성소로 삼고 그 안에 법궤를 대신하여 우상의 신상을 안치하였다. 이는 다만 실로의 성막을 모방한 것뿐, 초대교회의 마가의 집을 비롯한 "집에 있는 교회"와는 다른 것이다. 초창기의 교회들은 거의가 개인 집에서 시작되었고(고전 16:19, 골 4:15, 몬 1:2), 지금도 개척교회 시작이 보통 가정에 모여 예배드림으로 시작되는 경우가 많음을 보게 된다. 이는 몇 사람이라도 모여 합심하여 임시 예배 장소로 정하고 예배드리다가 공적 예배 처소를 마련하는 공동 집합소이기 때문이다.

하지만 미가의 경우는 사설 집단이다. 오늘도 돈 많은 사람들이 혼자 거금을 내어 교회당을 짓는 경우가 있는데, 이런 경우에는 거의가 문제의 소지가 된다. 교회당은 여럿이 합심하여 기도하고 헌금하여 지어져야 하는 것이다.

그러므로 오늘도 역시 특수한 경우가 아니면 기념 예배당 같은 것은 짓지 않는 것이 좋다고 생각된다.

(2) 에봇과 드라빔을 만들었다 (5)

에봇(ephod)은 대제사장의 겉옷으로 청·자·홍·백(靑紫紅白)의 네 가지 색깔의 실에다 금실(金絲)을 섞어 짜서 만든 것으로 흉패와 견대를 그 위에 부착하였고, 흉패 속에는 우림(Urim)과 둠밈(Thummim)을 넣어 이 두 개의 보석 색깔을 보고 대제사장이 여호와의 뜻을 알아내는 것으로(삼상 23:9-12, 30:7) 되어 있다.

미가가 에봇을 만든 것은 자신의 성소에도 성의(聖衣)가 있다는 것과 우림과 둠밈으로 인생의 길흉을 점치는 기능을 행사하기 위함이 강조된 것으로 생각된다.

그리고 드라빔(teraphim)도 같이 만들었는데, 본래 드라빔의 유래는 아람인의 우상으로서 야곱의 애처 라헬이 그 부친 라반의 집에서 이것을 훔쳐내어 도망치다가 부친의 추격을 받았으나, 교묘히 숨겨 가나안 땅에 수입되었다(창 31:19). 하지만 디나의 사건으로 이것을 상수리나무 아래 묻은 것으로, 그 모양은 사람의 형상을 닮았고 크기는 대소의 차이가 있다고 보며(삼상 19:13), 그 용도는 하나의 가정신으로서 역시 점이나 복술에 사용된 것으로 알려지고 있다. 미가가 이를 에봇과 같이 제작한 것은 신의 뜻을 알아내는 실로의 대제사장의 에봇 속에 우림과 둠밈과 같은 기능을 하는 것으로 상호 연관시키고 있는 것으로 생각된다.

(3) 아들도 제사장을 세웠다 (5)

"한 아들을 세워 제사장을 삼았더라"(5b).

이것 역시 실로의 성소를 본받아서 제사장을 세운 것인데, 그것은 자기 아들이었다. 제사장은 레위인 중에서도 아론의 자손만이 될 수 있는 특권을 무시하고 이와 전혀 상관없는 평민인 자기 아들을 세운 것이다. 그 후에는 레위인으로 대체하기는 하였으나 이것 역시 불법인 이유는 아론 자손이 아니기 때문이다(12).

이상으로 미가는 자기 소원을 따라 신앙을 구성하는 불법을 자행하여 우상 예배의 형식적인 조직체를 만들어 실로의 성소를 대신하려는 우매를 범하고 있었다. 아마도 그 자신의 생각에 성소(자기 집)가 있고, 신상이 있으며, 성의(에봇)가 있어 우림과 둠밈 그리고 드라빔이 신탁의 기능을 하고 있다고 생각한 나머지 스스로 만족하면서 실로의 성막을 모방한 일종의 사이비 종교 형태를 만든 것으로 볼 수 있다.

오늘 현대의 그리스도인 중에도 비록 사이비 집단에 속한 자는 아니라 하더라도 사실 사이비 집단의 신자처럼 생활을 하는 자를 많이 볼 수 있다. 예수님 당시 바리새인들은 스스로 생각하기를 가장 성서적인 모범 신자로 자부하고 있었다(눅 18:9-12). 저들은 다른 사람들처럼 토색, 불의, 간음한 일이 없으며, 세리와 같지 아니함을 자랑하고 있을 뿐더러, 이레에 두 번씩 금식하고 또 소득의 십일조를 드림을 자랑하였다. 외형적으로 볼 때 저들은 훌륭한 백성들의 지도자였으며, 안식일 성수와 금식, 그리고 헌금 등에 모범을 보였다. 하지만 주님은 "화 있을진저 . . . 독사의 자식이라"고 책망하셨다.

오늘의 성도들 역시 세례 교인이 되고, 주일 예배에 참석하며, 십일조 생활도 하고 있으며, 선교 단체에도 가담하고, 교회에서 평판도 좋은 편이니 "이만 했으면"이라고 자부할 수 있을지 모르지만, 이는 다만 하나의 바리새인적인 외식 종교의 신봉자로서 참 그리스도인 비슷하게 보일 뿐이다. 모름지기 참 예배자로서의 신령과 진정을 결하고 있는 한, 그리고 세리의 겸손한 기도가 없는 한, 주님의 눈에 비친 나 자신 역시 '화 있을진저'의 대상일는지 모를 일이다.

모름지기 우리는 실로의 성막 비슷하게 만들어 놓고 만족하던 미가 모자의 사이비 종교 추종자가 되지 않도록 심심한 반성과 각성을 촉구할 필요가 있음을 알아야 할 것이다.

4) 미가의 신당 설치의 원인 (6)

"그때에는 이스라엘에 왕이 없으므로 사람마다 자기 소견에 옳은 대로 행하였더라"(6).

이 말씀은 단순히 미가의 사설(私設; self willed) 신당 설치의 원인만 보여줄 뿐 아니라 사사시대 전반에 걸친 시대 배경을 지칭한다고 볼 수 있다.

즉 그 당시는 사사라는 특이한 인물이 나라를 다스리는 만큼, 왕이 없는 시대로서 여호와께서 직접 통치하시는 신정정치(Theocracy)를 이상(理想)으로 하는 기간이었다. 사사 중 마지막 사사인 사무엘은 백성들이 왕정을 주장하며 신정을 버리자고 봉기할 때도 그는 끝까지 이를 반대하였다(삼상 8:1-9). 그 이유는 하나님의 직접 통치를 마다하고 사람을 왕으로 세우는 것은 부당하다는 논리적 근거를 제시하였다. 하지만 그 후 사무엘은 여호와의 지시에 따라서 왕정을 선포하면서도 이는 백성들의 불신의 소치이며 그의 본심에서의 왕정 허락이 아님을 끝까지 주장하였다. 이 문제는 사무엘의 신정정치에 대한 이상과 백성들의 왕정 선호 경향이 상호 대립하고 있었기 때문이었다(삼상 8:10-20).

물론 사무엘의 신앙 수준에서 보면 그 당시의 신정정치(Theocracy)는 가장 신성한 이상정치의 모델임은 사실이다. 하지만 백성들의 신앙 수준은 여기에 이르지 못하고 있는 것이 문제의 소지가 되었다고 볼 수 있다. 예컨대 민주주의 정치체제는 가장 이상적인 것임에도 불구하고 백성들의 민도가 이것을 누릴만한 수준에 이르지 못했을 경우, 민주정치 시행 상에는 문제가 생기기 마련인 것과 마찬가지이다. 이러한 상황에서 우리나라 해방 직후부터 민주와 독재가 공존해야 하는, 말하자면 상황 민주주의라 할까, 일종의 변질된 민주주의라는 과도기를 지나서 서서히 발전하고 있음과 비슷하다 할 것이다. 사사시대의 정치와 종교 모두가 영적인 지도자가 없다는 데서 문제의 핵심을 지적하고 있는 것이 바로 6절이다.

"이스라엘에 왕이 없으므로"라는 것은 단순히 정치적으로 나라를 통치하는 왕이 없다는 해석을 가할 수도 있지만, 이스라엘의 왕이라면 단지 정치적 통치자만을 의미하는 것이 아니다. 적어도 이는 영적 지도자 즉 모세의 율법과 제도를 지키며, 하나님의 말씀에 근거하여 백성을 인도하는 자가 없기 때문이라는 것으로 해석되어야 한다는 것이다.

그 당시 사사들의 활동과 생활을 보면 정치적으로는 중앙집권적 통치 체제가 확립되지 못한 데서 단순히 그 출신 지파를 중심한 지역에서 정치적, 군사적 활동을 하였을 뿐이며, 종교적으로도 하나님 말씀에 굳게 서서 모세의 율법을 헌법으로 또는 그 도덕과 윤리관인 십계명에 근거한 종교 정책과 사회도덕이 시행되지 못하고 있는, 일종의 과도기적 현상에서 정치와 종교 모두가 하나의 혼란기를 맞게 되었다고 볼 수가 있다.

그러므로 "이스라엘에 왕이 없으므로" 혼란기가 왔다는 이유 제시는 단지 신정정치에서 왕정을 바람에서의 문제라기보다는 그 당시 상황이야말로 정치적으로나 사회 윤리적으로 또는 종교적으로 하나님의 율법과 그의 말씀대로 백성을 다스리는 왕적인 영적 지도자가 없기 때문에 각자가 제멋대로 행하는 무법천지가 되었음을 지적한다고 볼 수 있다.

모름지기 이상적인 국가와 사회가 이뤄지기 위해서는 올바른 방향을 제시하는 지도자가 출현해야 하며, 또한 백성들이 그의 지시하는 방향으로 가려는 대중적 호응이 있을 때 가능한 것이다.

바라건대 우리나라에도 하나님의 뜻을 따라 백성을 다스리는 정치가와 하나님의 말씀대로 교계를 이끄는 영웅다운 신앙적 지도자가 일어나기를 기대하며, 또한 이를 따르는 거족적인 민중의 봉기와 범 교회적인 부흥이 일어남으로 인하여 다시는 이 땅에 "왕이 없으므로 사람마다 제멋대로 행하는 일"이 없기를 진정 기대하여 마지않는 바이다.

2. 미가 신당의 제사장이 된 한 레위인 (7-13)

미가가 자기 집으로 사설(私設; self willed) 신당을 만들고 실로의 성막을 모방한 모든 시설을 갖춘 것 모두가 성서적 견지에서 불법적이지만 그 중에서도 자기의 한 아들을 세워 제사장을 삼은 것은 미가 자신의 마음도 찜찜하였던 것으로 생각된다. 바로 그 무렵에 한 레위인이 미가의 신당을 찾아오게 되어 만나는 사건이 생긴다.

1) 방랑자가 된 레위인 (7-9)

"유다 가족에 속한 유다 베들레헴에 한 소년이 있으니 그는 레위인으로서 거기 우거하였더라 이 사람이 거할 곳을 찾고자 하여 그 성읍 유다 베들레헴을 떠나서 행하다가 에브라임 산지로 가서 미가의 집에 이르매"(7-8).

본문 기록상으로 보면 이 소년 레위인의 정체는 다음과 같다. 즉 그의 가계(家系)는 유다 족속이고, 우거지는 베들레헴이며, 직능상으로는 레위인이라고 볼 수 있다. 하지만 이 구절에 대한 해석은 학자들 간에 이론이 많이 있다. 그 중 가장 신빙성이 가는 해석으로는, 이 소년은 레위 지파 출신의 레위인으로서 유다 지파 경내에 있는 레위 성에 거하다가 베들레헴에 일시 우거하던 자라고 보는 것이다. 사실 베들레헴은 유다 경내에 있으나 레위 성은 아니다(구약설교전집 제6권 여호수아, pp.319-326 참조). 그러므로 베들레헴은 하나의 "우거지"(7)에 불과하였던 것이다.

사실 이 레위인은 나중에 미가와의 면담에서 밝혔듯이, 거할 곳을 찾아 그의 우거지였던 베들레헴을 떠나서 에브라임 산지까지 방랑생활을 하고 있는 자이다. 생각건대 그의 방랑 이유는 그 당시 레위인들은 여호수아에 의하여 38개의 레위 성을 12지파 경내에 설치하고 분산 거주케 하였으나, 아직도 제사제도가 확립되지 못하였기 때문에 백성의 십일조로 생활을 지탱해야 하는 레위인들로서는 생활고를 견디다 못해 레위 성을 이탈하는 자가 많았다고 생각할 수 있다. 본문에 나오는 이 레위인도 그 중 하나로서 실로에 성막이 있기 때문에 그리로 가다가 에브라임 지파 경내에 있는 미가의 집까지 온 것으로 짐작할 수 있다.

우리는 이 레위인의 방랑 생활을 보면서 연민의 정을 느끼게도 되지만, 한편 일종의 모멸감을 갖게 되기도 한다. 즉 가나안 땅 입국 초기에 국민생활의 안정이 없던 시기이니 만큼, 십일조 의무의 이행이 제대로 되지 않아 레위인들이 본직을 떠나 방황한다는 사실에는 동정을 하게 되지만, 그래도 여호와 자신을 기업으로 삼고 인내하면서 국민들에게도 하나님을 섬기는 법을 바로 가르치고 하나님 말씀으로 격려하여야 했거늘 성직을 버리고 세속적인 살길을 찾아 유리방황하고 있었다는 사실에는 모멸감을 느끼게 된다는 것이다.

오늘도 역시 개척교회를 섬기는 교역자들은 생활고로 많은 고생을 하고 있다. 하지만 하나님의 말씀대로 교회를 섬기는 자라면 그 열악한 환경을 신앙으로 극복하면서 자녀들도 최고학부까지 다 교육시키고 또한 교인들에게도 십일조를 비롯한 헌금의 정신과 원리를 바로 가르쳐서 교회를 부흥시킴으로써 교역자와 교인들이 다같이 공존하며 하나님께 영광을 돌리는 경우도 보게 된다.

이는 곧 시편 37편 25절에 기록된 바, “내가 어려서부터 늙기까지 의인이 버림을 당하거나 그 자손이 걸식함을 보지 못하였도다”라는 말씀을 믿고 바른 신앙으로 생활하였기 때문이라고 생각된다.

2) 미가에게 고용된 레위인 (10)

"미가가 그에게 이르되 네가 나와 함께 거하여 나를 위하여 아비와 제사장이 되라 내가 해마다 은 열과 의복 한 벌과 식물을 주리라 하므로 레위인이 들어갔더니"(10).

미가는 레위인의 인적 사항을 일단 파악한 후 자기와 함께 거하기를 요청하면서 자신을 위하여 아비와 제사장이 되어 달라고 하였다. 여기서 "아비"는 부자(父子)관계를 뜻하는 것이 아니라 존경과 명예를 뜻하는 것이며(창 45:8, 왕하 6:21, 13:14), "제사장이 되라"는 것은 크게 잘못이다. 이 소년이 레위인인 것은 사실이라고 보이나(18:30), 그렇다 하더라도 레위인이라고 다 제사장이 되는 것은 아니다. 레위족 중 고핫의 자손이어야 하며, 그 중에서도 아론의 자손만이 제사장이 되고, 그 외에 고핫 자손은 다만 레위인이 될 뿐이다.

미가가 이 레위인을 세워 제사장을 삼은 것은 순 평민인 자기 아들을 세운 것보다는 좀 나은 편이라고 볼 수 있으나 이것 역시 잘못이며, 이를 비록 실로의 제사장을 삼았더라도 이는 부당한 일이다. 후에 밝혀지지만 이 레위인은 모세의 손자 요나단이었다(18:30). 그렇다면 그는 레위인이기는 하지만 제사족은 아닌 것이다. 그러므로 미가가 자기의 신당에 세운 제사장은 자기 임지인 레위 성을 이탈한 레위인일 뿐, 제사장이 될 자격은 없는 자이다(출 6:18-20, 민 3:19, 27).(구약설교전집 제6권 여호수아, p.324 참조).

미가는 레위인이 자신의 사설 신당의 제사장이 될 경우 "내가 해마다 은 열과 의복 한 벌과 식물을 주리라"는 조건을 제시하였다. 이는 미가의 교묘한 수법이다. 첫째는 명예에 호소하였고, 둘째는 돈에 호소하였기 때문이다. 동서고금을 막론하고 명예와 돈은 유혹의 조건으로는 가장 모두가 선호하는 미끼이기 때문이다. 여기 "은 열" 즉 10세겔은 114.24g으로, 연봉치고는 그리 많은 액수는 아닌 듯하며, "의복 한 벌"은 매년 동복과 하복 한 벌씩이라고 제롬(Jerome)이나 70인역에서 해석하고 있다. 또 "식물을 주리라"는 것은 요사이로 말하면 성미를 준다는 것으로 식생활을 보장하겠다는 뜻이다.

본래 식생활조차 어려워 떠돌이 신세가 되었던 레위인으로서는 아마도 과분한 대우로 생각하고 이를 기꺼이 수락하였다고 볼 수 있다. "레위인이 들어갔더니"라는 기록은 바로 미가의 요청에 대하여 레위 소년이 허락한 사실을 의미하기 때문이다.

이리하여 미가는 명예와 돈으로 레위인을 자기 신당에 고용하게 되었고, 레위인은 거할 곳을 찾아 유리방황하던 생활을 끝내고 미가의 집으로 들어가 우상 신당에 제사장이 된 것이다.

오늘도 역시 교역자가 가장 유혹 받기 쉬운 것이 명예와 돈이다. 이것은 우리 주님도 받았던 유혹이었다. 예수님은 "사람이 떡으로만 사는 것이 아니다"라고 물질의 시험을 물리치셨고, "내게 절하면 천하만국을 다스리는 권세를 준다"는 명예의 시험도 과감히 물리치셨던 것이다(마 4:1-11).

그러므로 오늘의 성직자들은 더 큰 교회, 더 좋은 대우 등을 내놓는 미가의 유혹을 과감히 물리쳐야 할 것이며, 또한 교회의 입장에서는 성직자에 대한 예우를 단지 일을 시키고 삯을 지불하는 단순한 노사관계 식으로 생각하는 잘못을 범하지 말아야 한다는 교훈을 본장에서 받아야 할 것이다.

3) 레위인의 만족과 미가의 맹신 (11-13)

"레위인이 그 사람과 함께 거하기를 만족히 여겼으니 이는 그 소년이 미가의 아들 중 하나같이 됨이라 미가가 레위인을 거룩히 구별하매 소년이 미가의 제사장이 되어 그 집에 거한지라”(11-12).

레위인은 자신이 미가의 사설 신당의 제사장이 된 것을 만족히 여겼다고 하였는데, 이는 크게 잘못된 일이다. 레위인이 자신의 일터인 레위 성을 떠나서 방랑자가 된 것도 문제이지만, 미가의 사설 신당에 제사장이 된 것을 만족히 여겼다는 것은 더 큰 문제가 아닐 수 없다. 이 레위 소년은 사실 모세의 손자 요나단이었다(18:30). 그렇다면 이는 제사족은 아니고 레위인인 것은 사실이다. 그런데도 미가의 사설 신당의 제사장이 되어 부끄러운 일에 잘못 쓰여짐을 만족히 여겼다니 이 얼마나 서글픈 일인가? 그는 육신을 살리기 위하여 우상 신당의 고용인이 되어 잘못 쓰여지고 있음을 스스로 깨닫지 못하고 있었다는 것이다.

한편 미가 역시 그의 맹신(盲信)을 보여주고 있음은 그가 레위 소년을 유혹할 때는 “아비”같이 대하리라 하고는 막상 제사장이 되니 “아들 중 하나”같이 대하였다니 이 얼마나 큰 모순인가?

그리고 “미가가 레위인을 거룩히 구별하매”(12)라고 하였는데, 이는 제사 임직식을 거행한 것이라고 해석한다(Lange). 그렇다면 미가가 제사장 임직을 주관하였다는 의미가 된다. 평민이 어찌 제사장 임직을 할 수 있단 말인가? 그리고는 “이에 미가가 가로되 레위인이 내 제사장이 되었으니 이제 여호와께서 내게 복 주실 줄을 아노라”(13)라고 하였으니, 미가는 정규적인 레위인을 제사장으로 세웠으니 여호와께서 복을 주실 것으로 착각하고 있었던 것이다. 이는 하나의 맹신 행위에 불과하다. 어느 것 하나도 율법이 가르친 신앙을 따르지 않고 자기 소신대로 사설 신당 설치로 우상의 소굴을 만들어 놓고는 여호와께서 복 주실 것이라는 미가의 맹신, 이것이 바로 왕이 없던, 즉 참된 신앙적인 지도자가 없던 사사시대의 혼란상을 여실히 보여주고 있다고 할 것이다.

오늘 우리는 이 미가의 신당과 사명 없는 레위인의 불신앙적 타락 행위를 보면서 이런 유(類)의 맹신자들이 얼마나 많으며, 제멋대로 사설 집단을 만들어 교회 간판을 걸고 나오는 사이비 종파가 얼마나 많은가를 개탄하기 전에 오늘의 대 교단에 속함을 자랑하는 기성교회들 역시 잘못하면 미가의 사설 신당처럼 되어가고 있지는 않은지를 반성해야 할 것이며, 또한 레위 소년처럼 영적 지도자의 지위에서 떠나 육적 생활에 급급하여 몇 푼 돈과 명예에 팔려 부끄러운 일에 잘못 쓰이면서도 이를 깨닫지 못하고 오히려 만족해하는 나 자신은 아닌가? 크게 반성하는 은혜가 있기를 진정 바라마지 않는다.

단 지파의 북방 이주와 미가의 신당

사사기 18:1-31

1. 단 지파의 북방 이주 계획 (1)

"그때에 이스라엘에 왕이 없었고 단 지파는 이때에 거할 기업의 땅을 구하는 중이었으니 이는 그들이 이스라엘 지파 중에서 이때까지 기업의 땅 분배함을 얻지 못하였음이라"(1).

본장은 단 지파의 북방 이주 사건과 미가의 신당(神堂)과의 관계를 보여주는 것을 그 내용으로 하고 있다. 이 사건 역시 왕이 없었던 혼란기에 생긴 것을 그 이유로 들고 있으며, 그 시기는 정확하게 말할 수 없으나 삼손보다는 일찍이 일어난 사건임은 분명하며, 주석가들은 이 사건을 바락에 의하여 야빈이 패한 직후라고 생각한다(4:24).

본문에서 "단 지파는 이때에 거할 기업의 땅을 구하는 중이었으니 . . . 기업의 땅 분배함을 얻지 못하였음이라" 하였지만 땅을 분배 못 받은 것이 아니라 분배 받은 땅을 지키지 못한 것뿐이다. 여호수아 19장 40-47절에 보면 단 지파는 분명히 기업의 땅을 받았는데, 그 곳은 유다 지파 서북방과 베냐민 지파의 영토 접경 서쪽에서 지중해까지의 일대로서 그 지경 안에는 우선 산악 지대를 포함하였으나 그 다음에는 세벨라 평원과 아울러 저 유명한 사론(Sharon)의 비옥한 평야가 펼쳐져 있는 곳이다.

그러나 영토 분배 당시 이미 그 대부분이 아모리(Amorites) 족과 블레셋 사람에게 점령되어 있었기 때문에 단 지파가 이 곳을 쟁취하는 일은 결코 쉬운 일이 아니었다. 그것은 저들에게 이미 철병거가 있었기 때문이다. 그러므로 이스라엘 자손이 승리를 얻는데, 필수적인 무기는 오직 신앙뿐이었는데도 불구하고 이 지파에게는 이것이 없었다. 그런 중에 아모리 사람들이 평야로 내려오는 길을 차단하고 산악지대로 몰아붙여 마침내 살 길이 막히자 큰 곤경에 처하게 되었다(1:34, 35). 그러므로 하는 수 없이 딴 곳으로 거주지를 옮기려는 이주 계획을 세우게 된 것이다.

우리가 이 단락에서 배워야 할 큰 의미는 신앙 없는 단 지파 사람들의 여호와께 대한 배신행위라는 것이다. 저들이 여호수아에 의하여 분배 받은 지역은 하나님이 주신 기업이다. 이는 오늘의 성도들에게는 보배로운 믿음을 의미한다. 그러니 만큼 이것을 빼앗으려는 아모리 족속과는 필사적으로 싸워야 하는 것이다. 단 지파의 총 수는 제2차 인구조사 시 64,400명이었다(민 26:43). 이들이 합심하여 마치 그 시대에 드보라와 바락처럼 싸웠더라면 그 아름다운 세벨라와 사론의 평야를 확보하고 그 기업의 땅에서 잘 살았을 것이다. 하지만 왕적인 지도자가 없고 출중한 장군도 없었던 저들은 그 당시 신예(新銳)무기인 철병거만 보고 겁이 나서 하나님을 원망하면서 도리어 가나안인의 신인 우상을 도입하여 섬김으로 하나님의 진노를 사서 마침내 그 기업의 땅에서 쫓겨나는 비운에 처하고 말았던 것이다.

이런 의미에서 단 지파는 이스라엘 12지파 중 가장 믿음 없는 지파이며, 우상 숭배의 선봉에 선 족속으로서 계시록 7장 4-8절에는 그 이름이 빠져 있는 유일의 지파가 된 것이다.

역시 오늘의 성도들 중에는 이런 단 지파적인 허약한 자는 없는가 반성할 일이다. 나봇이 죽임 당하기까지 조상의 기업인 포도원을 지킨 용기와 스데반 집사가 돌에 맞아 죽으면서까지 믿음을 지킨 순교 정신을 생각하면서 오늘 나에게 배당된 기업인 보배로운 믿음을 끝까지 지키는 자들이 되어야 할 것이다.

2. 단 지파의 정탐꾼과 미가 신당의 제사장 (2-10)

1) 정탐꾼과 제사장(레위인)의 만남 (2-4)

단 자손들은 소라와 에스다올에 사람들을 모아 회의를 열고, 그 결과 기업의 땅을 포기하고 새 땅을 찾아 이주할 계획을 세운 후, 용맹있는 자 5명을 택하여 새로운 개척지를 탐지하라고 정탐꾼을 파송하게 되었다(2).

이들이 북상(北上)하여 에브라임 산지까지 가서 유숙처를 정한 것이 공교롭게도 미가의 신당 근처였다. 정탐꾼들이 미가의 신당 앞을 지나다가 “레위 소년의 음성을 알아듣고 그리로 돌이켜 가서”(3a)라고 하였는데, 이는 바로 신당 통과 시 레위 소년의 음성을 듣고 돌이켜 가서 그 신당의 제사장이었던 레위 소년을 만나게 된 것을 말한다.

여기 “레위 소년의 음성을 알아듣고”라는 해석에는 세 가지가 있다.

첫째, 서로 아는 사이라는 해석으로 면식이 있어 그 목소리를 듣고 식별했다는 것.

둘째, 소년의 음성을 제사장의 에봇에 달린 방울 소리라고 보는 것(출 28:33-35).

셋째, 사투리로 에브라임 사람이 아닌 것을 알았다는 것 등이다.

이 세 가지 중 세 번째가 가장 적절한 해석이라고 본다. 에브라임 사람들의 발음은 억양이 센, 된 소리를 내기 때문에(12:6), 레위 소년으로서 유다에서 오래 산 자로서는 그 근처에 있는 소라와 에스다올 사람과 억양이 비슷하기 때문에 정탐꾼들이 레위인이 유대인인 줄 알았다고 생각되기 때문이다.

어쨌든 이런 경로로 정탐꾼과 레위인이 서로 만나는 기현상이 있게 되었다. 정탐꾼들은 레위인을 만나자 "누가 너를 이리로 인도하였으며 네가 여기서 무엇을 하며 여기서 무엇을 얻었느냐"(3b)라고 세 가지 질문을 하였다. 첫째는 이리로 오게 된 동기, 둘째는 하는 일, 셋째는 대우와 보상 등이다. 이에 대하여 레위인의 대답은 " . . . 미가가 여차여차히 나를 대접하여 나를 고빙하여 나로 자기 제사장을 삼았느니라"(4)라고 하였다.

이를 해석하면 오게 된 동기는 "여차여차히"라 하였고, 대우는 "고빙"된 상태이며, 하는 일은 "자기(미가) 제사장" 즉 사설 신당에 속한 제사장이라고 대답하였다. 이 대답에 의하면 레위인은 현재 생활에 만족하는 편은 아닌 것이 확실하며, 레위인의 본직에서 이탈한 그는 하는 수 없이 탈속한 성직자로서 미가에게 고용(hire)된 사설 신당의 개인 제사장이라는 탄식적인 답변이라고 할 수 있다. 레위인이 자기 스스로를 고용인 즉 삯군이라고 고백하고 있으니 이 당시에 종교적 타락상이 과연 어느 정도인가는 짐작이 가고도 남는다.

한편 5인의 정탐꾼들의 입장을 생각하면, 저들이 미가의 신당을 일부러 알고 찾은 것은 아니라, 그 앞을 지나다가 우연히 만난 것은 분명한 사실이다. 하지만 저들의 믿음 없음은 여기서 명백히 드러난다. 왜냐하면 저들이 새 거주지를 찾아 어차피 북상하는 길에 에브라임 산지를 통과하였다면, 어찌하여 그 곳에 있는 실로의 성막을 찾을 생각을 전혀 하지 않고 무관심하게 그대로 통과하였을까? 저들에게 약간의 신앙심이라도 남아 있었다면 실로의 성막을 찾아 제사장의 신탁(神託;

oracle)에 의한 가부를 물음이 당연한 처사임에도 불구하고 하나님의 뜻을 따라 정상적 방법으로 배당된 기업의 땅을 떠나서 신거주지를 찾아가면서 실로의 성막을 무시한 채 지나쳐 가다가 결국 미가의 우상 신당으로 들어가 그 제사장을 만났다는 사실은 저들에게 털끝만한 신앙도 없었다는 확실한 증거가 될 것이다.

이리하여 여호와 하나님께 대한 믿음 없는 정탐꾼들과 믿음 없는 타락한 레위인의 극적인 상봉이 이루어졌음을 보게 되며, 이들의 만남이 그 후 이스라엘 역사에 어떤 악영향을 미치는가는 앞으로 전개될 내용을 통해 알게 될 것이다.

2) 제사장(레위인)의 신탁을 따른 정탐꾼 (5-10)

믿음 없는 정탐꾼과 믿음 없는 레위인이 서로 만나 각각 그 정체를 확인하자 다음과 같은 대화를 서로 주고받았다.

"그들이 그에게 이르되 청컨대 우리를 위하여 하나님께 물어보아서 우리의 행하는 길이 형통할는지 우리에게 알게 하라 그 제사장이 그들에게 이르되 평안히 가라 너희의 행하는 길은 여호와 앞에 있느니라"(5-6).

정탐꾼 중 누구 하나라도 하나님께 대한 믿음이 있었다면 레위인의 타락상을 보는 순간, 그 잘못을 지적했어야만 옳았을 것인데도 불구하고 한 마디의 충고도 없이 단순히 제사장이라는 말을 듣자, 그들의 가는 길이 형통할지에 대하여 하나님께 물어달라는, 이른바 신탁(神託; oracle) 요청을 하였을 뿐이다.

한편 레위인의 입장에서는 적어도 그가 레위인임이 확실하다면 여호와의 지시에 따라 합법적인 방법으로 분배 받은 기업지를 버리고 인간적인 방법으로 새 거주지를 찾음에 대하여 이는 잘못이라고 지적해

주었어야 할 입장인데도 불구하고 한 마디의 충고도 없이 "평안히 가라 너희의 행하는 길은 여호와 앞에 있느니라"(6)라고 아마도 에봇과 드라빔으로 점치는 흉내를 내며 신탁이라고 아첨하는 답변을 하였을 뿐이었다(Moore, Hervey).

정탐꾼들은 타락한 레위인의 점괘(占卦)를 그대로 믿고 힘을 얻어 북쪽으로 100마일을 더 올라가서 라이스(Laish)란 곳에 이르렀다. 이 곳은 레셈(Leshem)이라고도 하며(수 19:47), 그 위치는 갈릴리 바다 북쪽 40km지점, 두로 동쪽 40km지점인, 레바논 산맥과 헐몬 산맥 사이에 있어, 요단강의 근원지이다(C.F. Burney). 다른 사회와는 떨어져서 살기 때문에 적의 침략을 받지 않고 "염려 없이 거하여"(7a) 있었는데, 이는 레바논 산맥이 베니게를 막았고 헐몬 산맥이 수리아를 막아주었기 때문에 이런 자연 요새 덕분에 전쟁의 위협이 없었다는 것을 의미했다.

그리고 "시돈 사람같이 한가하고 평안하니"(7b)라는 것은 시돈 사람은 상업에 종사하기 때문에 군대 양성을 하지 않고 있어 비교적 한가하고 평안하게 지냈으며, 아마도 라이스 성 사람도 행정상으로는 두로권 안에 있는 듯하며, 그 생활상이 한가하고 평안히 지낸다는 것이다. 게다가 자체의 군대 양성을 할 필요가 없었으며, 또한 자체 내에 권세 잡은 행정 수반도 없어, 내외적으로 아무런 간섭을 받지 않고 사는 평화로운 사람들이라는 것이다.

그러므로 이들을 공격하더라도 "시돈 사람과 상거가 멀며 아무 사람과도 상종하지 아니함이라"(7c)는 것은, 시돈 사람의 원조를 받기가 어려움은 거리가 멀기 때문이며, 또한 그 외의 사람들과도 외교관계가 없기 때문에 원조 받을 수가 없다는 의미이다.

정탐꾼들은 자기 지파로 돌아가서 라이스 땅의 실정을 보고하고 그 땅의 백성을 치고 그 땅을 차지하자고 독촉하면서 "그 땅은 . . . 하나님이 너희 손에 붙이셨느니라"(10)라고 강력히 주장하였다.

저들은 권력이 정의이고 강한 자가 약한 자의 소유권을 박탈할 권한이 있다고 보는 찰스 다윈(Charles Darwin)의 약육강식의 동물학적 원리를 주장하였는데, 이것을 하나님의 뜻이라고 하는 저들의 부도덕한 윤리관이야말로 기독교윤리와는 정반대되는 주장에 불과할 뿐이었다.

오늘날 우리는 단 지파 정탐꾼의 만행(蠻行)을 보면서 자신의 안전을 위하여 평화로운 시민의 행복을 희생시킨다면 이는 기독교 윤리관이 아님은 물론, 일반 사회도덕에서도 용납될 수 없는 저속한 동물적 단계에 있다는 점을 바로 알고 크게 자성할 필요가 있다고 보는 바이다.

3. 단 지파 이주민과 미가의 신당 (11-26)

1) 라이스를 향한 이주민의 출발 (11-12)

단지 5명의 정탐꾼의 강한 주장으로 600명의 무장한 남자들과 그 가족을 합하여 수천 명에 달하는 단 지파의 부족들이 설득되어, 마침내 하나님께서 주신 기업의 땅을 버리고 저 북방 끝에 있는 라이스를 향하여 역사적인 민족 이동을 개시하게 되었다.

생각건대 이 600명이라는 수가 그 당시 단 지파에 속한 전부라고 생각하여 제2차 인구조사 시 64,400명(민 26:43)이던 것이 여러 가지 이유에서 감소되었다고 주장하는 학자들도 있기는 하지만, 어느 정도의 단 지파 사람들이 그 후 삼손 시대까지 소라 땅에 남아 있었음을 보아(16:31) 600명의 이주 집단이 단 지파 전체가 아님을 알 수 있다.

하지만 600명의 남자와 그 가족 수천 명이 팔레스틴 남쪽에서 최북

단 라이스까지의 이동 사건은 세계 이민사(移民史)적 견지에서도 결코 작은 일이 아님을 알아야 한다.

저들의 출발지는 소라와 에스다올이었고, 목적지는 라이스였다. 그리고 최초로 진 친 곳은 기랏여아림(Kirjath-Jearim)으로서 출발지에서 약 두 시간 거리에 위치한 유다 지파 경내에 있는 '숲의 성읍'이라는 뜻의 고장이다. 생각건대 이민 행렬의 진행 속도가 느린 감이 있으나 여인들과 어린 아이들과 가축까지 동행하고(21) 있을 뿐 아니라 경험 없는 여행에서의 무질서 등이 그 지연 이유로 생각할 수도 있다. 하지만 그보다는 이 다음 유숙지인 에브라임 산지 미가의 집을 습격할 계획을 세우고 이 곳에서 진 치고 장기 체류하였다고 보는 이유는 그 후 이 곳이 마하네단(Mahaneh-Dan) 즉 "단의 진영"이란 이름으로 불려진 사실을 보아 알 일이다(12).

그리고 또 한 가지 이유로는 이 곳이 유다 지파와 베냐민 지파의 경계에 위치한 곳인바 베냐민 지파에서 장기 체류하기보다는 그래도 단 지파로서는 유다 지파 경내에 있는 것이, 혹 수천 명의 이민자, 그중 600명은 무장 군인인 만큼 이 많은 수가 타 지파 경내에 체류 내지 영토 통과 시 문제가 생기더라도 유다 영지 안에 있는 편이 유리하다고 생각했을 것은, 이들과는 단 지파와 근접해 있어 친분이 있었기 때문이라고 볼 수 있다.

이로써 저들의 이민 행렬의 출발은 비교적 순조로웠다고 볼 수 있으나 이는 가나안을 향한 애굽에서의 출발과는 달리, 합법적인 기업지를 등지고 불법적인 방법으로 안전책을 강구한 것이며 참 신 여호와를 버리고 우상신을 섬기려는 뜻으로, 미가의 신당을 우선 공격 목표로 세우기 위한 마하네단의 체류는 크게 잘못된 것임을 말해준다고 볼 것이다.

2) 이주민에 의한 미가 신당 급습 사건 (13-26)

(1) 우상 절취 및 제사장 납치 (13-20)

이주민 일행은 마하네단에서 얼마큼 체류기간을 갖고 미가 신당 급습 사건을 비롯한 라이스 정복까지의 모든 준비와 군대 정비 등을 끝내고는 베냐민 경계(境界)와 또는 에브라임 경계를 무사히 통과하여 마침내 미가의 집에 당도하게 되었다(13).

생각건대 이 대열의 지휘권을 가진 자는 앞서 정탐꾼으로 미가의 집을 탐방한 바 있는 5인조의 정탐꾼으로 추측이 가는데, 이들은 단 족속 중 가장 용맹 있는 자이기 때문에(2), 지휘관의 자격으로 이미 계획된 대로 모든 일을 진행하였다고 본다.

우선 저들은 미가의 집에 이르자 "이 집에 에봇과 드라빔과 새긴 신상과 부어 만든 신상이 있는 줄을 너희가 아느냐 그런즉 이제 너희는 마땅히 행할 것을 생각하라 하고"(14) 우선 미가 신당을 급습할 것을 알린 다음, 이들이 선두에 서서 미가의 집에 들어가서 일단 문안을 하고(15), 무장한 600명으로 하여금 정문에 배치하여 일종의 무력시위를 하게 완벽을 기하였다.

그런 후 이 5인조의 약탈꾼은 신당 안으로 들어가서 "새긴 신상과 에봇과 드라빔과 부어 만든 신상을 취하여" 내었다(17-18). 이 때에 제사장은 이미 사태를 짐작하고 있었음은 "병기를 띤 육백 명과 함께 문 입구에 섰더니"(17b)라는 구절을 보아 알 수 있다. 그는 이미 600명의 군대 편에 서서 이 광경을 바라보고만 있었기 때문이다.

약탈 행위가 이미 끝난 후에야 "제사장이 그들에게 묻되 너희가 무엇을 하느냐"(18b)라고 하였다. 이것은 벌써 이 사태의 진상을 다 알고 있으면서도 다만 책임상의 질문이라고 할 수 있다. 이에 약탈자는 이미 준비된 각본에 따라서 "잠잠하라 네 손을 입에 대라"(19a)라고 하여 "조용히 따르라"라는 말로 일단 진정시킨 후, 저들은 제사장에 대하여 가장 설득력이 강한 유인책(誘引策)을 썼다. 즉 "우리와 함께 가서 우리의 아비와 제사장이 되라 네가 한 사람의 집의 제사장이 되는 것과 이스라엘 한 지파, 한 가족(단 지파는 단일 씨족)의 제사장이 되는 것이 어느 것이 낫겠느냐"(19b)는 것이다.

이 말을 듣자 이미 정탐꾼에게 자신을 가리켜 "그가 . . . 나를 고빙하여 제사장을 삼았느니라"(4b)라고 하여 다만 고용인에 불과한 자신의 정체를 알고 있었던 제사장은 일고의 여지도 없이 마음에 기뻐하여 우상과 기물(器物) 등을 갖고 단 지파에 가담되는 결단을 내린 것으로 보아, 사실 이 사건은 신당의 기물 약탈과 제사장 납치 행위라기보다는 제사장이 자진하여 제사에 필요한 모든 기물들을 손수 다 갖고 단 지파를 찾아 자진 귀의하는 격식을 취하였다고 할 수 있다.

(2) 미가의 추적과 단 자손의 공갈 (21-26)

이주민들은 미가 신당에서 우상 및 기물들을 탈취하는 데 성공하고 제사장까지 대동하고는 미가의 추격을 미리 짐작하고 "어린아이들과 가축과 물품을 앞에 두고"(21), 즉 무장한 군인들로 하여금 뒤에 세우는 것으로 일단 항오(行伍)를 정비하고 만일에 대비하도록 하였다(21).

미가는 저들이 떠난 후 얼마쯤 지나서 이웃을 모아 추격을 하게 되었다(22). 여기서 "이웃"이라는 것은 그 신당에서 우상 예배를 같이 드리던 집단으로 생각할 수 있다. 저들이 "단 자손을 따라 미쳐서는 단 자손을 부르는지라"(22b-23a)라고 하였으니 아마 "거기 서라"라고 크게 불렀을 것이라고 생각된다. 그러자 "네가 무슨 일로 이같이 모아 가지고 왔느냐"(23)라고 짐짓 알면서도 그 추격 이유를 물었다.

그러자 미가는 "나의 지은 신들과 제사장을 취하여 갔으니 내게 오히려 있는 것이 무엇이냐 너희가 어찌하여 나더러 무슨 일이냐 하느냐"(24)라고 저들의 강탈 행위를 추궁하면서 항의하였다. 그의 항의는 지당하나 그 항의 내용은 유치하고 저속하다. 즉 "나의 지은 신들과 제사장"이라고 말하고 있기 때문이다. 이주민에게 탈취 당한 우상은 미가 자신이 만든 것이며, 또한 제사장은 미가 자신이 세운 것이라는 우매(愚昧)의 표현이기 때문이다. 미가야말로 창조주 하나님을 섬기는 자가 아니라 피조물을 신으로 섬기며, 제사장 역시 자기가 스스로 세워 우상 신당의 제사장으로 만들었음을 스스로 폭로하고 있는 것이다.

모름지기 모든 인류의 경배의 대상은 오직 창조주 하나님 한 분이시며 우리의 중보자이신 제사장 역시 한 분 예수 그리스도일 따름이다(히 5:4-6). 그럼에도 불구하고 오늘 이 지구상에는 유일신이신 하나님을 섬기는 기독교인 수가 21억으로서 10대 종교 중 제일 많기는 하나, 무종교인이 11억이나 되며, 그 외의 종교인 수가 34억이 넘는다고 한다. 그 중에는 주체사상 신봉자도 10대 종교 안에 들고 있음은 놀라운 일이며, 그 수가 무려 1,900만이나 된다고 한다(미 종교통계 adherents.com).

한편 "단 자손이 그에게 이르되 네 목소리를 우리에게 들리게 말라 노한 자들이 너희를 쳐서 네 생명과 네 가족의 생명을 잃게 할까 하노라"(25)라고 하였다. 이는 600명으로 편성된 단 지파 무장 군인을 자랑하는 폭도들의 협박 공갈이다. 즉 "입 다물고 잠잠 하라. 철없이 떠들다가는 우리 중 성난 자들이 너와 네 가족들의 생명을 해칠 것이다."라는 위협이었다.

그 후 단 자손은 태연하게 자기 길을 갔고, 미가는 단 자손의 수세에 몰려 대항을 포기하고 자기 집으로 돌아갔다. 우상 숭배자들은 우상을 빼앗기자 "내게 오히려 있는 것이 무엇이냐"(24)라고 우상을 자신의 가장 귀한 것이라고 탄식하였지만 그는 우상 때문에 생명을 내놓을 만큼 싸우지는 않았다. 오직 순교 정신은 참 하나님만을 섬기는 자에게서만 볼 수 있을 뿐, 거짓된 우상 숭배자인 미가에게서는 볼 수 없는 것이 당연할 일이다. 우리는 이 단락에서 우상을 두고 싸우는 둘 사이를 보면서 미가는 거금(巨金)을 드려 제작한 우상과 기물을 하루 아침에 잃었고, 그가 세운 "아비", "아들같이" 대우한다던 제사장에게 마저 배신당하고 패가망신하는 비참한 지경에 이르고 말았다. 이것이 우상 숭배자의 결말임을 보여준다.

한편 우상을 탈취한 단 지파의 이주민들은 법궤를 모신 성소가 있는 실로를 통과하면서도 여호와를 섬김에 대해서는 아무런 관심도 없이 이미 여호와를 버렸음을 보여주며, 다만 우상 탈취에만 급급하여 그 목적을 달성하였지만 결국은 단 지파 전체를 우상화시킨 계기가 되게 하였던 것으로 이는 영원히 규탄 받아 마땅한 범죄자가 된 것이다.

또한 이 양자의 중간에 서 있는 레위인 제사장으로서는 미가에게서는 재물을, 단 지파에게서는 명예를 얻은 것으로 스스로 기뻐하였지만 (20), 그는 그 후 단 지파의 제사장이 되어 라이스 점령 이후 그 정체 (正體)가 밝혀지지만 이는 모세의 손자로서 그 조상의 명예를 오손하는 우상 숭배자가 된 것이다(30-31).

그러므로 이 사건에서는 어느 하나도 좋은 것이라고는 볼 수 없는 정치적 내지 종교적 암흑의 면만을 보이고 있어 독자들을 분노하게 할 뿐이다.

4. 단 자손의 라이스 점령과 신당 설치 (27-31)

1) 라이스 공격과 점령 (27-29)

단 자손의 이주민들은 미가가 지은 우상과 제사장을 대동하고 계속 북상하여 평화로운 성 라이스(Laish)에 도착하자 즉시 그 성을 공격하여 불사르고 그 곳 시민들을 죽였다. 하지만 어디서고 라이스를 도우려는 원병은 오지 않았다. 시돈과는 거리가 멀고 그 외에 다른 족속과는 거래가 없었기 때문에 이런 끔찍한 장면을 알 수도 없었던 것이다.

단 자손들은 무난히 라이스를 점령하고는 그 성을 다시 세우고 그 조상의 이름을 따서 단(Dan)이라고 명명하였다. 이 성은 이스라엘 영토의 최북단에 위치한 헐몬산 밑에 있는 성읍으로서 이 때로부터 이스라엘 전 지역을 말할 때 자주 쓰이는 "단에서부터 브엘세바까지"라는 명칭이 유래하게 되었다.

우리가 이 사실에서 기억할 것은 단 자손의 라이스 점령과 새로운 단 성읍의 건설은 결코 여호와께서 허락하신바 여호수아의 지시에 따른 가나안 점령과 기업 분배 차원에서 된 것이 아니며, 결코 여호와의 심판의 대리자로서 행한 신앙적 행위가 아니라는 것이다. 이는 순전히 도적 행위이며, 양민 학살의 무단 침략 행위일 따름이다.

오늘도 역시 약소민족을 공격하면서 이를 성전(聖戰)으로 둔갑하려는 자들 때문에 평화로운 시민들이 얼마나 참혹한 고통을 당하고 있는가를 깊이 생각해 보아야 할 것이다.

2) 우상 신당의 설치 (30-31)

단 자손들은 예정대로 라이스(Laish)를 점령하자 그 곳에 우상의 신당을 세우고 미가의 집에서 탈취해 온 신상을 설치하였다. 그리고 미가의 집에서 대동해 온 레위인을 제사장으로 세우고는 여기서 그 제사장의 정체를 밝히고 있다. 즉 이 타락한 레위인이 바로 모세의 손자이며, 모세의 아들 게르손의 아들 요나단이었다는 것이다(30).

우리가 이 놀라운 사실에서 기억할 것은 신앙은 결코 혈통에 의하여 유전됨이 아님을 기억해야 한다는 것이다. 모세의 후계자는 그 자손이 아니었고 그의 심복이었던 눈의 아들 여호수아였다. 모세는 여호와의 명으로 제사족(祭司族)으로는 아론 자손 중 고핫 자손으로 국한시켰고, 자신의 자손은 다만 레위인 자격을 주었을 뿐이었다. 그러므로 모세의 손자 요나단을 제사장으로 세운 것은 제사 제도를 위반한 불법인 것이다.

이리하여 단의 신당은 당시 실로에 설치된 합법적인 성막에 대항하는 북방 성소의 유래가 된 것으로 "이 백성이 사로잡히는 날까지 이르렀더라"(30b)라고 한 구절을 놓고, 앗수르에 의한 북왕국 멸망까지로 보는 학자들도 있기는 하나, 31절에 "하나님의 집이 실로에 있을 동안에 미가의 지은바 새긴 우상이 단 자손에게 있더라"라는 기사로 보아 블레셋 사람들에 의한 법궤 피탈 당시(삼상 4:17)에 단에 세운 신당과 미가의 신상도 사라지고 아울러 요나단의 제사직 승계도 종결되었다고 보는 것이 타당성이 있다고 생각한다.

결 론

어머니의 돈을 훔친 아들의 죄가 드러나던 날, 그 돈으로 우상을 조각하자는 모자간의 계획이 수립되고, 계속해서 이것을 안치할 자의적(self-willed)인 신당을 자기 집에 설치한 이 작은 죄악의 씨앗이 얼마 못되어 이스라엘의 한 지파를 어두운 그늘로 덮게 되는 울창한 큰 나무로 성장하게 되었던 것이다.

이 신당이 블레셋 침략 시 실로의 법궤를 빼앗길 때까지 존속되었다고 하지만(31), 모세의 손자까지 개입된 이 사건이 불과 요나단 자손 수대의 세습(世襲)으로 끝이 났다고 보아서는 안 된다. 17장 첫머리에 "부어 만든 신상"이라는 용어는 이미 우리에게 익숙하게 알려진 금송아지 우상을 상기시킨다. 출애굽기 32장과 신명기 9장에 수록된 이 기사는 열왕기상 12장에 기록된 여로보암의 왕국 분열과 함께 북왕국 단(Dan)에 설치된 단 성소와 연관되어 있다. 신명기적 역사가들은 이스라엘의 종교적 상태를 재정비하면서 이를 "여로보암이 이스라엘로 범죄케 한 죄"라고 비난하고 있다. 저 유명한 호세아 선지도 이 사실을 실감 있게 거론하고 있다(호 13:1-2).

이런 의미에서 "이 백성이 사로잡히는 날까지"(30)를 앗수르 왕 디글랏 빌레셀(Tiglath-Pileser Ⅲ, 745-727 B.C.)에 의하여 포로가 된 사실(왕상 15:29)로 해석함도 무리가 아니라고 볼 수 있다.

"욕심이 잉태한즉 죄를 낳고 죄가 장성한즉 사망을 낳느니라"(약 1:14)는 야고보의 경고처럼 한 개인인 미가의 집의 죄는 불과 수개월 만에 지파적인 단 족속 전체로 번져나갔고, 마침내는 북왕국 전체가 이 때문에 망하는 엄청난 결과를 초래하게 되었던 것이다.

이런 의미에서 본장에서는 우리 가정의 작은 우상 아니 내 마음속에 작은 죄악의 씨를 무시하지 말고 즉시 회개함으로 큰 재화를 미연에 방지하도록 각자 명심하라는 교훈을 배워야 할 것이다.

한 레위인의 타락상

사사기 19:1-30

바로 전장(17-18장)의 경우처럼 본장 역시 한 레위인의 타락상을 보여주는 것을 그 내용으로 하고 있다. 하지만 전장의 경우 한 레위인의 타락 행위가 단(Dan) 지파의 우상 숭배로 망하게 하는 결과를 초래한 데 비하여 본장의 경우는 베냐민 족의 멸망이라는 지파간의 내란으로 확대되는 엄청난 결과를 가져온 것이다.

오늘은 "한 레위인의 타락상"에 대하여 같이 생각하고자 한다.

1. 도덕적 측면에서 (1-9)

이 사건의 시대 배경 역시 "이스라엘에 왕이 없을 그때에"(1)라고 하였지만, 이것은 앞서 이미 언급한 그대로 왕정(王政)이 시작되지 않은 때로 생각할 수도 있지만, 그보다는 여호와 하나님을 왕으로 모시지 않은 때라고 해석함이 당연하다고 보아야 한다. 그때라면 여호수아가 죽은 직후라고 생각하는 이유는 여호수아 당시 대제사장이었던 비느하스가 아직 살아 있었기 때문이다(20:27-28).

바로 그 시기에 에브라임 산지 구석진 곳에 한 레위인이 우거하여 살고 있었다. 이 한 레위인의 타락한 생활 때문에 본장에서부터 21장까지 수록된 3장에 걸친 엄청난 지파적 내지 전 국민적 대사건으로 확대되는 무서운 결과를 초래하게 된 것이다.

우선 이 레위인의 타락상을 도덕적 측면에서 상고하면 다음과 같다.

1) 축첩(蓄妾) 행위 (1-3)

이 레위인은 가족이 있음에도 불구하고 유다 베들레헴에서 한 여자를 첩(concubine)으로 취하였다. 구약시대에는 에덴에서 결혼이 시작될 때 일부일처(一夫一妻) 제도가 정하여졌음에도 불구하고(창 2:24) 족장시대에 이것이 허용되고 있었으며(창 22:24, 25:6), 모세에 의한 시내산 율법이 선포된 이후 사사시대(8:31)까지, 아니 왕국시대에서도 계속되었다(삼하 5:13, 대상 7:14, 삼하 3:7, 왕상 11:3). 이것이 신약시대에 와서야 예수 그리스도의 교훈에 따라서(마 19:5-9) 금지되었다.

이러한 축첩(蓄妾) 행위가 아무리 구약시대에 허용되었다 하더라도 하나님이 세우신 에덴의 법칙을 어긴 결과이기 때문에 많은 문제가 생기고, 가족 간에 혈투가 벌어지는 등의 계속적인 고통이 따르게 되었다.

특히 본문의 경우는 레위인의 신분으로 첩을 얻었다는 것이 문제가 된다. 왕후장상이나 영웅호걸의 경우, 연락의 목적으로 많은 처첩을 거느렸지만 적어도 레위인이라면 구별된 성직에 종사하는 자인만큼, 예배를 돕고 성경을 가르치는 자답게 신앙적으로 경건하고 도덕적으로 순결한 생활로 모범을 보여야 할 입장인데도 연락을 목적으로 하는 축첩 행위를 하였다는 것은 잘못되었다고 단정할 수밖에 없다. 이는 그 결과가 증명하고도 남는다(25-30).

한편 베들레헴에서 취한 그의 첩 역시 단정치 못하여 행음하고 친정집으로 돌아가서 넉 달을 지나게 되었다. 이로써 이들의 부당한 결혼

생활은 이미 금이 가고 분쟁과 파탄의 경지에 이르고 있음을 보여준다.

2) 부유(富裕)한 생활 (3)

이 레위인의 경우, 그 타락상 중 또 하나는 그 생활이 부유하였다는 것이다. 앞서 지적한 바와 같이 이 사건이 발생한 시기를 여호수아 사후라고 본다면, 전국에 레위 성이 이미 설치되어 있고 실로에 성막이 있어 그 곳에서 제사장과 레위인들이 정식으로 봉사하고 있다 하더라도 아직도 제사 기능이 제대로 이루어지지 못하고 있어, 이들의 생활이 안정될 수 없는 상황임을 짐작할 수 있다. 그것은 바로 전 장에서 베들레헴에 우거하던 레위인이 살 길을 찾아 에브라임에 왔다가 미가 신당의 고용살이를 하게 된 사실을 보아도 알 수 있다(18:4).

본장의 레위인도 미가와 동시대에 살던 자라고 볼 때, "에브라임 산지 구석에 우거하는 어떤 레위 사람"(1)이라는 것을 보아 현직에 속한 레위인은 아닌 듯한데, 축첩 행위를 하고 있을 뿐 아니라 친정에 가 있는 첩을 만나서 당면 문제를 수습하러 가면서 "하인 하나와 나귀 두 필을 데리고 그에게로 가매"(3)라고 한 것을 보면 하인도 있고 나귀도 두 필이나 있음을 알 수 있다. 본래 레위인의 생활이란 대체로 어려워서 그 후 왕국시대에서도 성직을 버리고 속인(俗人)으로 탈락하는(느 13:10-11) 경우까지 있음을 미루어 볼 때, 이 레위인은 어떤 부정한 방법으로 치부(致富)한 자가 되었는지 매우 의심이 가는 것이다.

또한 19절에 보면 이 레위인은 첩의 집에 가면서 여행에 필요한 모든 준비를 다해 갖고 있음을 보아 이 레위인이 부유한 생활을 하고 있음이 증명이 된다. 이 사실 역시 부정행위로 인한 불로소득이 없이는 불가능할 것이므로 이는 그 당시 상황에 어울리지 않을 뿐더러 설사 국민 생활의 향상으로 그 후에 레위인의 생활수준이 다소 올라간 경우라 하더라도, 일반 국민 생활 이상의 수입으로 사치 향락적 생활을 함은 성직자에게 합당하지 않다고 생각된다.

3) 연락(宴樂) 행위 (4-9)

이 한 레위인은 첩이 가출한 지 4개월간을 심사숙고 하고 그 첩을 데려오고자 결심한 후 만나서는 "다정히 말하고"(3a), 즉 정답게 할하기로 마음먹고 장인의 집으로 간 것이다. 사실 이는 잘못된 수습책이었다. 레위인 스스로가 축첩 행위에 잘못을 4개월 동안 깊이 생각하였다면 절연할 목적으로 갔어야 옳았을 것인데, 다시 정욕이 불 일 듯하여 전과(前過)를 용서하고 그를 데려다가 향락적 생활을 다시 지속할 목적으로 방문하였기 때문이다.

첩의 집에 이르러 첩을 만나고 그의 안내를 받아 장인을 만나니 "그 여자의 아비가 그를 보고 환영하니라"(3b)는 그대로 반가이 맞이하였다. 이로 보아서 시집 간 딸이 친정으로 쫓겨 와서 울며 지내는 모습을 보며 아비로서 얼마나 마음이 괴로웠던가 짐작이 간다. 그런 중 다정한 언사로 다시 딸을 데리러 온 줄을 알고는 극진한 환대를 하였다고 볼 수 있다. 그래서 3일 간을 그 곳에 유숙하며 먹고 마시고 연락하였다. 아마도 3일 간은 그 당시 처가를 방문하는 적절한 체류 기간이 아닌가 생각된다(4).

나흘 만에 레위인이 떠나려고 하였지만 장인의 간청으로 거기서 계속 유숙하고 5일째 되는 날은 일찍이 출발하려 하였지만 역시 장인이 해가 기울기까지만 머물라 하자 또 함께 먹고, 저녁 무렵 늦게 떠나려고 서둘자 장인은 다시 유숙하고 내일 돌아가라 하였지만 이번에는 그 요청을 거절하고 석양녘에 장인 집에서 첩을 데리고 떠난 것이다

(5-10).

이 레위인이 5일 간을 첩의 집에 머문 동안 장인과 같이 "먹고 마시고"라는 말이 네 번이나 거듭 기록되어 있다(4, 5, 6, 8). 그리고 "마음을 즐겁게"라는 말도 수차 기록되어 있어, 처가에 머무는 5일 간은 계속 연락을 즐기는 기간이었음을 알 수 있다.

우리는 이 사실에서 아무리 장인의 입장에서 4개월간이나 별거하던 딸을 찾아 온 사위의 비위를 맞추려는 부정(父情)의 발로에서라 하더라도 "너무 한다"는 감이 있다. 아마도 천성적으로 연락을 좋아하는 성품이 있지 않나 생각되기도 한다. 하지만 문제는 레위인의 입장이다. 아무리 장인의 강권에 못 이겨서라 하더라도 신분이 레위인이면서 여러 날에 걸쳐 그것도 매일 연락으로 먹고 마시고 즐기는 일을 계속하였다 함은 그 신분상 용서할 수 없는 일이다.

성경에 "먹고 마신다"라는 용어는 대체로 향락적 생활을 의미하며, 그 결과는 심판과 연결되는 경우가 많다(눅 17:27, 마 24:38). 이 레위인의 경우도 그 중 하나의 실례라고 볼 수 있을 정도로 그 당시 전체 레위인의 타락 행위에 일면을 보여준다고 할 것이다.

2. 신앙적 측면에서 (10b-26)

이 타락한 레위인의 신앙적 측면을 생각하면 다음과 같다.

1) 유숙지(留宿地) 선택의 경우 (10b-15)

해질 무렵에 장인의 집이 있는 베들레헴을 떠나 약 두 시간 거리인 예루살렘에 이르자 날이 어두워지기 시작하였다. 종은 예루살렘에서 유할 것을 권하였지만, 그 곳에는 아직 여부스 족이 거점을 이루고 살고 있어 여부스 성이라 하는 만큼, 레위인은 동족이 살고 있는 기브아(Gibeah)나 라마(Rama) 중 한 곳에 나아가서 유숙하자 하고 길을 재촉하였다(10-13).

이 레위인의 유숙지 선택에서 주장한 것이 신앙적이냐, 아니냐에 대해서는 양론이 있다. "우리가 . . . 외인의 성읍으로 들어갈 것이 아니니 기브아로 나아가리라 하고"(12)에서 "외인"은 여부스 족을 의미하기 때문에 "가나안 원주민과 교제하지 말라"(창 24:3-4, 28:1)는 것이 율법적 교훈인 이상 이는 이 레위인의 신앙적 행동이라고 당연성을 주장하는 학자들이 있다. 하지만 이는 이 레위인에게 있어서는 하나의 외식적 행위라고 비판하는 자들이 많은데, 그 이유는 그가 레위인이면서 첩을 취하여 사는 자로서 이미 타락한 생활을 하고 있기 때문이다.

하나님께서 이스라엘 백성이 이방인과의 교제를 금하신 것은 그들의 우상숭배에 오염을 염려하신 것으로 "교제"란 곧 혼인을 의미하는 것이다. 그러므로 이 레위인은 첩을 취하여 타락한 생활을 하면서 "기브아 성에서의 유숙 거부 운운"은 하나의 가소로운 외식 행위에 불과하다는 논리이다.

그러므로 이 레위인의 경우는 차라리 여부스 성에서 유숙하였더라면 다음에 일어날 비참한 사건은 발생하지 않았을는지도 모른다. 이런 의미에서 그는 "화 있을진저 외식하는 바리새인과 서기관들이여"(마 23:12)라고 주님께 책망 받을 부류에 속하는 가증스런 비신앙적 인물이라고 할 수 있다.

2) 한 에브라임 노인과 관계의 경우 (16-21)

이 레위인 일행은 여부스 성에서 약 6.4km 거리에 있는 "베냐민에 속한 기브아에 가까이 이르러는 해가 진지라"(14) 그대로, 이미 어두워졌다. 그래서 "유숙하려고 . . . 성읍 거리에 앉았으나 그를 집으로 영접하여 유숙케 하는 자가 없었더라"(15)라는 기현상이 일어났다.

그 당시 풍속으로는 길 가는 행인이 성문 안에 들어가서 광장에 앉아있으면 으레 그 성의 주민 중에 자기 집으로 인도하여 숙식 제공을 자원하는 미풍이 있었다(창 19:1-2, 18:1-5). 하지만 이 레위인의 경우, 아무도 자비의 손을 내미는 자가 없었다. 사실 이들의 처지는 가난 때문이 아니었다. 이미 3인분의 양식과 가축의 사료까지 다 준비되어 있었고(19), 노자(路資)도 넉넉히 있었을 것으로 생각된다. 다만 그곳에 여관이 없었거나 이미 만원이 되었을 것이다. 즉 잘 방을 못 찾았다는 것뿐이다. 그래서 값을 내더라도 방을 제공해 줄 사람을 기다리고 있는 것이었다. 하지만 앞서 지적한 대로 "그를 집으로 영접하여 유숙케 하려는 자"는 나타나지를 않았던 것이다.

이 점에 있어서 역시 두 가지 견해가 있다.

첫째는 여호수아가 죽은 지 얼마 안 되었지만 기브아에 사는 베냐민 족이 하나님을 버리고, 여부스 족보다도 더 타락하여 추악하고 천박한 분위기를 잘 나타내 준다고 보는 견해이다(Hervey).

둘째 견해는 이와는 다르다. 기브아의 베냐민 족들이 이 레위인을 박대한 이유가 레위인이기 때문이라는 해석이다. 저들이 이 레위인의 차림새와 에브라임인의 말투를 보자 레위인임을 직감하고 증오심에 불타서 집에 모시기는커녕 폭행까지 할 정도로, 그 당시 기브아에서 여호와를 섬기는 일이 얼마나 멸시받아 왔는가를 분명히 보여주고 있음을 알 수 있다는 주장이다.

사실 이 레위인 역시 속화되어 축첩 행위, 부정 축재, 그리고 연락 행위 등의 타락한 생활을 하고 있었기 때문에 박대 받는 이유를 스스로도 알 만한데도 이 레위인은 그 이유를 깨닫지 못하였던 것이다.

(1) 동향인(同鄕人)에 의한 초대 (16–18a)

이처럼 믿고 일부러 동족이라고 찾아온 기브아에서 심한 박대를 받자 하는 수 없이 성문 앞 광장에서 노숙(露宿)을 할 수밖에 없다고 생각할 무렵에, 저물어 밭에서 일하다가 돌아오는 한 노인을 만나게 된다. 이 사람은 본래 에브라임 산지 사람으로서 어쩌다 기브아에 우거하는 자로서(16), 이 레위인과는 동향인이었다. 노인이 거리에 노숙하려는 행객을 보자 "그대는 어디로 가며 어디서 왔느뇨"(17)라고 물었다. 이는 행선지와 출발지를 묻는 것으로 오늘도 누구나 나그네에게 묻는 통상적인 질문이다.

이때에 레위인은 역시 그 말투를 보고 자신과 동향인인 줄을 직감하고 자기 신분을 비교적 자세히 말하게 되었다(에브라임 사투리의 된소리 발음, 12:6). " . . . 우리는 유다 베들레헴에서 에브라임 산지 구석으로 가나이다. 나는 그 곳 사람으로서 유다 베들레헴에 갔다가 이제 여호와의 집으로 가는 중인데"(18)라고 하여, 출발지는 베들레헴이고, 목적지는 에브라임 산지이며, 그 곳이 자신의 거주지인 것과 여행 목적까지를 정직하게 알려 주었다.

이처럼 상세히 자기 신분을 말하는 이유는 동향인이었기 때문이라고 생각된다. 물론 거리에서 박대 받고 노숙(露宿)을 결심할 수밖에 없는 상황에서 기꺼이 자비의 손을 내미는 자가 있으면 그 누구든 상관없이 믿고 자기 정체를 밝힐 수 있겠지만, 상대가 동향인이고 보니 가일층 반갑고 믿음직스러웠으리라 짐작이 간다.

이 레위인은 노인에게 자신의 곤경을 말하고(18b), 자신에게는 가축을 먹일 사료와 일행 3인이 먹을 양식과 심지어 부식물(副食物)로 포도주까지 준비되어 있어 "무엇이든지 부족함이 없나이다"(19)라고 하였다.

그럼에도 불구하고 "노인이 가로되 안심하라 그대의 모든 쓸 것은 나의 담책이니 거리에서는 자지 말라 하고 그를 데리고 자기 집에 들어가서 나귀에게 먹이니 그들이 발을 씻고 먹고 마시니라"(20-21)라고 하였다. 여기 "담책"이라는 말은 '부담할 책임'이라는 뜻으로 노인은 이들을 자기 집으로 인도하고 역시 관례에 따라서 발을 씻기고 먹고 마시게 하였던 것이다.

사람이란 타향에서 어떤 곤경에 처했을 경우, 이 레위인처럼 동향인을 만나 뜻밖에 도움을 받게 되는 일을 몸소 경험한 자들이 있을 것이다. 고향 사람은 참 가족 이상 위기 탈출에 있어서 큰 힘이 되는 수가 있다. 하지만 이 레위인처럼 이런 경우 그 은혜를 모르고 자기 자랑이나 하고 있는 자들이 많이 있다는 생각이 든다. 이 레위인은 너무 고마워 먼저 하나님께 감사하고 그 노인에게 감사하면서 자신의 잘못을 크게 반성해야 할 것이었다. 하지만 뜻밖에 동향인을 만난 이 레위인은 노인의 집으로 안내를 받아 온갖 대우를 받으면서 한 번도 신앙에 관한 말이나 감사의 표시 같은 것이 없었다. 이것이 당시 타락한 레위인의 모습이며 베냐민 족들의 증오의 대상이 되어 있던 성직자의 모습이었다.

한편 노인의 입장을 생각하면, 단지 동향인이기 때문에 후한 접대를 하였다고 볼 수는 없다. 사실 이 노인은 거리의 행객이 있는 것을 보고 도울 생각이 나서 말을 걸고 보니 동향인인 줄 알았을 뿐, 이 노인의 나그네 접대는 아브라함 때부터 전해 오는 미풍양속으로서 오랜 세월을 지나면서 많은 관습의 변화가 있었다 하더라도 조상 전래의 미풍양속을 지켜 몸소 실천한 자라고 볼 수 있다. 그러므로 이 노인에게 있어서는 설혹 이 레위인이 동향인이 아니더라도 동일한 자비를 베풀었을 것이라고 생각된다.

오늘 우리는 우리나라와 교회의 전통 중 고귀한 것들을 하나하나 잃어가고 있는 실정을 개탄한다. 여기 레위인은 이런 부류에 속하는 자라고 볼 수 있는 반면, 이 노인은 하나님 말씀에 따라서 신앙의 전통과 조상이 전해준 신앙과 미풍양속을 잘 지켜온 자라고 볼 수 있다.

(2) 여호와의 집으로 가는 중인 레위인 (18b)

이 레위인이 자신의 정체에 대하여 노인에게 말하는 중에 "여호와의 집으로 가는 중인데"(18b)라는 내용이 나온다. 이 말에 대하여는 학자들 간에 많은 문제가 있다. 첫째, 여호와의 집으로 가는 길을 통과한다는 주장이다. 즉 목적지는 "에브라임 산지 구석"(18a)인데, "실로의 성막을 지나서 간다"라고, 즉 유명한 곳을 들어 방향을 알리는 것으로 해석한다(Keil). 둘째는 첩을 데리고 감사의 제사를 드리려고 여호와의 집으로 간다는(Cundall, M. Henry) 견해이다. 셋째는 그의 집은 에브라임 산지 구석에 있지만, 현재 실로의 성막에서 종사하고 있다는 견해이다. 이 주장을 뒷받침하는 것이 10절인데, 레위인이 장인의 만류에도 불구하고 약 두 시간 거리인 예루살렘에 이르러 "해가 지려 하는지라"를 보아 빨리 실로의 성막으로 가야 할 사정이 있었다고 생각된다는 것이다. 그렇지 않고서야 두 시간이면 밤이 되는데, 왜 그 시각에 서둘러 떠났겠는가 생각할 문제이다.

이상 세 가지 해석 중 제3의 설을 취할 경우라면 이 레위인은 성막의 현직으로 종사하는 자로서 첩을 얻어서 살고 있으며 여러 날을 첩의 집에서 연락하면서 지낸 사실로 미루어 그 당시 실로의 성막이 비록 존재하기는 하였으나 그 기능이 마비되어 있을 만큼 속화되었다고 볼 수 있으며, 이것이 바로 기브아의 주민인 베냐민 족의 증오의 대상의 원인이었음을 알게 된다.

그럼에도 불구하고 이 레위인이 자신의 정체를 밝히면서 내가 실로의 장막에 종사하는 레위인인데도 "나를 자기 집으로 영접하는 자가 없나이다"라고 오히려 기브아인을 원망하고 있음을 보게 된다. 이보다는 자신이 타락한 레위인이기 때문에 기브아 사람들이 무시함을 생각하고 통회 자복해야 할 입장에서, 현직 레위인을 영접하지 않음을 원망하고 있다니 실로 가소로운 일이다.

그리고는 자신은 아무런 부족함이 없음을 자랑하며(19), 다만 유숙할 방을 얻지 못함이라고 말할 뿐이었다. 그런 다음 노인의 안내를 받아 그의 집으로 들어가서는 "발을 씻고 먹고 마시니라"(21)라고 하여 여전히 자신의 잘못을 뉘우치기는커녕 먹고 마시고 즐기는 상습화된 타락한 성직자의 본성을 여실히 보여줄 따름이었다.

우리는 이상에서 레위인의 축첩 행위, 부정 축재, 직무 태만과 연락 행위 등 온갖 타락 상태를 보면서 오늘의 성직자들의 잘못된 정체를 반성하며 교회에 대한 사회적 평가를 들을 때 즉시 회개하는 일을 게을리 하지 말아야 한다는 점을 절실히 느껴야만 할 것이다.

3. 비류들과의 관계에서 (22-30)

1) 당시의 사회상 (22)

"그들이 마음을 즐겁게 할 때에"(22a).

여기서 "그들"이라는 3인칭 대명사는 접대하는 노인과 접대 받는 레위인 일행을 의미한다. 이들이 먹고 마시는 연락 행위가 고조에 달했을 무렵, 돌발 사태에 직면하게 되었다. "그 성읍의 비류들이 그 집을 에워싸고 문을 두들기며 집 주인 노인에게 말하여 가로되 네 집에 들어온 사람을 끌어내라 우리가 그를 상관하리라" 한 것이다.

"그 성읍의 비류들"은 기브아에 사는 베냐민 족의 불량배를 지칭하는 바, "비류"의 뜻은 벨리알의 자식들, 곧 '무뢰한' 또는 '불량배'를 의미한다(삼상 2:12, 왕상 21:10). 신약에서는 사단으로 표현하기도 한다(고후 7:15). 저들의 공격 이유는 "네 집에 들어온 사람을 끌어내라 우리가 그를 상관하리라"는 것이었다. 비류들은 나그네 접대에는 무심하였으나 레위인 나그네가 노인 집에 머문다는 사실은 알고 있었다. 그 나그네를 자기들에게 인도(引渡)하라는 것이며, "그를 상관하리라" 즉 남색(Homo sex)을 하기 위함이었다.

이런 악습은 일찍이 롯이 소돔과 고모라에서 당했던 장면을 연상시키는 것으로(창 19:4-11), 이스라엘 사람들이 가나안에 들어와서 저들과 교제하면서 가나안 족의 영향을 받은 악습이었다. 이것이 이스라엘 도성 중에서 행해지고 있었으며(고전 15:33, 레 18:22-25, 27-28), 베냐민 지파의 영토 안에서 행해진 소돔의 죄악이었다. 그 후 이 야만적 행위가 세기를 거듭하여 여러 민족 중에서 행해졌고, 오늘에는 문명국가에서까지 법으로 보호받기 위한 노력을 하고 있는 실정이다.

이상의 사실로 미루어 당시 이스라엘의 사회상은 짐작하고도 남음이 있다고 할 수 있다.

2) 당시의 여성관 (23-28a)

(1) 초대한 노인의 경우 (23-24)

돌발 사태에 직면한 집 주인인 노인은 "내 형제들아"라고 동족애를 표시하면서 "청하노니 악을 행치 말라 이 사람이 내 집에 들었으니 이런 망령된 일을 행치 말라"(23)라고 간청하였다. 그러면서 그 대안으로 내 처녀 딸과 나그네의 첩을 내어 주리니 마음대로 하라고 제시하였다(24).

우리가 이 노인의 인물됨을 객관적으로 평가하면 한마디로 좋은 노인이라고 할 수 있다. 아무도 돌보지 않는 나그네를 집으로 인도하여 발을 씻기고 식사를 대접하고 같이 즐기는 것을 보아 진실한 신앙과 율법의 교훈을 잘 지키는 자로 볼 수 있으며, 특히 비류들의 공격을 받게 되자 저들을 형제라 부르며 노인으로서 간청까지 하며 나그네를 보호하려고 최선의 노력을 다한 점 등은 높이 평가할 만하다고 본다.

하지만 아무리 자기 집 손님의 신변을 보호하기 위해서라지만 대신 자기의 딸과 나그네의 첩을 내어 줄 터이니 "욕보이든지 어찌하든지 임의로 하되"(24)라고 한 것에 대해서는 많은 의문이 남게 된다. 이 문제에는 두 가지 다른 해석이 있다.

첫째는 여성 비하(卑下) 정신으로 보는 부정적 견해이다. 아무리 자기 집의 손님을 안전하게 보호하려 하였다지만, 저들의 남색 행위를 "망령된 일을 행치 말라" 하여 남색은 악행으로 인정하면서도, 자기 딸의 정조와 그 첩의 정조는 무시하여 "너희가 그를 욕보이든지" 마음대로 하라 하며, 행음은 문제시 하지 않는 노인의 수습책이 잘못되었다는 평가이다. 이것이 단순한 자기 집 손님 보호 차원의 조치라면, 왜 남자 손님은 딸의 정조까지 희생시키면서도 그 안전을 지키려 하는데, 그 손님의 첩의 안전은 무시하는가? 이것은 모순이다. 이는 그 당시 남존여비 사상에서 여자를 남자의 소유물로 생각하는 낮은 도덕적 수준의 영향을 받은 것으로 보는 부정적 견해이다.

둘째는 레위인을 존중하는 정신으로 보는 긍정적 견해이다. 당시 레위인이라면 복장으로도 식별할 수 있는 특징이 있는 것으로도 생각되지만, 앞서 18절에서 "여호와의 집으로 가는 중"이라고 그 신분을 밝혔기 때문에 성막 봉사에 헌신하고 있는 레위인을 존중하는 의미에서 자기의 처녀 딸까지 희생할 각오를 갖고 그 안전을 지키려 하였다고 보는 것이다. 만일 이것이 사실이라면, 이 노인의 신앙은 실로 대단한 것이라고 평가할 수 있겠다.

(2) 초대 받은 레위인의 경우 (25-28a)

노인의 최선책으로 자신의 처녀 딸과 레위인의 첩을 음행의 상대로 주겠다는 타협안에도 불구하고 비류들이 동의하지 아니하자, 레위인이 "자기 첩을 무리에게 붙들어 내매"(25a) 즉 폭도들에게 내어주었다는 것이다.

여기서 의문이 되는 것은 노인의 제안에 동의하지 않은 비류들이 왜 레위인이 내어주는 첩을 취하였는가 이다. 이로 보아서 비류들의 표적은 음행이 아니라 바로 레위인임을 알 수 있는 것이다. 당시 레위인이라면 여호와를 섬기는 자이기 때문이었다. 당시 기브아의 베냐민 족들은 이미 하나님을 버리고 가나안의 우상 종교에 깊이 빠져 있었기 때문에 레위인은 짓밟아야 한다는 증오심으로 가득 차 있었다. 그 이유는 여러 가지가 있겠지만, 당시 제사족(祭司族)들의 외식과 부패도 그 중 하나라고 볼 수 있다.

비류들의 습격의 표적은 레위인 그 자체이다. 저들은 단순히 성(性)의 노예가 되어 성욕을 만족시키려는 데 그 목적이 있었음은 아니다. 그것은 노인이 처녀인 딸을 주겠다는 타협안에 동의하지 않은 사실로도 알 수 있다. 이 노인은 그 당시 기브아의 우거자였지만 신앙적으로나 도덕적으로 저들이 적대시할 만한 대상은 아닌 것이 분명하다.

한편 레위인이 자기 자신의 안전을 위하여 첩을 내어 주자, 비류들은 일단 노인의 만류도 있었고, 첩을 인계 받아 난행(윤간)하는 선에서 레위인에 대한 복수를 대신하였다고 볼 수 있다. 아무리 레위인이 위급한 상황에 따른 불가피한 긴급조치라 하더라도 연약한 여자인 첩을 폭도들에게 난행의 대상으로 내어 준 사실은 역시 여성 비하의 타락한 풍습에 준한 것일지언정 너무하였다는 생각이 든다.

그러나 이 당시 레위인의 입장은 사실 우리의 상상 이상이었다. 20

장 5절에 보면 레위인을 죽이려 하였다는 기록을 보아 알 수 있다. 그 당시 이런 위급한 상황에서 치안 유지도 되어 있지 않아 사실 피할 방도가 전혀 없는 순간에 처하여 정신없이 자기 첩을 내어줄 수밖에 없었다고 십분 이해할 수는 있다. 하지만 그 다음이 문제이다. 나약한 여인이 알몸으로 마치 늑대같은 폭도들에게 넘겨져서 밤새도록 윤간(輪姦)을 당하고 있는 사이 레위인의 태도는 오직 무심 그 자체였다는 것이다. 만일 첩에 대한 애정이 손톱만큼이라도 있었다면 첩의 신변에 닥칠 위험을 생각하고 그 밤을 어찌 그리 무심히 지낼 수 있었겠는가?

그는 첩이 끌려 나간 것으로 비류들의 폭동이 일단 진압되었음을 다행으로 생각하고, 이튿날 아침 "그의 주인이 일찍이 일어나 집 문을 열고 떠나고자 하더니 그 여인이 집 문에 엎드러지고 그 두 손이 문지방에 있는 것을 보고"(27)라는 기록을 보아 이 레위인은 첩의 신변을 폭도들에게 내어준 것으로 끝내고 그 밤을 자고는 자기 혼자 길을 떠나고자 한 것이 분명하다. 그리고 문 앞에 누워있는 첩을 보는 순간 자는 줄 알고 깨웠는데, 대답이 없는 것을 보고야 그 죽음을 확인하였다(27).

사실 이 여인은 폭도들에 의하여 밤새도록 욕보임을 당하다가 새벽 미명에야 놓여, 동틀 때에야 겨우 기어오다시피 하여 그래도 자기 주인이 우거하는 집이라고 찾아 와서는 그 문 앞에서 죽은 것이다. 우리는 이 레위인의 매정한 인간성을 보면서 사람이 얼마나 타락하였으면 이럴 수가 있을까 하는 탄식 소리가 절로 나올 지경이다.

실제 비류들의 표적은 위에서 언급하였듯이 레위인이었다. 그의 첩은 레위인을 대신한 희생제물이 된 것일 뿐이다. 이것이 당시 타락한 레위인의 신앙 수준이며 도덕적 실태였다. 그리고 기브아 사회의 패륜의 모습임을 알게 된다.

4. 비상사태 수습 과정에서 (28b-30)

1) 레위인의 잔인성 (28b-29)

" . . . 이에 그 시체를 나귀에 싣고 행하여 자기 곳에 돌아가서 그 집에 이르러서는 칼을 취하여 첩의 시체를 붙들어 그 마디를 찍어 열두 덩이에 나누고 그것을 이스라엘 사방에 두루 보내매"(28b-29).

첩의 죽음을 확인한 레위인은 그 시신을 나귀에 싣고 고향으로 돌아와서는 그 시체를 열두 덩이로 찍어 나누었다. 이것은 보통 사람으로는 할 수 없는 일이다. 아마도 이 레위인은 실로의 성막 제단에서 제사장을 보좌하여 희생 제물을 잡아 사지분각(四肢分脚)하던 경험을 살려 첩의 시신 처리를 하였는지도 모른다. 하기는 사실 이 첩은 자기 대신 죽은 제물에 해당됨은 사실이다.

2) 베냐민 족에 대한 복수책 (29-30)

그리고 그 열두 덩이를 "이스라엘 사방" 즉 12지파에 보내었다. 그 이유는 여인의 잔인한 죽음을 확인시키려는 것과, 이것으로 가해자인 베냐민 족에 대한 적개심을 불러일으켜 선동하여 복수하기 위함이었다. 사울 왕도 소를 잡아 비슷한 방법으로 이스라엘 백성을 선동하여 길르앗 야베스 공격을 위한 군사를 모집한 일이 있다(삼상 11:7-8).

30절은 그것을 본 자들의 반응이다. 즉 이스라엘 자손이 출애굽 이래 오늘날까지 이런 일은 행치도 보지도 못한 처음 있는 일임을 말하고 "생각하고 상의한 후에 말하자"(30b)고 하였는데, 이는 즉각 총회를 열어 대책을 강구하자는 의미이다.

결국 레위인의 이 잔인한 행동은 일단 주효한 것으로 다음 장에서 보이는 베냐민 족 전멸이라는 비참한 내란으로 확대되는 결과를 낳게 된 것이다.

결 론

이상에서 보인 한 레위인의 타락 행위가 기브아 거민들의 신성모독죄(sacrilege)로 나타났으며, 마침내 이것이 전 이스라엘이 일어나서 기브아에 거하는 베냐민 족을 전멸시키는 지파적 내지 국가적 규모의 전쟁으로 확대된 것이다.

"종교적인 신앙에 대한 오류가 발생하면 통탄할 만한 죄된 타락도 동시에 발생한다. 인간 양심에 주님이 부인될 때, 마음의 타락에 대한 주된 제재 장치가 제거된다. 둑이 무너지면 호수의 물은 바닥이 드러날 때까지 쏟아져 나오기 마련이다."(Preacher).

이처럼 한 사람의 죄가 지파적 내지 국가적으로 확대되는가 하면, 반대로 의인 한 사람의 공로가 전체의 위험에서 구원하게 되는 놀라운 힘을 발휘하기도 한다. 예컨대 네덜란드의 둑에서 물이 새는 것을 본 한스라는 한 소년이 자신의 작은 팔로 그 구멍을 막고 생명을 다해 쓰러지기까지 미연에 방지한 공으로 전체의 안전을 지킨 일이 있듯이, 의인의 힘은 무너진 성벽에 어깨를 대고 그 무너지기를 막고 있는 것과 같다는 말씀이 있다(겔 22:30).

인간의 양심이 주님을 부인하면 타락에 대한 제거 장치가 고장 나서 걷잡을 수 없는 홍수의 피해를 받기 마련이다. 우리는 한 레위인의 타락상을 보면서 오늘의 레위인인 교회의 교역자들과 중직자들 각자 자신의 정체를 반성하는 기회가 되기를 바라며, "한 레위인의 타락상"이 아니라 "한 의인의 공로"라는 희망적인 제목의 설교를 속히 듣고 싶은 마음이 간절하다.

미스바의 총회

사사기 20:1–11

1. 회집 동기와 전모(全貌) (1–7)

본장은 전장과 직접적인 연관 관계를 갖고 있다. 즉 기브아에서 첩을 잃은 한 레위인에 의한 잔인하리만큼 끔찍한 토막 낸 시체를 접하게 된 12지파의 모든 자손들은(19:2-30), 미스바에 모여 베냐민 응징을 결의하게 된다. 이것이 곧 미스바의 총회이다.

1) 모인 청중 (1–2)

미스바 총회에 모인 회중은 "단에서부터 브엘세바까지와 길르앗 땅에서 나왔는데"(1), 즉 이는 요단강 서편 땅 북에서 남 전역을 뜻하며, 아울러 "길르앗 땅"은 요단강 동편 르우벤, 갓, 므낫세 반지파까지를 뜻하는 것으로서, 이를 합하면 이스라엘 전 지역에서 운집한 회중을 의미한다. 그 수가 무려 40만 명이나 되었다(2).

모인 장소는 베냐민 땅에 속하는 미스바(Mizpah)였는데, 그 이유는 이 곳이 당시 법궤가 있는 성소 실로에서 가깝고, 또한 응징의 대상인 기브아에서도 가깝기 때문이라고 생각된다.

이 모인 회중을 가리켜 "하나님 백성의 총회"(2)라 하였는데, 이는 이스라엘 백성 전체 국민회의를 말하며, "여호와의 총회"(민 16:3, 20:4), "하나님의 회"(느 13:1)로도 불린다. "총회"라는 낱말의 의미는 "불러 모았다"는 뜻으로 신약의 교회인 "에클레시아"와 같은 구약의 교회를 의미한다.

이 모임에 있어서 지휘권을 가진 자는 "온 백성의 어른들"(2)이었는데, 이들은 각 지파의 지도자로 구성된 지휘체제로서, 이스라엘의 왕이 없던 시대의 총회를 대표하고 있는 자들이었다.

여기서 우리가 간과할 수 없는 문제 중 하나는 40만 회중의 동원 문제이다. 학자들 간에는 이를 과장적 숫자라고 주장하는 이들도 있지만, 제2차 인구조사 시에 인구 총수가 601,730명(민 26:51)이었다면, 유아와 여자를 제외한 모든 남자가 다 동원된 것으로 볼 때, 한 레위인의 첩이 살해된 일에 대하여 이처럼 많은 수가 동원되었다는 것이 문제라고 생각되는 것이다.

대중들의 심리 상태를 생각할 때, 좋은 일에는 간청하여도 불참하지만 규탄 대회에는 많은 회중이 자원하여 동원되는 경향이 있다. 나폴레옹(Napoleon)이 에디오피아(Ethiophia)를 정복하고 개선할 때 민중이 환호하며 나폴레옹 만세를 불렀으나 그가 크게 기뻐하지 않음을 본 측근자가 "폐하, 저 군중의 환호성을 듣습니까?" 하고 물었더니, "저들은 바람 부는 방향만 바뀌면 나폴레옹 죽여라고 할 자들이다. 사려가 없는 대중의 환영은 기뻐할 바가 못 된다."라고 하였다는 것이다. 실로 영웅다운 말로 후에 그것은 그대로 되었다.

오늘 현대인 중에는 숫자에 너무나 집착되어 있는 것 같다. 심지어는 숫자에 민감하여 이른바 숫자 정치를 하는 자들이 많이 있는 듯하다. 하지만 사사 기드온은 많은 지원병 중 300명만을 엄선하여 과병으로 미디안의 대병을 이긴 것이다(7:2-8).

오늘의 교회는 숫자놀이에 지나치게 신경 쓰지 말고, 사려 깊은 신앙인의 힘이 마귀의 대군을 이기는 요인이 된다는 점을 기억해야 할 것이다.

2) 안건(案件) 심의 (3-7)

이 모임의 안건에 대해서는 이미 대략 알고 있기는 하였으나 사건의 장본인으로 하여금 그 진상을 말하도록 이스라엘 자손들이 요구하였다. 이는 매우 잘한 일이라 생각된다. 진상을 바로 아는 것이 일을 바르게 처리할 수 있는 지름길이기 때문이다.

한편 베냐민인들도 기브아인 때문에 전 이스라엘 자손이 미스바에 운집한 사실을 알고 있었다(3a). 이때 저들도 같이 지파 회의를 열고 선한 해결책을 강구하였다면 좋았으련만 사건 전모를 보면 저들은 기브아인을 두둔하고 반항적인 기세로 전투태세를 갖추게 된 것이 비극의 화근이 된 것이다.

이스라엘 전 회중의 요청을 받은 레위 사람의 증거의 내용을 요약하면 세 가지이다.

첫째는 "내가 내 첩으로 더불어 베냐민에 속한 기브아에 유숙하러 갔더니"(4)라고 하여, 기브아인과 관계 짓게 된 동기를 말하였다.

둘째는 고발 내용 중 핵심 요소를 증거하고 있다. "기브아 사람들이 나를 치러 일어나서 밤에 나의 우거한 집을 에워싸고 나를 죽이려 하고 내 첩을 욕보여서 그로 죽게 한지라"(5). 여기서 19장 22절에 "상관하리라"라는 것, 즉 비류들이 레위인과 남색하기를 강요한 사실은 말하지 않고 있으며, 그 대신 "나를 죽이려 하고"라는 것을 첨가하고 있다(5). 그 이유는 하는 수 없이 자신의 첩을 내어준 바 "내 첩을 욕보여서 그로 죽게 한지라"를 보아서 자신이 첩을 내어주지 않았다면 자신이 남색을 당하여 죽었을 것으로 추측하고 증언하였다고 생각된다.

말하자면 자신이 죽을 대신 첩이 죽었음을 의미한다고 볼 것이다.

셋째로는 결론삼아 하는 응징의 요청이다. "내가 내 첩의 시체를 취하여 쪼개어 이스라엘 기업의 땅에 보내었노니 이는 그들이 이스라엘 중에서 음행과 망령된 일을 행하였음을 인함이라 이스라엘 자손들아 너희가 다 여기 있은즉 너희의 의견과 방책을 낼지니라"(6-7).

이미 시체를 토막 내어 각 지파에 보내어 알린 사실을 상기시키며(29-30), 이스라엘 중에서 "음행과 망령된 일"(남색 행위)을 응징하기 위함이라는 것으로 이번 모인 총회에서 그 방책을 결정해 달라고 요청하고 있다.

2. 결의 사항 (8-11)

미스바 총회에서의 결의 사항은 다음 두 가지 큰 뜻으로 요약된다.

1) 만장 일치의 응징 (8-9)

이스라엘 자손들은 피해 당사자인 레위인으로부터 직접 피해 상황을 듣자 "모든 백성이 일제히 일어나며"(8a)라고 하여 한 지파, 아니 한 사람의 반대와 기권도 없이 가해자인 베냐민 족 응징에 동의하고 나선 것이다. 그야말로 만장일치의 가결이었다. 그리고 그들은 하나라도 대열에서 이탈하여 자기 장막 즉 자기 집으로 돌아가지 않겠다는 굳은 의지를 표명하였다(8).

회의법상 만장일치라면 일단 좋은 것으로 생각하기 쉬우나 이는 잘못이다. 독재국가일수록 모든 결의는 만장일치로 진행되기 때문이다. 만장일치 가결이라면 거의가 토론 없이 진행되기가 쉬운 것이 소수의 선동자에 의견을 따라서 결정되기 때문이다.

미스바 총회의 경우에도 많은 문제가 있다. 이 경우에 베냐민 족 응징의 핵심 내용은 6절이 지적한 대로 "음행과 망령된 일"(6)을 행하였다는 것인데, "망령된 일"은 19장 22절에 "상관하리라"와 같은 뜻으로 남색(Homo sex)을 지칭한다. 베냐민 족들이 이 일은 하려고 기도(企圖)한 것은 사실이지만(19:22), 실제로 이는 미수에 그친 일이다. 그렇다면 음행으로 레위인의 첩이 죽은 일이 중요한 안건이라 생각된다(25-28).

이것이 사실이라면 레위인이 이 일을 전 이스라엘 자손에게 알려 자기 동족인 베냐민 족 전멸전을 벌이기 위한 선동을 할 자격이 있는가라고 묻고 싶다. 그것은 레위인 자신이 이미 성직자이면서 첩을 얻어 살며 음행을 범하고 있기 때문이다. 이 문제는 죄인으로서 죄인을 정죄하려는 다윗의 입장과도 같은 것으로 볼 수 있다(삼하 12:5-6). 물론 레위인의 축첩 행위와 기브아의 비류들이 첩을 윤간(輪姦)하여 죽게 한 사실과는 그 양상은 다르다 하더라도 이것은 다같이 음란 행위이며 레위인의 경우 역시 음행이라는 동일한 범주(category) 안에 있음은 사실이다.

레위인은 자신의 범죄는 전혀 인식하지 못하면서 첩의 시신을 열두 토막으로 내어 전국에 사분오열된 시체 조각을 배부하여 사태를 확대시켰다는 사실과 아울러, 난행(亂行)당하여 죽기까지 한 여인의 시체를 마치 짐승의 각을 뜨듯이 한 레위인이 만일 그 여인을 조금이라도 사랑하였다면 감히 이런 끔찍한 일을 범할 수가 있었겠는가 생각하지 않을 수 없는 것이다.

미스바의 총회 결의는 잘못이라고 규정짓고 싶은 것이 이를 읽는 독자들의 심정이다. 피해자가 이미 무참히 죽은 자를 자신의 첩이라고 말한 이상(4-5) 레위인의 축첩 사건에 대한 논의가 있어야만 했을 터인데도 아무도 이를 지적하는 자 없이, 같은 죄인인 레위인의 선동에 휘말려 동족인 베냐민 족 응징을 가볍게 결의한 것이야말로 크게 잘못된 것이라고 할 것이다.

2) 구체적인 전략 (9-11)

대회에서 베냐민 족 응징을 결의하자 이들은 즉시 베냐민 족 응징전을 위한 구체적인 전략을 세웠다.

그것은 지원병 총수 40만 명을 크게 둘로 나누어 전방에 나가 싸울 전투 부대와 후방에서 양식을 예비하여 공급할 보급 부대(병참 담당)로 양분하였다. 그 수를 40만 명 중 10분의 1에 해당하는 4만 명을 병참 담당 보급 부대로 하고 30만 명을 전투 부대로 하기로 하였다. 그리고 이를 나누기 위하여 제비를 뽑게 되었다(9). 여기서 우리가 기억할 것은 후방에서 식량을 공급하려는 자가 너무 많아서 추첨한 것이 아니라 그 반대로 저마다 앞장서서 전방에 나가 싸우고자 하였기 때문이었다는 점이다. 참말 오늘의 징병에 응한 자들의 생각과는 정반대의 군인 정신을 볼 수 있다.

하지만 동족을 치는 골육상잔의 전투를 위하여 용감한 이 당시의 병사들을 보는 순간 형제의 눈의 티는 보면서 자기 눈의 들보 같은 죄는 보지 못하는 아쉬움을 금할 수가 없다.

3. 미스바 총회의 문제점 (11)

"이와 같이 이스라엘 모든 사람이 하나같이 합심하여 그 성읍을 치려고 모였더라"(11).

이 말씀은 전체 이스라엘 백성들이, 한 레위인의 첩을 죽게 한 베냐민 족의 성 기브아를 치려고 국민대회(총회)에서 만장일치로 가결하고 일제히 봉기하였음을 보여준다. 하지만 앞서 말했듯이 이는 잘못된 결의이며 이에 대하여 몇 가지 문제점을 다시 지적하고 이 단락을 마무리 짓고자 한다.

1) 이 총회는 문제의 경중(輕重)을 착각하고 있다는 것이다.

이 사건과 직접적인 관련은 없는 일이기는 하나 앞서 단 지파의 북방 이주 사건과 아울러 미가의 집에서의 우상과 타락한 (레위인) 제사장 납치 사건(18장)에서 라이스를 점령하고 그곳에 미가의 신상을 설치한 일은 매우 중요한 응징 사건임에도 불구하고 이 문제를 위하여 이스라엘의 총회가 모인 일은 없었다. 그런데 본장의 경우 하나의 타락한 레위인의 첩이 살해된 일 때문에 국민총회가 모여 "기브아 성이 속한 베냐민 총공격 운운"하며 전 국민이 임전태세를 갖추고 봉기하였다는 것은 사건의 경중을 분별하지 못한 잘못된 처사라고 지적하고 싶다.

어차피 국민총회가 모였다면 단 지파 북방 이주와 우상 제단 설치 문제 등도 거론했어야 마땅하다고 본다. 차라리 그렇지 않으면 후에 사무엘이 블레셋 침략에 대비한 미스바의 총회 시처럼 통회 자복하면서 금식 기도를 했어야 마땅하다고 생각한다(삼상 7:1-12). 이는 둘 다 타락한 레위인과 관련된 사건으로 이른바 신정국가에서 발생한 레위족의 타락 사건인 만큼, 전 국민이 합심 기도하여 타락한 제사제도의 확립과 갱신 논의가 이루어져야 할 문제라고 생각한다. 하지만 같은 장소인 미스바에서 사무엘을 통해 통회자복하며 말씀 회복으로 블레셋을 격파하는 큰 이적을 발생하였지만(삼상 7:10-12), 이 당시 국민총회에서는 베냐민 족 응징이라는 골육상잔의 전쟁을 결의하고 그 결과는 마침내 통곡의 장으로 만들고 말았던 것이다(21:2). 이는 동일한 장소에서 생겨난 양극단의 결과라고 할 수 있다.

오늘 우리들 역시 교회적으로 많은 문제에 봉착하기 마련이다. 하지만 그럴 때마다 사건의 경중을 심사숙고하고 시비판단을 바로 해야 할 뿐더러, 특히 골육상잔의 피 흘리는 싸움 같은 것은 피해야 한다는 교훈을 본장에서 배워야 할 것이다.

2) 공사(公私) 분별을 명확히 하여야만 된다는 것이다.

한 레위인 첩의 살해사건에 있어서 비록 그 진상은 비참하지만 어디까지나 이는 한 레위인의 가정사로서 하나의 개인 문제였다고 볼 수 있다. 그리고 문제의 직접적 동기는 민중들의 레위인에 대한 증오심에서 기인되었다고 생각한다. 기브아 시민들이 레위인이 광장에 앉아서 숙소제공을 기다려도 이를 무시한 이유는 그가 레위인이었기 때문이었고, 이미 본문에서 지적한 대로 레위인에 대한 복수 행위로 남색(Homo sex)를 요구하였으며 그 첩을 대신 내어주자 윤간(輪姦)으로 죽게 한 것도 사실 레위인에 대한 복수 행위였다라고 생각된다. 이는 레위인으로서 크게 반성할 일이다. 하지만 이 레위인은 아무런 반성도 없었고, 사실 첩에 대한 애정도 없었다. 그는 자기 대신 첩을 폭도들에게 내어주고도 그 신변에 대한 아무런 관심도 없었다.

이런 타락한 레위인의 고발을 받아들여 총회가 모이고 어차피 모였다면 레위인의 축첩문제를 논의했어야 옳았을 것이련만 만장일치로 레위인의 입장을 옹호하고 아무런 반성 없이 자행한 기브아인 응징 결의는 공사를 구별하지 못한 행위라고 볼 수밖에 없다. 이것이 어찌 국민총회까지 모여서 결의할 문제라는 말인가?

3) 선동정치의 산물이다.

반성 없는 레위인이 첩의 시체를 토막 내어 전국에 순회전시(巡廻展示)한 결과, 이 선동정책에 휘말린 대중이 사건의 진상을 정확히 판단하지 못하고 일단 감정에 호소하여 흥분한 나머지, "기브아인 죽여라, 베냐민 족 죽여라"의 구호를 연발하며 무모한 선동정책에 일단 넘어가고 만 것으로 볼 수 있다. 이로써 한 타락한 한 여인의 죽음이란 것이 무려 40만 명의 병사가 동원되었고 피아간 7만 명의 병사가 죽는 비참한 결과를 초래하게 되었던 것이다.

모름지기 하나의 가치 있는 역사가 이루어지기 위해서는 올바른 지도자가 국민이 나아갈 올바른 방향을 제시하고 여기 호응하는 대중의 힘이 합해질 때 성취되는 것이 보편적인 역사관이라 할 수 있다. 그러나 이 당시는 이스라엘이 왕이 없을 때(18:1, 19:1)이므로 방향을 옳게 제시할 지도자가 없었으며, 또한 지도자가 없으니 대중이 판단력을 잃고 마치 바람에 밀리는 파도처럼 무수한 병사가 무참히 죽는 무서운 전쟁을 쉽게 결의하는 경솔을 자행하였던 것이다.

오늘 우리는 참다운 이 민족의 지도자가 출현하기를 기도해야 할 것이며, 또한 참다운 신앙적 지도자가 계속 일어나서 오늘의 이 나라와 교회를 바로 이끌어주기를 쉼 없이 간구해야 할 것이라는 생각이 든다.

골육상잔의 비극

사사기 20:12-48

우리나라의 6.25사변은 세계 전쟁 사상 유례가 없는 골육상잔의 비극적인 것이 아닐 수 없다. 이스라엘 나라의 경우 이와 비슷한 전쟁을 감행한 사실을 본장이 보여주고 있다. 이것이 곧 베냐민 족 중 기브아에 불량배들의 죄악을 응징하기 위한 이스라엘 11지파의 연합군이 합세하여 기브아를 비롯한 베냐민 족 전체를 멸망시킨 골육상잔의 비극인 것이다.

오늘은 이 비참한 전쟁사가 우리에게 무엇을 말해주는가에 대하여 같이 생각하고자 하는 바이다.

1. 이스라엘 연합군의 평화적 해결안과 그 반응(12-14)

지금까지 연합군(이스라엘의 총회 측)의 베냐민 족에 대한 응징 결의와 및 전쟁 준비 등의 과정이 잘 되었다고 평가할 수는 없지만(1-11), 바로 이번의 처사 즉 무력행사를 하기 전에 평화적 해결안을 베냐민 족에게 제시한 것은 잘한 일이라고 할 만하다.

"이스라엘 지파들이 베냐민 온 지파에 사람들을 보내어 두루 행하며 이르기를 너희 중에서 생긴 이 악이 어찜이뇨 그런즉 이제 기브아 사람 곧 그 비류를 우리에게 붙여서 우리로 죽여 이스라엘 중에 악을 제하여 버리게 하라 하나"(12-13).

곧 베냐민 온 지파 사람들에게 레위인의 첩이 비참하게 살해당한 악행을 주지(周知)시키고, 그 범행자인 비류 즉 불량배를 적발하여 우리 연합군에게 넘겨주어 우리가 그를 사형에 처한다면 이스라엘 중에서 악이 제하여 질 것이라는 제안이었다.

우리는 이 사실에서 이스라엘의 가나안 땅 입국 초기에 그들이 지녔던 하나의 사회적 연대의식이 매우 강하였다는 느낌을 갖게 된다. 즉 이것은 죄인은 반드시 처벌되어야 한다. 만일 이를 방치할 경우 이것 때문에 전체 이스라엘에게 화가 미치게 된다는 것으로, 그 한 예가 아간의 범죄로 인한 아이 성에서의 참패를 보게 된다(수 7:20-26). 결국 이스라엘이 제비뽑기로 범인을 색출하고 아골 골짜기에서 그를 처형함으로 말미암아 아이 성에서 승리를 보장받게 되었던 것이다.

후에 호세아 선지는 "아골 골짜기로 소망의 문을 삼아 주리니"(호 2:15)라고 하였다. 이는 곧 죄가 처리되면 즉시 소망의 문이 열린다는 의미이다. 만일 베냐민 족이 이 제안을 무시한다면 불가불 온 이스라엘 연합군이 합세하여 저들을 제거함으로써만 이스라엘의 공동체를 유지할 수 있다는 것이다(신 17:12).

이 때에 베냐민 족들이 이 제안을 받아들였다면 그 무수한 피를 흘리는 전쟁은 없었을 것이다. 하지만 저들은 이 평화제안을 일고의 여지도 없이 무시해 버리고 말았다. 이 사실은 하나님의 공의의 심판을 무시하고 다만 혈족을 옹호하는 편을 택함으로써 베냐민 족 전체가 비류들과 동일한 죄인으로 전락하였음을 의미한 것이다. 이는 마치 암몬 족들이 입다의 평화제안을 무시하다가 무참히 패전한 것과 동일하며 (11:12-28), 저 일본의 한국침략의 원흉(元兇) 이토 히로부미(伊藤博文)의 "만국공법이 불여 대포일성(萬國公法 不如 大砲一聲)" 즉 오늘로 말하면 "유엔(UN)의 결의라도 한 발의 원자탄만 못하다."는 말을 하고 결국 패전국이 된 사실과도 비슷하다.

베냐민 족은 결국 연합군의 평화제안을 무시했을 뿐 아니라 군사를 동원한 전쟁을 감행하기로 하고 26,700명의 군사를 동원하여 연합군의 군사 4만과 대전할 기세를 높였던 것이다(13b-16). 저들의 생각은 "신앙적이냐, 아니냐"가 아니라 "네 편이냐 내 편이냐"를 문제시하고 있음을 보게 되는 것이다.

이런 생각은 오늘도 역시 혈연과 지연 등으로 우리 사회에 여전히 남아 있는 베냐민 족 류의 잘못된 관행을 흔히 보게 되는 것이다.

2. 전쟁의 진행 상황 (15-25)

모처럼의 평화 협상은 베냐민 측의 반대로 무참히 부결되고 바야흐로 전쟁은 불가피하게 되었다. 이로써 양측은 각각 군대를 정비하고 임전태세를 갖추게 된 것이다.

1) 1, 2차전에서의 연합군의 실패와 그 이유 (15-25)

양측의 병력은 앞서 말했듯이 베냐민이 26,000이며 그 외에 기브아 거민 중 택한 자 700인데, 이들은 모두가 물맷돌 던지기에 명수들로서 "호리" 즉 털끝만큼도 오차 없이 목표물을 명중시키는 정예부대이었다. 그리고 또한 이들은 공교롭게도 모두가 왼손잡이였다(15-16). 베냐민이라는 낱말의 뜻이 "오른손의 아들"이란 것인데, 모두가 왼손잡이라니 흥미로운 사실이다. 사사 에훗도 사실 베냐민 출신인데 왼손으로 적왕(敵王) 에글론을 죽인 사실을 보면(삿 3:15), 베냐민 인 중에는 이상하게도 왼손잡이 투석명수(投石名手)가 많이 있었던 것 같다. 요사이도 재능 있는 자 중에 왼손잡이가 많다는 속설도 있다.

물매 던지기는 양치는 목자가 멀리 있는 맹수를 격퇴하기 위해 사용한 필수품으로, 다윗도 목동으로 이것을 훈련하여 골리앗과 싸워 이긴 무기가 되었음을 보아 흔히 고대전쟁에서 병기로 사용되었던 것을 알 수 있다.

이리하여 베냐민 족 군사 총수가 도합 26,700명이었다. 이는 제2차 인구조사 시 45,000명이었음을 보면, 여자와 어린이를 제외한 전 남자가 총동원되었음을 알 수 있다.

여기 비하여 연합군의 병력 수는 40만 명이었다(17). 물론 숫자로는 베냐민의 병력과는 비교가 안될 만큼 우세하다. 그러나 이들이 서로 겨루게 된 것을 보면 연합군은 숫자가 많은 것을 믿었고, 베냐민은 잘 훈련된 정예부대임을 믿고 상호 접전하게 된 것으로 여겨진다.

(1) 1차전의 경우 (18-21)

연합군이 1차전에서 실패한 이유는 전쟁의 가부(可否)를 묻기보다는 전쟁의 방법만을 하나님께 물은 것이 잘못이라는 것이다. 저들은 40만의 병력만 믿고 전쟁은 이미 하기로 스스로 작정하고는 "우리 중에 누가 먼저 올라가서 베냐민 자손과 싸우리이까"(18a) 물은 것이다. 이는 누가 먼저 출전하는가에 문제가 아니라 누가 지도자가 되느냐에 문제라는 것이다. 저들이 40만의 병력보다 하나님의 능력을 더 믿고 전쟁의 가부를 물었다면 하나님은 분명히 전쟁보다 다른 방법을 가르쳐 주셨을 것이다. 하지만 전쟁은 기정사실인데, 누가 선두에 서서 지휘권을 가지느냐 물었을 뿐이니, 이것이 문제라는 것이다. 그래도 "유다가 먼저일지니라"라고 대답해주신 것만도 다행한 일이라는 생각이 든다.

여기서는 우리가 한 가지 유의할 점이 있다. 즉 18절에 있는 "이스라엘 자손이 일어나 벧엘에 올라가서 하나님께 묻자와 가로되"라는 구절 때문이다. 이 당시 법궤의 거소는 여호수아 18장 1절 이래로 엘리 제사장이 블레셋 인에게 법궤를 빼앗기기까지(삼상 4:17) 줄곧 실로에 있었다. 그런데 이스라엘 연합군이 베냐민 응징 문제를 묻기 위하여 실로로 간 것이 아니라 벧엘로 올라갔다는 사실에 의문이 생기는 것이다. 여기서 학자들 간에도 두 가지 의견이 엇갈리고 있다. 하나는 "벧엘"을 뜻으로 풀어 "하나님의 집", 즉 법궤를 모신 성막이 있는 실로(Shiloh)를 지칭한다고 주장하는가 하면, 다른 하나는 벧엘을 단순히 지명(地名)으로 보는 견해가 있다. 양자 중 후설이 더욱 타당성이 있다고 생각된다. 하지만 언제 성막이 실로에서 벧엘로 옮겨졌다는 기록은 없다. 그렇기 때문에 이는 상상적인 추론이 될 뿐이다. 이때에 이스라엘 자손이 베냐민 응징을 결의한 곳은 미스바였지만, 그 진지(陣地) 즉 전쟁 지휘본부는 벧엘이었기 때문에 실로의 성막에서 법궤만을 벧엘로 옮겨온 것이 아닌가 추측할 뿐이다(27-28).

여호와의 지시대로 유다 지파가 선두에 서서 기브아와 대진하여 항오를 버리고 싸운 결과 기브아 인의 왼손잡이 투석전에 밀려 무려 이스라엘 사람 2만 2천 명이 전사하는 참변을 당하게 되었다(20-21).

그 이유는 이미 위에서 언급한 대로 전쟁의 가부(可否)를 묻지 않은 것으로 저들이 만일 베냐민 응징에 대한 가부를 물었다면 여호와께서는 "아니다."라고 하셨을 것이다. 왜냐하면 이것이 레위인의 첩이 살해당한 사건이기 때문이다. 레위인이면서 첩을 얻어 사는 주제에(19:1-2), 그리고 그 첩 역시 행음하고 별거하는 상황에서 이 문제로 전국적인 골육상잔의 전쟁을 허용하셨겠는가? 그리고 그 당시 이스라엘은 단 지파의 북방 이주와 아울러 라이스에 우상 신당 설치 사건 등(18:30-31)보다 더 큰 죄를 짓고 있는 상황에서의 전쟁은 다만 쓰디쓴 참패의 고배만 마실 뿐임은 자명한 사실로 보여지는 것이다.

(2) 2차전의 경우 (22-25)

이스라엘의 연합군은 첫날 전투에서 무려 22,000 명의 병사를 잃었음에도 불구하고 좌절하지 않고 "스스로 용기를 내어" 다시 군사를 정비하여 전투태세를 갖추고는(22) 역시 하나의 의식상으로 벧엘에 설치된 여호와 앞 즉 언약궤 앞에서 "저물도록 울며 여호와께 묻자와 가로되 내가 다시 나아가서 나의 형제 베냐민과 싸우리이까"(23)라고 아마도 당시 제사장 비느하스 앞에 신탁(神託; Oracle)을 의뢰하여 물은 것으로 생각된다.

이번 경우의 문제점은 역시 전 위치에 항오를 벌이고 임전 태세를 갖춘 후에 이 전쟁을 계속 할 것인가에 대하여 물은 것이다. 이에 대한 여호와의 대답은 "올라가서 치라"(23)라고 인준을 내린 것은 사실이다. 하지만 이는 저들이 이미 항오를 벌이고 싸우기로 결정하고 형식상 묻는 것인 만큼 "해 보라" 하였지만, 그 결과에 대한 보장은 없었다. 그러기에 이날에도 18,000명의 병사를 잃고 참패의 고배를 마시게 된 것이다. 이로써 연합군 측은 저들이 과시하는 병력의 1/10에 해당하는 다수를 잃게 되었던 것이다.

오늘도 역시 우리의 기도가 아무런 결말 없이 끝나는 이유를 여기서 찾을 수 있어야 하리라고 생각한다. 그것은 마치 야곱의 기도처럼 모든 계획을 다 세워놓고 다만 자기 계획대로 성취시켜 달라는 수법과도 같은 기도의 형식이라고 할 수 있다.

오늘의 많은 신자들은 이런 형식의 기도를 드리는 자들이 많이 있다고 보는 바이다. 자신이 죄인이면서 아무런 회개도 없이 죄인을 규탄한다는 우매(愚昧)를 나 역시 감행하고 있지는 않은지 각자 반성해야만 할 것이다.

3) 3차전에서의 승리 (26-47)

(1) 승리의 비결 (26-28)

① 전투 전 회개와 신탁(神託; Oracle) (26-27)

3차전의 경우는 1, 2차와는 판이한 구별을 보여준다. 즉 이번에는 싸우기로 작정하고 여호와께 물은 것이 아니라 싸우는 병사로서의 기본 자격부터 갖추는 일을 선행(先行)하기에 이른 것이다.

먼저 통회 자복하며 금식하였다. "이에 온 이스라엘 자손 모든 백성이 올라가서 벧엘에 이르러 울며 거기서 여호와 앞에 앉고 그 날이 저물도록 금식하고"(26a).

이들은 많은 병력이 있음에도 불구하고 1, 2차 전쟁에서의 패배야말로 자신들에게 문제가 있음을 자각한 나머지 자신들의 잘못을 찾아내어 각자 눈물을 흘리며 기도한 것이다. 그리고 "금식한 것"은 통회 자복의 표로서 성경에는 중요한 국난의 위기에서 기도와 더불어 병행한 것으로 나타나고 있다(에 4:6, 16, 대하 20:1-4).

그 다음 번제와 화목제를 드리었다(26b). 여기에 속죄제(sin-offering)가 빠져있는 것은, 이미 저들이 금식하며 통회 자복한 것으로 번제(burnt-offering) 안에 포함되어 있다고 보아야 한다. 레위기 1장의 제사법에 관한 순서에서 번제, 소제, 화목제, 속죄제, 속건제 순으로 기록되었지만 사실 먼저 속죄제 후에 번제가 드려지는 것이 정당한 순서이다. 그 이유는 속죄제는 죄의 사유함을 받는 제사이며, 번제는 헌신을 뜻하는 것인 만큼, 죄를 용서 받은 자가 헌신함이 당연하기 때문이다.

그리고 화목제(peace-offering)는 죄 사함 받은 자가 하나님과 또는 사람과의 화목할 자격이 구비되는 만큼, 이 당시 이스라엘의 자만과 병력의 과시 그리고 인간적인 결정 등의 죄를 용서받자 이것이 곧 하나님께 수용된 자로 인정받는 표였다.

유명한 주석가 카일(Keil)은 본장의 화목제는 감사제(thank-offering)가 아니라 기원제(supplicatory-offering)라고 하였다.

이상과 같이 온 이스라엘은 비로소 하나님께 완전히 헌신한 병사의 자격을 갖춘 후에 27절에서 "여호와께 물으니라"라고 하여 그들은 베냐민 족과의 전쟁 수행 여부에 대하여 여호와께 물은 것이다.

② 제사장을 통한 응답 (27-28)

"여호와께서 가라사대 올라가라 내일은 내가 그를 네 손에 붙이리라"(28b).

앞서 실패한 두 번의 전투에서도 여호와께 물은 것은 사실이다(18, 23). 하지만 그 때는 아직 자격미달의 병사로서 이미 전쟁을 결정한 후에 누가 지휘권을 갖고 선두에 설 것인가?(18) 또는 전투태세를 이미 갖추고 전쟁을 계속 할 것인가(23b)를 물었음에 반하여 이번에는 전쟁 전에 먼저 회개하고 헌신한 병사로서 하나님과 화목하고 여호와의 언약궤 앞에서 그리고 제사장 비느하스를 통하여 확실한 응답을 받을 뿐 아니라 승리의 보장까지 명확하게 약속해 주신 것이다(28).

여기 한 가지 유의할 점은 당시 대제사장이 "엘르아살의 아들 비느하스"(28a)임을 밝혀줌으로써 이 구절이 연대 측정에 큰 도움을 주고 있다는 사실이다. 즉 이 사건은 여호수아 사후 20년도 채 되기 전이었음을 말해주는 것이다(민 25:7, 31:6, 수 22:13).

오늘 우리 그리스도인들은 모두가 십자군들이다. 그리고 칼라일(Carlyle)의 말처럼 "인류의 역사는 전쟁의 역사"임은 사실이다. 그러므로 신앙을 지키기 위한 자에게 적은 언제나 있기 마련이다. 하지만 우리는 쉽게 싸움을 시작해서는 아니 된다. 하물며 골육상잔의 비극적 싸움에서이랴. 모름지기 우리 모두는 각자 먼저 자신을 반성하고 십자군으로서의 자기 관리와 아울러 사심 없이 헌신할 뿐 아니라 언제나 하나님께 기도하여 가부를 허락받아 신령한 영전에 임해야 한다는 점을 이 단락에서 배워야 할 것이다.

(2) 작전 계획과 전황(戰況) (29-47)

① 개관 (29-35)

벧엘의 제단에서 통회 자복과 헌제를 통하여 거듭난 이스라엘의 연합군은 베냐민 응징과 아울러 승리의 보장을 받게 되자, 베냐민 족과의 대전(對戰)에서 자신감을 갖게 되었다. 그리고 전에 없이 무모한 전쟁을 할 것이 아니라 구체적인 작전 계획을 세우고 임전 태세를 갖추게 된 것이다. 여기서는 그 계획과 전황의 개관을 말하여 준다.

우선 기브아 사면에 군대를 매복시키고 주력 부대가 기브아 성을 공격하자 저들이 성에서 나와 싸워 30명의 이스라엘 연합군 병사를 죽이자 일제히 후퇴 작전을 써서 큰길가로 유인하매 저들이 모두 기브아 성에서 나와 추격하며 전과 같이 승리를 자신하게 되었다. 그 무렵에 연합군은 바알다말(Baal-tamar)이란 곳에서 군사를 재편성하고 돌아서서 반격을 개시하자 바로 그 때 복병들이 기브아 초장 은닉처에서 나와 비어 있는 기브아 성으로 무려 1만 명이 들어가 거민을 몰살시키는데도 베냐민 사람들은 아직 화가 자기에게 미친 줄을 알지 못하였다. 그리고 기브아를 점령한 매복군 병사들이 성에서 나와 한창 주력부대와 싸우고 있는 베냐민 군의 후미(後尾)를 공격하자 저들은 마침내 전후의 공격을 받게 되어서 마치 독 안에 든 쥐처럼 "당일에 이스라엘 자손이 베냐민 사람 이만 오천일백을 죽였으니 다 칼을 빼는 자이었더라"(35b)라고 하여 대량 몰살시키고 말았다. 이는 "여호와께서 이스라엘 앞에서 베냐민을 파하게 하시매"(35a)라고 하여 사사기 기자는 그 전공(戰功)을 여호와께 돌리고 있음을 보게 된다.

당시 베냐민 군대 총 수가 26,700명이었는데(15-16), 거의 전멸하다시피 되었음을 알 수 있다.

② 구체적인 재론(설명) (36-42)

이 부분에서는 앞서 언급한 작전 계획과 전황에 대한 개관을 보다 구체적인 설명을 가하여 이를 재론하고 있어, 양자는 상호 보완 내지 요약하고 있음을 보게 된다. 이를 비교 논급하면 다음과 같다.

a) 복병 작전 (36-37)

이 전략은 여호수아가 아이 성에서 성공적으로 사용했던 것을(수 8:4-29) 그대로 재연하였음을 보게 된다. 공교롭게도 둘 다 패전 후에 승리한 것까지 닮아있음도 동일하다. 뿐만 아니라 이것은 동서고금의 모든 크고 작은 전쟁사(戰爭史)에서 흔히 보게 되는 전략 중 하나임을 알게 된다.

b) 유도(誘導) 작전(作戰) (36b, 32)

연합군은 4면에 군대를 매복시키고 주력부대가 기브아 성 가까이 가서 접전하다가 작전상 후퇴하여 성 안에 있는 베냐민 군사를 광야 큰 길로 유인하는 작전을 쓰자 매복군이 그 사이 비어 있는 성으로 들어가서 성을 함락시킨 것이다.

이것은 하나의 속임수이며 기만술책임은 사실이다. 하지만 전쟁 시에 취해진 이 같은 전술은 정당하지 못하다고 할 수는 없다. 전쟁 윤리는 일반 사회윤리와는 구별되기 마련이다.

이것은 설혹 기독교 윤리적 입장이라 하더라도 용납이 될 일이다. 예컨대 여리고 기생 라합이 이스라엘의 정탐꾼을 숨겨주고 후에 예수님의 조상 할머니가 된 것으로도 입증되는 일이다(히 11:31). 그렇다고 이것이 거짓 행위가 아닌 것은 아니다. 거짓은 거짓이나 악인이 이유 없이 나의 사랑하는 자를 죽이려 할 때 불가불 행한 거짓말이나 속임수는 용서받을 성질의 것일 따름이다.

c) 협동 작전 (38-41)

11지파에서 응집된 다양한 부족들이 별다른 훈련도 없이 협동 작전을 감행한다는 것은 매우 어려운 일이다. 하지만 이들은 상호 협동하여 전세를 승리로 이끈 것이다. 즉 "처음에 이스라엘 사람과 복병 사이에 상약하기를 성읍에서 큰 연기가 치미는 것으로 군호를 삼자 하고 . . . 연기구름이 기둥 같이 성읍 가운데서 일어날 때에 베냐민 사람이 돌아보매 온 성읍에 연기가 하늘에 닿았고 이스라엘 사람은 돌이키는 지라"(38-41).

별반 훈련 없었던 연합군이 상호간 신의를 지키고 자기 위치에서 적기에 임무수행을 하였는데, 주력부대는 싸우다가 작전상 후퇴하고, 기브아 초장의 매복군은 빈 성에 들어가서 이를 점령한 후 불을 놓아 연기가 치미는 것을 군호로 삼아 이스라엘 주력부대가 쫓기다가 반격을 감행하여 적을 몰살시키는 등의 협동 작전이 잘 이루어졌다는 데서 놀라운 전과를 올리게 된 것이다.

(3) 3차전에서의 전과(戰果) (43-47)

이스라엘 연합군에 의하여 살해된 베냐민 병사의 수는 모두 25,100명이었다(35). 이 전쟁에서 특히 전과를 올린 상황을 열거하면 다음과 같다.

① 제1차 공격의 경우 (41-42)

전략상 후퇴하던 주력부대가 연기구름 기둥을 군호로 반격을 개시함과 동시에 기브아 성 점령군이 나와 후미를 쳐서 협공을 가하여 죽인 것이 대량 살해의 경우이다(41-42).

② 제2차 공격의 경우 (43-44)

"기브아 앞 동편까지 추격하여 그 쉬는 곳에서 짓밟으매"(43). 이는 베냐민 군이 도망치다가 쉬는 사이 공격을 가하여 죽인 사실을 말하고 있다.

③ 제3차 공격의 경우 (45a)

"림몬 바위에 이르는 큰 길에서 이스라엘이 또 오천 명을 이삭 줍듯 하고"(45). 이는 패잔병 소탕전에서 죽인 숫자이다. 패잔병의 도주 목적지는 "림몬 바위"였다(47). "이삭 줍듯"이란 말에서 이것이 저항 없이 죽은 패잔병임을 알게 된다.

④ 제4차 공격의 경우 (45b)

"또 급히 따라 기돔에 이르러 또 이천 명을 죽였으니"(45). 여기 기돔(Gidom)의 위치는 불분명하며, 게바 근처가 아닌가 추측할 뿐이다.

이리하여 1, 2차에서 18,000(44), 3차에서 5,000(45), 4차에서 2,000(45b)을 합하면 모두 25,000명이 된다. 그럴 경우 35절에서 25,100명에는 100명이 부족하다. 생각건대 이 100명은 이번 전투 이전에 죽은 것으로 추측이 갈 뿐이다.

25,000명에다 림몬 바위에 숨어 있는 생존자 600명(47)을 합하면 25,700명이 되나 이 숫자 역시 전체 베냐민 총 수인 26,700(15-16)에 비하면 1,000명이 부족한 수이다.

이 문제에 있어서는 여러 가지 이론(異論)이 있다. 즉 전날 1, 2차전에서 전사했다느니, 군대에서 개인적으로 이탈한 탈주병이라는 등, 여러 주장들이 있지만 이는 모두 추측일 따름이다. 하지만 이번 3차전에서는 1, 2차전에서 실패를 만회하고 대승을 거둔 것은 사실이다. 그 비결은 앞서 언급하였듯이 실패한 병사들이 각각 자신의 잘못을 회개하고 금식하며 번제와 화목제를 드림으로써 완전히 헌신자로서의 자격을 갖춘 일과 아울러 무엇보다 여호와의 재가를 받게 된 결과임은 확실하다.

하나님께서 허락하신 일이라면 그 수행자(遂行者)들에게 그 방법까지도 알게 하여 모두가 일심 단결하여 구체적인 작전 계획을 세우게 하여 승리하도록 하시는 것이다. 11지파의 훈련 없는 병사들이 연합전선을 펴서 승리를 거둔 이면에는 보이지 않는 성령이 역사하였음을 실감케 됨은 의심할 여지가 없는 일이다.

3. 전쟁에서의 승리자와 패배자 (48)

"이스라엘 사람이 베냐민 자손에게로 돌아와서 온 성읍과 가축과 만나는 자를 다 칼날로 치고 닥치는 성읍마다 다 불살랐더라"(48).

본 구절은, 여호와의 재가(裁可)를 받고 이른바 십자군으로 큰 전과를 올린 이스라엘의 연합군이 막판에 가서 다시 하나님의 뜻을 무시하고 인간 본연의 감정이 발동하여 큰 과오를 범하게 된 사실을 보여준다. 즉 연합군 병사들이 림몬(Rimmon) 바위에 숨어있는 600명의 패잔병을 추격하다 이를 포기하고 그들의 지휘 본부가 있는 벧엘로 돌아오는 길에 지나는 성마다 들어가서 "만나는 자"(이는 노약자와 부녀자를 의미한다)를 다 칼날로 쳐서 죽이고 심지어 가축까지 죽이는 무차별 학살을 감행하였던 것이다. 그리고는 닥치는 성마다 불을 놓아 전소(全燒)시키는 만행을 저질렀다.

이것은 여호와께 바친바 된 성, 예컨대 여리고 성처럼 이른바 성전(聖戰)의 경우에만 해당되는 것으로(수 6:21), 이러한 행동은 자기감정의 발로이며, 신의(神意)를 거스르는 만행에 불과한 것이다. 하물며 이 베냐민 족은 가나안 족이 아닐 뿐더러 자기들의 형제 족속이 아닌가?

이것이 과연 혈족이며 같은 하나님을 섬기는 동족을 상대로 할 짓인가? 진실로 참혹한 현상이 아닐 수 없다.

우리는 본장 마지막에 수록된 이 비참한 장면을 보면서 무엇이 연상되는가? 바로 6.25전란이다. 얼마 전 방영된 한국 영화 <쉬리>에서 이 안타까운 사실들을 고발하고 있다. 형제간, 부자간 서로 총을 겨누고 살상함은 물론, 수많은 양민들이 이유도 없이 죽어갔다.

다음 장 2, 3절에 보면 저들은 "벧엘에 이르러 거기서 저녁까지 하나님 앞에 앉아서 대성통곡하며" 후회하였다. 모름지기 이 전쟁에서 승리자는 누구이며, 패배자는 누구인가? 승자도 패자도 없는 전쟁에서 연합군의 전사자 4만, 그리고 베냐민 족 25,100명의 전사자를 내었으며 수많은 양민들이 이유 없이 죽어간 것이다.

"아- 슬프다. 베냐민 전쟁의 비극이여! 6.25전쟁의 비참이여!"

영광 없는 승리

사사기 19:1-37

세상에서 가장 영광스런 일이 있다면, 그것은 큰 전쟁에서 승리하고 개선하는 때에 장병들의 경우일 것이다. 그리고 그 영광의 강도는 전쟁의 규모와 성격 및 그 전쟁 양상이 매우 치열한 것일수록 올라가기 마련이다.

하지만 본장의 경우는, 이스라엘 연합군에 의한 베냐민 족 응징을 위한 전쟁으로서 연합군 전사자 4만이라는 막대한 희생을 치렀고, 베냐민 족은 거의 전멸하다시피 한 큰 희생을 치루고 일단 연합군의 승리로 끝이 났음에도 불구하고 개선의 북소리와 함께 보부당당하게 본진인 벧엘로 개선하기보다는 마치 패전한 병사처럼 벧엘로 돌아와서는 대성통곡하는, 그야말로 눈물 젖은 승전가가 되고 말았다.

그 이유는 패전한 베냐민 족 역시 이스라엘 공동체의 하나인 동족이기 때문이었다. 이는 흡사 6.25 당시의 한국전쟁을 방불케 하는 것으로, 이 두 전쟁은 모두 같이 "영광 없는 승리"라고 할 수 있다.

1. 승리 후에 대성통곡 (1-4)

이스라엘 연합군이 베냐민 족을 진멸하고 벧엘로 돌아와서 저녁까지 대성통곡한 이유는 두 가지이다.

1) 한 지파가 전멸 상태에 처했기 때문이다 (3)

"하나님 앞에 앉아서 대성통곡하여 가로되 이스라엘의 하나님 여호와여 오늘날 이스라엘 중에 어찌하여 한 지파가 이즈러졌나이까 하더니"(2b-3).

연합군 측은 아무리 율법의 엄숙성에 입각한 대의명분을 내세워 베냐민 족 응징을 감행하였다 하더라도 저들은 처음 2차에 걸친 패전에서 4만의 병사를 잃게 되자, 여호와의 보장 없는 행위임을 반성하고 벧엘에 이르러 울며 금식하면서 번제와 화목제를 드리자 비로소 하나님의 응답을 받고 3차전을 감행하면서는 40만의 대병으로 베냐민 족 26,000을 상대로 닥치는 대로 죽였으며, 또한 비무장의 평민과 노약자와 부녀자, 심지어 가축까지 죽이고 기브아 성을 비롯한 베냐민 족의 모든 성을 무차별 학살 방화하였던 것이다.

그중 600명의 패잔병이 림몬 바위 요새(要塞)에 숨어 있지 않았더라면 베냐민 족은 완전 멸절 되었을 정도로 남자 600명만이 간신히 남아 있을 뿐, 한 지파가 전멸할 경지에 이르렀음을 알게 되자, 이스라엘의 12지파는 하나님의 축복 속에 세워진 것인 만큼, 한 지파가 빠지면 이스라엘의 공동체는 그 본연의 가치를 잃게 되기 때문에 대성통곡을 한 것이다.

오늘도 역시 교회 내에서의 싸움도 저 나름대로 각자 하나님의 뜻이라는 명분을 내세우지만 싸우다보면 인간의 감정과 개인적인 복수심에서 이성이 마비되어 보다 더 큰 하나님의 뜻을 무시한 채, 형제로 하여금 재생 불가능한 경지까지 몰고 가는 우맹(愚氓)으로 만든다는 사실을 기억해야 할 것이다.

2) 무모한 맹세의 결과임을 알았기 때문이다 (1, 5)

"이스라엘 사람들이 미스바에서 맹세하여 이르기를 우리 중에 누구든지 딸을 베냐민 사람에게 아내로 주지 아니하리라 하였더라 . . . 이스라엘 자손이 가로되 이스라엘 온 지파 중에 총회와 함께 하여 여호와 앞에 올라오지 아니한 자가 누구뇨 하니 이는 그들이 크게 맹세하기를 미스바에 와서 여호와 앞에 이르지 아니하는 자는 반드시 죽일 것이라 하였음이라"(1, 5).

이상 1절과 5절은 둘 다 미스바 총회 시 결의한 내용 중에 속하는 것으로, 이것은 20장 11절과 연결되어야 할 구절이다. 이 두 가지 맹세는 모두가 무모(無謀)한 것일 따름이다.

그 중 하나는 베냐민 족과의 통혼(通婚)을 금한다는 것으로 600명의 병사 즉 남자만 남았는데, 이들은 자기들의 베냐민 족 전체가 멸절하였기 때문에 배우자를 구할 수 없으니 종족 보존이 불가능하다는 것, 이것이 또한 통곡의 이유였던 것이다.

또 다른 하나는 미스바 총회 불참자는 반드시 죽인다는 맹세였다(5). 이것을 결의할 당시는 누가 불참하였는지 알지 못하고 11지파가 거족적으로 참여하기를 독려하는 의미에서 결의하였던 것으로 생각된다. 이는 입다의 맹세(11:29-31)보다도 더 가치 없고 경솔한 것으로 생각된다. 하지만 비록 어리석은 맹세라도 맹세는 지켜야만 하는 것이다(레 19:12, 신 6:13, 겔 17:16-19). 그러므로 후에 주님께서는 맹세하지 말고 "옳다 옳다 아니라 아니라 하라"(마 5:37) 하셨는데, 그 말씀을 기억해야 할 것이다.

이스라엘 연합군은 이 문제를 해결하기 위하여 "이튿날에 백성이 일찍이 일어나서 거기 한 단을 쌓고 번제와 화목제를 드렸더라"(4)라고 하였는데, 이는 자신들의 무자비한 살육행위를 뉘우치며 경솔한 맹세로 인한 베냐민 구제책에 문제가 생긴 것을 인정하고 이를 해결하기 위하여 취한 방법이었다.

하지만 이 헌제(獻祭) 행위에서 학자들 간에 각이한 논의가 생겼다. 그것은 "거기 한 단을 쌓고"(4)라는 것 때문이다. "거기"는 벧엘을 의미함은 사실인데, 그렇다면 제단은 이미 실로에 설치되어 있는 이상 벧엘에 또 다른 제단을 쌓았다면 이는 문제라는 것이다. 하지만 위에서 언급한 바대로 언약궤는 이미 옮겨왔고, 제사장 비느하스도 벧엘에 와 있었으니 만큼(20:27-28), 제단을 쌓았다 해도 문제가 없다는 생각이 지배적이다(헤쎄드).

여하튼 저들이 어려운 문제에 봉착하여 이것을 여호와께 가지고 가서 해결책을 강구하였음은 잘한 일이라는 생각이 든다.

2. 전후(戰後) 처리 문제 (5-24)

1) 베냐민의 기업 유지와 맹세 문제 (5-7)

위에서 이미 언급한바 베냐민 응징전을 일단 끝내자 저들은 베냐민족 멸족에 따른 문제로 저들의 지휘 본부인 벧엘로 하여금 통곡의 광장을 만들었다. 그것은 하나님의 영예를 수호할 의미를 지닌 자로서 과도한 응징에 대한 자신들의 잘못을 인정한 것이며, 또한 경솔한 맹세 때문에 상호 모순에 부딪쳐 발생한 속수무책의 경지에서 흘린 눈물이었다.

연합군 측이 모두가 이를 인정하고 한 단을 쌓고 그 잘못을 여호와께 갖고 가서 번제와 화목제를 드려 용서를 구한 것은 잘한 일이다

(3-4). 하지만 저들은 그 곳에 대제사장 비느하스가 같이 있었음이 확실한 이상(20:27-28), 우림(Urim)과 둠밈(Thummim)으로 신탁(oracle)에 붙여 여호와의 회답을 기다렸어야 옳았을 것이다. 하지만 저들은 헌제를 여호와께 드려 자신들의 잘못을 회개한 것뿐, 그 이상 여호와의 응답을 기다리지 않고 전후 처리 문제를 인간적 방법으로 해결하려 하였다는데 연합군 수뇌부의 문제가 있음을 지적하고 싶다.

5-7절에서는 역시 연합 전선 미참자에 대해서는 사형이라는 맹세 사실을 확인한 후, 계속 베냐민 족 기업 유지책에 대한 방법이 막연함을 탄식하는 것을 부연하고 있을 뿐이다. 이는 아무리 거듭 해결책을 강구하더라도 이미 저지른 자가당착의 모순은 해결한 방도가 없으며 오직 후회막급할 따름임을 보여주고 있는 것이다.

인생의 모든 문제 해결은 오로지 여호와만이 가능하다. 그것은 자신의 피를 흘려 속죄한 자만이 할 수 있기 때문이다. 그러므로 오늘도 역시 우리의 모든 크고 작은 문제는 갈보리 제단 앞으로 가져가야 하며 오로지 그를 통해서만 해결이 가능하다는 사실을 기억해야 할 것이다.

2) 인간적인 방법에 따른 해결책 (8-24)

연합군 측은 여호와의 가르침에 의하지 않고 자신들의 방법으로 베냐민 기업 유지책을 위해 두 가지 방안을 결의하였다. 그것은 다음과 같다.

(1) 길르앗 공격과 그곳 처녀와의 결연 사건 (8-15)

연합군 측은 미스바 총회 시 베냐민 응징전에 미참자는 사형에 처한다는 결의를 확인한 후에(5), 미참자를 알아본 결과, 야베스 길르앗

(Jabesh-gilead) 사람들임이 밝혀졌다(8-9). 이들은 요단 동편에 사는 므낫세 지파에 속하는 자들로서 그들의 불참 이유는 야곱이 라헬에게서 난 형제 지파이기 때문으로 추측한다.

"회중이 큰 용사 일만 이천을 그리로 보내며 . . . 가서 야베스 길르앗 거민과 및 부녀와 어린 아이를 칼날로 치라 너희의 행할 일은 모든 남자와 남자와 잔 여자를 진멸할 것이니라 하였더니"(10-11).

이스라엘 회중은 여기서 다시금 엄청난 죄악을 저지르고 있다. 타락한 한 레위인의 첩, 그 첩 역시 행음한 자로서 베냐민 족의 성 기브아의 비류(불량배)들에 의하여 죽은바 된 한 여인 때문에 이를 응징하기 위하여 쌍방간 이미 65,000명이라는 무수한 병사들의 피를 흘렸는데, 그 흘린 피가 지나쳤기 때문에 또 다시 길르앗에서 피 흘리는 잔인한 학살이 자행되는 경지에 이르고 있다. 이는 모순을 해결하기 위한 또 하나의 모순을 저지르고 있는 것이다. 동족인 베냐민 족에서 남은 600명의 짝을 찾아 기업을 유지하게 한다는 명목으로 또 다시 역시 동족인 야베스 길르앗의 피를 흘려 그 거민을 몰살시키는 악행을 자행하고 있다는 것이다.

이는 마치 잠언 30장 15절에 "거머리에게는 두 딸이 있어 다고 다고 하느니라" 한다는 말씀을 방불케 하는 마치 흡혈귀(吸血鬼)와 같은 만행을 다시 범하고 있음을 보여준다.

그중에서 처녀 400인을 살려 데려다가 베냐민에 남은 400인의 패잔병과 혼인을 시켜 베냐민 족의 기업을 보존한다는 것이다(12). 저들은 군대 파송을 벧엘에서 하였으나 야베스 길르앗을 진멸하고 젊은 처녀 400인을 데리고 돌아올 때는 실로 진으로 왔다. 이는 전쟁이 끝이 났기 때문에 성막이 있는 실로에로 지휘 본부가 수복되었음을 의미한다(12).

온 회중은 귀환 즉시 림몬 바위에 숨어 있는 베냐민 족 패잔병에게 사신을 보내어 평화를 공포한 결과, 저들도 이에 응하여 협상이 이루어지자 그중 400명에게 길르앗 처녀 400인을 주어 성혼시켰다는 것이다(13-14).

이 사건을 다시 한 번 정리해 본다면, 문제 해결이 제대로 된 것이 아님을 알 수 있다. 온 회중의 생각으로는 야베스 길르앗 거민은 어차피 죽여야 할 자이다. 이는 이스라엘 공동체로 하여금 맹세 조건에 해당된 자였기 때문이다. 그러므로 그중 처녀들을 살려 베냐민 족 생존자에게 주어 배필을 맺게 하여 그 종족을 보존케 한다는 계산이다. 그렇다면 불참한 전투요원만 죽였으면 그만이지 어찌하여 노약자와 부녀자들까지 전멸시켰는가? 이것은 여리고 성처럼 "하나님께 바친바 된 성" 즉 "헤렘"(레 27장)에서만 해당될 뿐, 베냐민 족을 전멸시킨 것과 똑같은 방법으로 비전투인까지 무차별 학살한 것은 잘못이며, 만일 이것이 "헤렘"의 경우라 한다면 처녀 400명을 살린 것 역시 잘못된 일이라고 할 것이다("헤렘" 규정에 관하여는 필자의 저서 구약설교전집 6권 여호수아 p.94 참조). 이들이 베냐민 족을 그렇게 동정하였다면 왜 베냐민 족 처녀들은 살려두지 않았는가 묻고 싶다(20:48).

이 사건을 다시 한 번 간추려 보면 다음과 같다.

① 연합군의 베냐민 응징은 잘한 일이다. 에베소 교회는 "악한 자들을 용납지 않았다"(계 2:2)는 것 때문에 칭찬을 받았다. 현재에 있어서도 베냐민적 악행에 대한 관용은 여호와를 향한 배반 행위가 됨은 사실이다(삼상 3:13, 계 2:14-15, 5:20).

② 야베스 길르앗은 정죄 받음이 당연하다. 저들은 이스라엘 공동체가 소집한 총회 소집에 불응하였고, 이는 맹세 조건에 해당하기 때문이다.

③ 경솔한 맹세(21:1, 5)와 과격한 살육 행위(20:48, 21:10-11)는 잘못이다.

④ 보다 결정적인 연합군 측의 잘못은 하나님께 전적으로 일임하지 아니하고 자기들의 잘못을 시인하면서도 계속 자신들의 의지를 앞세워 하나님의 뜻을 기다리지 않은 것이라 할 수 있다.

저들은 야베스 길르앗에서 데리고 온 처녀 400명으로 베냐민의 남은 자와 결혼시켰으나 200명이 부족하자, 백성들이 베냐민을 위하여 또 다시 반복하여 뉘우치면서 "이는 여호와께서 이스라엘 지파들 중에 한 지파가 궐이 나게 하셨음이더라"(15)라고 했다. 여기서 "궐이 났다"라는 것을 개역개정판에서는 "빠지게 하였다"로 번역하고 있다. 즉 저들은 베냐민 족 멸족 이유의 책임을 하나님 여호와께 돌리고 있는데, 이는 크게 잘못된 생각이다.

오늘도 수많은 사람들이 자기들이 저지른 죄악의 책임을 모두 여호와께 돌리기는 마찬가지이다. 맹세하는 것도 경솔히 하여 죄를 짓고 맹세를 갚는 데서도 역시 잔인한 방법으로 죄를 짓는다. 그리고는 그 결과는 모두 여호와의 잘못으로 책임을 전가하는 것이 인간의 부당한 소행임을 알게 해 준다.

(2) 실로(Shiloh) 무도회에서의 무희 납치 사건 (16–24)

회중의 장로들은 부족한 200명에 대한 배우자 충당 문제로 계속 고민하였다. 16-18절은 이 문제에 대한 반복이다. 고민 끝에 마침내 또 하나의 방법을 안출했다. 그것은 매년 실로에서 주기적으로 열리는 여호와의 절기에서 실로의 여자들이 무도하려 나오는 기회를 틈타서 너희(베냐민 200명)는 포도원에 숨어서 기다리다가 각각 실로의 딸 중 하나씩 붙들어 가지고 베냐민 땅으로 돌아가라는 제안으로, 마치 하나의 연극 같은 '스릴'이 넘치는 방법이었다. 만일 그 처녀의 아비나 형제가 이 문제로 우리에게 쟁론해 올 경우, 우리가 그들을 잘 설득하여 너희에게 책임이 없도록 한다는 것이었다(22a).

이스라엘 백성들은 매년 세 번의 절기에는 성막이 설치된 곳에 올라가서 소정의 예식을 의무적으로 지키라는 규례가 있다(출 23:14-17). 그 절기는 유월절(무교절), 맥추절, 수장절이다. 본문의 경우 이 셋 중 어떤 절기인가에 대해서는 이론이 분분하다. 카일(Keil)은 유월절일 가능성이 짙다고 했는데, 그 이유는 실로의 딸들이 춤 춘 것이 미리암의 지도 하에 홍해에서 여인들이 춤 춘 것을 모방한 것이 분명하기 때문이라고 지적한다(출 15:10). 그런가 하면 장막절이라고 주장하는 학자도 있고(Patrick), 또한 포도 수확 축제로 보는 견해도 있다(Lange, Moore).

그 중 제3의 경우를 취할 만하다고 생각한다. 이는 "매년 여호와의 절기"(19)라고 하였지만 실제는 지방 고유의 축제로서 가나안 토족의 축제를 모방한 것으로 생각되기 때문이다. 21절에 "실로의 여자들이 무도하러 나오거든"이라고 하였는데, 사실 무도(舞蹈)라는 용어는 레위기에 제정된 여호와의 축제 규정에는 없는 낱말이기 때문이다. 축제 시에 남녀의 성적 관계가 생긴 예는 바알의 축제에서와(출 34:15-17), 야곱의 딸 디나의 사건(창 34:1-8) 등, 이방인들의 축제(민 25:1-15)에서 볼 수 있듯이, 이 또한 저속한 이교풍을 풍기고 있다고 여겨진다. 성막이 있는 실로에서 이런 저속한 축제 현장에서 남녀 간 결연을 맺는 일종의 도둑 결혼이 이루어졌다는 사실, 역시 바람직하지 못하다는 생각이 든다.

이 사건이 우리에게 주는 교훈을 찾아보면 다음과 같다.

① 이스라엘의 신앙적 타락상을 보여준다.

19절에서는 실로로 올라가는 노정(路程)을 상세히 설명하고 있다. 즉 "또 가로되 보라 벧엘 북편, 르보나 남편 벧엘에서 세겜으로 올라가는 큰 길 동편 실로에"라는 것이다. 이는 베냐민의 남은 200명으로 하여금 실로의 무희(舞姬)들을 납치하도록 그 무도 현장인 실로에 이르는 도표의 설명이라고 할 수 있다. 베냐민 사람들이 하나님의 성소가 있는 실로에서 가까운 곳에 살면서도 그 길을 자세히 설명해야만 했던 것을 보면, 저들이 적어도 매년 세 번씩 절기마다 여호와를 찾아 만나라는 명령을 전혀 지키지 않았음을 알게 된다. 그렇기 때문에 당시 백성들의 신앙 상태를 짐작할 수 있으며, 따라서 제사 제도와 그 기능이 제대로 시행되지 못하여 레위인의 타락 생활 등이 속출하였음을 알 수 있다(18:7-9, 19:1). 그리고 매년 한 번 열리는 절기(19)도 역시 하나의 무도장이 되어 있었으니 그 당시 백성들의 신앙적 타락상이 어느 정도였는지 짐작이 가고도 남는다.

② 사전 모의(謀議)에 따른 외식(外飾) 행위이다.

회중의 장로들은 베냐민 청년들에게 실로의 무희(舞姬) 납치를 교사(敎唆)하고 무희의 가족들을 위계로 설득하여 교묘한 수단 방법으로 법망(法網)을 피할 것을 사전 모의하였다. 하지만 이는 하나의 위계이며 외식 행위이다.

하나님의 일을 함에 있어서 아무리 좋은 목적에서라 하더라도 인간적인 수단 방법으로 할 경우, 이는 참 신앙적 행위라고 할 수 없다. 오늘의 교역자들은 이런 방법으로 교회 일을 계획해서는 안 된다는 교훈을 받아야 할 것이다.

③ 결과적으로는 맹세 위반이다.

본문에 기록은 없지만 아마도 실로의 축제가 거행되는 과정에서 큰 소동이 일어났으리라 생각된다. 200명의 실로의 처녀들이 졸지에 괴한들에 의하여 납치되는 큰 사건이 생겼기 때문이다. 불시에 딸과 자매를 잃은 가족들은 이스라엘 장로들에게 찾아와서 실종된 자를 내놓으라고 항의하였거나, 베냐민 족인 납치자들의 처벌 운운 등 큰 소동이 일어났을 것은 뻔한 일이다.

그러나 장로들은 이미 짜여진 각본대로 그들을 설득하였고 결국 이에 관련된 가족들도 양해함으로 인하여 소란은 즉시 가라앉고 평화적으로 일단 해결되었음을 알게 된다. 그것은 23절을 보아서 알 일이다. "베냐민 자손이 그같이 행하여 춤추는 여자 중에서 자기들의 수효대로 아내로 붙들어 가지고 자기 기업에 돌아가서 성읍들을 중건하고 거기 거하니라"가 바로 그것이다.

하지만 "우리 중에 누구든지 딸을 베냐민 사람에게 아내로 주지 아니하리라"(1)던 총회 결의를 위반한 것은 사실이다. 아무리 그 딸들의 부형들이 자유로 한 것이 아니며 다만 납치되었을 뿐이라고 변명한다고 해도 저들의 딸들이 베냐민의 남은 병사의 아내가 된 것은 사실이기 때문이다. 이는 마치 "밧줄을 끌고 왔더니 소가 딸려 왔다"는 식의 변명에 불과할 따름이다. 그러므로 이는 문자로는 맹세를 지키기는 하였으나 행위와 진리에서는 그것을 합당한 것으로 간주할 수가 없는 일이다(Keil, F. Delitzsch).

앞서 지적한 바 있지만 저들이 벧엘에서 이성을 되찾아 자신들의 지나치게 잔인한 응징과 경솔한 맹세 때문에 대성통곡하고 이 문제를 여호와께 가져와서 번제와 화목제를 드린 후(1-4), 계속 여호와께 부르짖어 그 응답을 기다렸다면 필시 여호와께서는 길르앗 족 멸절이나 실로 처녀 납치 사건 같은 방식이 아니더라도 베냐민 족의 기업 유지책을 평화롭게 해결할 합당한 방법을 허용하였으리라 생각된다. 저들이 베냐민 족을 늦게나마 사랑하는 마음이 생겼다면 말이다.

오늘도 역시 진정한 회개와 확실한 사죄가 있는 곳에서는 피 흘리는 살육이나 납치 사건 같은 살벌한 수법이 아닌 평화로운 방법에 의한 보다 적절한 길로 그가 우리들을 인도할 것이라는 교훈을 본 단락에서 배워야 할 것이다.

3. 전쟁과 평화 (23-25)

베냐민 전쟁은 영광 없는 승리로 일단 끝이 나고 비록 완전한 평화는 아니더라도 평화 시기의 도래를 보게 되었다. 이로써 전시 체제는 해체되고 각자 국민들은 평화시대에 적합한 새 시대의 역군들이 되어야만 했다.

1) 베냐민의 남은 병사의 경우 (23)

가장 큰 전쟁의 피해를 입은 베냐민의 남은 부족은 비록 늦게나마 11지파의 도움을 받아 배우자로서 길르앗과 실로의 처녀를 아내로 맞게 된 만큼 이들은 전쟁으로 파괴된 성을 중건하는 일에 총력을 경주해야만 하였다. 저들이 하마터면 멸족의 위기에서 종족 보존의 기회를 얻은 이상, 지난날의 모든 과오를 뉘우치며 폐허 위에서 복구사업에 힘써야만 할 것이다. 그리하여 12지파라는 이스라엘 공동체의 일원으로서 당당히 세움을 입어 광휘 있는 이스라엘의 영광을 회복하는데 같이 기여하여야 할 것이다.

2) 연합군의 병사들의 경우 (24)

한편 전쟁으로 징집되었던 이스라엘 연합군 병사들은 실로의 병영에서 떠나 "각각 그 지파, 그 가족에게로 돌아가되 곧 각각 그곳에서 나와서 자기 기업으로 돌아갔더라"(24)는 사실을 보아 베냐민 원정(遠征) 때문에 떠났던 저들이 속한 지파와 전쟁 때문에 떠나 있던 그리운 가족에게로 돌아가게 되었다. 군인으로서는 이 이상 더 기쁜 일은 없을 것이다. 저들은 전쟁 발발 이후 즉시 징집되어 적어도 4, 5개월가량 떠나 살다가 귀가한 것으로 생각된다. 그 이유로는 20장 47절에 나오는 사건(베냐민의 남은 자가 림몬 바위로 도망친 사건)이 4개월 걸린 것으로 보아 전쟁 종식 후에도 최소 4개월이 지났을 것이기 때문이다.

전쟁이란 인간에게서 모든 것을 빼앗아간다. 개인의 자유와 심지어 목숨까지, 그리고 설혹 살아 돌아온다 하더라도 전쟁 시 가족과 별거 생활 그리고 자기 기업, 즉 자기 개인생활을 위한 기업 활동까지도 정지되기 마련이다. 하지만 이 제대 병사들은 일단 전쟁을 끝내고 고향 집으로 돌아가서 본래의 자기 일을 다시 시작하는 기쁨을 누리게 된 것이다.

3) 전쟁의 이유와 평화 유지의 비결 (25)

"그때에 이스라엘에 왕이 없으므로 사람이 각각 그 소견에 옳은 대로 행하였더라"(25).

이는 17장 6절 이후 계속 보여주는 말씀(18:1, 19:1, 21:25)으로서 사사기의 요절이며 동시에 결론이다.

"그때에 이스라엘에 왕이 없으므로"(25a)라는 것은 물론 이스라엘 왕국 설립 이전 시대임을 알려주기도 하지만, 이것이 사사시대 혼란의 이유임을 지적하고 왕국시대를 갈망한다는 의미는 아니다. 앞서 이미 언급한 대로 당시 이스라엘의 왕은 여호와 하나님이시다. 그럼에도 불구하고 온 나라가 왕의 말씀(율법)을 지키지 않기 때문에 왕이 없는 것과 마찬가지라는 것이다. 그러므로 사람들은 각각 "자기 소견"을 신앙과 도덕에 기준으로 삼아 행한 것이 바로 혼란 상태를 초래하였다는 의미인 것이다.

그 한 예가 베냐민 지파에 대한 이스라엘의 처사이다(20-21장). 즉 저들의 소행 중 옳게 행한 일이 있는 반면에 잘못 행한 일도 있음을 보게 된다. 이것은 왕의 말씀인 율법에 따라 행하지 않았기 때문임을 알 수 있다.

그러므로 전쟁이 생기는 이유는 하나님의 말씀을 따르지 않는 것이며, 평화 유지의 비결은 그의 말씀을 주야로 묵상하며 이 말씀이 각자의 제반 생활에 적용되어 실천될 때 가능하다는 사실을 본장에서, 아니 사사기 전체에서 배워야 할 교훈이라고 생각한다.

룻 기

신앙의 몰락과 회복의 경로

룻기* 1:1-22

성서 목록순위(目錄順位)에서 룻기는 사사기와 사무엘상 중간에 위치한다. 그러므로 룻기는 사사기와 사무엘서를 서로 연결해주는 하나의 고리 역할을 한다고 볼 수 있다. 즉 좀더 자세히 풀어 말하면 사사기 마지막 절에는 "그때에 이스라엘에 왕이 없으므로 사람이 자기의 소견에 옳은 대로 행하였더라"(삿 21:25)라고 끝을 맺고 있음에 반하여 룻기 마지막 절에는 "오벳은 이새를 낳고 이새는 다윗을 낳았더라"(4:22)라고 기술하여 왕이 없던 상태에서 왕국이 세워진 그 중간에 룻기가 끼어 있어, 그 과정을 보여주는 것으로 룻기가 차지한 순위의 특징을 알게 해 준다.

룻기의 구성 요원 중에는 세 사람의 주요한 인물이 등장하고 있다. 그것은 나오미와 룻과 보아스이다. 이 세 사람 중에서 어느 하나가 빠져도 룻기의 성서적 가치는 결(缺)하기 마련이다. 나오미는 모범적 전도자의 모형이며, 룻은 이방인 교회의 모형이다. 그리고 보아스는 우리들의 상실한 기업을 되찾아 주는 예수 그리스도의 예표라고 볼 수 있다.

그러므로 룻기의 중요한 교리는 유다 베들레헴에 살던 엘리멜렉이란 사람이 그 땅에 흉년이 들자 온 가족을 이끌고 모압 나라로 자기의 기업의 땅을 떠나 이주한 사실을 들어 하나님의 약속을 버린 자의 실

---

* 참고; 룻기부터는 개역개정판(4판) 성경을 본문으로 하였음.

패담을 1장 서두에서 밝힌다. 하지만 모압 땅에서 남편과 두 아들을 모두 잃고 홀로 남은 늙은 과부 나오미는 그래도 신앙을 버리지 않고 보존하여 기업의 땅을 찾아 돌아오는 모습에서 몰락한 가문을 다시 일으키는 계기를 만들었고, 룻이 불쌍한 시모를 따라온 데서 나오미의 신앙에서 큰 영향을 받은 사실을 알 수 있으며, 그 후 계속 시모의 인도를 받아 친척 보아스와 결혼하게 되어, 몰락한 엘리멜렉의 기업을 되살릴 뿐 아니라 이스라엘의 이상적인 왕 다윗의 증조모가 되는 놀라운 결과에 이르고 있음을 보여준다.

하지만 이는 단지 한 가문이 상실한 기업을 회복하였다는 것만을 보여주는 것이 아니다. 만일 이것이 룻기의 목적이었다면 "살몬은 보아스를 낳았고"(4:21a)라고 하면 그만이었을 것이다. 그럼에도 불구하고 계속해서 "보아스는 오벳을 낳았고 오벳은 이새를 낳고 이새는 다윗을 낳았더라"(21b-22)라고 보아스의 증손자인 다윗까지 연장하여 기록한 이유는 이 가문에서 왕의 출생으로 인하여 사사시대라는 혼란기가 지나고 찬란한 다윗 왕국의 도래를 예언하고 있기 때문이다.

그리고 한 걸음 더 나아가서 이 보아스의 가문에서 다윗 왕이 난 것으로 그친 것이 아니라, 4장 18-20절에서 보아스의 족보를 소급(遡及)하여 "베레스의 계보는 이러하니라"라고 소개하고 있다. 이는 베레스가 유다의 아들이라는 점에서, 이는 다윗 왕이 유다 지파에 출신임을 보여주는 동시에 그 후손에서 인류의 대속죄주이신 예수 그리스도가 나시리라는 야곱의 예언을 상기케 해 주는 것이다(창 49:9-10).

이 예언은 마리아의 수태고지(受胎告知)에서 그 응답을 보게 된다. 즉 "보라 네가 잉태하여 아들을 낳으리니 그 이름을 예수라 하라 그가 큰 자가 되고 지극히 높으신 이의 아들이라 일컬어질 것이요 주 하나님께서 그 조상 다윗의 왕위를 그에게 주시리니 영원히 야곱의 집을 왕으로 다스리실 것이며 그 나라가 무궁하리라"(눅 1:31-33) 바로 이것이다.

그러므로 룻기 4장 18-22절에 나오는 보아스의 족보는 그 후손에서 나실 다윗 왕과 예수 그리스도의 조상됨을 보여주는 것으로, 이는 마태복음 1장 3-6절에서 보여주는 예수 그리스도의 족보와 일치함을 보게 된다. 이는 보아스를 통한 한 가문의 기업 회복을 넘어서 다윗 왕국의 도래와 아울러 모든 인류가 그 후손인 예수 그리스도로 말미암아 구속됨을 보여준다는 데서 보아스야말로 예수 그리스도의 그림자라고 할 수 있다.

이런 의미에서 룻기는 하나님의 인류 구속사(救贖史)적 견지에서 유다에서 예수 그리스도까지 이어지는 과정에서의 하나의 연결 고리의 역할을 하였음을 알게 해 주는 것이다.

1. 신앙의 몰락 (1-5)

룻기의 시작은 유다 베들레헴에 사는 엘리멜렉과 그 가족의 모압 이주 사건으로 그 첫 문을 열고 있다. 이는 곧 신앙의 몰락(沒落)을 의미한다. 그 이유는 유대 나라는 하나님이 허락하신 약속의 땅으로서 이곳에는 이스라엘 백성이라면 누구나 각기의 기업의 땅을 배당받았는데, 그 기업의 땅을 버리고 타국으로 간다는 것은 오늘로 말하면 하늘의 기업인 신앙을 버리고 여호와 하나님께 대한 배신(背信) 행위가 되기 때문이다.

그러므로 엘리멜렉(Elimelech) 일가(一家)의 모압 이주야말로 오늘의 성도들에게 있어서는 교회를 떠나서 세상으로 나간다는 신앙의 몰락을 뜻한다고 볼 수가 있다.

1) 몰락의 원인 (1)

"사사들이 치리하던 그 땅에 흉년이 드니라 유다 베들레헴에 한 사람이 그의 아내와 두 아들을 데리고 모압 지방에 가서 거류하였는데"(1).

본절에서 엘리멜렉 일가가 약속의 땅을 떠나게 된 원인을 세 가지로 열거한다.

(1) 시대적인 요인 (1a)

"사사들이 치리하던 때에"(1a).

이는 곧 사사시대를 말하는 것으로 이 기간은 여호수아의 죽음부터 사울 왕의 등극까지(B.C. 1380-1050), 약 330년간에 해당한다(중복기간을 합쳐 약 450년으로 추산함). 앞서 수차 거듭 지적한대로 이 때는 "이스라엘에 왕이 없으므로 사람이 각기 자기 소견에 옳은 대로 행하더라"(사 17:6, 18:1, 21:25)라는, 말하자면 법이 없는 시대로서 인간의 사고(思考)와 행위에 대한 표준이 없는 무법천지가 되어 있어, 사람마다 각각 자기 소견이 곧 법이 되어 있기 때문에 앞서 사사기 부록(附錄)에서 이미 지적한 대로(삿 17-21장) 신앙적, 도덕적, 사회윤리적인 기준이 없이 동물적인 악행이 공공연히 자행되었다. 이 때문에 살아가기가 매우 어려워진 나머지, 정든 기업의 땅마저 버리고 타국으로 이민가는 사람이 많아 엘리멜렉 일가도 그 중 하나일 것이라 생각된다.

(2) 환경적인 요인 (1b)

"그 땅에 흉년이 드니라"(1b).

악한 시대에다 흉년까지 들고 보니 살아가기가 매우 어려웠던 것이다. 팔레스틴을 "젖과 꿀이 흐르는 땅"(출 3:8)이라 하였지만, 아브라함(창 12:10), 이삭(창 21:1), 야곱(창 46:1-7) 등 시대에도 흉년이 들어 애굽으로, 그랄 지방으로 이민가는 경우가 많았다.

엘리멜렉 당시의 흉년은 자연발생적인 흉작이라기보다는 미디안 족 등 동방의 만족(蠻族) 침입이라는 인위적인 인재(人災)에 의한 기근(饑饉)이라고 생각한다. 사사기 6장에 의하면 저들이 추수기만 되면 대거 내습(來襲)하여 곡식을 약탈해 간 기록이 있다. 그러므로 본 사건을 기드온 시대에 된 것으로 추측하는 학자들이 많이 있다.

이는 마치 우리나라의 경우, 소위 일정시대에 일본인에 의한 착취 때문에 양식이 떨어져 당시 만주 땅인 북간도(北間道) 서간도(西間道) 등 미개척지로 이민 가던 시대를 방불케 한다고 생각할 수 있다. 당시 모압은 애굽 다음으로 흉풍(凶豊)을 모를 만큼 농산물이 풍성한 나라로 널리 알려져 있었다.

(3) 신앙적인 요인 (1c)

"유다 베들레헴에 한 사람이 그의 아내와 두 아들을 데리고 모압 지방에 가서 거류하였는데"(1c).

이상에서 언급한바 두 가지 요인이 있었음에도 불구하고 만일 저들에게 기업의 땅을 지키려는 믿음이 있었다면, 이들이 약속의 땅을 등지고 모압 땅을 찾아가지는 않았을 것이다. 그러므로 이 세 가지 요인 중에 신앙의 결핍에서 오는 세 번째 요인이 가장 크다고 할 수 있다.

유다 지파에서 그나마 농경에 적합한 곳이 있다면 베들레헴 평야지대이다. 그 이름의 뜻이 "떡집"이라 함은 농산물이 풍성하다는 의미이지만, 아무리 땀 흘려 농사를 지어도 침략군에게 약탈당하고 보니 풍성한 떡집에도 양식이 떨어지는, 폐업한 떡집이 되었다고 할 수 있다.

역시 오늘의 경우에도 교회는 떡집이다. 그러므로 교회는 항상 생명의 양식이 풍성하기 마련이지만 역시 외세에 의한 침략을 받을 경우는 영적 기근에 허덕이기 마련이다. 이런 때는 다만 끝까지 인내하는 믿음으로 참고 기도해야 할 성도들이 조만간 교회를 떠나서 저 모압 같은 죄악의 세상으로 나가 고귀한 신앙마저 버리게 됨은 심히 슬픈 일이 아닐 수 없다.

엘리멜렉 일가야말로 이상 세 가지 요인에 의하여 기업의 땅을 떠나 우상의 나라인 모압으로 이민 간 자의 대표적인 사례라고 볼 수 있다.

2) 신앙 몰락의 결과 (2-5)

엘리멜렉 일가의 모압 이주는 순전히 가장격인 엘리멜렉의 주도 아래서 이루어졌다고 보며, 그 아내 나오미(Naomi)와 두 아들인 말론(Mahlon)과 기룐(Chilon)은 다만 가장이 이끄는 대로 끌려갔다고 보는 것이다. 이들의 이름은 모두가 히브리식 명칭으로서 가장인 엘리멜렉(Elimelech)은 '하나님은 왕이시다'는 뜻이고, 그의 아내인 나오미(Naomi)는 '희락' 또는 '은혜스러운 자'란 의미이며, 말론(Mahlon)은 '연약한 자' 그리고 기룐(Chilon)은 '결점'이라는 뜻이다.

이들은 모두가 하나님의 약속한 땅, 그리고 자기 기업의 땅을 버리고 요단강을 건너 동편 땅인 모압으로 가서 기류하는 신세가 되었다. 생각건대 이 가족은 동방 이주로 인하여 일시적으로 기근을 면할 수 있었는지는 몰라도 그 결과는 안 좋은 방향으로 기울고 있었다.

(1) 엘리멜렉의 죽음 (3)

"나오미의 남편 엘리멜렉이 죽고"(3a).

엘리멜렉이 죽은 시기에 대해서는 알려지고 있지 않으나 아마도 이주 초기가 아닌가 생각되며, 그 사인(死因) 역시 기록이 없어 알 수가 없다. 하지만 이역(異域) 땅에서 가장을 잃게 된 유족으로서는 큰 충격을 받았을 것은 분명한 일이다. 특히 그 아내였던 나오미는 그야말로 하늘이 무너지는 격심한 고통을 감내했을 것이라는 점은 이해가 되고도 남는다.

엘리멜렉 자신도 죽으면서는 가족을 이국땅에까지 이끌고 와서 그곳에 남겨두고 가는 순간, 자신의 큰 잘못을 뉘우치며 눈물을 흘렸으리라는 생각이 든다. 이는 신앙적인 입장에서 볼 때 큰 잘못임은 사실이지만 그렇다고 그의 죽음을 자기 죄 때문에 받은 형벌이라고 단정할 수는 없다. 하지만 그가 만일 육신이 살아 있었다 하더라도 철저한 회개가 없는 한 그 영혼은 이미 죽어있는 자임은 부인하지 못할 것이라 생각된다.

(2) 두 아들의 죽음 (4-5a)

가장인 엘리멜렉이 죽자 그의 아내인 나오미가 이 가정의 책임자 내지 보호자로 자연 승계된 셈이다. 아마도 그 당시 나오미는 비록 남편의 주도 아래서일망정 일단 모압으로 온 이상은 당장 고국으로 돌아갈 수는 없다고 생각한 나머지 남편이 죽은 후에 그 땅에 정착하려고 시도(試圖)했던 것으로 생각된다. 그것은 두 아들인 말론과 기룐으로 하여금 모압 여자와 결혼시킨 사실을 보아서 알 수 있다(4).

오르바(Orpah)는 기룐의 아내가 되었고, 룻(Ruth)은 맏아들 말론의 아내가 되었다(4:10). 이들의 이름은 각각 모압식으로 여인의 전형적인 것이었다.

이처럼 모압에서의 안정을 기도(企圖)하고 정착하려던 나오미의 노력에도 불구하고 두 아들 역시 원인 모르게 죽고마니, 나오미의 실낱 같은 희망의 줄마저 끊어지게 되었던 것이다.

학자들 중에는 두 아들의 사인(死因)을 이방 여인과 혼인한 결과라고 주장하는 이도 있지만, 사실은 모압인의 딸과의 결혼은 가나안 여인과의 결혼과는 달리 율법에서 금하지는 아니하였기에(신 7:3), 그것을 사인으로 인정할 수는 없을 것이다.

(3) 세 고부(姑婦)의 참상 (5b)

" . . . 그 여인은 두 아들과 남편의 뒤에 남았더라"(5b).

모압 이주 10년쯤에 남편과 두 아들 즉 삼부자(三父子)가 모두 죽고 남은 유족은 과부인 세 고부(三姑婦)뿐이었다.

이로써 엘리멜렉의 모압 이주의 꿈은 완전히 깨어지고 홀로 남은 나오미의 입장은 진퇴양란의 기로(岐路)에 서게 된 것이다.

우리가 이 본문에서 받게 되는 교훈은 매우 크다. 한 사람의 가장이 잘못 선택한 결과로 인해 자신이 먼저 죽고 두 아들마저 죽은 후, 남은 유족인 세 고부에게는 큰 고통만을 유산으로 남겨주었다는 것이다.

요컨대 오늘의 성도들 역시 교회 내에서도 말씀의 고갈로 인하여 영적 기근에 처할 수 있음을 각오하고 경솔히 교회를 등지고 오늘의 모압(세상)을 찾아가서는 안 된다는 교훈이다. 그러므로 시련은 피할 것이 아니라 참아 극복해야 한다는 진리를 터득해야만 할 것이다.

2. 회복의 경로 (6-18)

엘리멜렉에 의하여 몰락한 신앙은 그의 아내 나오미를 통하여 회복되는데, 그 과정을 이 단락에서 보여준다. 그 경로는 다음과 같다.

1) 나오미의 귀향(歸鄕) 결심 (6)

나오미는 고국 땅 베들레헴에 풍년이 들었다는 소문을 듣게 된다.

이는 고국 땅에 변화가 생긴 것을 의미한다. 이에 나오미는 고향으로 돌아갈 결심을 하게 되었다. 이는 영적으로는 이미 몰락한 신앙을 다시 회복한다는 의미가 있다. 그러므로 이 결심은 매우 귀중한 것임을 알게 된다.

이는 마치 탕자가 돼지우리에서 회개하고 아비 집을 생각하여 돌아가기를 결심하던 때의 심정과 같은 것이며(눅 15:17-19), 아브라함이 애굽에서 다시 벧엘로 돌아온 것과 비슷한 경우이다. 이 순간 나오미는 죽어서라도 고국 땅에 묻히고 싶은 심정이었을 것이다.

"있던 곳에서 나오고"(7)는 오늘 우리 각자들도 각각 자기가 처한 현재의 위치를 확인하고 그것이 모압 땅이라면 신속히 그곳에서 나와야만 한다는 교훈을 주는 구절이다.

2) 두 며느리와의 동행 (6a-7)

"...두 며느리도 그와 함께 하여 유다 땅으로 돌아가려고 길을 가다가"(7).

나오미의 귀향 결심에 두 며느리도 동의하고 같이 길을 떠났다. 두 며느리는 비록 모압 출신이기는 하나 둘 다 좋은 며느리임을 알 수 있다. 이 때 나오미의 신세는 늙고 아무 힘도 없는 과부이며, 재산도 없고 지금 당장 생활비마저 군색한 처지인데도, 이런 시모를 따라서 이국(異國) 땅으로 가려고 출발하였기 때문이다.

이것은 단지 시모의 신앙과 인격에 영향을 받았기 때문이라 생각한다(Driver Briggs). 나오미는 애초부터 남편의 주도 아래서 모압으로 갔을 뿐, 그는 모압에서도 여호와를 섬기는 신앙을 보존하였고, 그모스(Chemosh)의 신의 나라에서도 그 신앙의 빛을 발하고 있었음을 알게 된다. 그 신앙에 감화 받은 두 며느리는 자국의 신을 버리고 여호와 하나님을 섬기려고 시모를 따라 가려고 나선 것이다.

오늘 이 시대에는 아마도 이런 자부는 찾아보기 어려울 것이다.

3) 두 며느리에 대한 권유 (8-14)

나오미는 얼마쯤 길을 가다가 마치 엠마오 도상의 그리스도처럼, 베들레헴 도상에서 두 며느리와 노상대화(路上對話)가 이루어졌던 것이다.

"나오미가 두 며느리에게 이르되 너희는 각기 너희 어머니의 집으로 돌아가라"(8).

나오미가 이 말을 출발 초기에 하지 않고 귀향 도중에 한 이유가 어디 있었을까? 의문이 가지만 그 이유에 대한 기록이 없어 알 수는 없다. 다만 추측건대 나오미는 이 순간 자기 자신을 가리켜 하나님의 징계 받은 자임을 스스로 알고 있었다(13). 그런 만큼 여호와께 징계 받아 혈혈단신(孑孑單身)이 된 자신을 따라간들 무슨 장래성이 있겠는가 생각하고 자신의 진정을 모압에서 더 멀리 가기 전에 말한 것으로 생각된다.

그러므로 "너희는 각기 너희 어머니의 집으로 돌아가라 너희가 죽은 자들과 나를 선대한 것 같이 여호와께서 너희를 선대하시기를 원하며"(8)라고 하여, "어머니의 집" 즉 친가로 돌아가서 재혼하여 새 남편을 통하여 위로를 받으라는 것이다. 이는 곧 재혼을 허락하는 의미도 되며, 너희가 "죽은 자(전 남편)"와 나를 선대한 이상 여호와께서도 선대할 것이라고 축원하는 것이다.

이 당시 시모 나오미의 생각으로는 두 자부에게 어느 정도의 여호와에 대한 신앙이 있음을 전제하고 여호와의 복 받는 자가 되기를 간절히 소원하였다고 본다. 그리고는 두 며느리에게 결별의 '키스'를 하자,

그들은 참았던 울음이 터져 소리 높여 울며 다음과 같이 말하였다.

"아니니이다 우리는 어머니와 함께 어머니의 백성에게로 돌아가겠나이다"(10).

그러자 나오미는 보다 구체적인 설명으로 두 며느리에게 애정 어린 어조(語調)로 귀가를 권유하였다. 그것은 당시 이스라엘 사람이라면 누구나 잘 알고 있던 이른바 계대결혼법(the Levirate Law; 신 25:5-6)의 예를 들어 보다 설득력이 높은 차원에서 자신을 따르는 일이 무용함을 세 가지 이유를 들어 설명하였다.

"계대결혼법"이란, 형이 자식이 없이 죽을 경우, 그의 동생이 형수를 취하여 자식을 낳아 형의 이름을 계승시킨다는 일종의 괴이(怪異)한 법률인데, 이것은 메시아(Messiah) 사상에 근거를 둔 것이다. 유다 자손의 여자라면 누구나 장차 나타나실 메시아를 낳을 가능성이 있으며, 아니면 낳은 아들이 메시아의 조상이 될 수도 있어, 무자(無子)를 수치로 여기는 풍속이 생기기까지 하였다(참조, 필자의 구약설교전집 신명기 pp. 402-403).

이를 기준하여 볼 때, 나오미는 첫째, 현재 다른 아들이 없고, 둘째는 나이 많아서 재혼할 수도 없으며, 셋째는 가령 오늘 재혼하여 자식을 낳는다 하여도 장성하여 성혼기가 되려면 많은 세월을 요하기 때문에 나를 따른다는 것은 아무런 미래를 보장할 수 없다는 것이 나오미의 설명이었다.

이를 다른 말로 하면 나를 따르는 길은 모든 세상 행복을 다 버리고 무조건 여호와만 섬길 각오가 서기 전에는 불가능하다는 논리(論理)인 것이다. 이것은 결과적으로 두 며느리의 결심을 각각 시험하는 것이 되었다.

이런 양자택일의 기로(岐路)에서 오르바(Orpah)는 그 시모에게 입맞추는 마지막 인사를 하고 자신의 고향인 모압 행을 취하게 되었다.

하지만 룻(Ruth)은 이와는 달리 "그를 붙좇았더라"(14)라고 하였는데, 이 말을 직역하면 "다가섰다", "굳게 잡고 놓지 않음"이라는 뜻이다(RSV)(시 63:8, 119:3, 수 23:8).

이 두 며느리를 오늘의 고부간에 기준에서 볼 때, 둘 다 좋은 사람들이란 생각이 든다. 저들은 적어도 귀국하는 시모를 따라서 고국을 등지고 유다 땅으로 갈 결심을 하였기 때문이며, 그런 중 시모의 간곡한 권면에서 오르바는 세상이 주는 행복을 택하였고, 룻은 신령한 여호와의 복을 택한 것뿐이다.

이들의 선택의 기준은 오늘의 성도들 간에도 역시 신앙의 경중(輕重)을 가르는 표준이 됨은 사실이다. 그러므로 오르바의 눈물의 결별 역시 인간적인 견지에서는 큰 감동을 안겨주는 것으로 오늘의 독자로 하여금 감격케 하는 면이 있다고 할 수 있다.

4) 시모를 따르려는 룻의 결심 (15-19)

오르바가 떠나자 나오미는 다시 룻에게 다음과 같이 권유를 계속한다.

" . . . 보라 네 동서는 그의 백성과 그의 신들에게로 돌아가나니 너도 너의 동서를 따라 돌아가라 하니"(15).

앞서 말한 바대로 오르바 역시 시모의 신앙적인 영향을 받아서 어느 정도의 신앙을 갖고 있었겠지만, 그는 자기 조국과 신(神) 그모스(Chemosh)를 따라 간 것으로 이는 일시 여호와를 따르다가 세상으로 나가서 속화된 신자를 의미한다.

그러므로 룻에 대한 나오미의 권면은 오르바의 행동을 좋게 여겨 "너도 네 동서를 따라 돌아가라"고 했다기보다는 룻에 대한 하나의 시험일 뿐 모압으로 돌아가는 것이 최선의 길이라는 의미는 아니라고 보아야 한다.

16-17절은 룻이 시모와 동행하려는 강한 결심을 피력하는 말로서, 이는 본장의 절정(climax)을 이룬다. 여기는 적어도 다섯 가지 조건을 제시하고 있다.

① 어머니와의 동행(同行) "어머니께서 가시는 곳에 나도 가고"(16a)

② 어머니와의 동거(同居) "어머니께서 머무시는 곳에 나도 머물겠나이다"(16b)

③ 어머니의 국적(國籍)을 따름 "어머니의 백성이 나의 백성이 되고"(16c)

④ 어머니의 신앙(宗教)을 따름 "어머니의 하나님이 나의 하나님이 되시리니"(16d)

⑤ 어머니와 동생공사(同生共死) "어머니께서 죽으시는 곳에서 나도 죽어 거기 묻힐 것이라"(17a) : 여기서 "거기 묻힌다"는 것은 동매장(同埋葬)을 뜻하는바(창 47:30), 이는 이방인으로서 선민(選民)의 영역(領域)에 들어옴을 뜻하는 하나의 신앙고백이며 윤리적 기본에 해당한다.

이상 다섯 가지 중에서 가장 중요한 것은 ③과 ④이다. 이는 어머니 나오미를 통하여 터득한 신앙이며, 어느 면에서 나오미를 능가하는 신앙의 경지에 이른 감이 있음을 보게 된다. 즉 나오미의 입장은 남편 때문에 잃은 신앙을 회복하는 일인데 비해, 룻의 경우는 모압의 신 그모스(Chemosh)에게서 여호와 하나님께로 개종하는 것이며, 또한 나오미는 세상 양식 때문에 고국을 등지고 모압으로 갔지만, 룻은 조국과 고향과 가족을 모두 버리고 베들레헴으로 찾아가는 길이기 때문이다.

게다가 나오미는 오르바에게 우상의 나라로 행복을 찾아 돌아가라고 권하였지만, 룻은 금보다 더 귀한 믿음의 가치를 알았기에 기름진 땅과 양식이 풍부한 모압과 이에 따른 모든 세속적 행복을 다 과감하게 버리고 약속의 땅을 향하여 가고 있기 때문이다.

이는 마치 아브라함이 여호와의 지시를 따라서 갈 바를 모르고 가나안 땅에 정착한 사실과 비슷하며(히 11:8), 리브가가 보지도 못한 신랑 이삭을 만나려고 늙은 종의 말만 듣고 "가겠나이다"라고 결단하던 용기와도 같다고 할 것이다(창 24:58).

이런 경우를 시편 기자는 다음과 같이 말씀하신다.

"딸이여 듣고 보고 귀를 기울일지어다 네 백성과 네 아버지의 집을 잊어버릴지어다 그리하면 왕이 네 아름다움을 사모하실지라 그는 네 주인이시니 너는 그를 경배할지어다"(시 45:10-11).

그러므로 우리가 여기서 확실히 기억할 것은 룻이 시모를 따라간 가장 중요한 이유는 시모가 전해준 '메시지'가 생명을 살리고 영생하게 하는 진리이기 때문이다. 그러므로 룻에게서 늙고 힘없는 시모가 불쌍하고 가련하여 그를 버리지 못한 효의 정신을 예찬하기 보다는, 시모가 전하는 하나님이 참 신임을 알았기 때문에 모든 것을 버리고 여호와를 따라갔다는 사실을 알아야 하는 것이다.

오늘도 역시 조국을 떠나서 이국(異國)으로 이민 가는 자들이 많이 있다. 하지만 이를 결심하기까지는 결코 쉬운 일이 아님이 사실임에도 불구하고 이보다 더 어려운 결심은 내가 애착하던 세상의 부귀영화를 다 버리고 저 하늘나라의 시민이 된다는 사실은 훨씬 더 어려운 결단을 요한다는 점을 기억할 필요가 있다고 보는 것이다.

3. 귀향 시의 정황 (19-22)

"이에 그 두 사람이 베들레헴까지 갔더라 베들레헴에 이를 때에 온 성읍이 그들로 말미암아 떠들며 이르기를 이이가 나오미냐 하는지라"

(19).

1) 동향인들의 환영 (19)

"온 성읍이 그들로 말미암아 떠들며"(19).

즉 "온 성이 그들로 인해 동요를 일으켰다"(베니쉬). "그 성에 소문이 퍼졌다"(70인역). "온 성이 그들로 인해 기뻐했다"(아람어 역본, 시리아 역본). 그리고 EV는 호기심, 놀라움, 기쁨 등을 내포하는 보다 포괄적인 용어를 사용하고 있다.

"이이가 나오미냐"(19) 이 말은 너무나도 출발 시에 비하여 변모된 모습을 보고 놀라는 의미도 있지만, 반가운 사람을 만나는 순간 껴안으며 "이게 누구야" 하는 환영의 의미로도 흔히 쓰는 통상적인 용어로 볼 수도 있다.

이런 대대적인 환영 분위기로 보아서 나오미의 남편 엘리멜렉이 베들레헴의 유지였음을 알 수 있다는 학자도 있지만(Lange), 사실 고향은 이래서 좋은 것이라 볼 수 있다. 그것은 정든 고향 산천 모두가 역시 그리움의 대상이지마는 그곳에는 고향 사람들이 있다는 것이 그 첫째 좋은 이유이다.

오늘의 교회 역시 새신자 환영에 있어서 각이한 방법으로 이를 시행하고 있는데, 이는 즐거운 시간임에 틀림이 없다. 그것은 우리가 장차 저 하늘의 고향에 들어갈 때 우리 주님이 앞서간 천천만 성도들과 같이 환영해 주실 그림자가 되기 때문이다.

2) 나오미의 귀향 소감 (20-21)

나오미는 그를 환영하러 모인 군중을 향하여 다음과 같은 귀향 소감을 말하였다. 먼저 나를 "나오미"(즐겁고, 감미로움)라 부르지 말고 "마라"(괴롭고, 쓴 것)라 부르라고 하였다. 그가 이처럼 이름의 개칭을 바란 이유는 "전능자가 나를 심히 괴롭게 하셨음이니라"(20)이기 때문이었다.

이에 대한 해석을 랑게(Lange)는 "그가 내게 혹독한 슬픔을 가하였다"라고 하였고, 라이트는 "그가 나를 심히 슬프게 하셨다"라고 하였다. 한편 모리슨(James Morrison)은 모든 실패의 원인을 하나님께 돌리는 것은 잘못이라고 지적한 바 있으나, 본절에서 나오미의 태도는 그런 뜻에서가 아니라 자신이 모압에서 당한 모든 일을 하나님의 징벌로 여긴다는 의미이기 때문에 모리슨의 견해는 취할 것이 못된다고 본다.

그러므로 그가 개명을 원하고 개칭을 바란 것은 "희락"보다는 쓰라린 고통뿐이었기에 "나오미"란 호칭은 어울리지 않는다는 심정에서 한 말이다. 이는 하나의 자신의 신앙고백이라고 볼 수 있다.

21절은 20절에 대한 보충 설명이라고 할 수 있다. 즉 "내가 풍족하게 나갔더니 여호와께서 비어 돌아오게 하셨느니라" 이는 돈과 소유가 많아서 풍족한 것이 아니라, 남편과 아들들로 인한 풍족이라고 카일(C.F. Keil)은 해석하였다. 그러나 지금은 삼부자를 모압 땅에서 다 잃고 귀향한 만큼 빈손 들고 고부(姑婦)가 돌아왔다는 의미인 것이다.

오늘 우리는 나오미의 귀향 소감을 들으면서 그 정황을 십분 이해할 수 있음에도 불구하고, 나오미는 빈손으로 돌아왔다기보다 매우 귀한 것을 안고 왔다고 할 수 있겠다. 나오미가 나갈 때는 남편 자식 그리고 돈도 많아 풍족한 듯 보였지만 사실 엘리멜렉은 기업의 땅을 버리고 갔기에 이는 가장 귀한 보화인 신앙을 버린 이민 행각에 불과하였다. 사실 이것이야말로 빈손에 불과한 것이다.

하지만 나오미는 모압에서도 믿음을 지켰고, 그 믿음을 갖고 다시 축복의 땅으로 돌아왔으며 모압에서의 생활은 남편 잘못 때문에 겪은 하나님의 징계임을 깨닫고 그 모든 책임을 자신이 지기 위하여 개명까지 요구하는 큰 깨달음을 갖고 돌아온 것이다. 그리고 무엇보다 귀중한 "일곱 아들보다 귀한"(4:15) 며느리 룻을 데리고 동행하였다는 것이야말로 결과적으로 남편의 명예도 회복하고 훌륭한 가정을 재건하였을 뿐 아니라 나아가서는 다윗과 예수 그리스도의 조상이 되었다는 점에서, 22절에 나오는 "나오미가 모압 지방에서 그의 며느리 모압 여인 룻이 함께 돌아왔는데"(22)라는 이 구절은 모든 풍성한 축복을 약속 받는 보장이라고 할 수 있다.

3) 귀향의 시기(時期) (22)

나오미와 룻의 귀향 시기는 "보리 추수 시작할 때"(22)였다. 이는 매우 적절한 시기에 돌아온 것을 보여준다. 이 때는 유월절 직후로 초곡제의 첫 단을 여호와께 드리는 예식을 행하므로 추수기가 시작되며 이 때로부터 50일간 오순절까지 추수기가 계속된다(레 23:10-11). (필자의 구약설교전집, 레위기 p.365 참조).

이들이 만일 보리추수기 전에 왔다면 그때는 춘궁기(春窮期)이기 때문에 극심한 식량란을 겪는 큰 어려움에 직면하게 되었을 것이며, 만일 보리 추수가 끝났을 경우라면 베들레헴의 부호인 큰 농장 주인인 보아스를 만나지 못하였을 것이다.

그러므로 저들은 매우 적절한 시기에 돌아왔다는 사실을 본장 말미에 기록하는 이유는 앞으로 전개될 보아스와의 만남을 예고하고 있다고 할 수 있다. 이를 통해서 이들의 귀향 시기까지도 계획하신 하나님의 섭리를 알 수 있으며, 우리의 모든 일을 주관하시며 때를 정하시는 하나님의 계산은 항상 최선의 때임을 깨닫게 되는 것이다.

낙수(落穗)에 얽힌 사연

룻기 2:1-23

프랑스의 유명한 화가인 밀레(Millet)는 노년기에 이르러 파리의 교외(郊外)인 바르비종(Barbizon) 농촌에 거주하며 친히 농민들과 생활하면서 전원(田園) 생활에 관한 정경(情景)을 많이 그렸다. 그 중 특히 <이삭줍기>는 <만종>과 함께 농민들의 모습을 종교적인 분위기로 심화(深化)시켜 소박한 아름다움으로 표현한 걸작품이다. 이 그림은 룻을 비롯한 세 여인이 넓은 베들레헴 들판을 배경으로 떨어진 이삭을 줍는 모습을 그린 것으로 본장인 룻기 2장을 소재로 그려진 명작이다.

오늘은 시모(媤母)를 따라 베들레헴에 도착한 룻이 베들레헴 들판에서 보리 이삭을 줍다가 엘리멜렉 가문의 대속자이며 남편이 될 보아스를 만나게 되는 이른바 "낙수에 얽힌 사연"을 같이 생각하며 주시는 바 은혜를 기대코자 한다.

1. 추수 밭에서 이삭을 줍는 룻 (1-7)

1) 보아스라는 인물의 출현 (1)

룻기 2장은 보아스라는 인물을 소개하는 것으로 시작된다. 룻기의 논리적 구조는 귀납적(歸納的) 전기 형식으로 되어 있지만, 본장 1절에서는 이런 형식을 깨고 파격적인 연역논리(演繹論理)의 형식으로 다음과 같이 기술하고 있다.

"나오미의 남편 엘리멜렉의 친족으로 유력한 자가 있으니 그의 이름은 보아스더라"(1).

이는 이처럼 혜성처럼 나타나는 보아스야말로 룻이 앞으로 추수 밭에서 이삭을 줍다가 만나게 될 주요한 인물이기 때문이다.

그는 엘리멜렉의 친족 즉 일가이며, 몰락한 엘리멜렉의 "기업을 무를 자"로서(20), 유력한 자이었다. 여기 "유력한 자"라는 말의 뜻은 영어성경에서는 '재산가'라고 하였으며, 랑게는 '용감한 영웅'으로 번역하고 있다. 그러므로 이는 재물과 용기와 덕망이 높은 '지도적 인물', '훌륭한 인물'이라는 의미로 이해된다.

만일 1절이 없었다면 독자들은 본장을 다 읽어야만 그 의미를 이해할 수 있을 것이다. 보아스 역시 룻에 대하여는 5-6절에서 사환에게 물어 보기 전까지 알지 못하였고, 룻도 또한 20절에서 시어머니로부터 설명을 듣기까지 보아스가 누군지 모르고 있었으나, 1절 덕분에 독자들은 이미 다 알고 읽게 된다는 것이다.

2) 이삭줍기를 결심한 룻 (2)

시모와 같이 베들레헴에 도착한 룻은 우선 생계를 유지할 방도가 거의 없었다. 생각 끝에 룻은 마침 추수기에 온 것을 다행으로 생각하고 이삭줍기를 하려고 결심하였다. 추측컨대 룻은 이스라엘의 율법으로 허락된 가난한 자를 위한 이삭줍기가 가능하다는 사실을 들은 것이 아닌가 생각된다(레 19:9, 23:22, 신 24:19). 룻은 이 제도를 따라서 추수 밭에 나가서 이삭줍기를 하려고 생각한 나머지 이를 위하여 시모 나오미에게 요청하여 허락을 받았다.

"원컨대 내가 밭으로 가서 내가 누구에게 은혜를 입으면 그를 따라서 이삭을 줍겠나이다 하니 나오미가 그에게 이르되 내 딸아 갈지어다 하매"(2a).

여기서 "내가 누구에게 은혜를 입으면"이라고 한 것은, 그 당시 가난한 자를 위한 이삭줍기가 율법이 보장하고 있음에도 불구하고 고약한 주인은 빈자의 권리를 무시하고 이것을 방해할 뿐 아니라 심지어는 아예 금지하기까지 하였다(Keil). 룻은 이 사실을 알고 있었기에 "내가 누구에게 은혜를 입으면"이라고 막연하게 은인의 출현을 기대하였는데, 그 은인이 바로 1절이 말하는 보아스였다.

한편 나오미는 고향을 떠나 이국(異國)땅에 와서 최하급의 천민이 할 수 있는 이삭줍기를 하려고 첫 외출을 시도하는 며느리가 가엽게 생각되었던지 "내 딸아 갈지어다"(2b)라고 다정한 애칭으로 일단 동의하였다. 수고와 굴욕을 감내하겠다는 룻의 간청에 대하여 시모는 이를 받아들이는 외에 다른 방법을 없었다.

이리하여 룻에 있어서는 이국땅에 와서 비천한 노동자로서의 이삭줍기를 하는 첫 출발이, 뜻밖에도 예수 그리스도의 조상이라는 최고의 지위에 오르는 계기가 되었음을 그 누가 알았겠는가? 실로 기적같은 사실이 아닐 수 없다.

3) 보아스의 밭에 우연히 이른 룻 (3)

"룻이 가서 베는 자를 따라 밭에서 이삭을 줍는데 우연히 엘리멜렉의 친족 보아스에게 속한 밭에 이르렀더라"(3).

비로소 룻은 보리 추수가 한창인 베들레헴 들판으로 나가서 한 밭에 이르러 그 곳에서 자신의 노동력을 투입하였다. 거칠고 냉담한 세계와 접촉한다는 것은 매우 벅찬 일임에도 불구하고 룻은 뜨거운 태양 아래서 이마에 흐르는 땀을 옷소매로 닦으면서 그녀는 자기 주변에 가난한 사람들과 더불어 이삭을 주웠다. “베는 자”는 9절에서 “소년”이라고 하였는데, 이들이 선두에서 곡식을 벤다. 그러면 8절에 “소녀”들이 그 베는 자의 뒤에서 이것을 단으로 묶는다. 그리하면 그 소녀들 뒤에서 빈민들이 이삭을 줍는데, 이것은 특별 배려이다. 여기 “소년”과 “소녀”는 추수하는 노동자로서 사실 젊은 청년들을 말하는 것이다.

그런 중 룻은 우연히 앞서 1절에서 말한 보아스의 밭에 이르렀는데, 이 분이 바로 룻의 시부(媤父)인 엘리멜렉의 친족에 해당된다.

룻은 어디로 갈는지 알지를 못하고 나아갔다. 이는 마치 아브라함이 부르심을 받을 때 갈 바를 알지 못하고 간 것과도 같다. 가다 보니 그 넓은 베들레헴 들판에서 하필 보아스에게 속한 추수 밭에 이른 것이다. 인간 편에서 보면 확실히 ‘우연’이라 할 수 있다. 하지만 하나님 편에서는 영원 전부터 예정하신 필연적 계획이었던 것이다(Lange).

이는 마치 야곱의 경우와 비교해 볼 수 있다. 야곱이 하란으로 간 것은 성난 형 에서의 낯을 피하기 위함이었다. 그리고 이것은 그의 모친 리브가의 계획에 의한 것이기도 하였다. 리브가는 자신이 편애하던 야곱을 하란으로 보내면서 그 표면상으로는 ‘내가 에서의 아내로 가나안 여인을 취한 것을 보니 마음에 들지 않아 야곱의 아내는 고향 하란에 가서 친족 중에서 취할 것’이라는 이유를 붙였지만 사실은 에서의 분노에서 도피시키려는 것이 목적이었다. 그렇게 야곱이 어머니의 시키는 대로 하란에 도착하여 라헬을 만나게 된 것은 ‘우연’이었다. 이 우연한 만남이 결국 12지파의 조상이 될 13자녀를 낳게 된 것을 보면 이는 하나님의 섭리 안에서 이루어진 계획된 작업이었음을 알게 된다.

마찬가지로 모세가 애굽의 공주에게 발견된 것도 ‘우연한 일’이지만 결국은 하나님의 섭리였으며(출 2:5-11), 또한 아합의 죽음 역시 “한 사람이 무심코 활을 당겨" 쏜 것이 아합에게 적중되어 죽은 것이다(왕상 22:34).

인간들은 모두가 무심하게 행하지만, 하나님은 피난길에서도, 이방왕의 딸의 목욕 시간도, 그리고 한 병사의 무심히 쏜 화살에도, 그의 고원하신 계획과 섭리 아래 자행됨을 그 누가 부인하랴!

역시 룻은 당면한 끼니를 때우려고 보리 이삭을 주우려는 것이 그날의 그녀의 목적이었지만, 그 당시의 유력한 보아스를 만나게 하시려는 하나님의 계획이, 무심히 들판을 헤매는 한 여인의 발걸음을 주관하셨음을 그 누가 부인할 것인가! 깊이 유의할 문제임을 알게 된다.

2. 추수 밭에서 만난 보아스의 친절 (4-16)

1) 룻과 보아스의 첫 대면 (4-7)

(1) 보아스가 추수 밭에 이름 (4)

때마침 룻이 열심히 이삭줍기를 하는 노동 현장에 그 추수 밭의 주인인 보아스가 나타난다. 그는 베들레헴 성내에 있는 주택에서 추수 밭으로 왔다. 그가 온 것은 추수 진행 상황을 파악할 뿐만 아니라 그의 일꾼들을 위한 식탁에 같이 참여하기 위함이라고 라이트는 해석한다.

룻은 '우연히' 보아스의 밭에 들어섰고, 보아스는 '마침' 추수 밭에 당도하여 이와 같은 신비로운 섭리에서 보아스와 룻이 첫 대면을 하게 되는 극적인 상봉이 이루어졌고, 그 후 이들은 마침내 결혼하게 되고 그들 사이에서 후손으로 다윗 왕이 나게 되며, 나아가서는 만민의 구세주이신 예수 그리스도가 나시게 되는 것이다.

보아스는 추수 현장에서 일꾼들을 만나자 다음과 같은 인사를 교환하였다. "여호와께서 너희와 함께 하시기를 원하노라 하니 그들이 대답하되 여호와께서 당신에게 복 주시기를 원하나이다 하니라"(4).

주인과 종 사이에 상호적인 존경과 선의가 이 문안 가운데 나타나고 있다. 주인은 종들에게 여호와의 임재를 기원하고, 종들은 그들의 주인에게 여호와께서 복 주시기를 기원한다. 경건한 사람이라면 이러한 경건한 문안들을 대하면서 소박한 옛 시대로 돌아가고 싶은 생각을 가지게 될 것이다(A. Clark).

이들은 서로에게 복을 빌고 있다. 그리고 진지하다. 그 비결은 모두가 하나님을 의지하며 그 이름을 축복하는 것으로 신앙 안에서의 조화를 이루기 때문이다. 여기의 주종관계의 분쟁이 생길 수 없으며 노사(勞使)관계에서의 갈등이 생길 수 없을 것이다.

이것이야말로 교회의 모습이며, 아름다운 성도의 교제의 양상이라 할 수 있다. 이것은 왕이 없음으로 사람마다 각기 자기 소견대로 행하며 타락과 폭력, 그리고 살인이 판치던 시대에 이런 경건한 가족 공동체가 존재하였다는 것은 놀라운 일이다. 여호와께서는 이런 가정을 택하여 이스라엘을 부흥하게 하실 왕과 인류의 죄를 속할 구속자를 나시게 하셨던 것이다.

한편 이런 장면을 엿보고 있던 룻은 내심 크게 감동하였으리라는 생각이 든다.

(2) 룻에 대한 보아스의 관심 (5-7)

"보아스가 베는 자들을 거느린 사환에게 이르되 이는 누구의 소녀냐 하니"(5).

추수 밭에 당도한 보아스가 일꾼들과 다정한 인사 교환을 하자 즉시 룻에 대하여 "베는 자들을 거느린 사환" 즉 일꾼들을 지휘 통솔하는 자에게 이는 "누구의 소녀냐"라고 물었다. 이는 분명히 보아스가 룻에게 관심이 간 것을 알게 해 준다. 그는 아직은 과부이면서도 소녀다운 미모를 갖추고 있었고, 이국풍(異國風)의 외모를 지녔을 뿐 아니라 무엇보다 그의 옷이 모압인의 것인 만큼 이채로운 데서 다른 여인들에 비하여 보아스의 주목 대상이 되었다고 생각할 수 있을 것이다.

어쨌든 보아스의 눈에는 마치 군계일학(群鷄一鶴)처럼 비쳤을는지도 모른다. 한편 보아스의 질문을 받은 사환은 다음과 같이 대답하였다. 그것은 세 가지로 요약할 수 있다.

첫째, 신분에 대한 평가(6). "베는 자를 거느린 사환이 대답하여 이르되 이는 나오미와 함께 모압 지방에서 돌아온 모압 소녀인데"라는 것으로, 보아스도 이미 소문은 들었으나 직접 보기는 이번이 처음이다.

둘째, 정직성에 대한 평가(7a). "그의 말이 나로 베는 자를 따라 단 사이에서 이삭을 줍게 하소서 하였고." 그는 정식 요청으로 허락을 받고 추수 밭에 들어왔으며, 주인이 이미 가난한 자로 하여금 이삭 줍는 것을 금하지 아니하였기에 사환(감독자) 자신이 허락하였다는 것이다.

셋째, 근면성에 대한 평가(7b). "아침부터 와서는 잠시 집에서 쉰 외에는 지금까지 계속하는 중이니이다." 여기서 "집"은 주택이 아니라 농장에 설치된 농막(農幕)을 의미한다(Morrison). "잠시 집에서 쉰 외에"라는 것은 말하자면 공동 휴식시간에 농막에서 잠깐 쉰 외에는 아침부터 계속 일을 한다는 것이다.

사환 즉 인부 감독자의 답변에는 룻의 인격과 신앙에 대한 정확한 평가가 잘 드러나 있다. 룻은 신자의 전형적 인물이다. 그는 이미 감독자에게 그 성실성을 인정받았고, 또한 이 대답을 들은 보아스에게 역시 인정받게 된다. 그것은 그가 하나님께 대하여 성실한 자이며, 하나님께 인정받고 있기 때문이었다.

오늘의 교회에서도 룻과 같은 성실한 교인들이 요구되기 때문에 이런 일꾼들을 많이 보내 달라고 기도해야 할 것이다.

2) 룻에게 은혜를 베푼 보아스 (8-16)

(1) 딸 같은 애칭으로 대함 (8)

"보아스가 룻에게 이르되 내 딸아 들으라 이삭을 주우러 다른 밭으로 가지 말며 여기서 떠나지 말고 나의 소녀들과 함께 있으라"(8).

룻과 보아스는 이미 첫 대면은 하였으나 서로 직접 얼굴을 마주대고 말하기는 이번이 처음이다. 보아스가 먼저 말을 걸어 "내 딸아"라고 호칭하였다. 여기서 딸이라고 한 것은 혈육 관계에서라기보다 연장자가 젊은 여자에 대하여 부르는 애칭이다. 예수님도 종종 이런 식으로 부르신 예가 있다(마 9:22, 눅 23:28).

하지만 룻으로서는 이런 다정한 애칭으로 보아스에게 불려졌을 때, 그 마음이 매우 감격스러웠으리라고 생각된다. 지금 룻은 부모 형제를 다 떠나서 시모가 있기는 하나, 실제 그녀는 마치 광야의 당아새처럼 그 고독감은 그 자신만 알 정도로 심각하였을 그런 상황에서 "내 딸아"라는 다정한 부름으로 인해 아마도 눈물을 흘렸을 것이라고 생각된다.

바라건대 오늘의 성도들도 여호와 하나님께로부터 "내 딸아 들으라"라는 음성을 듣는다면 얼마나 좋을까? 생각이 든다.

(2) 자기 추수 밭에서 계속 이삭줍기를 허용함 (8b-9)

" . . . 이삭을 주우러 다른 밭으로 가지 말며 여기서 떠나지 말고 나의 소녀들과 함께 있으라"(8b).

이는 룻에 대한 신변 보장을 약속하는 말이다. 이 곳에서 추수가 끝나기까지 이삭줍기를 할 것이며, 만일 다른 밭에 가서 혹독한 주인과 일꾼들에게 박대 받을 수도 있다는 가능성에서 안심하고 내 밭에 있으라는 것이다. 또 "나의 소녀들과 함께 있으라"는 것에서 "나의 소녀들"은 소년들이 곡식을 베면 단으로 묶는 일을 담당하는 자인만큼, 당시에 밭들은 포도원에 울타리가 있는 것과는 달리 경계가 명확하지 않아 다른 밭을 침범할 경우가 있기 때문에 전문가인 소녀들을 따라 그들의 지시를 받으라는 의미로 해석한다.

그리고 단을 묶는 소녀들과 같이 즉시 흘린 이삭을 줍는 것은 주인의 특별 배려임을 알 수 있다. 사실 이삭줍기는 추수가 다 끝난 밭에서 줍는 것이 일반적 관례이기 때문이다.

뿐만 아니라 "내가 그 소년들에게 명령하여 너를 건드리지 말라 하였느니라"(9b)라는 것에서 "그 소년들"은 곡식을 베는 자를 뜻하는바 학자들에 의하면 이들은 보아스에게 고용되어 있는 정식 일꾼이라기보다 추수기에 각지에서 많은 추수꾼들이 모여와서 일하게 된 임시 고용된 자들이라고 한다. 이들은 대체로 난폭한 계층 출신이었고 게다가 가정에서 멀리 떠나서 불편한 생활을 하고 있었기 때문에 자제력을 잃고 행동과 말이 거친 자들이 많이 있었다고 한다. 그러므로 여기서 "너를 건드리지 말라"는 것은 일을 방해하거나 욕하거나 귀찮게 하지 못하게 주의를 주었다는 의미이다. 이는 분명 젊은 룻에게는 큰 특권이 아닐 수 없다.

그리고 "목이 마르거든 그릇에 가서 소년들이 길어온 것을 마실지니라 하는지라"(9c), 이는 추수 들판은 대개 우물로부터 멀리 떨어져 있었기 때문에 소년들이 큰 그릇에다 음료수를 준비하게 되는데, 그 추수 들판의 작열하는 열사의 폭양 아래 땀을 많이 흘리게 되면 자연히 목이 마르게 될 것을 참작한 나머지, 룻에게 용의주도하게 친절을 베풀고 있음을 보게 되는 것이다.

(3) 보아스에 대한 룻의 감사 (10)

"룻이 엎드려 얼굴을 땅에 대고 절하며 그에게 이르되 나는 이방 여인이거늘 당신이 어찌하여 내게 은혜를 베푸시며 나를 돌보시나이까 하니"(10).

"엎드려 얼굴을 땅에 대고 절하며"라는 것은 최상의 존경과 감사와 겸손의 표이며(수 7:6, 삼하 14:4), 단순한 의례적인 감사의 표시와는 다른 것이다. 이는 8-9절에서 보아스의 친절한 조치에 대한 감사이다. 또한 "나는 이방 여인이거늘 당신이 어찌하여 내게 은혜를 베푸시며 나를 돌보시나이까"는 자신은 이방 여인으로서 이러한 친절은 분에 넘치는 것으로 받을 자격이 없다고 생각하는 것이라고 랑게는 해석하였다.

이 구절에 대하여 바클레이는 "보아스와 룻 사이에서는 입으로 말하기 전에 눈으로 얼마나 많은 의사전달이 이루어졌는지가 잘 나타나 있다. 이러한 낯선 사람들 사이의 말 없는 의사전달에서 룻은 보아스의 제의에서 호의적인 것을 발견했지만 왜 자기에게 호의를 베푸는가에 대하여는 알 수가 없었다"라고 하였다. 즉 그 자신은 이방인이었기 때문이다.

여하간 룻이 조국 모압을 떠나 시모(媤母)를 따라 온 것은 앞서 이미 지적하였듯이 나오미의 신앙에 감화 받았기 때문이며, 나오미를 따라 온 것이 아니라 여호와 하나님의 지시를 따라 갈 바를 모르고 온 것이다. 하지만 베들레헴 도착 후 가장 시급한 것은 생활 유지 문제였다. 그런데 추수 밭에서 이삭줍기를 하여 당장 끼니는 꾸릴 수 있다고 보지만 그것도 결코 쉬운 일은 아니었는데, 뜻밖에도 보아스를 만나서 친절한 후대를 받게 되자 감격하여 자신도 모르게 그 앞에 부복하여 사례하는 최상의 감사 표시를 하였음을 알 수 있다.

3) 룻에 대한 보아스의 칭찬과 배려 (11-16)

(1) 칭찬 (11-13)

룻의 겸손한 자세와 감사의 말을 들은 보아스는 룻에 대한 칭찬을 다음과 같이 하고 있다. 그중 11-12절은 친절이며, 13절은 칭찬에 대한 룻의 감사이다.

" . . . 네 남편이 죽은 후로 네가 시어머니에게 행한 모든 것과 네 부모와 고국을 떠나 전에 알지 못하던 백성에게로 온 일이 내게 분명히 알려졌느니라"(11).

보아스의 칭찬 내용은 세 가지로 요약할 수 있다. ① 시모에 대한 공경, ② 고향 친척을 떠남, ③ 미지의 나라로 입국 등은 구약적인 구상적(具象的) 표현이다. 즉 이는 아브라함에게 명하신 것을 그대로 행하였다는 것이다(창 12:1)(Keil).

그리고 12절은 룻에 대한 축복으로서 시(詩) 형식으로 다음과 같이 여호와께 응분한 보답받기를 기원하고 있다.

"여호와께서 네가 행한 일에 보답하시기를 원하며 이스라엘의 하나님 여호와께서 그의 날개 아래에 보호를 받으러 온 네게 온전한 상 주시기를 원하노라 하는지라"(12).

룻의 결단적인 신앙 행위는 여호와께 보답을 받기에 마땅한 것이며, 이는 신명기 32장 11절에서 인용한 상징적 표현으로 독수리가 그 날개로 새끼를 보호하듯, 그리고 신약에서 예수 그리스도께서 병아리를 보호하는 암탉의 날개 아래에서의 안전보장을 연상시키는(마 23:27) 여호와의 보호를 기원하는 기도이다.

보아스야말로 그 당시로서는 하나의 모범적 신앙가이며, 영적으로는 대속자의 전형적 인물로서 예수 그리스도의 속죄주로서의 그림자로 보는 만큼, 그의 신앙적 안목(眼目)으로 볼 때 룻이야말로 여호와께 복

받은 자 되기에 합당한 자로 보였던 것이다(시 36:7, 57:1).

보아스의 축복에 대한 룻의 답변을 의역하면 다음과 같다. 즉 "내 주여 내가 당신에게 은혜입기를 원하나이다." 비록 내가 당신의 은총을 받을 친족 중의 하나가 아니라고 할지라도 "나는 당신의 하녀 중에 하나와도 같지 못하오나 당신이 이 하녀를 위로하시고 마음을 기쁘게" 하신 것만으로도 감사할 따름이라는 의미이다.

"내 주여 내가 당신에게 은혜 입기를 원하나이다"에 대하여 카일(Keil)은 계속 "은혜" 즉 이미 보여준 친절을 계속해 주기를 바라는 희구적인 의미가 있음은 사실이지만, "은혜"를 "그 이상의 열망을 나타내는 것으로 번역되어서는 안 된다."라고 말하고 있다. 즉 룻은 보아스의 친절이 계속되었으면 하는 희망일 뿐이라는 해석이다.

어쨌든 룻은 이 순간 보아스를 통하여 하나님의 은혜를 체험하고 있음을 실감하고 있다. 그리고 그는 보아스의 계속적인 친절로 인한 여호와의 은혜가 끊임없이 이어지기를 바라고 있으며, 또한 이것은 보다 높은 차원에로 미구에 성취되도록 여호와의 인도는 계속될 것이다.

우리 성도들도 주 날개 밑에서 안전하게 보호받기를 계속 기도해 주는 오늘의 보아스의 덕으로 절망 중에서 희망의 빛을 되찾는 오늘의 룻이 되어지기를 바라며 감사해야 할 것이다.

(2) 배려 (14-16)

이어서 룻에 대한 보아스의 배려(配慮)는 두 가지 사실을 보여주고 있다.

① 식사 초대 (14)

식사 시간은 누구에게나 즐거운 법이다. 하물며 중노동에 종사하는 자들에게는 오래 기다리던 끝에 찾아오는 기쁨의 순간이 아닐 수 없다.

"식사할 때에 보아스가 룻에게 이르되 이리로 와서 떡을 먹으며 네 떡 조각을 초에 찍으라 하므로 룻이 곡식 베는 자 곁에 앉으니 그가 볶은 곡식을 주매 룻이 배불리 먹고 남았더라"(14).

"식사할 때에"에 대하여 여러 가지 설이 있으나 "점심 먹을 때"로 보는 것이 지배적인 견해이다. 주인이 마련하고 일꾼들이 동석하여 식사하는 즐거운 오찬석에 보아스는 룻을 불러서 동석하게 하였다. 이리하여 룻은 외인으로서 보아스의 추수를 위한 공동체의 일원이 되어 주인의 식탁에 초대 받는 특권을 누리게 된 것이다.

이 식탁의 메뉴는 세 가지였다. 즉 "떡 조각"과 "초(醋)"와 그리고 "볶은 곡식"이다. "떡"은 밀 또는 보리 가루로 만든 것으로 그 당시 사람들의 일상 먹는 주식이며, "초"는 히브리어로 호메즈(chomez)로서 신포도주를 기름과 섞어서 만든 시원하고 상큼한 음료인데, 오늘로 말하면 잼 같은 것으로 생각할 수 있다.

그리고 "볶은 곡식"은 우리나라 경상도에서는 '찐 쌀'이라고 하는 것으로 이삭이 채 익기 전에 좋은 이삭을 골라서 냄비나 철판 위에 놓고 볶아서 절구에 찧으면 알맹이가 된다. 그 맛이 일품이다. 이는 이른바 '보릿고개'라고 연중(年中) 곡식이 익기 직전에 이 시기는 식량이 떨어지기가 일수인데, 그때마다 찐 쌀을 만들어 먹는 풍속이 생겼다. 그리고 아이들이 밀이나 보리밭에 숨어 들어가서 이삭을 잘라서 불을 놓고 그 위에 이삭을 놓으면 까맣게 익는다. 이것을 손바닥으로 비비면 잘 익은 알맹이가 나오는데 그 맛이 일품이다. 그때는 모두들 입가가 까맣게 되고 얼굴에도 묻어 서로 보며 웃고 즐긴다. 이것이 '보리서리'이다. 이따금 주인에게 들키면 날 살려라 도망을 쳐야 한다. 이는 노인이 된 이들에게는 그리운 추억거리이기도 하다.

룻은 보아스의 추수꾼이라는 공동체의 일원이 되어 "그가 볶은 곡식을 주매 룻이 먹고 남았더라" 한 그대로 노동에 지친 몸이 힘을 얻

음만큼 포식하고 남을 정도로 후하게 대접을 받았다.

이는 천국에서 우리들이 우리 주님 예수 그리스도를 모시고 그가 베푸시는 향연에 초대되어 주님과 같이 한 식탁에서 즐기게 될 천국 잔치의 그림자라고 볼 수 있다.

② 룻을 위한 특별 지시 (15-16)

"룻이 이삭을 주우러 일어날 때에 보아스가 자기 소년들에게 명령하여 이르되 그에게 곡식 단 사이에서 줍게 하고 책망하지 말며"(15).

점심 식사를 끝내고 그 자리에서 일어나 다시 추수 작업에 들어가기 전 보아스는 룻을 위하여 추수하는 소년 즉 일꾼들에게 룻으로 하여금 "곡식 단 사이에서 줍게 하고 책망하지 말며"라고 하였는데, 원래 이삭줍기는 추수가 끝이 난 후 줍도록 되어 있음에도 불구하고 곡식을 베는 소년과 소녀들이 단을 묶어 세운 그 사이에서 줍게 허용하라는 것은 하나의 특혜를 베푼 것이며, 또한 "책망하지 말며"는 원문의 뜻이 "너희는 그녀를 수치스럽게 하지 말라"인데, 카일은 "그녀에게 그 어떤 해도 가하지 말라"라고 해석하였다. 이는 앞서 9절에서 "건드리지 말라" 한 것을 구체적으로 재강조하는 것이다.

뿐만 아니라 16절에서는 "또 그를 위하여 곡식 다발에서 조금씩 뽑아 버려서 그에게 줍게 하고 꾸짖지 말라 하니라"고 하였다. 여기서 말하는 "곡식 다발"은 구역에서는 "줌"이라고 하였는데, "다발"이나 "줌"은 베는 자들이 베어놓은 것을 소녀들이 단으로 묶으려고 팔에 껴안아 모으는 것을 말한다. "단"은 여러 다발을 모아 묶어 세운 것이며, "다발"은 여러 다발 중 하나를 말하는 것이다.

그 다발에서 일부러 흘러버려 룻으로 하여금 많이 줍게 하라는 것이다. 보아스의 이러한 지시는 가난한 자에 대한 관용과 동정의 한계선을 넘은 지나친 친절이니만큼, 이는 그가 룻에게 특별한 관심을 기울이고 있음을 보여주는 것이라고 할 수 있다.

이것은 이미 룻에 대한 호평을 듣고 있었으나 직접 만나서 대화를 해본 결과 그녀가 보여준 겸손이나, 시모에 대한 효심 때문이라고 볼 수 있으나, 무엇보다 고향과 친척을 떠나 시모가 섬기는 여호와를 섬기려고 따라온 그녀의 믿음이 보아스의 마음을 크게 감동시켰기 때문이라고 볼 수 있다.

이런 사실은 "역사의 구체적인 진전 과정과 관련하여 매우 중요한 의미를 전해 주는 사건이다."라고 카일(Keil)은 해석을 가하고 있다.

이상과 같은 보아스의 룻에 대한 배려는 룻이 모르도록 한 것으로, 이는 룻의 자존심을 상하지 않게 하기 위함이며, 다만 룻으로 하여금 떨어진 이삭을 많이 줍게 하려는 지혜로운 조치였다. 만일 룻이 이 사실을 알았더라면 룻은 거절하였을 것이다. 그녀는 다만 율법이 허용하는 범위 안에서 자기 권리에 해당하는 소득을 바랄만큼 사리 분별이 명확하였기 때문이다.

역시 오늘의 성도들에도 우리 주님은 참 믿음 안에 살려는 자에게는 우리가 모르게 더 풍성하게 주시는 분이심을 알아야 할 것이다.

3. 고부간의 사랑에서 싹트는 사연 (17-23)

1) 룻의 효행(孝行) (17-18)

룻이 이 날에 주은 이삭을 떠니 보리가 한 에바쯤 되었다(7). "한 에바"는 대략 25kg으로서 오늘의 소두 1말(一斗)에 해당된다. 이는 "10 오멜"이고(출 16:36), "1오멜"이 한 사람의 하루 식량이므로(출 16:36), 룻이 거둔 것은 두 식구가 5일 간 먹을 수 있는 분량이었다.

룻은 이것을 갖고 집으로 가서 시어머니에게 보이고 또한 남겨온 볶은 곡식(찐 쌀)을 시모에게 드렸다. 이 순간 고부간 기뻐하는 정경이 눈앞에 선하다.

이리하여 룻은 집에서 종일 기다렸을 시어머니로 하여금 기쁘게 하는 효행을 그후도 계속 하였던 것이다.

2) 고부(姑婦)간에 오가는 정담(情談) (19-20)

먼저 시어머니가 룻에게 오늘 되어진 하루의 일과에 대하여 묻고 있다. 이를 보아 얼마나 종일토록 룻을 생각하였을까 하는 것이 짐작이 간다. 그러면서 "너를 돌본 자에게 복이 있기를 원하노라"라고 축복한다. 룻은 이 물음에 대하여 누구에게서 일 했는지를 사실대로 말하고 "일하게 한 사람의 이름은 보아스니이다"(19)라고 역시 사실대로 말하였다.

자부로부터 이 말을 듣는 순간, 시모는 아마도 깜짝 놀랐을 것이다. 하지만 그는 침착하게 정신을 가다듬고 다음과 같이 중요한 사실을 자부에게 말하였다.

그는 먼저 며느리 앞에서 친절을 베풀어준 보아스를 축복하고 다음과 같이 중대 발표를 한다. "그가 살아 있는 자와 죽은 자에게 은혜를 베풀기를 그치지 아니하도다 하고"(20a). 여기서 "그"는 보아스를 지칭한 것이며, "살아 있는 자"는 나오미와 룻을 지칭한 것이다. 그리고 "죽은 자"는 남편 엘리멜렉 부자를 말하는 것이다. 그중 "살아 있는 자에게 은혜 베푼다"는 뜻은 이해가 되나 "죽은 자"에게 은혜라는 의미는 이해하기가 어렵다. 하지만 그 의미는 다음 구절을 보아야만 이해할 수가 있다. 즉 " . . . 그 사람은 우리와 가까우니 우리 기업을 무를 자 중의 하나이니라" 이는 나오미로서는 보아스와 룻이 결혼까지 할 것을 전제하고 그럴 경우 살아 있는 고부간 두 사람은 물론, 이미 죽은 자의 이름으로 자식을 낳고 기업을 다시 찾아 그 이름을 영속적으로 남긴다는 의미인 것이다.

이 사실은 자기의 상실한 가문을 일으킬 대속자 즉 기업을 무를 자 중 제2 서열에 있을망정 가능성이 있음을 생각하고, 보아스의 친절을 받았다는 말을 듣는 순간 나오미는 마치 번개같이 뇌리를 스치는 희망의 서광을 억제하지 못하고 자부 앞에 발설한 의사전달이었던 것이다.

한편 이 말을 듣는 룻으로서는 보아스에 대한 자신의 몸가짐을 어찌할 것인가, 당황하였을 것이다. 하지만 그 생각은 아직 독자인 우리로서는 알 수가 없다. 다만 결과적으로 보아 결혼 대상자로서의 보아스를 마음속에 그렸을 것이라 짐작이 갈 뿐이다.

3) 룻을 매체(媒體)로 나오미와 보아스 간의 접근 (21-23)

룻은 지금까지 된 일을 상세히 시모에게 말하고, 여기서는 보아스가 앞으로도 계속 추수를 다 마치기까지 "너는 내 소년들에게 가까이 있으라 하더이다 하니"(21)라고 하여, 보아스의 추수 밭에 계속 이삭줍기를 해도 좋은가를 물었다.

이 물음에 대하여 나오미도 "내 딸아 너는 그의 소녀들과 함께 나가고 다른 밭에서 사람을 만나지 아니하는 것이 좋으니라 하는지라"(22)라고 계속 보아스의 추수 밭에 나갈 것을 허락하기보다는 권장하는 느낌을 갖게 된다.

그리고 룻이 "너는 내 소년들에게 가까이 있으라"고 보아스가 말하였다는데 대하여 시모는 "너는 그의 소녀들과 함께"라고 하였다. 앞서 말했듯이 소년과 소녀는 둘 다 추수꾼인데 전자는 곡식을 베는 자이며, 후자는 단으로 묶는 자이다. 나오미의 생각은 룻이 남자 청년들보다는 여자들과 같이 있는 편이 더 좋으리라고 생각하는 것이 딸을 향한 어머니의 마음이라고 생각된다.

아마도 이 당시 나오미의 심정은 모쪼록 룻이 보아스와의 관계가 계속 잘 진행되어 기업 무를 자로 성사되기를 간절히 소망하였으리라는 생각이 든다.

그리하여 룻이 보아스의 밭에서 "보리 추수와 밀 추수가 끝날 때까지 이삭을 주우며"(23) 있게 된다. 추수는 유월절에서 오순절까지 50일 간을 보아스의 친절한 배려를 받으며 이삭을 주웠고, 그것으로 시모를 공양하면서 같이 거주하였다.

마지막으로 본장에서 한 가지 유의할 점은 보아스와 나오미는 결코 한 번도 서로 만나지 않았다는 사실이다. 그러나 그들은 같은 방향으로 생각하고 동일한 태도를 취하고 있었다. 그것은 중간에 룻이 끼어 있어 양자의 의사가 전달되고 서로 상대방의 의도를 이해하였다고 본다. 그런 사이 보아스는 엘리멜렉의 기업 무를 자로서 점차 나오미와 의견의 일치를 보게 되고, 룻과 보아스의 사랑도 점점 무르익어 가게 된 것이다.

하지만 룻은 결코 자기 의사대로 시모로 하여금 따라오도록 한 것이 아니라 시모의 의사를 따라 순종하는 자세로 때로는 지키기 어려운 명령까지도 따르는 종순형의 효부로 일관하고 있다는 것, 이 사실이야말로 오늘의 모범 성도로서의 신자상을 여실히 보여주고 있다는 점에서 이는 매우 귀중한 교훈임을 각자 명심하시기를 진정 바라마지 아니한다.

타작마당에서의 로맨스

룻기 3:1-18

본장의 제목을 "타작마당에서의 로맨스"라고 매력적인 것으로 제시하였지만, 사실 본장의 내용은 청춘 남녀간의 사랑 이야기가 아니다. 다만 젊은 과부인 룻과 늙은 남자인 보아스가 타작마당에서 만나 합법적인 결혼 문제에 관하여 밀담을 나누는 장면을 생생히 기록하고 있음을 보여준다고 할 수 있다.

그리고 이들의 만남은 성적(性的)인 연애 감정 같은 것은 전혀 찾아볼 수 없으며, 다만 한 몰락한 가문(家門)의 명예를 회복하기 위한 숭고하고 거룩한 목적에서 성서에 가르친 법도에 따라서 진행되는 결혼 신청이며, 또한 이에 따른 허혼(許婚)을 상호간 "여호와의 살아 계심을 두고 맹세하는"(13) 성스러운 장면을 보여주는 것을 그 내용으로 하고 있다.

이것이 바로 룻기의 핵심이며, 또한 기독교의 구속 교리의 근간(根幹)을 이루고 있는 매우 귀중한 내용을 담고 있는 것이다.

그럼에도 불구하고 "타작마당에서의 로맨스"라고 제목을 붙인 이유는 이도 역시 남녀간에 진지하게 이루어진 구혼과 허혼이라는 결혼 이야기인 것만은 사실이기 때문이다. 오늘 우리는 이 아름다운 기사를 같이 읽으면서 큰 은혜가 되기를 기대하는 바이다.

1. 중매자(仲媒者)로서의 나오미 (1-5)

본장에서 나오미는 룻으로 하여금 친족 보아스와 결혼시키기로 마음먹고 친히 매파(媒婆)의 자격으로 등장한다.

1) 룻에게 재혼을 권장함 (1)

"룻의 시어머니 나오미가 그에게 이르되 내 딸아 내가 너를 위하여 안식할 곳을 구하여 너를 복되게 하여야 하지 않겠느냐"(1).

예부터 고부(姑婦) 간의 관계는 마치 개와 고양이 사이와 같아서 대체로 갈등 의식이 농후하기 마련이며, 이는 동서고금의 차이가 별로 없다. 하지만 우리는 이런 관례를 깨고 마치 친 모녀(母女) 간의 관계처럼 절친한 사랑으로 나타나는 것이 룻과 나오미의 경우이다.

우리나라만 하더라도 시모는 자신도 과부이면서도 청상과부(靑孀寡婦)인 며느리에 대해 구박하고 심지어 없는 죄를 일부러 만들어 씌워 고통을 주고 몰인정하게 박대하는 일은 비단 '전설의 고향'에서만 볼 수 있는 것이 아니라 전국 어디서나 흔하게 보고 들을 수 있는 이야기거리이다.

그런데 이런 통상적인 관례를 깨고 하나의 예외적인 고부 관계를 소개하는 것이 본장에 나오는 룻과 나오미의 다정한 관계이다.

1절은 시모인 나오미가 며느리인 룻에게 재혼을 권장하는 내용이다. 여기서 나오미는 며느리에게 "내 딸아"라는 애정 어린 호칭으로 부르고 있다. 고부간에는 마치 어떤 장벽이 양자 사이를 가로막는 감을 주는데 비하여, 이 두 사이는 마치 사랑의 강물이 흐르듯 어머니와 친딸 사이에서만 느낄 수 있는 정겨움이 서로 교류하고 있음을 감지하게 된다.

"내가 너를 위하여 안식할 곳을 구하여 너를 복되게 하여야 하지 않겠느냐"(1). 이것이 나오미가 마치 룻을 딸같이 부르는 이유이며 목적이다. 이를 한마디로 의역하면 "내가 너를 좋은 사람과 결혼시켜 가정을 이루어 행복하게 할 의무를 느낀다"는 것이다.

여기 "안식할 곳"은 안정되고 평안한 쉼의 처소를 의미하고, 가정(a home)으로도 번역된다(RSV). 그것은 결혼하여 남편의 보호 아래서의 안정된 생활을 가리킨다(Rosenmuller).

우리는 이 사실에서 좋은 며느리와 좋은 시어머니를 보게 된다. 룻이 나오미를 따라서 가나안 땅에 온 목적은 시어머니가 전해준 여호와를 따라온 것이라는 점은 앞서 누차 언급하였지만, 또 한편으로는 불쌍한 시모를 봉양하려는 인간애적인 면도 전혀 무시할 수는 없다고 할 수 있다. 그러기에 시모의 고국을 찾아 자기 조국을 버리고 와서는 시모를 위하여 보리 이삭을 주어다가 봉양한 것이다.

한편 좋은 며느리에는 좋은 시어머니가 있었다. 나오미는 룻의 행복을 위하여 자신의 유익은 전혀 생각하지를 않았다. 지금까지 룻의 지극한 효도를 받아 왔지만 룻이 결혼할 경우는 그 노력이 남편에게 옮겨질 것임에도 불구하고, 나오미는 자신의 장래 문제는 전혀 개의치 않고 오직 룻의 장래의 행복만을 도모하려는 깊은 뜻을 품고 룻에게 재혼을 권고하고 있는 것이다.

이로써 나오미는 룻을 위한 중매자이며, 또한 주혼자로서 보아스와의 결혼을 추진시키고 있음을 보게 된다. 여기서 사도 바울이 고린도후서 11장 2절에서 "내가 너희를 정결한 처녀로 한 남편인 그리스도께 드리려고 중매함이로다"라는 말씀대로 지금까지 정절을 지킨 룻을 가문의 대속자인 보아스와 결혼시키려는 매파로서의 나오미의 역할이 과연 얼마나 귀중한 것이었는가를 이 사건의 결말을 보면 능히 알고도 남음이 있다고 할 수 있다.

2) 결혼 상대로서 보아스를 지명함 (2)

"네가 함께 하던 하녀들을 둔 보아스는 우리의 친족이 아니냐 보라 그가 오늘 밤에 타작마당에서 보리를 까불리라"(2).

나오미는 룻의 결혼 대상자로 보아스를 천거한다. "네가 함께 하던 . . . 보아스" 이는 "네가 잘 아는 보아스"라는 의미로서 보리 추수 시작부터 끝나기까지 추수 밭에서 만나고 지극한 동정과 배려를 베푼 보아스인 만큼 룻이 잘 알고 있는 자라는 뜻이다.

사실 나오미는 보아스를 한 번도 만난 일이 없었지만 친족인 만큼 그에 대하여 이미 잘 알고 있었다. 하지만 보아스를 룻의 결혼 대상자로 지명한 것은 지금까지 룻을 통하여 두 사이를 알게 되고 결혼시켜도 될 관계에까지 이른 것을 알고 시도한 것인 만큼, 사실 보아스와 나오미의 관계를 조정시킨 자는 룻이었다고 할 수 있다. 룻의 정직한 보고에서 나오미는 두 사이를 결합시킬 동기를 찾은 것은 확실하다.

"네가 함께 하던 보아스"는 네가 잘 아는 자일 뿐더러 "하녀들을 둔" 보아스, 즉 젊은 일꾼들을 많이 둔 부유하고 유력한 자라는 점을 들어 룻의 마음을 움직이려 하고 있다.

무엇보다 중요한 것은 "보아스는 우리의 친족이 아니냐"이다. "친족"이라는 것은 2장 20절에서 이미 언급한 "기업 무를 자"로서 이를 히브리어로 '고엘(Goel)'이라고 한다. 고엘의 의무는 네 가지가 있다.

첫째, 친족이 땅을 팔 경우, 그것을 대속해 주어야 할 의무조항(레 25:23-34, 47-55).

둘째, 친족이 노예가 되었을 경우, 그의 자유를 대속해 주어야 할 의무(레 25:47-55).

셋째, 친족이 살해당했을 경우, 그 복수에 대한 책임(민 35:16-28).

넷째, 친족이 자식이 없이 죽었을 경우, 그 남은 과부와 결혼하여 그의 기업을 물려야 한다는 조항이다(신 25:5-10).

이 조항에 따르면 "보아스는 우리의 친족이 아니냐"라는 말은 "보아스는 율법에 따르면 네 남편이니라"는 말과 같은 뜻이다(워즈워어드). (필자 저, 구약설교전집 제3권, 레위기 pp.400-401 참조).

이리하여 나오미는 보아스가 룻을 좋아하는 것이 사실인 이상, 두 사람을 결혼시켜 부자인 보아스의 덕을 보려는 이기적인 생각은 전혀 없이, 보아스는 자기 가문에 대한 기업 무를 자인만큼, 그 의무를 이행하도록 자극시켜 엘리멜렉 가문의 명예를 회복하려는 목적에서 이 일을 담대히 진행시킨 것으로 생각된다.

오늘 우리들도 하늘의 기업을 소유하고자 한다면 "때를 따라 돕는 은혜를 얻기 위하여 은혜의 보좌 앞에 담대히 나아가는"(히 4:16) 자들이 되어야 하며 그것이 곧 "오늘 밤"(2)임을 알고 지체치 말아야 한다는 점을 각자 기억할 수 있기를 바란다.

3) 결혼 추진 방법을 제시함 (3-5)

(1) 신부 단장을 할 것 (3)

"그런즉 너는 목욕하고 기름을 바르고 의복을 입고"(3a).

나오미는 룻으로 하여금 보아스와의 결혼을 추진함에 있어서 하나하나 구체적인 세밀한 방법까지를 지시하고 있다. 그는 우선 신부 단장을 하라고 명한다.

"너는 목욕하고." 신방으로 들어가려는 신부는 반드시 목욕을 해야 한다. 이는 영적으로는 물과 성령 즉 말씀과 성령으로 거듭남을 의미한다(요 3:5).

"기름을 바르고"는 곱게 화장을 하라는 것이다. 그리고 "의복을 입고"는 과부의 옷을 벗고 결혼식에 나가는 신부의 복장을 하라는 것이다. 그 당시는 과부의 옷이 정해져 있었다. 그것을 벗어던지고 신부의 옷인 세마포로 갈아입으라는 것이다.

이것들은 신령한 의미에서 염치, 정절, 흰옷(정결), 세마포(결백) 등 모두 고상한 덕성과 내면의 단장을 의미하지만, 실제 성도들은 교회에 나올 때는 제일 좋은 옷을 입고 고상하게 화장도 하고 나와야 한다. 미국에서는 "새 옷을 산다"는 것을 선데이 드레스(Sunday dress)라고 하는데, 그것은 새 옷을 사면 제일 먼저 교회당에 입고 간 후에야 다른 파티에 입고 가기 때문이다.

과거에는 우리나라가 너무 가난하여 교회에 나오는 신자들도 허술하게 차리고 왔지만, 오늘처럼 생활수준이 높은 때는 가급적 제일 좋은 옷을 입고 나와야 하며, 그 이유는 "왕의 왕" 앞에 나오기 때문이다.

평양시 신현교회를 시무하던 이유택 목사는 언제나 양복을 깔끔하게 입고 단정하고 신사적인 옷차림을 하였다. 그를 스치고 지날 때는 향수 냄새가 풍겼다. 일정시대와 해방 후에 평양에서 목회하면서 평양신학교에서 구약 강의도 하였는데, 그는 학생들에게 기차를 탈 때도 3등실에 타지 말라고 권하였다. 콩나물 시루같은 조잡한 차내에서 앉지도 못하고 땀을 뻘뻘 흘리지 말고 일등실은 아니더라도 목사의 품위를 살릴 만큼 처신하라고 당부하곤 하였다. 김인서 목사는 그를 가리켜 '모범목사 이유택'이라고 칭하였다. 이는 오늘의 목사나 성도들이 사치하라는 의미가 아니라 일반인보다 초라한 꼴을 보이지 말도록 해야 한다는 뜻이다.

계시록 21장 2절에는 다음과 같은 말씀이 있다. "또 내가 보매 거룩한 성 새 예루살렘이 하나님께로부터 하늘에서 내려오니 그 준비한 것이 신부가 남편을 위하여 단장한 것 같더라"

(2) 기회를 포착하라 (3b–4a)

"타작마당에 내려가서 그 사람이 먹고 마시기를 다 하기까지는 그에게 보이지 말고 그가 누울 때에 너는 그가 눕는 곳을 알았다가" (3-4).

당시 이스라엘의 타작마당은 대개 들판 평지에 있고, 보통 직경이 30m 정도의 원형으로 된 마당이다(Robinson). 그곳에다 보리단을 늘어놓고 도리깨로 치거나 소를 끌어들여 밟게 하거나 기타 여러 방법으로 타작을 하여 이것을 저녁 4시 이후부터 지중해에서 불어오는 미풍에 날려 까부르는 작업으로서, 많은 인부가 소요되는 어려운 노동이다. 하지만 주인은 오랜 농사 끝에 오는 수확의 즐거움 때문에 작업이 끝나면 인부들과 같이 먹고 마시는 연회를 베푼다.

이런 작업이 끝날 때까지 룻은 노적가리 사이에 숨어서 지켜 기다려야 했다. 만일 사전에 들키면 진행상에 차질이 생기기 때문에 숨을 죽이고 많은 신경을 써야만 했다.

어느덧 소란하던 타작마당이 조용해지고 일꾼들도 각기 자기 곳으로 간 후 "그가 눕는 곳을" 날이 캄캄해지기 전에 미리 확인해 두었다가 그가 잠이 들 즈음 그의 침소(보리 단을 깔아 만든 곳)로 들어가는 기회를 포착하라는 것이다.

결혼에 성공한다는 것은 결코 쉬운 일이 아니다. 여러 가지 신경을 많이 써야 하고 무엇보다 기회를 잡아야 하는 것이다. 그때까지 긴장한 가운데 기다리는 인내가 필요하기 마련이다.

세례 요한은 우리가 주님을 만나는 때를 그가 "손의 키를 들고 자기의 타작마당을 정하게 하사" 알곡과 쭉정이를 가르는 그때라고 일러준다(마 3:12). 그때에 우리는 타작마당에서 주님을 만나야 하는 것이다. 교회야말로 오늘의 타작마당인 것이다.

(3) 잠 자는 곳으로 들어가라 (4b–5)

" . . . 들어가서 그의 발치 이불을 들고 거기 누우라"(4b).

룻에게 나오미의 지시 중 이것이야말로 가장 지키기가 어려운 것이라고 볼 수 있다. 이는 마치 결혼 초야에 신부가 신방으로 들어가는 것보다 더욱 어렵다고 본다. 전자는 쌍방의 합의 아래서의 기정사실로 간주되는 것이지만, 후자 즉 룻의 경우는 아직 남자는 자신의 무단 침입 사실을 모르고 있으며 남자 혼자 자는 침실(침처)에 젊은 과부가 들어가 그 상대를 놀라게 할 경우에 닥칠 돌발 상황 등 온갖 복잡한 추리에 정신을 잃을 만큼 착잡한 상황이기 때문이다. 초조와 불안, 긴장과 전율, 우려와 공포 등 착잡한 감정이 교차되는 순간이었다.

하지만 나오미는 이런 어려운 지시를 내려야만 했으며, 반면에 룻은 이 지시에 따르리라고 동의하였다(5). 그 당시 룻의 나이는 아마도 젊었고, 수줍음과 내성적인 성품을 지녔을 것으로 추상되는데, 그럼에도 불구하고 경건한 믿음과 시모에 대한 존경심이 이 감당하기 어려운 지시를 따르기로 한 것이라 생각된다.

오늘 현대인의 상식으로 볼 때 외간 남자의 침실로 며느리를 들여보낸다는 일은 용납 못할 일이며, 예의에 어긋나는 일이라 생각되지만, 그러나 우리가 그 당시 이스라엘의 풍속과 기타 조건들을 생각하면 이것은 아무런 문제가 없는 일이었다. 이는 이스라엘의 율법으로 제정된 계대결혼(Levirate marriage)법에 따른 합법적인 것이었기 때문이다.

여기서 "들어가서 그의 발치 이불을 들고 거기 누우라" 한 것은 신부가 신랑과 함께 자기 위하여 침실로 들어갈 때 항시 하는 일이다. 신부는 신랑 발치에 이불을 들치고 들어가야 한다. 이는 신랑을 존중하는 신부의 겸손의 표시이다. 그럴 경우 신랑은 그를 이불 끝이나 옷자락을 펴서 덮어 주면 용납한다는 의미가 되도록 되어 있다. 그렇다고 나오미의 생각은 룻을 보아스의 잠자리로 보낸 것이 당장 부부 사이처럼 행하기를 바란 것은 아니다. 다만 결혼 약속을 통하여 기업 무를 자가 되게 하기 위함이었다. 나오미는 보아스의 인격을 믿고 있었기에 그런 돌발 사태는 일어나지 않으리라고 믿었던 것으로 생각된다.

이 단락은 다음 단락에 연결되어 있어 좀더 진전되어야만 그 결과를 알 수 있을 것이다. 다만 이 장면에서 우리가 기억할 것은 성도들의 위치는 그리스도의 신부로서 그의 발밑이라는 것이다. 마리아는 그의 발밑에 앉아서 주님의 말씀을 들었고(눅 10:39), 한때 그는 그의 발에 나드를 붓고 자기 머리털로 그의 발을 씻었다(요 12:3). 그리고 죄인 여자도 예수의 뒤로 그 발 곁에서 울며 눈물로 그 발을 적시고 자기 머리털로 씻었다(눅 7:37-38).

오늘 우리도 룻처럼 그의 발치에 누워 그의 옷자락으로 자신을 덮어주기를 바람이 우리의 소원이 아닐까 깊이 생각하는 기회가 되었으면 한다.

2. 룻의 청혼과 보아스의 허혼 (6-15)

1) 룻의 청혼 (6-9)

룻은 시모의 명을 따라 타작마당으로 내려갔다(6). 그리고 연회가 끝나기를 기다려 보아스의 잠자리로 가만히 가서 그의 발치 이불을 들고 거기 누웠다(7).

"밤중에 그가 놀라 몸을 돌이켜 본즉 한 여인이 자기 발치에 누워 있는지라"(8).

피곤한 보아스가 정신없이 한 숨 자기까지 룻은 긴장한 가운데 온갖 신경을 곤두세우고 기다렸을 것이다.

한편 보아스는 첫 잠에서 깨어나 아직 몽롱한 중에 맨발에 스치는 여인의 살결에서 부드러운 감촉을 느낀 나머지 크게 놀라서 몸을 돌이키자 한 여인이 발치에 누워있는 것을 발견하게 되었다.

"이르되 네가 누구냐 하니 대답하되 나는 당신의 여종 룻이오니 당신의 옷자락을 펴 당신의 여종을 덮으소서 이는 당신이 기업을 무를 자가 됨이니이다 하니"(9).

말하자면 이는 룻이 보아스에게 한 프러포즈(propose)였다. 그 내용은 두 가지이다.

첫째는 결혼 신청이다. 그것은 "당신의 옷자락을 펴 당신의 여종을 덮으소서"라고 한 사실에서 밝혀진다. 그 당시 타작마당에서 주인이 노숙(露宿)할 때 덮는 이불은 홑이불, 양가죽, 또는 솜털 이불 등을 준비하였다고 한다. 그것은 중동지방의 사막성 기후가 낮에는 무척 덥고, 밤에는 차가워지기 때문에 그때그때 기후 변화에 대비하여 여러 종류의 침구를 준비한다고 하는데, 이 밤에 보아스가 덮고 있던 이불은 그의 외투일 것으로 생각한다(키도). 그 당시 사람들은 오늘의 이른바 추따(chudda)라고 하는 거친 천으로 만든 보자기 같은 긴 망토로 침구를 대신하였다(포스탄스). 이는 사각형으로 된 큰 보자기로 펴놓으면 야외용 돗자리가 되고 이것을 접어서 몸에 걸치면 겉옷이 되며 뒤집어쓰면 망토가 된다. 그리고 이것이 밤에는 이불이 되기 때문에 이스라엘 나라에서는 맷돌과 함께 이것을 저당 잡았을 경우, 해지기 전에 돌려주어야 한다는 율법이 있다(출 22:26). 이것은 생활필수품이기 때문이다. 밤에 부부침실에서 아내에게 이 옷자락으로 덮으면 보호와 사랑의 증거가 되는 것이다.

그리고 "옷자락"으로 번역된 히브리어는 <케납>인데, 이것은 2장 12절에서 "날개"로 번역된 단어와 동일하다. 앞서 2장 12절에서 보아스는 “여호와께서 그의 날개 아래에 보호를 받으러 온 네게 온전한 상주시기를 원하노라” 한 사실을 상기시키면서 날개 또는 옷자락으로 덮어주기를 소원하였다. 이는 곧 결혼 신청을 의미하는 것이다.

그리고 다음은 가장 중요한 요구인데, 이것은 이 결혼 목적이 무엇임을 밝히는 내용이다. “이는 당신이 기업을 무를 자가 됨이니이다 하니”(9b)라는 것이다. 이것은 내가 당신과 결혼할 이유이며 동시에 당신은 우리 친족으로 우리 가문의 대속자 즉 고엘로서의 책임을 이행할 의무가 있는 자임을 지적하는 것이다.

이것이야말로 룻기의 핵심이며, 구약적인 구속 교리의 중요한 신학적 내용이다. 이것 때문에 룻기는 성서적 가치를 인정 받았다 해도 결코 과언이 아니다.

2) 보아스의 허혼(許婚) (10-15)

(1) 여호와의 이름으로 축복함 (10)

“그가 이르되 내 딸아 여호와께서 네게 복 주시기를 원하노라 네가 가난하건 부하건 젊은 자를 따르지 아니하였으니 네가 베푼 인애가 처음보다 나중이 더하도다”(10).

룻의 청혼을 들은 보아스는 여호와의 이름으로 룻을 축복하였다. 그것은 아직 젊은 나이에 딸 같은 네가 빈부 간에 젊은 남자와 결혼하려 하지 아니하고 나이 많은 나와 결혼하려는 뜻이 우선 고맙게 생각되며, 이는 결혼 목적이 육적인 쾌락에 두지 아니한 것이며 다만 추락한 가문의 명예를 회복하려는 목적에서임을 생각하면서 “네가 베푼 인애가 처음보다 나중이 더하도다”라고 축복한다.

“네가 베푼 인애가 처음보다 나중이 더하도다”에 대해서는 여러 가지 학설이 있다.

① 네가 남편 생전에 그에게 베푼 인애(사랑)보다 그가 죽은 현재의 것이 더욱 큼(Michaelis).

② 네가 시모를 따라 남편 나라에 온 것보다 죽은 남편의 기업을 되찾아 이으려는 것이 더욱 큼.

③ 네가 남편 살았을 때에도 그를 사랑하였지만 그가 죽은 뒤에도 절개를 지켜서 청년 남자에게 뜻을 두지 않고 죽은 남편의 기업을 무를 조건을 지닌 늙은 나와 결혼하려는 것은 죽은 남편에 대한 더 큰 사랑이라는 뜻이다(Delitzsch).

이상 세 가지 중 ③의 것이 가장 적절하다고 생각된다. 사실 이 해석을 정당하다고 볼 때, 보아스의 입장에서는 자신은 다만 룻의 전 남편을 위한 희생물에 불과할 뿐임을 생각하고, 룻의 청혼에 대하여 섭섭한 감정을 가질 만도 하였을 것이다. 하지만 보아스는 그런 룻의 고상한 생각이 하나님 여호와께 복 받을 일이라고 오히려 축복하였다. 역시 보아스는 참 신앙의 소유자이며 관대한 성격의 소유자라는 생각이 든다.

(2) 조건부로 허혼함 (11-13)

"그리고 이제 내 딸아 두려워하지 말라 내가 네 말대로 네게 다 행하리라 네가 현숙한 여자인 줄을 나의 성읍 백성이 다 아느니라"(11).

보아스는 룻에게 앞으로 되어질 일을 자세히 설명하면서 먼저 "내 딸아 두려워하지 말라"라고 위로한다. 이 순간 룻의 입장은 보아스의 태도 여하에 따라 생사가 달려 있는 상황에 놓여 있다. 보아스가 만일 이를 폭로하면 음란한 여자로 군중 앞에 불려나가 돌로 맞을 수도 있기 때문에 극도로 긴장되어 있음을 알아차린 보아스는 먼저 "두려워하지 말라"고 안심시킨 것이다.

그런 다음 "내가 네 말대로 네게 다 행하리라"(11b)라고 하였다. 이 말이 룻으로서는 가장 듣고 싶은 것이었을 것이다. 여기 “네 말대로”라는 것은 룻이 요구하는 성서적 근거인 기업을 무를 자에 따른 계대결혼(Levirate marriage)법대로 다 행하겠다는 것으로, 이는 룻의 말은 곧 하나님의 율법이라는 의미가 된다. 이 순간의 룻의 심정은 과연 어떠하였을까 짐작이 가고도 남는다.

그러면서 룻에 대한 칭찬을 덧붙이고 있다. “네가 현숙한 여자인 줄을 나의 성읍 백성이 다 아느니라”(11c). 바로 이것이다. 이는 룻이 야반에 자신의 침소를 찾아온 목적이 결코 불순한 동기에서가 아니라 율법이 정한 규정에 따라서 정당한 것인 만큼, 이는 현숙한 여인의 행동임을 증명해 주는 동시에 자신이 속한 베들레헴 성읍의 백성 모두가 너의 현숙함을 인정하는 바라고 룻의 결백을 예찬해 주었다.

그리고는 다만 한 가지 조건을 제시하였다. 12절이 바로 그것이다. “참으로 나는 기업을 무를 자이나 기업 무를 자로서 나보다 더 가까운 사람이 있으니”(12).

여기 “참으로 나는 기업을 무를 자이나”라는 것은 “내가 기업 무를 자임은 사실이나”라는 뜻이다. 그러나 나는 그 순위상 제2 서열에 해당되며 나보다 우선순위에 있는 고엘이 있기 때문에 내일 아침 그를 만나 그가 고엘로서의 “책임을 네게 이행하면 좋으니 . . .” 만일 그가 이행을 사양할 경우 “여호와께서 살아 계심을 두고 맹세하노니 내가 기업 무를 자의 책임을 네게 이행하리라”(13)라고 확답하였다.

여기서 짚고 넘어갈 구절은 제1 서열에 있는 자가 “책임을 네게 이행하면 좋으니”라는 것이다. 이 말의 의미는 그가 법적으로 기업 무를 첫 서열에 해당자인 만큼 “그가 허락하면 좋다”라는 뜻이다. 룻의 바람이 자기 가문의 실추된 명예를 회복하는 것인 만큼 그 목적이 달성되어 좋다는 것으로 해석하면, 보아스는 룻에 대한 애정이 전혀 없는 듯이 느껴진다. 룻의 입장에서는 이 말은 좀 섭섭하게 들렸을 것이 아닌가 생각되기도 한다.

이 사실을 보아 보아스는 룻의 청혼과 마찬가지로 그의 허혼도 역시 율법이 지시하는 법도 안에서 하려는 것뿐, 변칙을 써서 룻을 취하려는 육정에 끌리지 않고 있음이 증명된다.

그리고 또 한 가지 의문은 나오미가 기업 무를 자로서 제1 서열에 있는 자를 모르고 있었는가가 문제이며, 가장 가까운 근친을 몰랐다면 말이 안 된다는 생각이 든다. 그러므로 알았다면 왜 보아스를 택하려 하였는가에 대한 여러 가지 해석들이 있기는 하나, 결과적으로 보아스는 내일 아침 그 가까운 근친이 포기할 경우, 자신이 기업 무를 자가 된다는 비록 조건적이기는 하나 여호와의 이름으로 맹세까지 하며 일단 허혼하였던 것이다.

(3) 비밀리에 추진하자고 함 (14)

"룻이 새벽까지 그의 발치에 누웠다가 사람이 서로 알아보기 어려울 때에 일어났으니 보아스가 말하기를 여인이 타작마당에 들어온 것을 사람이 알지 못하여야 할 것이라 하였음이라"(14).

보아스가 룻을 새벽까지 타작마당에 머물게 한 것은 밤중에 성안까지 가기는 젊은 여자로서 그 당시는 외지에서 온 떠돌이 추수꾼들도 많이 있어 위험을 피하기 위함이었다. 그리하여 "사람이 서로 알아보기 어려울 때에" 이 때를 랑게는 4, 5m 거리에서 사람을 서로 알아볼 수 없을 때라고 하였다.

그리고 보아스가 이 일을 비밀에 붙이자고 한 것은 저들의 행위가 떳떳하지 못해서가 아니라 아직 조건부의 허혼이기도 하고 비록 저들의 행위는 율법이 허락한 것이며(신 25:5-11), 또한 룻으로서는 전적으로 시모의 지도에 순종한 것이며, 그리고 양자간 아무런 불상사도 저지른 일이 없는 만큼 누구에게나 흠 잡힐 일은 아니다. 하지만 내용을 잘 모르는 사람들이 오해할 수도 있음에서 비밀에 붙이자고 한 것이라고 본다.

신자들이 이 세상에서 공연하게 오해를 사서 하나님의 영광을 가리는 일이 없도록 건덕상으로도 삼가 조심하라고 교훈하는 것임을 알아야 할 것이다.

(4) 약속의 보증으로 보리를 줌 (15)

"보아스가 이르되 네 겉옷을 가져다가 그것을 펴서 잡으라 하매 그것을 펴서 잡으니 보리를 여섯 번 되어 룻에게 지워 주고 성읍으로 들어가니라"(15).

보아스는 룻이 타작마당을 떠나기에 앞서 겉옷(다용도로 사용하는 외투)을 갖다 펴라 하고는 보리를 여섯 번 되어 주는 친절을 베풀었다. 여기서 "여섯 번"이라는 데 해석이 분분하다. 여섯 스아(seah)인가, 여섯 오멜인가가 문제이다. 여섯 스아라면 두 에바(epha) 즉 두 말(斗)이며, 여섯 오멜이라면 6되(升)이다. 이 중 여섯 스아일 것이라고 생각하는 이유는 여섯 오멜이라면 보리 반 말(半斗)에 해당되기 때문이다. 특히 "지워 주고"(구역에는 "이워 주고")라는 것을 보아, 보리는 가벼워서 6되가량은 지거나 이고 갈 필요 없이 옆에 끼고 갈 수도 있기 때문이다. 그리고 선물로 보내는 것을 6되라면 너무 소량이라고 생각되며, 두 말 즉 2에바(epha)라면 젊은 여인은 누구라도 이거나 지고 갈 수 있는 분량이라고 본다.

또한 이것은 빈손으로 가지 않도록 시모에게 보내는 선물이기도 하지만 이는 기업 무를 자로서 맹세한 보증이라고 보는 것이 옳다고 생각한다. 유다는 다말에게 염소 새끼를 준다고 약속한 일이 있다(창 38:17). 그때는 목양 시대로서 생활 수단이 가축이었기 때문이지만, 보아스 시대는 농경 시대로 전환된 시기인 만큼 그 당시 생활 수단은 곡식(보리)이기 때문에 보리를 증표로 준 것으로 볼 수 있다. 그리고 그 당시 곡식은 다산(多産)의 상징으로 알려져 있었다.

이 사실을 미루어보더라도 보아스는 역시 친절하고 예의 바르며 모든 일을 빈틈없이 처리하는 멋진 인물임을 알 수 있다.

3. 룻의 보고와 나오미의 기지(機智) (16-18)

1) 룻의 보고 (16-17)

룻이 집에 이르자 초조히 기다리던 시모가 "내 딸아 어떻게 되었느냐"고 재촉하자, 정직한 룻은 "그 사람이 자기에게 행한 것을 다 알리고"라고 하였으니, 이 짧은 기사에는 어제 저녁부터 오늘 아침까지 보아스의 타작마당에서 보아스를 만나 되어진 사실이 다 함축되어 있는 것이다.

그러면서 어렵게 지고 온 보리를 보이면서 "그가 내게 이 보리를 여섯 번 되어 주며 이르기를 빈손으로 네 시어머니에게 가지 말라 하더이다"라고 말하였다.

앞서 나오미가 베들레헴으로 룻과 같이 돌아왔을 때 그를 환영하는 성민(城民)들에게 말하기를 "나를 나오미라 부르지 말고 나를 마라라 부르라 . . . 내가 풍족하게 나갔더니 여호와께서 내게 비어 돌아오게 하셨느니라"(1:20-21) 하였는데, 이제는 며느리를 통하여 빈손이 되지 않게 하리만큼 풍성한 양식을 받게 되니 그 심정이 과연 얼마나 즐거웠을까 짐작이 간다. 역시 나오미는 마라(쓰다)가 아니라 본명 그대로 나오미(희락)였던 것이다.

2) 나오미의 기지 (18)

"이에 시어머니가 이르되 내 딸아 이 사건이 어떻게 될지 알기까지 앉아 있으라 그 사람이 오늘 이 일을 성취하기 전에는 쉬지 아니하리라 하니라"(18).

이것은 나오미가 보아스의 인격을 잘 알고 하는 말이다. 그는 무슨 일이든지 맺고 끊을 만큼 사리가 분명한 사람이므로 "이 일" 즉 기업 무를 일을 완성하기까지는 쉬지 않고 노력할 것이므로 "내 딸아 너는 이 사건이 결말지어지기까지는 조용히 앉아 기다리라"는 의미이다.

그 이유는 이 순간은 자신과 룻이 할 일을 다 했기 때문이며, 이제는 하나님 여호와께서 "그 사람" 보아스를 통하여 일하시는 만큼 조용히 기다리는 인내만이 필요하다는 나오미의 기지를 볼 수 있는 것이다.

모름지기 오늘도 역시 우리의 기업을 무를 자인 예수 그리스도는 우리들의 속죄 구령을 위하여 쉼 없이 일하시고 계시는 만큼, 우리는 오직 그의 신성과 인성을 믿고 조용히 기다리는 오늘의 룻이 되어 불원간 그의 신부로서의 영광스런 혼인 잔치에 들어갈 날만 고대하여야 할 것을 각자 굳게 믿고 다짐해야 할 것이다.

가장 아름다운 결혼

룻기 4:1-22

세상에서는 오늘도 여러 가지 다양한 모습의 결혼을 볼 수가 있다. 수천의 하객들을 초청하여 성대한 호화판의 장면을 보여주는 결혼식이 있는가 하면, 이른바 냉수 한 그릇을 떠 놓고 신랑과 신부가 서로 마주 절하는 것으로 끝내는 초라한 결혼식도 있기 마련이다. 하지만 아무리 호화판의 결혼이라도 별 큰 의미가 없는 것이 있는가 하면, 아무리 초라한 결혼이라도 무한히 큰 장래가 약속된 뜻 깊은 결혼이 있을 수 있음은 사실이다.

룻과 보아스의 사랑은 마침내 결실을 보게 되어 서로 결혼하게 됨을 본장은 보여준다. 우리는 이 두 사람의 결혼을 가장 이상적인 결혼이라거나 또한 모범적인 결혼이라고는 보지 않는다. 그 이유는 늙은 홀아비인 보아스와 젊은 과부인 룻이 결혼하는 것이기 때문이다. 하지만 이 결혼을 가장 아름다운 결혼이라고 말하게 되는 것은 결코 무리가 아니라고 생각된다. 그 이유를 몇 가지 들어보면 첫째, 이들의 결혼은 성경대로 이루어진 결혼이며, 당시 법률적으로도 하자가 없다. 둘째, 신랑 신부는 물론, 관계자 일동이 다같이 신앙을 매체로 하여 이루어진 결혼이다. 셋째, 온 성 사람들이 모두가 축사를 보내는 결혼이기 때문이다.

그리고 무엇보다 중요한 것은 이 두 사이에서 낳은 아들이 다윗 왕의 조부라는 것과 궁극적으로 그 후손으로 예수 그리스도가 낳게 되었다는 것으로, 그 절정에 도달케 된다는 데서 가장 아름다운 결혼이라는데 손색이 없다고 할 것이다.

오늘은 세상에서 가장 아름다운 결혼 이야기를 같이 들으며 주시는 바 은혜를 함께 나누고자 하는 바이다.

1. 가장 합법적인 결혼이다 (1-11)

1) 성서적으로 본 합법성 (1)

룻과 보아스의 결혼은 기업 무를 자의 자격으로 성서적으로 신명기 25장 5-10절에 근거한 이른바 계대결혼법(Levirate marriage)에 따른 결혼이다. 이는 자식이 없이 죽은 자의 아내는 타인에게 시집 갈 수가 없고 다만 죽은 남편의 형제에게 취한 바 되어 자식을 낳아 죽은 남편의 재산을 상속하게 함으로써 그 이름을 영구히 보존한다는 것이 계대결혼의 취지이다(필자 저, 구약설교전집, 신명기 pp.400-402 참조).

하지만 보다 더 깊은 의미에서 계대결혼의 근거를 찾는다면 아담과 하와의 범죄 후 그 대책으로 여호와께서 뱀에게 말씀하신 "여인의 후손"과 관계되어 있다는 것이다. "내가 너로 여자와 원수가 되게 하고 네 후손도 여자의 후손과 원수가 되게 하리니 여자의 후손은 네 머리를 상하게 할 것이요 너는 그의 발꿈치를 상하게 할 것이니라 하시고"(창 3:15). 여기 "여자의 후손"은 예수 그리스도를 지칭한다. 그리고 "너"(뱀, 사탄)는 "그"(예수 그리스도)의 "발꿈치를 상하게 한다"는 것은 사탄이 예수 그리스도를 십자가에 못 박아 죽일 것을 의미하며 "여자의 후손은 네 머리를 상하게 할 것이니라"는 것은 예수 그리스도의 죽음이 사탄을 완전히 정복한다는 의미로서, 예수 그리스도는 여인의 후손으로서 아담을 범죄케 한 사탄을 파멸시킨다는 예언이었다.

이로부터 여인은 자식을 낳지 못함을 수치로 여기는 관례까지 생겼는데, 이는 여인의 후손인 예수 그리스도와 연결지으려는 데서 생겨진 영생 관념의 발생 동기가 된다. 여인이 자식을 낳으면 그것이 메시아일 수도 있고 또한 메시아와 연결짓는 고리가 될 수도 있다는 것이 사실 계대결혼 사상의 원천적인 근거라고 할 수 있다.

오늘날은 예수 그리스도를 믿는 순간 즉시 그의 생명에 직접 연결됨으로 사실 이런 계대결혼법 같은 것은 해당이 되지 않는다. 하지만 예수 그리스도 출생 전에 영생관은 자녀 생산이 자신의 이름(생명)을 영구 보존하는 방법이라 생각한 데서 이런 법률이 생긴 동기가 된 것이다.

사탄은 이것을 알기 때문에 믿음의 후사들을 죽이려 한 것이다. 가인과 아벨의 경우, 사탄이 가인 속에 들어가서 아벨을 죽였으나 여호와께서는 셋으로 대신하였고(창 4:17), 노아 시대에 죄악이 가득하여 몰살 위기에 있었으나 노아를 의의 후사로 삼아 계승시켰다(창 9:18). 노아의 아들 중 셈, 셈의 자손 중 아브라함, 이삭, 야곱, 유다로 여인의 후손이 이어져 예수 그리스도에까지 이른 것이다.

유다 때에 이르러 여인의 후손이 끊어질 위기에 이르렀을 때 다말이 비상수단을 써서 베레스를 낳아 연결시켰고(창 38:1-30), 이번에는 엘리멜렉 가문이 절대의 위기에 처하여 보아스가 그 기업을 사고 룻과 결혼하여 계승하는 사실을 보여주는 것이 오늘의 주제인 것이다.

보아스는 나오미에게서 기업을 사서 이를 보존하였으며 또한 룻과 계대결혼법에 의하여 결혼함으로써 그가 낳은 아들 오벳의 이름으로 엘리멜렉의 기업(재산, 토지)과 이름을 보존케 한 만큼 이는 성서적으로 가장 합법적인 결혼이라고 볼 수 있다.

2) 당시 법률적으로 본 합법성 (2-8)

당시의 이스라엘의 법률은 위에서 말한 하나님의 말씀 즉 모세의 율법이었다. 하지만 그 율법을 운영하고 집행하는 자가 왕이며 왕은 예언자의 자문을 받아 집행하게 되지만, 사사시대는 아직 왕국이 세워지기 전이므로 각 성마다 장로들이 그 집행관이었으며 그 집행 장소가 "성문"이었던 것이다. 성문 광장은 상업상의 교류 즉 시장 기능을 하였으며 민형사 소송법에 관한 재판 임무를 여기서 처리하였다.

그러므로 보아스의 기업 무르는 일과 아울러 룻과의 결혼은 성서적으로 아무런 하자가 없는 일이라 하더라도 당시 법률 담당 실무자의 심판 내지 증거가 필요하였기에, 보아스는 이 곳에서 공식 재판에 붙여 이를 처리하게 된 것이다. 앞서 지적한 대로 보아스는 룻과 나오미의 허락을 이미 받아 조건적 허혼을 하였지만, 제1 순위에 해당되는 자를 직접 재판정에서 만나 해결해야 할 필요성을 느낀 나머지 성문에서 재판을 통하여 결정을 내리기로 한 것이다.

이 재판에서 보아스는 10인의 장로를 초청하였는데, 이들은 그 성의 유지들로서 그 직능은 시대에 따라서 비록 차이는 있으나 대체로 민형사의 집행 권한을 지닌 자였으며, 특히 왕이 없던 사사시대에는 이들의 역할이 지대하였음을 알게 된다(삿 11:5). 재판이 가능한 장로의 적정수는 10명 이상이며, 아마도 보아스 자신 역시 베들레헴 성의 장로였을 것이라고 생각한다(M. Henry).

보아스가 성문에 올라가서 재판석에 앉아 있자, 마침 기업 무를 자가 그리로 지나가고 있었다. 우연의 일치인지 모르나 이미 계획된 일이 아닌가 생각도 된다. "보아스가 그에게 이르되 아무개여 이리로 와서 앉으라 하니 그가 와서 앉으매"(1). 여기서 보아스는 틀림없이 그의 이름을 불렀을 것이다. 하지만 "아무개여"라고 한 것은 룻기 필자가 그의 이름을 밝히려 하지 않았기 때문이라고 생각된다.

일단 재판석이 구비되자 보아스는 기업 무를 자에게 다음과 같이 말하였다. 나오미가 우리 형제(넓은 뜻으로) 엘리멜렉의 땅을 팔려 하니 네가 여기 앉은 증인들 곧 장로들 앞에서 그것을 사라고 알려준다. 그리고 말하는데, 3-4절을 의역하면 다음과 같다. "만일 네가 사서 무른다면 무르려니와 만일 네가 무를 생각이 없으면 내게 고하라 네 다음은 나인 만큼 내가 무르리라."

이 말을 들은 익명(匿名)의 친척은 거침없이 "내가 무르리라" 하였다. 이는 보아스의 입장에서는 매우 긴장된 순간이라고 볼 수 있다. 아무리 룻과는 조건적 허혼(許婚)이긴 하지만 만일 이렇게 끝이 날 경우 그 뒷수습은 매우 어려울 것으로 생각되기 때문이다.

하지만 보아스는 침착하게 다음과 같이 말하였다. "네가 나오미의 손에서 그 밭을 사는 날에 곧 죽은 자의 아내 모압 여인 룻에게서 사서 그 죽은 자의 기업을 그의 이름으로 세워야 할지니라 하니 그 기업 무를 자가 이르되 나는 내 기업에 손해가 있을까 하여 나를 위하여 무르지 못하노니 내가 무를 것을 네가 무르라 나는 무르지 못하겠노라 하는지라"(5-6).

이 사람이 처음에 사려고 한 것은 이를 사 놓으면 나오미만 죽으면 그 땅은 영원히 자기 소유가 된다는 이기적인 목적에서였다. 이 익명의 친척은 룻이 있는 줄은 생각을 하지 못하였다. 그러나 룻과의 결혼할 것을 권하자 만일 그럴 경우 룻과의 사이에서 아들이 생기면 그가 산 기업이 엘리멜렉 가문의 소유가 될 것을 알자, 처음 결심을 번복하여 고엘(Goel)로서의 권리와 의무를 포기하고, 보아스에게 직접 양도하게 된 것이다. 그리하여 신명기 25장 7-10절에서 보인 권리 이양 방식에 따라서 신을 벗어줌으로 확정하는 증거로 삼았던 것이다.

말하자면 이 익명의 친척을 구약의 율법을 대표하는 자라고 한다면 보아스는 신약의 은혜의 복음을 대표하는 자라고 할 수 있을 것이다. 율법은 죄에 타락한 인간을 구원할 수가 없으므로, 이를 죄에서 구속할 자는 오직 자기희생을 통하여 우리 죄를 담당하신 예수 그리스도만이 가능하다는 사실을 보여주는 것이기 때문이다. 그리고 율법은 자기이익만을 끝까지 주장한다. 그가 포기한 이유에서 보였듯이 "나는 내 기업에 손해가 있을까 하여"(6)라고 분명히 말하고 있다.

기업을 무르는 것은 권리라기보다 의무이다. 그러므로 기업 무르는 율법 제정의 목적이 부득이 조상의 기업권을 팔 수밖에 없는 자를 구제하기 위한 데서였음을 알아야 한다. 이는 구제이며 희생이다. 그리고 손해 보는 일이다. 그러기에 이것은 은혜와 사랑의 산물이며, 이것이 없이는 불가능한 것으로 이야말로 기독교의 속죄 구령의 교리이며 대속의 신학이다.

오늘의 현대인들 중 익명의 친척처럼 이기적이며 자기중심적 정신을 갖고 율법적인 생활방식대로 살려는 자들이 많이 있다. 이들은 기독교와는 아무런 관계가 없는 자들이다. 이런 의미에서 보아스는 예수 그리스도의 모형이라고 할 수 있다. 즉 "그는 근본 하나님의 본체시나 하나님과 동등됨을 취할 것으로 여기지 아니하시고 오히려 자기를 비워 종의 형체를 가지사 사람들과 같이 되셨고 사람의 모양으로 나타나사 자기를 낮추시고 죽기까지 복종하셨으니 곧 십자가에 죽으심이라" (빌 2:6-8).

이리하여 보아스는 성문에 설치된 재판석에서 합법적으로 기업 무를 자의 자격을 인정받음으로써 룻과의 결혼이 가능하게 된 것이다.

3) 공증(公證)에 의한 합법성 (9b-12)

위와 같이 익명(匿名)의 친척이 기업 무를 자의 권리를 포기하고 신명기 법에 의한 이양 절차까지 끝내자 보아스는 10명의 장로들과 모든 백성에게 두 가지 사실을 선언하고 증인이 되어 줄 것을 요구하였다.

(1) 기업 무를 자로 확정됨을 선언 (9)

"보아스가 장로들과 모든 백성에게 이르되 엘리멜렉과 기룐과 말론에게 있던 모든 것을 나오미의 손에서 산 일에 너희가 오늘 증인이 되었고"(9).

여기서 "장로들"은 재판관이며 또한 증인이 된다. 그리고 "모든 백성에게"라는데 대해서는 그 곳이 성문이니만큼 방청하는 백성들이 많이 있었을 것으로 보는 견해도 있고, 또한 10명의 장로는 곧 백성의 대표로 간주되는 만큼 10명의 장로가 증인이 된다면 그것은 모든 백성의 증인이 된 것을 의미한다고 보는 견해도 있으나, 전자의 경우가 더욱 타당성이 있다고 볼 수 있다.

그리고 엘리멜렉과 기룐과 말론의 기업을 "나오미의 손에서 산 일"에 대해서는 남자들이 다 죽었으므로 룻에게서 남자 아이가 출생하기까지는 나오미가 수탁자로 간주되어 있는 것을 보여준다. 그러므로 보아스와 룻 사이에서 아들이 생기면 그 재산은 그 아들이 룻의 전 남편인 말론의 아들로 간주되어 그 재산을 상속받게 되는 것이다.

(2) 룻과의 결혼할 것을 선언 (10)

"또 말론의 아내 모압 여인 룻을 사서 나의 아내로 맞이하고"(10).

이것은 익명의 친척이 거절한 이유였는데 보아스는 자기 재산을 엘리멜렉의 기업을 세우는데 희사함으로써 룻의 전 남편 말론의 이름을 영구 보존하는 방법으로 룻과의 결혼을 선언하는 것이며, 이 일에도 증인이 될 것을 10명의 장로들에게 요구한다.

여기서 "모압 여인 룻을 사서"라는 것은 일견 인신매매처럼 생각되나 그것이 아니라 "얻어서"라고 해석해야 옳다고 랑게는 말하였다.

(3) 증인들의 응답과 축복 (11–12)

① 증인들의 응답 (11a)

"성문에 있는 모든 백성과 장로들이 이르되 우리가 증인이 되나니" 라고 하여 이 사건에 대한 증인이 될 것을 확답하였다.

물론 그 당시에 사법권의 조직 체계와 운영이 완벽한 것은 아니었다 하더라도 신명기 법에 보면, 재판의 공정에 있어서 증인의 증거는 매우 중요시하였다(신 17:6-7). 오늘도 역시 재판상 증인이 없는 사건은 효력을 발휘하지 못한다.

필자가 잘 아는 경상도 영천군의 자천교회는 여러 번 팔려서 타인의 손에 넘어갔었지만 총회재단법인에 가입된 증거가 확실하여 이를 되찾았다. 이것은 목조 한옥건물로서 지은 지 오래된 고가(古家)라는 데서 경상북도 지방문화재로 인정되어 수억 원의 보수비를 받아 새로 단장하고 우리 교단의 자랑거리가 되어 있다.

보아스는 기업을 무를 자로서 엘리멜렉의 기업을 세울 일과, 아울러 룻과 결혼하는 일에 대하여 재판상 공증에 의하여 확증 받아, 추호의 하자 없이 처리하였음을 보여준다.

② 증인들의 축복 (11b-12)

"여호와께서 네 집에 들어가는 여인으로 이스라엘의 집을 세운 라헬과 레아 두 사람과 같게 하시고 네가 에브랏에서 유력하고 베들레헴에서 유명하게 하시기를 원하며"(11b).

저들은 증인이 될 것을 허락하는 한편 여호와의 이름으로 축복까지 하였다.

증인들의 축복의 내용은 세 가지로 분류되었다.

첫째는 그가 취할 룻이 이스라엘의 집을 세운 라헬과 레아 같이 되게 해 주시기를 축원한다. 이들은 이스라엘의 12지파로 "집을 세운", 이는 국가의 기틀이 된 자식을 출산한 자임을 지적하고 있다. 그리고 아우인 라헬을 먼저 언급한 것은 그녀가 특별히 베들레헴과 밀접한 관계가 있기 때문일 것으로 추측한다(창 35:19, 렘 31:15). 또한 이들 역시 남편을 따라서 고향 하란을 버리고 가나안 땅으로 온 것이 룻과 공통점이 있다(창 31:14-16)는 것에서 이상과 같이 룻을 축복하였다.

둘째는 보아스 자신에 대한 축복인데, 룻으로 인하여 "에브랏에서 유력하고 베들레헴에서 유명하게 하시기를" 기원하였다. 여기서 베들레헴을 중심한 전체적인 지역으로 볼 때 "에브랏"은 한 지방으로, 그리고 "베들레헴"은 한 성읍으로 구분짓고 있다(버나드, E. 프라이스).

그리고 "유력"하다는 것과 "유명"하다는 것의 차이는, "유력"한 것은 부(富)나 권세가 있음을 의미하고 "유명"한 것은 부와 권세의 영향으로 인하여 그 이름이 널리 퍼지는 것을 의미한다(E. 프라이스).

셋째는 룻으로 말미암은 후손의 번영을 축복한 것이다. "여호와께서 이 젊은 여자로 말미암아 네게 상속자를 주사 네 집이 다말이 유다에게 낳아 준 베레스의 집과 같게 하시기를 원하노라"(12).

베레스는 유다가 다말에게서 낳은 아들인데, 이 역시 계대결혼에 따라 낳은 자이다. 다말은 이방 여자로 본래 유다의 자부였는데, 이 여자가 들어온 후 맏아들이 죽자 계대결혼법에 따라서 둘째 아들을 주어 남편을 삼게 하였는데, 이도 역시 죽게 되자 법대로는 셋째 아들을 주어야 하는데도 유다는 아직 아들의 나이가 어리다는 것을 핑계로 친정에 가서 기다리라 하고는 사실 그녀를 은근히 따돌릴 계획을 세웠던 것이다. 이를 알아차린 다말이 유다가 목장으로 가는 길목에서 창기로 가장하고 시부인 유다를 유혹하여 동침함으로 낳은 아들이 베레스이다(창 38장)(참고. 필자저, 구약설교전집 창세기, pp.297-305).

다말과 룻을 비교하면 성격상 매우 차이가 있기는 하나 결혼의 권리를 소유하고자 하는 열정은 물불을 가리지 않을 정도로 집착된 면에서는 둘 다 동정이 갈 정도이며, 룻과는 같은 이방인이라는 것, 또한 같이 계대결혼을 한 것 등의 공통점이 있다고 할 것이다.

여하튼 보아스의 조상들은 베레스에게서 근원이 되었다(18). 그러므로 증인들은 보아스도 역시 룻으로 인하여 많은 후손이 태어나기를 축복하였던 것이다.

기독교의 구원교리 중에 믿음으로 의롭다함을 받는 것(롬 1:17)을 신학적으로는 재판장적 선언이라고 한다. 우리가 범죄했을 경우 아무나 무죄 선언을 했다고 해서 무죄가 되는 것이 아니라, 재판장이 무죄 선언을 해야 무죄가 되는 것처럼, 우리를 죄 없다 하실 분은 백보좌의 대 심판정에서 재판장이 되실 우리 주님께서 오늘도 우리 성도로 하여금 너는 무죄하다라고 선언해 주셔야만 된다는 것이다.

이런 논리적 근거에서 보아스로 하여금 엘리멜렉 가문의 구속자가 된 것과 아울러 이방인 룻과의 결혼 사실을 하나님 말씀에 따라서 재판장적 선언을 통하여 확증 받고 아울러 축복까지 받았다는 사실, 이는 매우 귀중한 교리로서 이런 의미에서 오늘의 모든 믿는 자들은 그리스도의 신부될 자격을 지닌 자임을 알아야 할 것이다.

2. 가장 신앙적인 결혼이다 (13)

"이에 보아스가 룻을 맞이하여 아내로 삼고"(13).

룻과 보아스의 결혼은 오직 신앙을 매체(媒體)로 맺어진 결혼이다. 사실 이 두 사람은 결혼 상대자로서 어느 하나도 조건이 맞는 것이 없다. 하지만 이러한 갈등 구조를 오로지 신앙으로 극복하였을 뿐이다.

1) 노소의 차이를 극복한 신앙

보아스가 늙은 노인인데 비하여, 룻은 젊은 여자(12, 2:6)이다. 그러므로 보아스는 룻을 가리켜 딸이라고 계속 불렀다. 그리고 그는 룻이 청혼했을 때 "네가 젊은 자를 따르지 아니 하였으니"(3:10)라고 늙은 자신을 택한 일을 가상히 여기었다. 룻이 보아스와 결혼하려는 가장 중요한 목적은 오직 가문의 기업을 세우려는 일념뿐이었다. 이는 곧 신앙을 지키려는 숭고한 목적에서임을 말해주는 것이다.

오늘도 역시 과도한 연령 차이는 결혼생활 유지상 큰 문제가 될 수 있음에도 불구하고 참된 신앙 안에서는 이런 노소의 차이도 무난히 극복된다고 볼 수 있다.

2) 국적의 차이를 극복한 신앙

보아스는 이스라엘 사람이며 룻은 모압 여자이다. 모압은 이스라엘의 먼 방계(傍系)족속(族屬)이긴 하지만 이스라엘과는 대대로 원수의 나라이며, 특히 종교적으로 이스라엘이 여호와 하나님을 섬기는데 비하여, 모압은 그모스(Chemosh) 신을 섬긴다(민 21:29).

성경은 가나안 족속의 딸들과는 금혼(禁婚)으로 되어 있으나 모압과는 혼인까지 금하지는 않았다. 하지만 이들의 사랑은 국경을 초월한 것이며, 국제결혼이다. 국제결혼은 문화적 차이가 너무도 크기 때문에 오늘까지도 이를 극복하기는 쉽지 않은 것이다. 룻은 이미 국제결혼 경험이 있는 자이며, 보아스의 가계도 이방 여자인 라합이 그의 모친으로서(마 1:5) 이런 것이 상호간의 결혼 추진에 있어서 어느 정도 극복 요인이 되었다고 볼 수는 있을 것이다.

하지만 이런 국적의 차이를 극복한 것은 신앙이었다. 보아스는 경건한 신자였으며 룻은 시모에게 신앙을 전수받아 고국을 버리고 시모를 따라서 이스라엘 나라로 올 만큼 참 믿음의 소유자였기에 이런 민족성의 차이를 극복하고 두 사람의 사랑을 키워나갔던 것이다.

3) 고부(姑婦)간의 갈등을 극복한 신앙

앞서도 언급하였지만 예부터 고부간은 어딘지 모르게 갈등의식이 있어 양자 사이를 갈라놓는다. 이는 동서고금에 차이가 없을 정도이다.

하지만 시모에게서 여호와에 대한 신앙을 전해 받은 룻은 친부모마저 버리고 시모를 따라올 만큼 믿음으로 약속의 땅으로 왔으며 보리 이삭을 주워다가 시모를 봉양하였다. 반면에 시모는 딸처럼 자부를 생각하여 그 장래를 걱정한 나머지 친히 매파(媒婆)로 나서서 자부를 보아스에게 중매하였다. 이것은 저들이 지닌 신앙의 공통점이 모든 갈등 요소를 극복하고 모든 일에 일치하는 고리를 만들었다고 할 수 있다.

모름지기 오늘도 신앙은 모든 난관을 극복하는 힘이며, 모든 이질적인 것들을 상호 조화시키는 윤활유의 작용을 하는 것이다. 그러기에 오순절 교회가 천하 각국 사람이 다 모여 한 마음 한 뜻이 된 것은 저들이 지닌 신앙의 동일성이 각이한 인종을 조화시키고 서로 다른 문화의 차이를 극복하게 하는 능력이 되었던 것이다(행 2:5-11). 이것이 바로 신앙으로 말미암은 성령의 역사인 것이다.

이런 의미에서 오늘의 세계 교회는 하나의 교회이며, 이로써 마침내는 화합하여 총화 일치하는 기독교의 종국적(終局的) 이상을 성취해 나가는 은혜가 있기를 바라고 기다리는 것이다.

3. 가장 아름다운 축사(祝辭)를 받은 결혼이다(13-15)

룻과 보아스의 결혼은 성문에서의 판결 이후 즉시 이루어졌다. 13절에 보면 "이에 보아스가 룻을 맞이하여 아내로 삼고 그에게 들어갔더니 여호와께서 그에게 임신하게 하시므로 그가 아들을 낳은지라"라고 하였다.

앞서 성문에 있는 모든 백성과 장로들이 이 결혼의 정당성을 판결하면서 이미 축복을 하였다(11-12). 하지만 이는 축사(祝辭)라기보다는 축복기도였다. 그 축복은 즉시 이루어졌다. 이는 진실한 믿음으로 한 축복이기 때문이다. 이런 의미에서 세상에서 가장 행복된 자는 축복기도를 해주는 자를 많이 확보하고 있는 자라고 할 것이다.

그 축복대로 룻과 보아스는 결혼하게 되었고, 그 축복대로 하나님 여호와의 은혜를 받아 아들을 낳게 되었다. 그리하여 룻과 보아스의 결혼과 더불어 아기 출생에 대한 여인들의 축사가 나온다(14-15).

그러므로 이 결혼과 자녀 출생을 축하하는 세 집단을 보게 된다.

1) 성문에 있는 모든 백성의 축복이다 (11-12)

이는 온 베들레헴 성을 대표한 축복으로 볼 수가 있다.

2) 장로들의 축복이다 (11)

이들은 그 지방의 유력한 자들이며 경험이 많은 노인들이다. 저들은 룻을 라헬과 레아의 수준으로 끌어올렸고(11), 베레스와 같은 아들(상속자)이 나오기를 축원하였다. 축원과 축사는 다소 차이가 있으나, 축원도 넓은 의미에서 축사의 범주에 속한다고 볼 수 있다[1)과 2)는 이미 위에서 설명함].

3) 여인들의 축사이다 (14-15)

(1) 나오미에 대한 축하 (14)

"여인들이 나오미에게 이르되 찬송할지로다 여호와께서 오늘 네게 기업 무를 자가 없게 하지 아니하셨도다 이 아이의 이름이 이스라엘 중에 유명하게 되기를 원하노라"(14).

이 여인들은 나오미와 오래 전부터 이웃하여 살면서 나오미의 사정을 잘 알고 있으며 나오미가 돌아왔을 때도 가장 앞장 서서 환영한 자였으리라 생각된다(1:19). 이들의 축하는 가장 진실하고 정감어린 것이라 생각된다. 그리고 축사 내용은 아기 출생에 치중되어 있으나 이 때문에 기업을 되찾게 된 일로 나오미에 대한 걱정이 사라진 것을 기뻐하고 있으며, 이런 은혜를 베푸신 여호와께 찬송을 올리고 있어, 가장 실제적이고도 경험적인 다사로운 인정이 넘치는 아름다운 축사라고 할 수 있다.

(2) 룻에 대한 축하 (15)

"이는 네 생명의 회복자이며 네 노년의 봉양자라 곧 너를 사랑하며 일곱 아들보다 귀한 네 며느리가 낳은 자로다 하니라"(15).

이 역시 대소지 분류상으로는 나오미에 대한 축하로 볼 수 있으나 "너를 사랑하며 일곱 아들보다 귀한 네 며느리"라고 강조하고 있어 룻에 대한 축하로 분류하였다.

룻이 낳은 아들이 나오미에게는 생명의 회복자였다. "생명의 회복자"라는 뜻은 절망의 늪에 빠져 죽게 된 나오미에게 새로운 생명을 주어 소성케 하는 자라는 뜻이다. 또 "노년의 봉양자"라는 것은 자기 가족이 다 죽고 없어 외톨이 신세가 된 나오미의 노년을 안전하게 부양할 자를 주셨다는 의미이다. 그러므로 이런 아들을 낳아준 룻이야말로 비록 나오미에게 일곱 아들이 있다 하여도 룻에는 비할 바 못된다는 의미로, 룻에 대한 최대의 찬사를 보냈던 것이다.

생각건대 이 축하자들을 예수 탄생시 축하자들에 비할 수 있을 것이다. "성문의 장로"들의 축원은 동방박사와 비슷한 면이 있고, 성문에 모인 모든 백성의 축원은 베들레헴 들판에서 양 치던 목자들의 경배와 같다면, "여인들"의 축사는 마치 예수님 결례시 아기 예수를 안고 축복하던 안나 할머니에 비해 볼 수 있다는 생각이 든다(눅 2:36-38).

이런 의미에서 룻과 보아스에 대한 결혼 축하는 "가장 아름다운 축사"라고 할 수 있다고 보는 것이다.

4. 가장 행복된 결혼이다 (16-22)

룻과 보아스의 결혼은 한마디로 가장 행복된 것이었음을 보여준다. 그것은 적어도 세 가지 면에서 그 이유를 찾아볼 수 있다.

1) 새 가정을 통한 행복 (16-17)

이미 언급한 그대로 나오미의 가정은 엘리멜렉의 모압 이주와 함께 완전 몰락하는 비운을 맞게 되었다. 천애고아처럼 이역 하늘 아래서 홀로 눈물짓던 나오미는 죽기 전에 고향 땅이나 한 번 밟아보려는 심산으로 그 이름 나오미(희락)와는 정반대로 마라(쓰다)라고 개명하고, 고향 베들레헴에 당도하였다. 그렇지만 다행히 착한 며느리 룻과 동행한 것이 이 가문을 다시 소성시키는 계기를 만들었던 것이다. 믿음 좋고 착한 효부 룻은 성내에서 유력하고 자비심이 강한 보아스와 결혼하여 새 가정을 이루고 첫 아들까지 낳게 되어 "나오미가 아기를 받아 품에 품고 그의 양육자가 되니"(16) 말 그대로 나오미의 기쁨은 절정에 달하였다.

이 정경을 본 이웃의 여인들이 새로 난 아기의 이름을 오벳(Obed)이라고 지어주었는데 오벳의 뜻은 '종'이라는 것으로, 학자들 중에는 "하나님의 종"을 의미한다는 자들도 있지만(워즈워어드, 게제니우스), 카일(Keil)은 "여호와의 종"(Targum)이 아니라 "섬기는 자"라는 의미로 보아서, 이는 그 조모 나오미와의 관계를 잘 나타내는 것이라고 하였다. 즉 온전히 조모를 위해서 살고 그녀를 돌보며 그녀의 마음을 기쁘게 할 자를 의미한다고 하였다.

이리하여 이 가정의 구성 요원을 보면, 유력한 신랑인 보아스와, 현숙한 신부 룻, 그리고 애정 깊은 시모 나오미에다 새로 난 기업을 이을 손자 오벳 등 모두가 정겹고 아름다운 면모(面貌)들이다. 이것이야말로 단순히 몰락한 가문의 재건이라기보다 최고의 아름다운 가정을 이루게 되었다고 볼 수 있는 것이다.

2) 가문의 영광 (18-22)

이 단락은 룻기의 결말 부분인데, 뜻밖에도 다윗의 족보를 제시하고 있다. 그 이유는 룻이 낳은 아들이 이스라엘의 영광스런 다윗 왕의 조상임을 강조하기 위함이다. 그리고 나아가서는 오벳을 낳은 룻에 대하여 예찬하고자 함에 있다.

21-22절을 보면 "살몬은 보아스를 낳았고 보아스는 오벳을 낳았고 오벳은 이새를 낳고 이새는 다윗을 낳았더라"라고 하였다. 이것은 룻의 후손 중에서 다윗 왕이 나왔음을 보여주기 위함이다. 그리고 특히

다윗 왕을 보여주려는 것은 사사시대가 끝나고 왕국시대로 넘어가는 과도기에 룻기의 존재가치를 인정하기 위한 것으로 불원간 왕국 정치의 도래를 보여주며, 왕 중의 이상적 왕인 다윗의 증조모가 바로 룻이라는 점을 밝히기 위함이라고 할 수 있다.

그리고 이 족보는 마태복음에 나오는 예수 그리스도의 족보에도 인용되었는데(마 1:3-5), 거기서는 "살몬은 라합에게서 보아스를 낳고 보아스는 룻에게서 오벳을 낳고 오벳은 이새를 낳고 이새는 다윗 왕을 낳으니라"라고 하여 좀더 자세히 기록하여, 룻은 다윗의 증조모일 뿐 아니라 예수 그리스도의 육적으로 조상됨을 밝혀 룻의 영광이 절정에 이름을 보여준다.

그리고 이 계보를 18절에서 베레스까지 소급하는 이유가 무엇인가? 그것은 베레스의 부친이 유다이기 때문이다. 유다 지파는 야곱의 유언에서 왕의 지파로 인정받았다(창 49:8-10). 그러므로 룻의 가문은 이스라엘의 정통 가문에 속했음을 밝히기 위함이며, 거기서 다윗이 나고 예수 그리스도가 낳았음을 보이기 위함이다.

룻은 이방 여인이다. 이방인 중에서도 모압인이다. 신명기 23장 3-6절에 의하면 모압인은 여호와의 총회에 영원히 들어가지 못할 자로 되어 있다. 에돔 사람도 3대 후에, 심지어 애굽 사람도 3대 후에 들어 갈 수 있다고 조건부로 허용하고 있음에도 불구하고, 모압인은 10대뿐 아니라 영원히 출입 금지된 족속으로 규정짓고 있다(필자 저, 구약설교전집 신명기, pp.370-373 참조).

그럼에도 불구하고 룻은 모압 여인인데도 다윗 왕과 예수 그리스도의 족보에까지 엄연히 들어 있음은 무슨 이유인가가 문제이다. 하지만 신앙은 파격적이다. 율법의 엄격한 장벽도 뛰어넘어 선민의 혈통의 자리까지 점령한다. 이 사실이야말로 가문의 영광임을 우리는 알아야 할 것이다.

3) 대속자(Redeemer)로서의 공헌

본장의 핵심적 교리는 대속의 원리이다. 계대결혼에 관한 법률은 파산자를 구원하기 위한 것으로 이는 예수 그리스도의 대속에 관한 교리의 기본 원리를 보여주는 것이다.

계대결혼의 의무는 본래 친 형제 간에서 시행되는 것을 원칙으로 하고 있으며, 이것을 이행하지 않을 경우 벌칙이 가해지는 구속력을 지니고 있다. 그 한 예가 유다의 아들 오난의 경우이다(창 38:8-10).

이 법에 관한 구체적 해석은 신명기 25장 5-10절에 명시되어 있다. 거기 보면 친 형제 간 이를 이행하지 않을 경우에 "그의 발에서 신을 벗기고 그 얼굴에 침을 뱉으며 이르기를 그의 형제의 집을 세우기를 즐겨 아니하는 자에게는 이같이 할 것이라 하고 이스라엘 중에서 그의 이름을 신 벗김 받은 자의 집이라 부를 것이니라"(9-10)고 하였다.

여기서 엘리멜렉의 기업 무를 자의 경우, 첫째 순위에 해당되는 자나 보아스는 둘 다 친 형제 간은 아니었다. 그러기에 1순위자가 거절하였어도 그 얼굴에 침을 뱉는 저주 행위는 하지 않았으며, 다른 벌칙도 가해지지 않았다. 한편 보아스의 경우도 법적인 의무감은 없었음에도 불구하고 엘리멜렉의 자부인 룻을 생각하고 이를 동정하여 특별 관심을 베풀어 왔다. 그러다가 시모의 주선과 룻의 간청을 받고 이를 시행하고자 결심하였던 것이다. 이것은 예수 그리스도의 고난이 스스로 자취하신 것과 일치한다고 볼 수 있다(요 10:17-18).

이런 의미에서 보아스의 엘리멜렉 가문의 기업을 무른 일과 룻과의 결혼은 기독교의 구속교리의 원리를 여실히 보여주고 있다. 또한 룻기는 죄에 타락한 인간을 예수 그리스도께서 십자가의 자기희생을 통하여 구원하신 사실에 대한 그림자의 역할을 하였다고 보는 데서 룻기의 성서적 가치가 인정된다는 점을 기억해야 할 것이다.

바라건대 오늘의 모든 사람들은 룻과 같은 참된 신앙과 인내심을 갖고 부디 예수 그리스도를 만나 대속을 받음으로써, 마침내 예수 그리스도의 신부가 되는 무한한 영광과 기쁨을 누리는 은혜가 있기를 진정으로 바라는 바이다.

구약설교전집 7권
사사기 룻기
초판 1쇄 / 2007년 9월 30일

지은이 / 손영섭
펴낸이 / 방주석
펴낸곳 / 도서출판 소망

출판등록 제 11-17호(1977. 5. 11)
서울 서대문구 충정로2가 157 사조빌딩 403호
전 화 02)392-4232, 팩스 02)3924231
E-mail : somangsa77@hanmail.net

정가 17,000원

*잘못된 책은 바꾸어 드립니다.
printed in Korea
ISBN 978-89-7510-029-1 93230